PPP项目困境破解与再谈判

Dilemma Cracking and Renegotiation of PPP Projects

周月萍　周兰萍　编著

法律出版社
LAW PRESS · CHINA

作者简介

周月萍

中伦律师事务所合伙人，Chambers & Partners钱伯斯亚太指南2018、2019年度建设工程领域推荐律师、项目与基础设施领域受认可律师，上海国际仲裁中心、台州仲裁委、苏州仲裁委仲裁员（主审PPP和工程争议），2015年上海市优秀女律师，2013年度建筑时报/ENR最值得推荐的中国工程法律60位专业律师，2011年建筑时报/ENR“中国建筑业年度人物”，中国国际工程咨询协会专家，中国并购公会并购交易师，复旦大学法律硕士校外导师。

主要经历

周月萍律师从事建设工程和基础设施领域法律实务工作二十余年，潜心于PPP项目咨询、PPP项目再谈判、PPP 项目并购、PPP 和工程争议解决、工程法律风险控制等。

周月萍律师带领团队先后为中国中铁、东方航空、新鸿基地产、上海申通地铁集团、华润置地、上海城建集团、上海建工集团等大型央企、国企、上市公司、知名企业集团提供PPP和工程领域法律服务，并多次应邀为上海市商委、清华大学、天津大学、同济大学等高校及大型论坛做PPP和工程相关法律专题演讲。

个人及团队专著

《BT项目法律风险防范与实战方略》（与周兰萍律师合著）

《最高人民法院审理建设工程案件裁判规则解析》《建筑企业法律风险防范与化解》等

周兰萍

中伦律师事务所合伙人，国家发改委和财政部PPP双库专家，亚洲开发银行注册专家，中国国际工程咨询协会专家，中国并购公会并购交易师，专注于基础设施投融资（BT/BOT/PPP）领域法律研究和实践，被国际权威法律评级机构The Legal 500评为“2017、2018年度亚太地区重点推荐的专业律师”。此外，周兰萍律师获评“2018年全国律师行业优秀党员”、2015年建筑时报/ENR“中国建筑业年度人物”、“2013-2014年度上海市三八红旗手”等荣誉称号。

主要经历

执业十几年来，周兰萍律师先后为浦东新区政府、中国建筑、中国中铁、中国PPP基金、中国银行等政府、社会资本与金融机构提供公共项目投融资模式策划、交易结构设计、文本起草、公司治理、PPP项目再谈判、PPP项目并购以及从项目前期咨询到建设期、运营期跟踪指导等全方位、全过程专业咨询服务。

通过多年的精耕细作，周兰萍律师及其带领的团队在生态环保（污水处理、固废处理、静脉产业园等），交通运输（机场、港口、轨道交通等），城市更新，PPP+XOD，旅游，养老等基础设施和社会公用事业的主要领域都积累了丰富的实战经验。周兰萍律师深度参与PPP立法工作，为原国务院法制办、财政部、国家发改委及多个省市提供立法及政策咨询并参与示范项目评审、示范项目案例书籍编写、示范文本（污水厂网一体化PPP合同和垃圾处理PPP合同）起草等工作。为财政部、国务院国有资产监督管理委员会监事会、清华大学等组织的PPP专题培训授课数百场。

个人专著

《PPP项目运作实务》

《BT项目法律风险防范与实战方略》（与周月萍律师合著）

推荐语

在当前规范有序推进PPP项目的大环境下，周律师的大作《PPP项目困境破解与再谈判》新鲜出炉。该书不仅提炼总结了典型PPP项目案例，还枚举了地方政府主要的投融资渠道和工具，并结合周律师丰富的实践经验予以辨析，对PPP模式的运用和PPP项目的开展、完善提出了一些前瞻性考量。该书不仅对各地政府推进PPP项目具有很好的借鉴意义，还对PPP产业资本、金融机构、咨询机构等相关方都具有较强的参考价值。

——纪鑫华博士　上海市财政局

周律师的新作《PPP项目困境破解与再谈判》出版得非常及时。书中所提及的困境难题都是目前大量PPP项目实践所面临的客观现状。对各类困境给出的破解对策建议也都非常中肯务实，既有紧密结合国情、立足实际的实践总结，又有洋为中用、借鉴国际经验的理论思考。本书的出版将为项目参与各方更好地走出困境提供更为宽广的视角，为PPP可持续健康发展提供强有力的支撑。

——李学春　山东省财政厅金融与国际合作处（PPP）管理中心

推广PPP是政府治理方式的一次革新。在我国PPP快速发展中，先后出现了超概、社会资本退出、合规监管等一系列的困惑和问题，国家相关部门先后出台了相关文件进行规范。本书通过问答的方式，针对大家在推进和PPP相关工作过程中的各种可能的问题进行归纳总结，答疑释惑，还提供了解决不同困境的操作路径和合规要点，政策性强，实用性强。包括政府部门、社会投资人和PPP咨询从业人员在内的所有PPP参与方，都能在本书中找到你的困惑和答案。

——王家卓　中规院（北京）规划设计公司生态市政规划设计院院长

欣闻周律师大作出炉，并有幸在第一时间拜读，读后受益匪浅。新书聚焦PPP实务中存在的近五十大困境，结合实践案例，提出了具体的应对策略，有理有据，通俗易懂，对规范推行PPP模式可谓“及时雨”。新书不仅关注项目融资、项目监管、再谈判、争议解决等PPP项目实施中的共性问题的解决，对静脉产业园、城市更新等新兴领域的PPP应用实务也做了前瞻性介绍。推荐深读！

——逯元堂　环境保护部环境规划院环境PPP中心主任

PPP新规及当前宏观环境下，PPP项目在执行中面临入库难、四证办理慢、结构化融资难、利率倒挂、人工材料费飚涨、投资超概、运营及回款风险加大等诸多挑战，PPP投资实际面临高风险、低回报甚至有亏损的风险。本书针砭时弊，以实践案例为基础，深入浅出，答疑解惑，是PPP业界的一场及时雨！

——储小彬　中建八局副总经理

中国PPP金牌律师兰萍、月萍两姐妹在PPP领域的学术成果、业务领域成就和职业精神在她们联袂编著的本书中得以充分展现。在中国式PPP面临“迷失方向”的困境之时，无论是对迷失方向的PPP市场、PPP市场从业者们或是政策监管层，本书针对十大类别近五十种困境典型进行的深入剖析告诉参与PPP的各方破解困境之道在哪里，下一步规范的PPP在哪里。书中的典型问答、案例解析直击痛点，会让读者拍案叫绝。

——李　川　中铁（上海）投资有限公司副总经理、国家发改委和财政部PPP专家、政协浦东新区第六届委员会委员

推广运用PPP模式是全面深化改革、推进国家治理体系和治理能力现代化的重要举措，规范PPP项目运作是保证这一创新模式得以健康有序发展的必要之举。同时，在新时代背景下，依法合规也是各方开展PPP项目的底限和现代企业规范治理的应有之义。本书既从项目实践的视角，针对项目退库、投融资、风险分配、项目公司治理、争议解决等困境问题，选取典型案例进行深入剖析，提出行之有效的破解之道，更从如何确保PPP项目主体合规、内容合规、程序合规等方面提出了有针对性的措施和建议，有很强的实践指导价值。

——许海峰　上海建工集团股份有限公司企业管理部总经理、法务部主任

在PPP持续规范管理的形势下，月萍和兰萍律师及其团队推出此书，具有重大的实践指导意义。本书针对PPP面临的现实问题，围绕着项目实施中的核心风险，给予了专业分析并提出了具有高度实操性的解决路径，是PPP项目风险的过程管理之系统指南。借新书问世之际，为周律师团队在实践过程中坚持进行阶段性总结并乐于分享点赞。

——饶师昭　上海城建投资发展有限公司副总经理

PPP项目在实践中碰到了一系列问题，给项目实施造成困境，如不合理风险分配、各方的责任限度、流程的选择等。与此同时，自2017年财政部92号文发布以来，清退了一批不合规项目，摸索中前进的PPP模式遭遇寒流。本书对政府和社会资本方的差异性观点进行分析并给出合理化建议，对退库项目的再完善、模式调整、项目终止等几种可能的路径及相应的要点进行了阐述，值得相关项目借鉴。

——秦　峰　上海环境集团股份有限公司总工程师

“忽冷忽热易感冒”，去年以来，诸多PPP项目在内外因交互作用下不可避免地遇到了这样那样的问题。本书总结PPP项目宏观和微观面临的困境，从政策法规、理论推演和实务操作的视角提出了解决建议，逻辑严密，分析透彻，体现了作者深厚的理论功底和丰富的实务经验。对PPP参与者来说，本书是驱散认识雾霾的“西北风”，是引导走出困境的“指南针”。

——徐东升　国家发改委和财政部PPP双库专家

本书以问题为导向，着眼于PPP在国内新一轮发展下出现的诸多困境，又将困境分门别类，对其进行深入剖析并按照实际情况一一解答，既全面又有针对性。此书亦具前瞻性，既借鉴国际案例，又有国内著名专家指导。作为一本既可以了解PPP在国内发展现状又可以对号入座寻求帮助的工具书，值得PPP实操者拥有。

——冯小杰　上海腾韶环境科技有限公司副总裁

序　一

自2014年国务院、财政部和发改委等力推PPP以来，PPP项目在全国遍地开花，形成了一轮高潮。但是，伴随着PPP的快速发展也产生了很多问题，主要原因是有关方对PPP内涵和中央政策的理解不到位，或做PPP项目的动机不对或能力不足，或配套法律、金融、信用、监管、问责等机制不完善，造成PPP项目实施不规范，也偏离了中央推广PPP的初衷。因此，从2017年下半年起，中央部委特别是财办金〔2017〕92号等一系列政策开始了PPP项目的规范和清理。

目前PPP进入强监管周期，回归理性，是一件好事，有利于PPP行稳致远，提高公共产品和服务供给效率与质量，促进经济发展，提高生活水平。但是，强监管之下也引出一些问题，如被清退的项目怎么办？不合规的项目怎么整改？学术界有人做了大概统计，如果严格按照92号文等的要求，当时财政部PPP项目库中将近2/3的PPP项目都有不合规的成分。这意味着，会有不少的PPP项目面临整改、再谈判甚至提前终止的可能性，急需PPP项目困境破解和再谈判的指南，对PPP项目目前已经或将来可能遇到的各种常见典型问题给予针对性的分析和建议，为政府、投资者、金融机构、咨询甚至律师等指点迷津。因此，很高兴看到周月萍和周兰萍两位资深律师及其团队成员，在我一直的鼓励和指导下，结合近年来丰富的PPP实务经验编写出版了这本书。

我一直说，在PPP领域真正中立的可能只有三种人，一是学者，二是律师，三是咨询。律师的主要作用，除了保证PPP项目交易合规，把控PPP交易风险，还应考虑PPP的可持续性和导向性。因此，律师不仅要在项目前期把关合同，还应在后期帮助监管和履约，并考虑公众利益，同时去影响甚至引导行业发展，这是好律师所应追求的。两位周律师都算是我的学生，一位是在PPP和工程法律咨询领域已有长年实务经验的业内精英，一位则是在工程诉讼和仲裁领域的权威专家，同时也是资深的仲裁员。这次两人合力著书并结合各自所长对有关方在PPP项目实践中所面临的种种困境进行了全面分析，给出了破解路径和对策建议，字里行间无不体现着多年从事PPP实务和理论钻研的智慧结晶。早在2016年周兰萍律师编写出版

《PPP 项目运作实务》之时，我就曾为该书提供指导并作序。此次新书的编写出版，基本上对于书中的每篇文章都从学者角度给予了不同程度的指导并给出完善修改建议，我也通过这个过程收获良多。相信这本新书能为当前 PPP 项目中的困境提供切实可行的解决方案。

未来不短的时期内，PPP 仍然会在深化投融资体制改革、促进基础设施、公用事业、社会事业和城镇化发展等方面发挥重要作用。同时，伴随着一系列 PPP 新政的执行，也将倒逼各方规范运作 PPP，越来越强调真股投资、风险公平动态分担、全生命周期集成优化、运营监管与绩效考核，同时完善 PPP 相关的法律、金融、信用等机制，加强 PPP 专业人才的培养，政府、投资、金融、咨询、法律和学界等各方共同努力，加强交流，推动我国 PPP 规范、健康和可持续发展。

王守清博士*

2018 年 11 月 14 日

---

* 清华大学建设管理系教授、博导，清华大学 PPP 研究中心首席专家，全国高校 PPP 论坛学术委员会主任。

序　二

兰萍律师给我发来微信，请我为她们即将出版的新书作序，当时，我心里还有点疑虑。看过她们发来的书稿，我的疑虑彻底打消了。

当前，我国 PPP 模式已进入规范与高质量发展的重要时期，规范与高质量发展，意味着对四年来 PPP 模式推广运用过程中一些不规范的做法和质量不高的项目，要进行纠偏，对下一步新实施的项目坚持高标准、严要求，严格落实财政部等国家部委制定的政策制度和工作要求，以打造真正体现 PPP 本质要求、实现 PPP 政策目标的精品项目。在这样一个关键的时间节点，许多 PPP 业内人士都在寻找答案的时候，《PPP 项目困境破解与再谈判》一书和大家见面了。

该书几乎对四年来推广运用 PPP 模式中遇到的重点、难点、热点、焦点问题都进行了深入地剖析和认真地研究，从政策制度要求、专业技术角度、法律规范层面、国际案例视野，都一一给出了答案。特别是针对财政部《关于规范政府和社会资本合作(PPP)综合信息平台项目库管理的通知》(财办金〔2017〕92 号)所涉及的退库 PPP 项目何去何从问题、PPP 项目资本金穿透性管理问题、明股实债、固定回报、回购担保问题、绩效管理和项目监管问题、PPP 项目运营问题、PPP 项目采购问题、财政承受能力 10% 红线问题等都进行了重点解读。该书还就目前理论界、学术界、业内专家热议的 F + EPC 模式、ABO 模式、基金入股 PPP、BT 模式能否转 PPP 模式、社会资本如何退出等问题进行了深入探讨。就综合性区域开发、能源、环保、公路、港口、轨道交通、旅游、养老、医疗等领域 PPP 项目的模式选择、操作路径、难点痛点等问题也给出了很好的答案。

总之，《PPP 项目困境破解与再谈判》一书，触点很多、信息量大、时效性强，能够给我们带来很多的启发，能够使我们拓宽视野，也能够增加我们的知识，更能在 PPP 规范与高质量发展中找准方向、厘清思路，值得广大 PPP 工作者、爱好者一读。

宋义武*

2018 年 11 月 16 日

---

* 原江苏省财政厅厅长。

序　三

随着"一带一路"、京津冀协同发展、长江经济带、粤港澳大湾区建设等一系列国家重大战略的推动实施，以及乡村振兴、城市更新和城乡一体化等中央和地方各项建设发展目标任务的逐步推进，基础设施建设的未来需求潜力巨大。而今年以来，我国固定资产投资增速整体呈下滑趋势，其中基础设施投资增速下滑较快。为保持基础设施领域补短板力度，国务院办公厅于2018年10月31日出台《关于保持基础设施领域补短板力度的指导意见》(国办发〔2018〕101号)，文中明确鼓励地方依法合规采用政府和社会资本合作(PPP)等方式，撬动社会资本特别是民间投资投入补短板重大项目。PPP在基础设施和公共服务领域的应用前景广阔。

过去的很多年尤其是2013年以来，PPP作为基础设施和公共服务领域的一种创新投融资模式，对促进全国各地的城市建设发展以及公共设施项目的提质增效发挥了巨大的作用。与此同时，因PPP专门法律缺位、顶层设计乏善等原因，很多PPP项目实施过程中也出现了很多问题，这些问题或涉及合规性影响项目入库和融资，或涉及合理性影响项目顺利实施，而合规要求是底线，合理的风险分配和权利义务设置则关系到各方能否实现PPP项目合作的预期目的。从这个意义上讲，精通PPP投融资实务的专业律师对于PPP项目而言就显得尤为不可或缺。

继2013年开始大力推广PPP模式至今，国家先后出台多部政策法规对PPP项目进行规范管理，尤其是2017年年底出台的92号文等文件更是让PPP遭遇"史上最严"监管。很多项目因融资不到位，或是前期可研不充分、项目实际投资额较估算偏差较大，或是联合体投标人实力跟不上，或是存在前期手续不合规不能入库或被退库等风险因素，导致PPP项目遭遇困境。对于陷入困境中的PPP项目，首选再谈判，再谈判可能通过股权融资引入新的合作方、延长运营期限等方式达成补充协议，让合同继续履行下去，也有可能双方协商一致解除合同，或者双方协商不成，诉诸法院或约定的仲裁机构仲裁来解决纷争。本书作者周月萍和周兰萍两位律师是姐妹搭档，也是中伦律师事务所二十几年来破例吸收的具有亲缘关系的合伙人，其中，兰萍律师聚焦于PPP项目困境咨询和再谈判，月萍律师侧重用诉讼或仲裁方式破解 PPP 项目困境，帮助陷入 PPP 困境中的社会资本方、政府方、金融机构等各方参与主体脱离困境、实现多赢。

中伦律师事务所在基础设施投资建设运营管理、项目融资、公司治理等方面有着雄厚的专业优势，在工程性基础设施方面（交通运输、环保、能源、重大市政工程、片区综合开发等领域）及社会基础设施方面（如养老、旅游、文化等领域），曾为众多境内外客户（包括政府部门、建筑企业、金融机构等）提供专业咨询服务，在 PPP 基础设施投融资领域积累了丰富的经验。周月萍律师和周兰萍律师都是中伦工程与基础设施业务组的优秀合伙人代表，两位律师及其所带领的团队长期专攻基础设施法律实务，辛勤的耕耘换来了如今的硕果累累。

两位律师不仅精于实务，还勤于积累，先后著有多本专业著作。《PPP 项目困境破解与再谈判》是两位律师的又一力作，书中全面分析了当前 PPP 项目实践所面临的种种困境，并对每一种困境都给出了破解路径和对策建议，困境问题典型客观，对策建议专业务实。

本书是两位律师多年从事 PPP 实务和理论钻研的智慧结晶，也凝聚了两位律师及其团队的汗水和辛劳。希望也同时相信一定会对从事 PPP 实务乃至理论研究的读者们有所裨益！

是为序。

张学兵*

2018 年 11 月

---

* 中华全国律师协会副会长，中伦律师事务所管委会主任。

自　序

PPP是一种创新的公共服务供给管理模式。推广运用PPP模式是全面深化改革、推进国家治理体系和治理能力现代化的重要举措。2014年以来,按照党中央、国务院的决策部署,以财政部和国家发改委为首的中央各部委开始大力推广PPP。四年多来,PPP在国内得到了新一轮发展,PPP促改革、助发展的目标成效初显。总体而言,本轮PPP呈现出了"四多"的特点:

1. 参与主体多。从中央到地方,除了财政和发改这两大主推部委外,其他住建、交通运输、环保等二十多个部门也相继加入推广大军。各类社会资本、金融机构是本轮PPP的生力军。此外,为各类项目提供智慧支持的咨询机构以及为PPP政策立法建言献策的学者专家更是不可或缺的重要力量。全国上下规模和影响之大,前所未有。

2. 出台政策多。四年多来,中央各部委出台的各类PPP相关政策文件多达数百份,地方为此出台的细则文件更是不计其数。政策之多,令各方应接不暇。

3. 项目数量多。除财政部和国家发改委评选出的近千个示范项目及典型案例外,在清理退库工作开展前,两部委PPP项目库的入库项目数都一度过万,项目投资总额高达20多万亿元。此外,各地还不同程度地建立了本地PPP项目库。数量之多,令人惊叹。

4. 实际问题多。毕竟PPP对本轮大多数参与方而言还是新生事物。在推进速度快、力度大的同时,因PPP专门法律缺位、顶层设计乏善、各方动机迥异以及专业培训跟不上等各种原因,项目推进过程中也出现了诸多乱象,为后续的风险和争议埋下了不小的隐患。

随着2017年11月底财政部出台《关于规范政府和社会资本合作(PPP)综合信息平台项目库管理的通知》(财办金〔2017〕92号,以下简称"92号文")、2018年年初出台《关于规范金融企业对地方政府和国有企业投融资行为有关问题的通知》(财金〔2018〕23号,以下简称"23号文")等多则监管新政,PPP进入严监管态势导致大量"问题"项目陆续被清退出项目库。退库项目包括已经进入实施阶段的退库项目该何去何从？在库的不少项目或因融资等难题无法如期推进，或因财承、风险分配等难题面临再谈判，社会资本如何合法退出？股权融资方如何合法引入？项目再谈判是否合法？……这些疑问让项目各方很是困惑。与此同时，在PPP立法不到位的背景下，项目监管、项目公司治理等实操层面的难题也困扰着各方。

《PPP项目困境破解与再谈判》将当下PPP项目面临的困境分为退库困境、融资困境、合规监管困境等十大类别，选取了近五十种困境典型进行深入剖析并逐一给出了破解对策建议，同时精选了实务中关注度较高的典型问题做了专门解答。在给出困境破解对策的过程中，以遵循国内法律政策本意为原则，不仅考虑如何贴近结合国内PPP实操需求，还广泛借鉴国际前沿PPP理论与实务，力求让每一点对策既具有针对性，也体现前瞻性。以下对各篇章分别简要介绍如下：

第一篇为退库项目困境破解。根据统计数据显示，自92号文发布之日至2018年9月，财政部综合信息平台已累计清理管理库项目2554个，累计清减投资额3.0569万亿元。此后，国家发改委亦组织地方发改委对PPP项目库入库项目进行全面规范核查，其中，一些地方发改委公布了PPP项目核查结果，多地半数以上项目被清退出库，甚至有地方项目被全部清退。不少退库项目甚至已进入项目实施阶段。本篇从退库项目困境破解应坚持的四个原则入手，对退库项目根据具体情况分别给出了完善后重新入库、项目终止以及调整模式等三类路径建议。

第二篇为公共项目投融资模式困境破解。退库项目以及其他因种种原因无法以PPP模式实施的部分项目，项目参与方或不知所措，或盲目跟风以所谓的创新模式参与公共项目投资。本篇就目前实践中出现频率较高的F+EPC、ABO、特许经营等三种模式存在的问题和风险逐一进行了阐述，并相应给出了合规完善建议；与此同时，针对不能入库而由PPP模式转为EPC模式实施的项目以及为避免增加政府债务而由BT模式转为PPP模式的项目给出了合规操作建议；针对实务中采用"PPP+EPC"组合模式实施的项目，也从项目全周期管理角度给出了具体风控建议。

第三篇为社会资本退出困境破解。PPP项目规模大、周期长、综合性强、风险大，在资本金穿透审查的23号文出台后，社会资本对投资退出问题更加高度重视。本篇针对各方关注的社会资本在合作期能否退出以及具体退出机制分别进行了阐述，并针对项目因故提前终止情形下的社会资本退出路径也做了专题分析。

第四篇为项目融资困境破解。PPP项目的资金量大,在当前的金融降杠杆风险背景下,对社会资本而言,为降低资本金筹集压力、实现债务出表等目的,股权融资成为当下项目推进中面临的首要的、最为迫切的问题。但是如何引入股权融资方?在不得由第三方代持新规限制下,是基金管理公司入股还是基金入股?……针对股权融资引发的典型困惑,本篇逐一进行了论证分析,一并对国际项目融资实践经验做了专题介绍,以丰富国内项目融资难题的解决视角。

第五篇为风险分配困境破解。PPP项目复杂,周期长,如何在政府与社会资本之间进行合理的风险动态分配,关系到项目能否实现降本增效、最终实现物有所值。然而,"PPP项目风险应当由对风险最有控制力的一方承担",这一理论共识落实到实践远没有想象中的那么容易。本篇在选取部分典型困境问题分析的同时,对英国和加拿大这两大PPP发展较为成熟国家的案例实践做了专题介绍,希冀国内项目参与方能汲取教训,及时修正和调整不合理分配风险的做法,避免重蹈覆辙。

第六篇为项目合规监管困境破解。依法合规是各方开展PPP项目的底线,应当得到各方高度重视。除了相关的法律和行政法规外,财政部和国家发改委尤其是财政部针对PPP项目的合规要求出台了不少规范性文件。本篇针对主体合规、客体合规和程序合规三大合规监管核心分别选取典型问题做了展开分析,其中主体合规问题如社会资本应否与项目公司承担连带责任,股权代持协议是否有效,等等;客体合规问题如政府承诺函是否有效,商业项目纳入PPP合作范围有哪些风险,等等;程序合规问题如物有所值不合理对PPP项目实施有哪些影响,未依法定程序选择社会资本会否导致PPP项目合同无效,等等。与此同时,本篇还重点介绍了世界银行对PPP项目的管理经验,希冀国内能在项目可融资性、项目全周期管理体系建设、项目采购、信息公开等方面加以有效借鉴,在加大项目监管的同时,助力PPP项目更好地实现物有所值。

第七篇为项目公司治理困境破解。出于降低项目初始投资的压力以及加强项目监管等因素考虑,政府与社会资本合资设立PPP项目公司的做法较为多见。但二者不同的诉求也带来了PPP项目公司治理层面的诸多难题。如何合理设计PPP项目公司治理结构?如何合理设置一票否决权?PPP项目公司僵局如何破解?本篇围绕上述典型问题并结合相关的司法裁判实践展开了分析,并分别给出了对策建议。

第八篇为存量项目困境破解。一方面,随着中国的城市发展进入新旧动能转换期,城市存量基础设施的盘活、更新改造成为放在地方长官和主管部门面前的严峻课题。另一方面,前期各地大干快上推出的大量 PPP 项目在实施过程中社会资本方或者是政府方也在不同程度上产生盘活 PPP 资产的诉求。如何借鉴国际经验更好的实施存量 PPP 项目? PPP 存量项目并购过程中应该注意哪些事项? 本篇围绕前述问题进行了全面阐述。

第九篇为行业项目困境破解。PPP 项目进入严监管态势后,哪些行业会是接下来 PPP 重点应用领域? 2017 年财政部、住建部等四部委联合发文鼓励在污水、垃圾处理领域全面实施 PPP。2018 年年初,文化和旅游部、财政部联合发文鼓励运用 PPP 模式改善旅游公共服务供给。近期国务院办公厅专门发文鼓励规范运用 PPP 模式在基础设施补短板领域发力。此外,客观而言,城市更新、养老等经营性和准经营性民生项目也较为适合运用 PPP 模式,预计 PPP 在上述领域会大有可为空间。本篇基于国家层面的政策背景、民生项目的客观需求,选取城市更新等综合开发领域、静脉产业园等生态环保领域、港口机场高铁等交通基础设施领域以及旅游、养老等五大行业领域并就 PPP 在该等领域实施的难点及痛点做了针对性分析,并借鉴相关国际经验给出了相应的对策建议。

第十篇为项目实施争议解决困境破解。随着大量的项目遭遇退库,诸多的项目推进面临重重困境,对 PPP 项目而言发生争议在所难免。再谈判合法吗? PPP 合同是民事合同还是行政合同,定性的不同对争议解决是否有影响? 这些问题实操中经常被问及。本轮 PPP 发展过程中,管委会这一特殊主体在诸多新区新城项目中屡屡出现,但鉴于管理体制的特殊性,行政管理权和财权这两大行政权能实际在不同管委会之间的差异,使涉及管委会主体的 PPP 项目未来在实施过程中也多了不确定性。本篇就前述争议解决相关的难题分别做了专题分析,为争议发生后各方寻求救济提供参考。

第十一篇为 PPP 项目困境破解典型问答。本篇将实践中较为常见的典型问题按照主体类、模式与内容类、程序类、风险分配类、项目公司治理类以及争议解决类等六大类别进行分类,并逐一做了详细解答。PPP 典型问答作为对前十章所涉及的五十种典型困境内容的有益补充,旨在为实务操作层面提供更为全面及更有针对性的帮助。

本书在写作过程中,得到了中国著名 PPP 学者、清华大学王守清教授的顾问指导,守清老师专业严谨的指导令我们受益匪浅,感谢守清老师! 同时感谢写作组的各位小伙伴在繁忙的工作之余对书稿写作给予的倾力支持,他们是中伦律师事务所叶华军、宋茜、孟奕、张留雨、袁梦艺、樊晓丽、江杰慧等。

本书虽力求全面，但水平所限，加上成书仓促，难免有疏漏不足之处，欢迎大家批评指正！

周月萍　周兰萍

目　录

第一篇　退库项目困境破解

第二篇　公共项目投融资模式困境破解

第三篇　社会资本退出困境破解

第四篇　项目融资困境破解

第五篇 风险分配困境破解

第六篇 项目合规监管困境破解

第七篇 项目公司治理困境破解

第八篇 存量项目困境破解

第九篇 行业项目困境破解

第十篇 项目实施争议解决困境破解

第十一篇 PPP 项目困境破解典型问答

第一篇　退库项目困境破解

第一章　退库项目该何去何从

引　言

《关于规范政府和社会资本合作(PPP)综合信息平台项目库管理的通知》(财办金〔2017〕92号,以下简称"92号文")和《关于进一步加强政府和社会资本合作(PPP)示范项目规范管理的通知》(财金〔2018〕54号,以下简称"54号文")出台以来,财政部加强了对PPP项目的入库管理力度,并对不符合规范、未有实质性进展的项目明令予以清退,以实现正本清源,促进PPP在国内的健康发展。但是,针对已退库的PPP项目,未来该何去何从?为了保持社会基础设施和公共服务的持续与稳定供给,已退库项目是否还有一线生机?本章即重点围绕在当前整改清退背景下PPP项目的退库困境,结合项目实践提出行之有效的破解之道。

一、PPP项目整体退库情况

2017年11月,财政部办公厅印发92号文,提出对全国范围内的入库PPP项目开展全面集中清理。根据财政部PPP中心2018年三个季度季报的统计数据显示,自92号文发布之日至2018年9月底,财政部综合信息平台已累计清理管理库项目2554个,累计清减投资额3.0569万亿元①。其中,湖南、新疆、内蒙古、贵州、河南、

① 根据财政部PPP中心发布的《2018年第1期季报(总第10期)》内容:"2017年11月16日《关于规范政府和社会资本合作(PPP)综合信息平台项目库管理的通知》(财办金〔2017〕92号)发布后,至2018年3月末,综合信息平台已累计清退管理库项目1160个,累计清减投资额1.2万亿元",《2018年第2期季报(总第11期)》内容:"二季度管理库共清退项目856个、涉及投资额9569亿元",以及《2018年第3期季报(总第12期)》内容:"三季度管理库共清退项目538个、涉及投资额0.9万亿元",财政部综合信息平台已累计清理管理库项目2554个,累计清减投资额3.0569万亿元。

山东等地退库项目规模较大①。

2018年4月,财政部又下发54号文,对173个国家级示范项目存在进展缓慢、执行走样等问题进行分类处置。本次示范项目规范管理中,共计30个PPP示范项目退出示范清单且退出项目库,投资额达到300.21亿元;54个项目调出PPP示范项目清单,投资额达到1594.76亿元。②

而在财政部持续开展PPP项目清退的同时,国家发展改革委办公厅也出台了《关于开展PPP项目库规范核查促进PPP持续健康发展的通知》(发改办投资〔2018〕708号),进一步加强PPP项目库的规范管理。其中,吉林省、四川省、宿州市、青海省四个地区已经相继发布响应政策,一些地方发改委公布了PPP项目核查结果,多地半数以上项目被清退出库,甚至有地方项目被全部清退③。可见,在当前严格监管政府债务,遏制隐性债务风险的背景下,加大全国PPP项目库的管理力度,将项目入库与财政预算安排挂钩已成为中央实现PPP项目有效监管的重要举措。项目整改和清理工作的开展体现了各方为PPP模式正本清源、实现健康和可持续发展的高度重视,有利于及时发现和解决问题,促进PPP项目规范和高质量发展。可以预见到,未来"减债务、控风险、强预算、严监管"仍然会是PPP项目发展不变的主基调,如何在当前背景下牢牢把握政策规范红线,守住项目清退的底线,将是所有PPP项目都需要重点关注的课题。

二、PPP项目退库困境的破解原则

对政府方而言,PPP项目退库必然不利于社会公共服务价值的实现,也会造成项目前期准备和采购成本的浪费。对社会资本方而言,PPP项目退库同时会对项目实施和融资等各方面造成直接的影响,进而影响到其合理投资回报的取得。因此,为了使PPP项目退库困境找到合适的破解路径,政府和社会资本方首先都应追本溯源了解退库困境的破解原则,并为后续项目的整改和再谈判奠定基调。

---

① 来源于北京明树数据科技有限公司对PPP项目退库的统计数据,载"PPP知乎"微信公众号,2018年8月24日。

② 数据来源于《关于进一步加强政府和社会资本合作(PPP)示范项目规范管理的通知》(财金〔2018〕54号),2018年4月24日。

③ 陈益刊:《财政部、发改委核查万亿级PPP项目库 多地半数项目被清退》,载https://www.yicai.com/news/100015484.html,最后访问日期:2018年11月7日。

（一）合规性

项目合规性无疑是退库项目所必须满足的基本要求，也是 PPP 项目管理部门衡量项目入库标准的重要尺度。对此，92 号文和 54 号文已从夯实项目前期工作、严格审查签约主体、杜绝违法违规现象以及强化项目履约监管等各个方面对 PPP 项目应当遵守的合规红线进行了列明，构建了一套完整的关于 PPP 项目管理的负面清单。这些规范性政策的出台，在帮助地方政府有效规范项目管理、避免隐性债务风险产生的同时，也能够为已经退库项目找到整改的方向。

（二）稳定性

自 2014 年 PPP 模式兴起以来，虽然各部门不断出台规范性文件鼓励和引导社会资本参与公共产品和公共服务项目的投资、建设和运营管理，实现地方政府和社会资本的长期合作。但是，推广 PPP 模式的初衷或者根本目标始终没有改变，那就是通过发挥市场机制作用，提升公共服务的供给质量和效率，实现公共利益最大化。因此，即使项目因为合规性或其他现实因素导致被退库，社会公共服务的持续和稳定供给也应当是政府所要坚守的底线，采取有效措施避免工程烂尾、公共利益受损、政府工作失职，是项目退库后合作双方都必须坚持的根本原则。

（三）合理性

对于已经进入或完成采购阶段的 PPP 项目而言，退库或整改并不会直接导致政府方与社会资本方的法律关系发生终止或变更，但是必然会对社会资本方的利益造成直接影响。由于退库困境的破解必然涉及各利益主体权责利关系的重新调整，因此除了牢握合规性原则外，合理性原则也是应当把握的重要原则。对此，各级政府部门应当勇于担当，合理、规范、灵活协调各方关系，通过统筹协调，积极沟通，在兼顾各方合法权益的基础上，推动形成政企双方一致认可的困境破解思路。

（四）全面性

各方需要认识到，PPP 项目的退库、整改不仅仅是一份退库、整改清单就能尘埃落定，同时也要避免产生退库整改只是签署一份补充协议就能善后的误区。退库后，政府方应对所有项目文件，包括前期规划和立项、两评一方案、采购文件以及签署的合同文件等进行重新梳理和仔细筛查，问题的产生不仅在一份文件上会有所体现,而是一个相互关联、相互呼应的关系,只有全面细致的核查工作才能为退库困境的破解找到最为合适的出路。同时,未被要求整改、退库的项目也并非万事无忧,政府方同样应参照已经退库的项目经验对现有正在实施的项目进行全面核查,避免风险隐患的发生。

三、PPP项目退库困境的破解路径

基于上述针对PPP项目退库困境的破解原则,结合项目实践,笔者认为,目前行之有效的破解路径主要存在以下三种:

(一)破解路径一:完善合规问题后重新入库

经笔者调查发现,本次已退库的项目中由于合规性问题被清退的不在少数,究其原因,是由于该等项目的实施方案或合同文件中存在采用建设—移交(BT)方式、由未转型的政府融资平台公司作为社会资本方等不符合PPP规范运作要求的情形,或者约定由政府或其指定机构回购社会资本投资本金、政府向社会资本承诺固定收益回报等构成违法违规举债担保的情形。

针对该种情况,笔者认为,因合规性问题被退库并非意味着项目无法以PPP模式继续实施,由于财政部PPP综合信息平台一向秉持"能进能出"、动态调整的管理理念,只要严格依据法律和政策,妥善梳理和解决项目中可能发生的主客体不合规、采购不规范、保底承诺等问题后,重新申请入库即可。对此,财政部发言人在针对示范项目清理工作进行报告时也强调,本次核查清理工作根据PPP项目实际推进情况,遵循市场机制"优胜劣汰"的法则,将部分暂时无法推进、不适宜继续采用PPP模式的项目调出库。示范项目出库、退库后如果能规范推进,顺利落地,那么,将会鼓励重新申请入库或申报未来的示范项目计划。

需要强调的是,如前所述,项目重新整改的过程并非仅是对方案或合同文字上的简单处理,而是全面而系统的论证过程,将项目能否实现物有所值,是否可通过财政承受能力论证作为项目整改的衡量标准。同时,针对已完成项目采购或已进入项目实施阶段的项目而言,如果合规性问题整改导致项目采购阶段所确立的采购条件和原则发生了实质性变化,则必然涉及政府和中选社会资本双方对项目运作模式、回报机制和绩效考核等各方面的再谈判。在此情形下,双方除了应遵循合规性和合理性原则,在兼顾各方合法权益的基础上形成一致认可的整改方案之外,应尽量借助第三方专家力量,解剖难题、找准症结、核实问题,结合政策规定和项目实际提出有针对性、可操作性的整改方案，保证项目的整改质量。

（二）破解路径二：项目终止

对于因现实客观因素导致无法继续推进，或因政企双方无法就项目的整改达成一致意见的退库项目，选择项目终止无疑也是为防止损失进一步扩大的有效手段。考虑到项目清理工作的开展，其本质也是为了通过市场机制淘汰不适宜的项目，为更加优质、更有需要的项目入库提供更多空间，因此选择项目终止对于公共利益最大化的实现也并非下策。

但是，选择项目终止必然涉及合同解除与终止补偿两方面问题。对此，有观点认为，项目退库是由 92 号文和 54 号文等政策文件的出台所直接导致，因此，政企双方按照法律变更行使合同解除的权利并据此确定补偿标准即可。对此，笔者认为，不可一概而论，而应根据项目退库的实际原因来确认双方的违约责任和补偿标准。对于 92 号文和 54 号文所规定的退库情形，并非全部属于新的规范要求，绝大多数内容是对以往 PPP 相关政策文件的汇总，其中如“前期准备工作不到位”、“未按规定开展两个论证”和“未按规定进行信息公开”等情形明显属于政府方的违规行为，也应当由政府方承担相应的违约和补偿责任。同样地，由于社会资本通常承担着项目出资到位和融资交割的风险，因此“未按时足额缴纳项目资本金”“未按合同约定落实项目债权融资”导致项目退库的责任应当由社会资本承担。然而，诸如“项目建设成本不参与绩效考核，或实际与绩效考核结果挂钩部分占比不足 30%，固化政府支出责任的”等情形，由于属于新的规范要求，双方可以在协商前提下按照政府不可控的法律变更原则来确定补偿的标准。

总之，针对每个已退库项目，如选择项目终止作为解决路径的，则应当根据项目所处的阶段、退库产生的原因来认定责任承担主体，并根据已发生的投资额、已完成的工程量以及退库可能造成的实际损失等因素合理确定补偿标准。同时，双方在就项目终止进行谈判的过程中，还应兼顾对社会公共利益可能产生的影响，以及银行等项目融资方的合理诉求。

（三）破解路径三：模式调整

据笔者统计，在被调出示范并已退库的 30 个项目中有 24 个项目均是由于“不再采用 PPP 模式”而被清理。其中，濮阳县城区集中供暖新建等项目更是明确将转为政府投资模式继续实施。可见，大多数已退库的项目都亟待通过转变项目投资模式来寻求突破，并继续实现项目服务的供给。但是，同样地，对于“不再采用 PPP 模式”而被清理的项目，也并不存在一套万能适用的法则或模式来进行转变，而应根据具体项目情况和不再采用 PPP 模式的原因，因地制宜地为其找到最为合适的出路。

92 号文已列明了关于不适宜采用 PPP 模式实施的负面清单，其中如不属于公共服务领域、政府不负有提供义务的项目，如地产开发项目等竞争性较强的商业项目，原本就不应由政府方主导或采取过多的行政干预，因此地方政府可通过采用招商引资、产业导入、土地招拍挂等完全市场化的运作方式即能实现项目的既定产出目标；针对涉及国家安全或重大公共利益等不适宜由社会资本承担的项目，则应优先考虑采用政府投资模式实施，同时也可以发挥地方国有企业所积累的经验与能力，特别是已在特定领域内具备成熟融资、建设与运营经验的专业性国有企业，更适合成为承接此类项目的主力军；对于仅涉及工程建设，无运营内容或者在特定行业领域缺少合适社会资本运营商的项目，传统工程发包或 EPC 总承包商采购仍应是政府方优先选择的实施模式。

需要注意的是，对于项目模式的选择始终不应脱离项目产出目标和物有所值的实现，在项目前期论证和准备过程中应当避免“为 PPP 而 PPP”的错误理念，也不能将 PPP 当作万能药，将各种类型子项目不分门别类就往一个篮子里装。现阶段，我国政策仍鼓励民间资本积极参与到城镇化建设和基础设施投资进程中来，同时中央也同步通过加大政府专项债券规模等方式，进一步支持精准扶贫、生态环保、棚户区改造等重点领域的投资建设。因此，地方政府应当遵循真实、客观、公开的原则，在项目识别或准备阶段认真开展物有所值评价，进而作出是否采用 PPP 模式代替政府传统投资方式提供公共服务的理性判断。

结　语

保证 PPP 项目合法合规、促进 PPP 项目健康和可持续发展是目前各规范政策和项目清理的初衷。在当前 PPP 项目清理退库的背景下，尤其应重视项目退库后困境破解措施或方案的合法性、平稳性、合理性和全面性，并对项目的退库原因和整改方向进行深入的剖析，因地制宜，找到最为合适的退库困境破解之道。

第二篇　公共项目投融资模式困境破解

- 第二章　如何防范F+EPC模式实施风险
- 第三章　ABO模式合法吗
- 第四章　特许经营项目需要纳入PPP项目管理库管理吗
- 第五章　PPP转为政府投资EPC模式实施有哪些注意事项
- 第六章　BT投资人能否直接转为PPP社会资本
- 第七章　PPP+总价包干EPC项目法律风险如何防范

第二章　如何防范 F + EPC 模式实施风险

引　　言

在当前我国经济新常态及规范地方政府举债融资、防控政府隐性债务风险的背景下，公共设施项目所需的建设及运营资金来源逐步被限缩和规范化。特别是近期财政部等中央部委连续出台多项政策对 PPP 的操作乱象进行治理整顿，倒逼市场回归 PPP 的本源，催生和加剧了政府方与社会资本方探索利用政府债和 PPP 模式以外的其他模式来解决公共设施项目建设及运营所需资金来源的问题。

由此，我国对外承包工程常见的 F + EPC（Finance + Engineering Procurement Construction，融资 + 设计、采购、施工）模式①重新进入政府方和社会资本方视野，并被应用到国内公共设施项目投融资和管理方面，以解决政府方对该等项目前期财政资金投资不足问题，以及发挥社会资本方投资带动施工优势。本章将结合 F + EPC 模式的特点分析其实施风险，以期为今后的项目实施提供参考及建议。

一、F + EPC 模式概述

（一）F + EPC 模式是在 EPC 基础上衍生的融资建设模式

EPC 模式是集设计—采购—施工于一体的工程总承包模式，又称交钥匙总承包。EPC 模式下要求总承包商在充分了解项目业主需求的基础上，集成优化完成

---

① 如《中国建筑 AABAR 项目签署三方合作备忘录》称，中建与阿联酋 AABAR 公司、中国工商银行共同签署了 EPC 合作项目备忘录，中国建筑将作为项目的 EPC 总承包商，中国工商银行将为 AABAR 公司提供融资支持，采用“融资 + EPC”模式实施，载 http://www.cscec.com.cn/zgjz_new/xwzx_new/zqydt_new/201205/2651705.html，最后访问日期：2018 年 10 月 8 日。

设计和建设任务,总承包商拥有较大的自主权;业主方通过合同对项目进行管理,最终更强调项目使用功能。

而F+EPC模式具备EPC模式的基本特征,但在EPC模式基础上衍生出"融资"功能,是指公共设施项目的项目业主(通常为地方国企)通过招标等方式选定社会资本方,由该社会资本方直接或间接筹措项目所需建设资金,以及承揽EPC工程总承包相关工作,待项目建设完成后移交给项目业主,在项目合作期内由项目业主按合同约定标准向合作方支付费用的融资建设模式,或者融资代建模式。

(二)F+EPC模式更加凸显模式的"融资"功能

在当前我国规范地方政府举债融资、防控政府隐性债务的主导政策背景下,地方政府当期财政支付能力不足且迫切上马公共设施项目时,解决政府方对该等项目前期财政资金投资不足问题是F+EPC模式发挥"F"(融资)功能的主要动因。根据社会资本方筹措项目建设资金的参与方式不同,F+EPC模式可分为股权融资+EPC和债权融资+EPC。

在股权融资+EPC模式下,社会资本方与项目业主或其指定出资代表共同出资设立合资公司,由合资公司筹措项目建设资金给项目业主用于支付EPC工程总承包费用;在债权融资+EPC模式下,由社会资本方以委贷或借款等方式向项目业主提供建设资金,后由项目业主按照约定用于支付EPC工程总承包费用。在F+EPC模式下,政府方将融资风险转移给社会资本方,通常会要求其具备雄厚资信实力、丰富的EPC工程总承包项目业绩经验以及必要的项目管理专业人员等基本条件。

(三)F+EPC模式项下的回报机制

由于F+EPC模式具备EPC模式的基本特征,就工程总承包部分,仍延续常规EPC模式回报机制,即采用总价合同或者成本加酬金合同,由项目业主向EPC工程总承包商支付总承包工程费用;就"F"融资部分,约定类似投资收益标准,基于F+EPC模式分类不同,可由项目业主支付,或者从合资公司股权投资中获取分红收益。实操层面,F+EPC模式的两部分回报可能单独约定,也可能合并归结到工程总承包费用范畴;付费周期可能在EPC工程总承包建设期内全部支付,也可能拉长至建设完成后一定期限内支付完毕。即便是项目业主为地方国企,由于项目本身涉及公共设施项目的投资开发建设,项目回报机制的最终付费来源实际多与地方财政支付责任挂钩。

二、F + EPC 模式的实施风险

（一）F + EPC 模式涉嫌构成政府方违规变相融资举债

1. "F"（融资）功能客观上属于政府方的一种融资举债行为，但 F + EPC 模式并不属于当前政策允许的任一政府融资举债的方式或途径

对于政府投资项目而言，无论是采用股权融资还是债权融资，均是由选定的社会资本方在承揽 EPC 工程总承包时负有筹资义务，并且由项目业主使用该等资金用于支付工程总承包费用，即项目建设资金并非由项目业主使用预算资金。从客观上看，F + EPC模式属于政府方的一种融资举债行为。

根据《国务院关于加强地方政府性债务管理的意见》（国发〔2014〕43 号）所明确规定的地方政府举债融资机制仅限于以发行政府债券方式举债、PPP（即政府和社会资本合作）、在依法担保的范围内可能会承担的或有债务，以及《财政部驻各地财政监察专员办事处实施地方政府债务监督暂行办法》（财预〔2016〕175 号，以下简称"财预〔2016〕175 号文"）规定的"除发行地方政府债券、外债转贷外，地方政府及其所属部门不得以任何方式举借债务，不得为任何单位和个人的债务以任何方式提供担保"和财政部发布《关于进一步规范地方政府举债融资行为的通知》（财预〔2017〕50 号，以下简称"财预〔2017〕50 号文"）规定的"地方政府举债一律采取在国务院批准的限额内发行地方政府债券方式，除此以外地方政府及其所属部门不得以任何方式举借债务"，上述文件均明确限定了地方政府融资举债的方式和途径，而 F + EPC 模式并不属于当前政策允许的任一政府融资举债的方式或途径。

2. F + EPC 模式的融资、建设和移交特征与 BT 模式特征契合，涉嫌以 BT 模式实施的违规风险

如前所述，F + EPC 模式由选定的社会资本方负责筹集建设资金给项目业主支付工程总承包等费用，项目建设完成后需移交给政府方管理，该模式特征与 BT 模式接近。在 BT 模式下，政府方进行基础设施建设，由企业提供资金，政府方是支付回购款的直接债务主体，政府方并未在项目开始实施前即先行安排财政预算资金，这在一定程度上增加了地方政府的债务压力和风险。在政策规定层面，2012 年年底，财政部等四部委联合发布《关于制止地方政府违法违规融资行为的通知》（财预〔2012〕463 号）[①]，明确规定"除法律和国务院另有规定外，地方各级政府及所属机

---

① 该文件已被《财政部关于公布废止和失效的财政规章和规范性文件目录（第十二批）的决定》废止。

关事业单位、社会团体等不得以委托单位建设并承担逐年回购(BT)责任等方式举借政府性债务”。该规定明确限制了 BT 模式的应用,要求规范地方政府融资行为。后续财政部《关于进一步做好政府和社会资本合作项目示范工作的通知》(财金〔2015〕57 号)、《关于印发〈政府和社会资本合作项目财政管理暂行办法〉的通知》(财金〔2016〕92 号)等文件中,明确规定政府方不得在预算安排之外与其他单位或企业签订回购(BT)协议,以及项目实施不得采用建设—移交方式。故,政府投资项目采用 F + EPC 模式,涉嫌构成政府方违规变相融资举债,存在合规性风险。

(二)在 F + EPC 模式下,社会资本方承担较大的融资风险及投资回收风险

1. F + EPC 模式是由社会资本方直接或间接筹措项目所需建设资金,承担项目融资责任,客观上存在融资不能的风险

F + EPC 模式下所需建设资金并非直接来源于财政资金或项目业主自筹资金,是由社会资本方通过股权或债权等方式直接或间接完成资金筹措供项目业主使用,无论是社会资本方完全使用自有资金,还是进行融资贷款,融资风险通常是分配给社会资本方承担的。若项目拟采用项目贷款方式,则金融机构对于项目未来收益偿债能力和项目本身的合法合规性审查的要求严苛,并且金融机构基于《关于规范金融企业对地方政府和国有企业投融资行为有关问题的通知》(财金〔2018〕23 号)规定而严格执行国有金融资本管理制度,在此条件下,若合资公司或股东无法提供其他有效增信措施,则可能无法满足银行审核贷款及放款要求,从而导致项目融资困难,建设资金部分无法落实,进而影响项目业主的工程款支付能力。

2. 基于 F + EPC 模式回报机制的特殊性,加剧了社会资本方的投资回款风险

股权融资 + EPC 方式下,常以政府方指定的平台公司作为项目业主选定社会资本方作为合作单位,并由平台公司承担社会资本方股权的回购义务,而双方设立的合资公司具体负责筹集建设资金,根据项目业主指令支付 EPC 工程总承包费用。可见,社会资本方作为 EPC 工程总承包商获取的工程费用依赖于合资公司筹资能否如期到位,股权回购部分则依赖于平台公司的资信能力;在建设过程中及项目竣工移交后,由项目业主实际承担还本付息的责任,合资公司能否如期获取回款,同样存在不确定性。即便是项目回报机制的付费来源直接与地方财政支付责任挂钩,由于项目建设进程与政府方财政支付时序不匹配,能否在项目建设完成后安排回购的财政资金,存在极大不确定性。在债权融资 + EPC 方式下也同样面临该等回款不确定性风险。

三、风险的应对措施

(一)回归真正的 EPC 模式

根据财预〔2017〕50 号文等文件的规定,地方政府举债的方式和途径被严格限定,不允许其以任何违规方式变相融资举借,防范形成政府隐性债务。故,从合法合规的角度,建议将 F + EPC 模式调整为 EPC 模式,去除其"融资"功能,回归 EPC 模式本源。当然,回归真正 EPC 模式有赖于政府方能够先安排预算资金到位,并根据合同约定及时拨付工程费用。如政府方当期确实无法安排预算资金到位的话,可考虑缩减项目投资规模,或发债筹资扩大财政支付能力,或者转变项目合作方式,或者终止项目合作。

(二)将 F + EPC 项目转变为 PPP + EPC 模式

基于 F + EPC 模式存在上述诸多操作风险,如已以 F + EPC 模式实施的项目,建议将项目转变为 PPP 模式实施,规范项目融资、项目建设及运营事项,项目涉及政府方支出责任的,应当依法纳入年度财政预算和中长期财政规划管理且财政承受能力评估通过。

针对项目融资问题,除考虑项目收益抵押、股东担保等增信措施外,还可基于财预〔2017〕50 号文规定的"允许地方政府结合财力可能设立或参股担保公司(含各类融资担保基金公司),构建市场化运作的融资担保体系,鼓励政府出资的担保公司依法依规提供融资担保服务,地方政府依法在出资范围内对担保公司承担责任",在 PPP 模式下,要求政府方提供项目融资协助义务,由政府方出资设立的担保公司为项目提供融资担保服务,提升项目模式转化时项目的融资可获得性。

对于工程建设企业来讲,PPP + EPC 模式对其提出了融资能力的要求,这往往是中小 EPC 承包商难以具备的。而财务投资人在融资方面相对于 EPC 承包商拥有更强的优势,但是在工程建设方面经验欠缺。在此情形下,政府方可通过允许股权融资等方式,实现社会资本方各自资源的优势互补。

(三)剥离 F + EPC 模式与政府方挂钩因素,落实为彻底的企企合作

由于 F + EPC 模式项下,最大合规问题在于该模式实际挂钩政府方财政,形成政府隐性债务。如在该类项目作为企业(如果是本级政府的国有企业,则必须与政府融资职能脱钩)投资项目的前提下,由企业作为项目业主以 F + EPC 模式招选项

目合作单位，不再与财政支付或担保关联，实现完全的商业合作。但社会资本方在此情况下，需要综合考虑项目业主的实际资信能力能否保障其如期履约。

结　语

F+EPC 模式是为解决公共设施项目建设融资问题所做的新途径探索，但在当前法规政策环境下，从实施模式的合法合规性以及保障投资人合理利益的角度考虑，F+EPC 模式实施风险是敞口、不闭环的，需要进行修正和完善。在当前的政策环境下，在 F+EPC 模式调整方面，回归真正的 EPC 模式、转变为 PPP+EPC 模式和实现完全的商业合作模式，可作为重点考虑调整的方向。

第三章　ABO 模式合法吗

引　言

随着中央各部委在基础设施和公共服务领域对PPP模式的大力推广，部分地方逐渐出现了授权（Authorize）—建设（Build）—运营（Operate）的ABO模式，即地方政府通过竞争性程序或直接签署协议方式授权相关企业作为项目业主，并由其向政府方提供项目的投融资、建设及运营服务，合作期满负责将项目设施移交给政府方，由政府方按约定给予一定财政资金支持的合作方式。那么，在当下规范地方政府融资举债、防范金融风险的政策背景下，ABO模式是否具备广泛应用前景？对此，笔者尝试从一则案例入手，剖析ABO模式存在的问题，揭开ABO模式的法律面纱。

一、一则 ABO 模式的实操案例

以下介绍一则以ABO模式实施的县级公路项目，阐述其合作内容及期限、项目建设资金来源、项目回报机制以及模式的保障措施，便于对实践操作中ABO项目有一个直观认识。

（一）以 ABO 模式实施的某县级公路项目

就某县级公路项目，由本级人民政府通过公开招标方式选定社会资本方，并直接与本级人民政府签订公路项目的授权协议，授权社会资本方履行本项目的项目业主职责，社会资本方可利用自身资源进行整合，为政府方就本项目提供投资、建设、养护等整体服务，政府方按照授权协议约定，根据项目建设及运营维护成本，在运营维护期内每年支付服务费用，合作期满后，社会资本方将该项目设施无偿移交给政府方指定接收机构。

(二)项目合作内容及合作期限

1. 合作内容

由本级人民政府通过公开招标的政府采购程序确定项目业主(社会资本方),由该项目业主向政府方提供该公路项目的投资、建设、养护等整体服务。其中,就项目工程建设,如该社会资本方具备相应资质的,可直接承揽项目工程建设;如不具备相应资质的,应当通过二次招标的方式确定施工单位。

2. 合作期限

本项目的合作期限为 12 年(其中建设期 2 年,运营期 10 年),如建设期延长的,合作期限相应顺延。

(三)项目建设资金来源

项目资金来源为本级预算资金 + 上级补助 + 银行贷款(建设资金缺口由社会资本方采取向银行贷款等方式筹集)。

(四)项目回报机制

本项目中项目业主(社会资本方)的回报主要来自于本级财政预算补贴,即本级人民政府每年安排一定资金,在项目运营维护期内按照约定向社会资本方支付服务费。

(五)政府支持措施

本级人民政府出具采用 ABO 模式实施公路建设的文件,并且政策文件明确项目实施主体的授权方式。与此同时,由本级财政主管部门出具补助资金支付计划说明文件,确保按期支付各期服务费。

二、ABO 模式与相关模式的比较分析

以上述 ABO 模式实施的某县级公路项目为蓝本,分析 ABO 模式与基础设施和公共服务领域常见的投融资模式(如 PPP/特许经营、代建管理、BT 模式)之间的差异,便于厘定 ABO 模式的具体合作边界,特别是当下国家基础设施和公共服务领域尚无明确政策直接调整和规制 ABO 模式的情况下,显得更为重要。

（一）ABO 模式与 PPP 模式[①]

1. 模式程序不同

在 ABO 模式下，确定项目业主（社会资本方）可能是通过公开招标等政府采购程序（如上述某县级公路项目），也可能是由本级政府直接以授权方式确定项目业主而不进行任何采购程序（如 2016 年 4 月 20 日，北京市交通委员会代表北京市政府与北京市基础设施投资有限公司正式签署《北京市轨道交通授权经营协议》，提出 ABO 模式，即由市政府授权京投公司履行北京市轨道交通业主职责，京投公司按照授权负责整合各类市场主体资源[②]）。可见，采用 ABO 模式确定合作方的已知案例并非都经由竞争性采购程序。

在 PPP 模式下，由项目实施机构通过公开招标等法定采购程序确定社会资本方，采购程序系法定要求，也是该模式的必备要素。同时，PPP 模式需要经过必要的识别论证程序，通过“两评一案”，方可确定以 PPP 模式实施并依规启动采购程序。因此，相较于 PPP 模式而言，ABO 模式缺乏前期必要的识别论证程序和必要的采购程序。

2. 合作期限的基本要求不同

基于 PPP 模式长期合作、风险分担原则，PPP 项目最短合作年限不得低于 10 年（含建设期），如合作期限低于该限制性要求，则存在项目合规性风险。而 ABO 模式并无明确的合作年限限制，系根据政府方的具体授权内容和授权期限等因素确定合作期限。

3. 项目回报机制不同

在 ABO 模式下，由政府方根据项目的投资及运营维护成本，在运营维护期每年按时支付一定的服务费用，并无明确的按效付费要求以及政府列支费用纳入预算和中期财政规划的强制性要求。而 PPP 模式需要根据项目类型、政府财政承受能力、是否有稳定使用者付费基础等因素，确定采用使用者付费、政府付费或者政府提供可行性缺口补助的回报机制，同时，政府方付费责任须与项目绩效考核直接挂钩，并且政府支出责任必须依法纳入预算管理。

---

① 由于我国当下并未在立法层面明确 PPP 与特许经营关系，从广义角度上讲，PPP 模式涵盖了特许经营模式适用范围，因此，本书不再赘述 ABO 模式与特许经营关系。

② 北京市基础设施投资有限公司：《北京市轨道交通授权经营协议正式签署》，载 http://www.bii.com.cn/705-1781-5707.aspx，最后访问日期：2018 年 10 月 28 日。

(二)ABO 模式与委托代建模式

鉴于本章是以某县级公路项目为蓝本,从横向比较角度,委托代建模式亦以公路建设项目为例,两者间比较分析如下:

1. 项目合作内容不同

相较于 ABO 模式,委托代建是项目法人通过招标等方式选择满足相应要求的项目管理单位为代建单位,由代建单位承担项目建设管理及相关工作(如根据代建合同约定,组织编制招标文件,完成勘察设计、施工、监理、材料设备供应等招标工作,协助完成征地拆迁工作,拟定项目进度计划、资金使用计划、工程质量和安全保障措施等),与 ABO 项目的合作内容具有明显差异。

2. 项目资金来源不同

在 ABO 模式下,由政府方授权确定的社会资本方直接或另行选定合作方负责筹集项目建设所需资金,或者由政府方直接拨付部分资金用于项目建设。在委托代建模式下,选定的代建单位并不负责筹措项目建设所需资金,而是由项目法人自行筹集项目建设资金,由其按照约定支付工程建设的各项费用。

3. 项目业主不同

在 ABO 模式下,是由政府方通过采购程序或直接签署协议等方式授权确定项目业主单位(即社会资本方),履行授权范围内的项目业主职责。在委托代建模式下,是由项目法人(或项目业主)通过招标等方式选定的委托代建单位,该代建单位是专业化的项目管理单位,并不发生项目业主的变更。

(三)ABO 模式与 BT 模式

1. 合作内容不同

相较于 ABO 模式,BT 模式中由社会资本方负责项目的投融资、建设及竣工验收后的移交工作,并不涉及“O”这一“运营”环节。ABO 模式要求社会资本方同时向政府方提供投资、建设、养护等整体服务。

2. 模式合规性要求不同

根据《财政部关于进一步做好政府和社会资本合作项目示范工作的通知》(财

金〔2015〕57 号)第 2 条①、《关于组织开展第四批政府和社会资本合作示范项目申报筛选工作的通知》(财金〔2017〕76 号)第 2 条②等的规定,在政府与社会资本合作项目上,BT 模式因涉及保底承诺、回购安排等而被认定为政府变相融资举债,且不涉及项目运维及绩效付费,已被逐渐禁止使用。而 ABO 模式在国家层面并无明确立法或者政策规定进行调整和规制,但是,该模式仍面临当下规范地方政府举债融资、防控政府隐性债务政策等有关规定的挑战和质疑。

三、ABO 模式存在的问题及操作建议

在明确 ABO 模式的合作内容及期限、项目建设资金来源、项目回报机制,以及该模式与相关模式的边界条件的基础上,结合当前国家在基础设施或公共服务领域相关法律法规、政策文件要求,分析 ABO 模式存在的问题,并依此提出相应完善的操作建议,具体内容如下:

(一)ABO 是否属于政府采购行为,以及采购标的是什么

1. ABO 项目属于政府采购行为

根据《政府采购法》第 2 条③、《政府采购法实施条例》第 2 条④以及《必须招标的工程项目规定》第 2 条⑤等的规定,主要从项目资金来源判定是否属于政府采购活动。结合 ABO 模式的资金来源(本级财政资金 + 上级补助 + 银行贷款)、项目回

---

① “第二条　对采用建设 - 移交(BT)方式的项目,通过保底承诺、回购安排等方式进行变相融资的项目,财政部将不予受理。”

② “第二条　项目不得采用建设 - 移交(BT)方式实施,不得以任何方式承诺回购社会资本方的投资本金,不得以任何方式承担社会资本方的投资本金损失,不得以任何方式向社会资本方承诺最低收益。”

③ “第二条　本法所称政府采购,是指各级国家机关、事业单位和团体组织,使用财政性资金采购依法制定的集中采购目录以内的或者采购限额标准以上的货物、工程和服务的行为。”

④ “第二条　政府采购法第二条所称财政性资金是指纳入预算管理的资金。

以财政性资金作为还款来源的借贷资金,视同财政性资金。

国家机关、事业单位和团体组织的采购项目既使用财政性资金又使用非财政性资金的,使用财政性资金采购的部分,适用政府采购法及本条例;财政性资金与非财政性资金无法分割采购的,统一适用政府采购法及本条例。”

⑤ “第二条　全部或者部分使用国有资金投资或者国家融资的项目包括:

(一)使用预算资金 200 万元人民币以上,并且该资金占投资额 10% 以上的项目;

(二)使用国有企业事业单位资金,并且该资金占控股或者主导地位的项目。”

款资金来源(运营维护期每年按时支付一定的服务费用)来看,ABO 项目使用了财政性资金。同时,从 ABO 项目合作内容上看,是由社会资本方向政府方就基础设施和公共服务项目提供投资、建设、养护等整体服务,区别于企业与企业之间合作、区别于商业经营性项目合作等。因此,ABO 项目属于政府采购行为。

2. 在 ABO 模式下,政府方的采购需求包含了“工程”和“服务”

基于《政府采购法》的规定,政府采购“是指以合同方式有偿取得货物、工程和服务的行为,包括购买、租赁、委托、雇用等”,以及 ABO 项目属于政府采购行为的前提下,在 ABO 模式下,政府采购的标的是工程,还是服务?结合上述以 ABO 模式实施的某县级公路项目和北京市轨道交通 ABO 模式,其合作内容均明确由项目业主提供项目的投融资、建设、运营等整体服务,强调的是“整体服务”,即项目实操层面,倾向于认为 ABO 模式为社会资本方向政府方提供的“服务”。但是,从上述两个案例来看,该模式合作内容却包含了大量的建设内容,即“工程”。因此,从项目产出角度,ABO 模式下,政府方的采购需求包含了“工程”和“服务”。

(二)ABO 模式下授权项目业主是否需要经过竞争性程序

从上述项目实践操作来看,有的 ABO 项目是通过采购程序确定项目业主的,有的是径行以政府授权方式确定项目业主,是否通过竞争性程序授权项目业主并无统一做法。基于 ABO 项目属于政府采购行为且政府方的采购需求包含了“工程”和“服务”的前提,根据《政府采购法》第 26 条、《政府采购法实施条例》第 23 条等的规定,确定供应商(即 ABO 模式下的项目业主或社会资本方)时应当通过公开招标、邀请招标、竞争性谈判等法定采购方式。

(三)ABO 模式的合规性问题

1. 未通过竞争性程序确定社会资本方的,存在程序性法律瑕疵

基于上述分析,ABO 项目应当通过法定采购方式确定社会资本方作为项目业主,此系国家法律作出的强制性要求,意在保障政府采购活动的公开、公平和公正,最大限度地提高财政资金的使用效率。如未通过竞争性程序确定社会资本方的,存在因程序不合法、不合规而导致授权协议可能面临无效的风险、政府方及其工作人员可能面临行政处分的风险,以及给供应商造成损失可能面临的赔偿责任和项目融资不能的衍生风险等。

2. 存在政府方变相融资举债，增加政府性债务的风险

《国务院关于加强地方政府性债务管理的意见》（国发〔2014〕43 号）规定剥离了企业的政府融资功能，并且明确规定地方政府举债融资机制仅限于以政府债券形式举债、PPP（即政府和社会资本合作），以及在依法担保的范围内规范的或有债务。《财政部驻各地财政监察专员办事处实施地方政府债务监督暂行办法》（财预〔2016〕175 号）规定："除发行地方政府债券、外债转贷外，地方政府及其所属部门不得以任何方式举借债务，不得为任何单位和个人的债务以任何方式提供担保。"财政部发布《关于进一步规范地方政府举债融资行为的通知》（财预〔2017〕50 号）规定："地方政府举债一律采取在国务院批准的限额内发行地方政府债券方式，除此以外地方政府及其所属部门不得以任何方式举借债务。"以上规定均明确限定了地方政府融资举债的方式和途径，ABO 模式均不属于当前政策允许的任一政府融资举债的方式或途径。

并且，在 ABO 模式下，虽授权社会资本方履行项目业主职责，但是，政府方的财政支出责任并不能被免除。政府方除建设期补贴外，在运营维护期也需逐年支付服务费，而非先有预算再采购或者事前经财政承受能力评估且事后列入预算管理，对于政府方的支出责任无法有效预期和控制，存在形成政府方隐性债务的可能性。

（四）ABO 模式的操作建议

针对 ABO 模式存在的上述问题，从规范项目操作和有效防范项目操作风险角度，提出如下完善建议：

1. 增加程序性设置

在政府方授权社会资本方作为项目业主前，应当增设必要的竞争性采购程序，即先由政府方通过法定采购方式选定社会资本方，再通过签署协议或者出具授权书方式确认社会资本方作为项目业主的权责角色。

2. 完善财政承受能力评估机制，并且政府付费依法纳入预算管理，防止产生政府隐性债务

在以 ABO 模式实施基础设施和公共服务设施项目投融资前，由政府方协调财政等主管部门对政府方将要在 ABO 项目中的支出责任进行客观、全面评估，确定政府方财力是否可承受。同时，衔接政府支出责任纳入预算管理与政府方向项目业主支付费用的程序性要求，并且从财政支付绩效考核与项目付费绩效考核关联

角度，提高财政资金使用效率。在项目执行过程中，严格规范项目建设投资调增程序，确定项目投资控制责任主体，如客观上导致当期纳入预算资金无法如期支付的，应当转列入下年度财政预算保障按约支付，有序规范政府举债，防止产生隐性债务。

3. 提供政策性保障

虽然ABO模式在国家层面并无明确立法或者政策规定进行调整和规制，但是该模式却无法规避当下国家规范政府融资举债、防范金融风险的政策性规定的限制。从稳妥项目操作起见，在满足上述“增加程序性设置”以及“完善财政承受能力评估机制，并且政府付费依法纳入预算管理，防止产生政府隐性债务”的操作建议基础上，可由地方政府出台具备一定效力层级的专门政策文件予以确认、落实和保障ABO模式实施。另外，建议在地方政府出台的政策文件中，厘定行政授权或行政委托与ABO模式之间的关系，特别是ABO模式项下由履行项目业主职能的社会资本方负责筹集项目建设资金的工作。

4. 模式转变

如ABO项目因程序不合规或者存在变相融资举债风险，或者无法如期完成项目融资等导致项目无法顺利实施的，有必要根据具体项目情况转化项目实施模式，可转化为传统政府采购（采购工程或货物）、政府购买服务、PPP等模式。

结　语

ABO模式到底是基础设施和公共服务领域的投融资模式创新，还是当下规范地方政府融资举债、防范金融风险的政策紧缩背景下的融资变种？笔者尝试从一则公路ABO项目入手，分析其构成要件以及与相关模式之间的不同，明确ABO的模式界限，在此基础上，确定ABO项目与政府采购活动的关系，分析在ABO模式下可能存在的风险，并提出完善的操作建议，便于后续ABO模式被各地复制使用时有所节制和思考。

第四章　特许经营项目需要纳入 PPP 项目管理库管理吗

引　言

财政部开发建设的 PPP 项目综合信息平台是全国 PPP 项目信息的管理和发布平台，旨在促进 PPP 市场科学、规范和可持续发展，由各级财政部门按照财政部 PPP 中心统一制定的数据规范与要求，进行项目信息的录入与动态管理。凡是以 PPP 模式实施的基础设施和公共服务项目，均要求将项目信息及时、完整地录入综合信息平台。特许经营模式与 PPP 模式之间存在的争议引发了特许经营项目是否需要纳入 PPP 综合信息平台项目库管理的问题。对此，目前尚未有法律法规明确规定特许经营与 PPP 之间的关系，以及是否应强制性要求将特许经营项目纳入综合信息平台进行管理，但笔者尝试从特许经营与 PPP 模式争议的原因追溯，以及当下规范操作项目的要求等视角，分析是否有必要将特许经营项目纳入 PPP 项目综合信息平台项目库一并管理。

一、特许经营与 PPP 模式争议的原因追溯

（一）规范性文件未对 PPP 和特许经营关系与适用范围进行厘清

在 PPP 及特许经营模式被广泛推广之初，国务院相继颁布施行了两部对该两种模式发展起关键性引领作用的规范性文件。2014 年 9 月 21 日颁布的《国务院关于加强地方政府性债务管理的意见》（国发〔2014〕43 号）以加强地方政府性债务管理为抓手，确立了三项重要机制：第一，明确政府和企业的责任，政府债务不得通过企业举借；第二，赋予地方政府依法适度举债融资权限；第三，推广使用政府与社会资本合作模式，来规范政府方的融资举债活动。同时鼓励社会资本通过特许经营等方式，参与城市基础设施等有一定收益的公益性事业投资和运营。但是，该规范

性文件并未厘定政府和社会资本合作与特许经营之间的关系。

其后,2014 年 11 月 16 日发布实施的《国务院关于创新重点领域投融资机制鼓励社会投资的指导意见》(国发〔2014〕60 号)提出建立健全政府和社会资本合作(PPP)机制,吸引社会资本参与市政基础设施和社会事业等领域的建设运营。同样,该规范性文件将 PPP 模式与特许经营并列、交叉混用。

(二)两大部委分别立规、建库,项目操作出现择规而适的乱象

在上述国发〔2014〕43 号文及国发〔2014〕60 号文两部规范性文件施行后的数年里,中央各部委围绕 PPP、特许经营相继出台各类鼓励、调整和规范项目操作相关的规范性文件,搭建起了 PPP 项目和特许经营项目的两大体系[①]。其中:

1. 财政主导 PPP 模式,建立了 PPP 综合信息平台

财政部先后颁布施行《关于推广运用政府和社会资本合作模式有关问题的通知》(财金〔2014〕76 号)、《关于印发政府和社会资本合作模式操作指南(试行)的通知》(财金〔2014〕113 号)[②]、《关于规范政府和社会资本合作合同管理工作的通知》(财金〔2014〕156 号)等作为基石的规范性文件,在基础设施和公共服务领域倡导采用 PPP 模式引入社会资本参与投资建设及运营,并在此基础上开发建立了 PPP 综合信息平台。

2. 发改主导特许经营,建立了基础设施 PPP 项目库

《国家发展和改革委员会关于开展政府和社会资本合作的指导意见》(发改投资〔2014〕2724 号,以下简称"2724 号文")、国家发改委等六部委《基础设施和公用事业特许经营管理办法》(2015 年第 25 号令,以下简称"25 号令")、《国家发改委关于切实做好传统基础设施领域政府和社会资本合作有关工作的通知》(发改投资〔2016〕1744 号)等文件,构筑起基础设施领域特许经营模式,并且各地发改委在投资项目在线审批监管平台及重大建设项目库基础上,建立了基础设施 PPP 项目库,对特许经营项目进行统一管理。

3. 项目操作层面,PPP 项目与特许经营项目交叉适用规范及双重入库管理的现象

正是基于上述文件的规定,财政、发改各自主导 PPP、特许经营项目管理,造成

---

① 虽然 2016 年 7 月 7 日国务院常务会议明确了政府和社会资本合作部门职责分工,在名义上区分为基础设施领域 PPP 和公共服务领域 PPP,但两者外延上仍存在普遍交叉。

② 财金〔2014〕113 号文已于 2017 年 11 月 30 日有效期满。有效期满后,该文失效,将面临被财政部条法司清理或者被起草单位调整后重新发文等情况。

项目操作层面无法有效厘定两者界限，且财政及发改又系项目不同阶段的行政主管部门而无法予以回避，出现同类型项目、相同问题适用不同规范性文件规定，相同问题适用不同规范性文件规定，以及项目分别需录入财政部 PPP 综合信息平台和发改基础设施 PPP 项目库等现象，增加了项目操作难度，降低了项目运行效率。

因此，基于 PPP 模式和特许经营模式在适用对象、回报机制等自身方面的差异，以及上述历史根源及主管部门管理分工不同等模式以外的客观因素，引发了立法、学理和实务界对 PPP 模式与特许经营模式的争议。

二、PPP 规范性立法层面，确认特许经营属于 PPP 模式的一种实施方式

（一）PPP 的适用领域包含了特许经营适用领域

虽然特许经营与 PPP 之间的关系尚未有法律规定明确界定，但是根据《国务院办公厅转发财政部、发展改革委、中国人民银行关于在公共服务领域推广政府和社会资本合作模式的指导意见的通知》（国办发〔2015〕42 号，以下简称“42 号文”）的规定①，需广泛采用政府和社会资本合作模式提供公共服务，其中在能源、交通运输、水利、环境保护、市政工程等特定领域需要实施特许经营的，按《基础设施和公用事业特许经营管理办法》执行。由此可以看出，特许经营的适用领域包含于 PPP 的适用领域中，但适用对象各有侧重。同时，该观点在发改投资〔2016〕1744 号文的附件《传统基础设施领域推广 PPP 模式重点项目》中也得到印证。

（二）特许经营属于 PPP 模式的一种实施方式

除上述国发〔2014〕43 号文及国发〔2014〕60 号文两部规范性文件将特许经营作为 PPP 模式的实施方式之一外，根据发改委 2724 号文的规定②，PPP 的实施方式包括特许经营、购买服务、股权合作等；《国家发展改革委关于印发〈传统基础设施领域实施政府和社会资本合作项目工作导则〉的通知》（发改投资〔2016〕2231 号）

---

① “（十二）广泛采用政府和社会资本合作模式提供公共服务。在能源、交通运输、水利、环境保护、农业、林业、科技、保障性安居工程、医疗、卫生、养老、教育、文化等公共服务领域，鼓励采用政府和社会资本合作模式，吸引社会资本参与。其中，在能源、交通运输、水利、环境保护、市政工程等特定领域需要实施特许经营的，按《基础设施和公用事业特许经营管理办法》执行。”

② “一、充分认识政府和社会资本合作的重要意义

政府和社会资本合作（PPP）模式是指政府为增强公共产品和服务供给能力、提高供给效率，通过特许经营、购买服务、股权合作等方式，与社会资本建立的利益共享、风险分担及长期合作关系。”

也规定①,PPP 合作模式包括特许经营和政府购买服务两类。以上规定均将特许经营列为 PPP 模式的一种实施方式。

因此,在 PPP 的适用领域包含了特许经营适用领域,并将特许经营归入 PPP 模式的一种实施方式语境下,特许经营项目同样应当受到财政部颁行的调整 PPP 项目的相关规范性文件的规制。

三、将特许经营项目纳入 PPP 综合信息平台项目库管理,有利于项目规范化操作且已有入库案例可循

(一)将特许经营项目纳入综合信息平台项目库符合目前政策对于 PPP 项目实施的要求

第一,根据《关于规范政府和社会资本合作(PPP)综合信息平台运行的通知》(财金〔2015〕166 号)的规定,未纳入综合信息平台项目库的项目,不得列入各地 PPP 项目目录,原则上不得通过财政预算安排支出责任。并且,根据《预算法》的规定,各级政府、各部门、各单位的支出必须以经批准的预算为依据,未列入预算的不得支出。为避免特许经营项目所涉政府支出责任,包括股权投资、运营补贴、风险承担、配套投入等无法通过财政预算安排,进而影响项目的合规性和社会投资人获取合理投资回报,建议将特许经营项目纳入综合信息平台项目库。

第二,根据 2724 号文的规定,对于有收费基础的经营性项目、准经营性项目,可通过授予特许经营权的方式进行推进②。但是对于准经营性特许经营项目来讲,仍需政府方提供可行性缺口补助。而针对经营性项目,通常也会存在政府方按照约

---

① “第三条　实施方式

政府和社会资本合作模式主要包括特许经营和政府购买服务两类。新建项目优先采用建设—运营—移交(BOT)、建设—拥有—运营—移交(BOOT)、设计—建设—融资—运营—移交(DBFOT)、建设—拥有—运营(BOO)等方式。存量项目优先采用改建—运营—移交(ROT)方式。同时,各地区可根据当地实际情况及项目特点,积极探索、大胆创新,灵活运用多种方式,切实提高项目运作效率。”

② “(二)操作模式选择。

1. 经营性项目。对于具有明确的收费基础,并且经营收费能够完全覆盖投资成本的项目,可通过政府授予特许经营权,采用建设—运营—移交(BOT)、建设—拥有—运营—移交(BOOT)等模式推进。要依法放开相关项目的建设、运营市场,积极推动自然垄断行业逐步实行特许经营。

2. 准经营性项目。对于经营收费不足以覆盖投资成本、需政府补贴部分资金或资源的项目,可通过政府授予特许经营权附加部分补贴或直接投资参股等措施,采用建设—运营—移交(BOT)、建设—拥有—运营(BOO)等模式推进。要建立投资、补贴与价格的协同机制,为投资者获得合理回报积极创造条件。”

定比例负责部分资本金的出资或项目公司股权投资的情形。但实际操作中,由于多个地方已出现政府方对PPP项目的支出责任已接近甚至超过一般公共预算支出10%的红线,为了准确评估政府方的实质财政承受能力和项目履约状况,建议将特许经营项目一并纳入综合信息平台项目库,跟踪财政预算支出情况,防范形成政府隐性债务。

第三,由于特许经营与PPP之间的边界不够清晰,且前者的规范性制度体系不完整,从规范项目实施的角度,防止因不规范而导致项目失败及增加各参与方的风险(如项目不能如期融资风险等),建议可将特许经营项目纳入综合信息平台项目库实行动态化项目,确保项目合规落地。

(二)已有部分特许经营项目纳入综合信息平台项目库进行管理

经笔者在财政部PPP综合信息平台项目库中以“特许经营”作为关键字进行检索,发现目前项目管理库中已有13个特许经营项目,主要项目类型包括污水处理、垃圾焚烧发电、煤改气、集中供热、体育馆、市政公交等,其中不乏第二批次国家示范项目(如“桐梓县13个污水处理项目PPP特许经营项目”)、第三批次国家示范项目(如“益阳市城市生活垃圾焚烧发电特许经营项目”)等。由此可见,对于特许经营项目,可以参照PPP项目的管理流程进行管理,按照财金〔2015〕166号、财金〔2017〕1号等文件的相关规定,及时充分披露项目实施方案、物有所值评价、财政承受能力论证、政府采购等关键信息和批复文件,保障公众知情权,并推动PPP市场公平竞争、规范发展。

结　语

虽然目前并无法律法规明确PPP与特许经营之间的关系,以及强制性要求特许经营项目纳入财政部PPP综合信息平台项目管理库进行管理的规定,但基于上述立法历史根源及主管部门管理分工不同的客观因素、较高层级的规范性文件层面确认特许经营属于PPP模式的一种实施方式和特许经营项目已入库的操作先例,笔者建议,在PPP专门立法中明确PPP与特许经营的关系,规范特许经营项目的操作。同时,为避免增加地方政府的隐性债务、确保各方顺利履约,建议将特许经营项目纳入财政部PPP综合信息平台项目管理库管理。

第五章　PPP转为政府投资EPC模式实施有哪些注意事项

引　言

基于财政部《关于规范政府和社会资本合作(PPP)综合信息平台项目库管理的通知》(财办金〔2017〕92号)严格管理项目库的规定,条件不符合、操作不规范、信息不完善的PPP项目陆续被清理出库,由此掀起了PPP项目整改热潮。其中,将PPP模式转为政府投资EPC模式继续实施项目即为一种常见整改措施①。但该种整改措施系项目实施模式的重大变更,对政府方的风险管控、投资人的收益预期等均产生了较大影响。为厘定各方权责关系、保障项目建设的顺利推进,笔者分别从模式转化时点、项目资金来源、采购程序衔接与合同关系转变等方面阐述该整改措施实施过程中应重点关注的事项,以期为项目各参与方提供有益参考。

一、模式转化的时点要求

由于EPC(设计—采购—施工)总承包模式是指从事工程总承包的企业按照与建设单位签订的合同,对工程项目的设计、采购、施工等实行全过程的承包,并对工程的质量、安全、工期和造价等全面负责的承包模式。并且,根据相关规定,EPC工程的发包阶段是在可行性研究、方案设计或者初步设计完成后,按照确定的建设规模、建设标准、投资限额、工程质量和进度要求等进行工程总承包项目发包。由此可见,就模式特征而言,EPC总承包模式强调项目工程建设要素。

---

① 如中国铁建中标后出库的2个PPP项目,合计金额13亿元,且两个项目均已改为EPC项目模式。详见《中国铁建:两个出库PPP项目已改为EPC项目模式》,载https://www.yuncaijing.com/news/id_11507102.html,最后访问日期:2018年10月25日。

结合 PPP 项目整改要求,如已竣工验收进入运营阶段或无改扩建实际需求的 PPP 项目,客观上已无实际工程建设需求,与上述 EPC 总承包模式特征要素不匹配。故,PPP 模式转为政府投资 EPC 模式继续实施的,其整改时点应当在项目完工前。

二、确定项目资金来源

PPP 项目的建设资金来源于 PPP 模式筹集资金,即自有资金和债务性资金两部分。自有资金系 PPP 项目公司各股东的股权投入,债务性资金是以 PPP 项目公司为融资责任主体负责筹集,共同用于 PPP 项目的建设、运维,且项目回款资金来源于使用者付费、政府付费或政府可行性缺口补助。而在 EPC 总承包模式下,工程建设所需资金来源于发包方,无须 EPC 总承包商融资或垫资。

如果将 PPP 模式转为政府投资 EPC 模式的,则项目建设所需资金的筹措责任主体从 PPP 项目公司转变为政府方,即当期政府方应有足够财政资金可安排到位。在模式整改过程中,对于融资责任的转移或资金安排的落实,应当注意避免违规变相融资举债或者增加政府隐性债务。

三、采购程序衔接问题

在满足转化的时点要求及确定项目资金来源的基础上,需要进一步明确政府投资 EPC 模式下承包商的采购程序问题。对此,总体上需要根据原 PPP 项目所处阶段,按照未选定 PPP 社会资本和已选定 PPP 社会资本两种情形进行探讨。

(一)未选定 PPP 社会资本的情形

在未选定 PPP 社会资本的情形下,应进一步区分原 PPP 采购程序是否已由政府采购主体启动。如果项目已经进入采购阶段并发布采购公告的,为实现 PPP 模式转为政府投资 EPC 模式继续实施,则应终止原 PPP 采购活动并在同一平台发布采购活动终止公告,再进行 EPC 总承包商的采购程序。如果项目尚未进入采购阶段的,则相当于一个新的政府投资 EPC 项目,按照《中华人民共和国招标投标法》规定的招选程序选定承包商即可,不存在两者采购程序衔接问题。

(二)已选定 PPP 社会资本的情形

1. 若是原 PPP 模式下中选社会资本基于“两招并一招”规定被同时确定为 EPC

总承包商的，在转为政府投资 EPC 模式时，应当对 EPC 总承包商进行重新招标。理由如下：

第一，PPP 模式下的采购条件通常要求社会资本同时具备项目投资、建设、运营等相关能力，对供应商的要求较高。但是，在转为政府投资 EPC 模式后，只要具备与工程规模相适应的勘察、设计资质或/和施工总承包资质[①]的供应商均可按照招标文件要求参与项目投标。因此，就保障项目招投标的公平竞争性而言，应当进行政府投资 EPC 总承包商的重新招标。

第二，即使原 PPP 模式下是采用招标或者其他竞争性方式招选社会资本的，且依据《中华人民共和国招标投标法实施条例》第 9 条第 3 款[②]以及财政部《关于在公共服务领域深入推进政府和社会资本合作工作的通知》（财金〔2016〕90 号）规定同时确定中选社会资本作为 EPC 总承包商，由于在 PPP 模式转为政府投资 EPC 模式后，不再是对特许经营或者 PPP 项目社会资本的采购，因此该条款的适用前提已发生本质变化。在缺少其他法律依据的情形下，如 EPC 项目本身属于按规定必须招标的范畴，则应当依据《中华人民共和国招标投标法》的相关规定进行重新招标。

2. 若是原 PPP 模式下 EPC 总承包商系通过二次招标确定的，则无须另行招标。

如果原 EPC 总承包商并非基于"两招并一招"，而是由项目公司另行招标确定，由于中标 EPC 总承包商已经过公开的招投标程序选定，在此情形下由该中标 EPC 总承包商直接与 EPC 项目发包方直接签订合同具备程序合规性要素。

综上，笔者认为，PPP 模式转为政府投资 EPC 模式实施时，仅在 EPC 项目不属于法律规定必须招标的工程项目或原 PPP 模式下的 EPC 总承包商系经过二次招标程序确定的前提下，才无须进行 EPC 总承包商的重新招标。

四、合同关系的转变与衔接

在 PPP 模式下，政府方、项目公司及下游供应商之间可能涉及的相关协议，如 PPP 项目合同、设计合同、施工承包合同、设备采购合同等。而在 EPC 模式下，由发

---

① 参见《EPC 实务丨工程总承包招标与合同典型问题汇总与对策（四）》，载"PPP 运作实务"公众号，2018 年 10 月 10 日。

② "第九条　除招标投标法第六十六条规定的可以不进行招标的特殊情况外，有下列情形之一的，可以不进行招标：

……（三）已通过招标方式选定的特许经营项目投资人依法能够自行建设、生产或者提供……

招标人为适用前款规定弄虚作假的，属于招标投标法第四条规定的规避招标。"

包方与承包商签订工程总承包合同，约定发包方与承包商的权利与义务等事项。因此，在进行模式转化时，应重点注意设计及施工合同关系的转变与衔接问题。

（一）设计合同的承接问题

PPP 模式转为政府投资 EPC 模式时，需要注意原先设计合同的承接问题。对于设计合同来讲，在 PPP 模式下，项目设计责任的风险在 PPP 项目实施方案中明确并落实到 PPP 项目合同约定，一般由项目公司承担设计风险，在此基础上，若项目公司或中选社会资本自身不具备自行设计的能力，可将设计工作委托给其他设计单位，并签订委托设计合同。而在 EPC 模式下，承包商应承担施工图设计责任并承担设计相关的风险。

因此，PPP 模式转为政府投资 EPC 模式后，在招选 EPC 总承包商时需考虑是由原先的设计单位继续完成设计工作并由中标 EPC 总承包商与其重新签订设计合同、支付设计费用，还是终止原先设计合同，改由 EPC 总承包商负责整个项目的设计。

（二）施工合同的承接问题

1. 原 PPP 模式下的施工承包商若是通过二次招标确定的，则模式转变后，项目投资主体发生变化，如原施工承包商不能与原发包主体（即 PPP 项目公司）以及新投资主体（政府方）达成相关合同变更协议，则原有施工承包合同也将因无法继续履行而面临合同终止等风险。

2. 模式转变后，如需重新启动采购招标程序另行确定 EPC 总承包商的，则可能会存在已完工程验收交接、工程量结算、已完工程质量责任承担等问题，需要加以妥善处理。

五、项目报批报建手续的调整

根据国家发改委颁发的《传统基础设施领域实施政府和社会资本合作项目工作导则》（发改投资〔2016〕2231 号）第 10 条规定，确定 PPP 项目实施方案内容前需按照规定完成项目投资管理的审批、核准或者备案手续，同时，基于《国务院关于投资体制改革的决定》（国发〔2004〕20 号）规定，对于企业不使用政府投资建设的项目，一律不再实行审批制，区别不同情况实行核准制和备案制。但是，目前 PPP 政策并未明确规定 PPP 项目应采取何种投资管理模式，且各地方政府对此的做法也存在差异。在此情况下,如果将 PPP 模式转为政府投资 EPC 模式,则可能需要视项目具体情况确定是否需要重新办理审批、核准或者备案手续。

另外,无论是 PPP 模式还是政府投资 EPC 模式,“四证”(即建设用地规划许可证、国有土地使用权证、建设工程规划许可证、建筑工程施工许可证)均是重要的合规性文件,部分文件不仅会影响到施工合同的效力,而且对后续项目融资放款也有着关键性影响。因此,PPP 模式转为政府投资 EPC 模式实施时,还需注意按规定及相关方的要求办理“四证”等建设审批文件的变更手续。

结　语

原 PPP 模式转为政府投资 EPC 模式的整改措施系项目实施模式的重大变更,各参与方应当重点关注模式转化时点要求以匹配两种模式的合作内容,明确模式转变后项目资金筹集主体为政府方,使用财政性资金完成 EPC 工程建设,防止模式转化过程中可能出现的变相融资举债风险。同时,在项目采购程序及原合同与新合同关系承接方面,做好提前预设安排,减少项目执行落位的操作障碍。

第六章　BT 投资人能否直接转为 PPP 社会资本

引　言

BT 是英文 Build – Transfer(建设—移交)的缩写,是政府利用非政府资金来进行非经营性基础设施建设项目的一种交付模式,通常由承包商融资、建设,验收合格后移交给政府,政府在一定年限(通常是 2 ~4 年)内向承包商支付项目总成本加上合理回报。该模式产生之初主要是为解决政府方当时缺少建设基础或公建配套设施资金的燃眉之急。但是,在中央规范地方政府举债、防控政府隐性负债政策的大背景下,该模式因涉及保底承诺、回购安排等早在 2012 年 12 月就被中央叫停,在当下更是被中央认定为政府变相融资举债,且不涉及项目运维及绩效付费,无法实现真正的“物有所值”而被严格禁止。

除上述政策原因禁止应用 BT 模式的因素外,早年以 BT 模式实施的项目因政府方财政支付能力不足而出现违约等现象,以及 2014 年起中央部委在基础设施和公共服务领域主推 PPP 模式等缘故,出现了 BT 项目转为 PPP 项目的市场需求及项目操作,在此基础上衍生出原先的 BT 项目投资人能否直接转为 PPP 项目投资人的问题。针对该问题,笔者拟以 BT 项目转为 PPP 项目的实施路径为切入点,对转化实施路径进行解构,剖析 BT 项目投资人直接转为 PPP 项目投资人是否具备现实可操作性。

一、BT 项目转化为 PPP 项目的实施路径

并非所有以 BT 模式实施的项目均可转化为 PPP 项目,因此,以下探讨 BT 项目转化为 PPP 项目实施路径均以满足 PPP 模式适用领域及适宜以 PPP 模式实施为前提。在确定转化实施路径时,结合 PPP 模式的合规要件,笔者认为可行的操作路径如下:

（一）路径一：增加运营维护等 PPP 模式合规要件

根据 BT 项目与 PPP 项目的核心区别，对于拟转化为 PPP 项目的 BT 项目来讲，最关键之处在于解决缺少运营、支付未与绩效关联、政府保底回购、未实现物有所值等硬伤，以满足 PPP 模式的合规要求。

具体而言，在项目合作内容上，应当根据原项目类型和建设内容相应增加项目运营或维护内容，明确投资人或项目公司对项目负有运营维护责任；在付费机制上，建立相应的绩效考核体系，并与政府付费或提供的可行性缺口补助金额挂钩，实现“按效付费”；在付费资金来源上，政府方支出责任应当纳入本级财政年度预算和中长期财政规划，并按照合同约定予以支付；在项目合作期限及风险分担上，应当满足 PPP 模式最低合作期限要求，并将项目风险在项目全生命周期内进行公平、合理地分担；在识别论证方面，也应当依法办理相应的审批手续，并进行物有所值评价和财政承受能力论证，证明转为 PPP 模式实施物有所值和财政能力可承受，并且项目实施方案通过审批，才能以 PPP 模式实施①。

（二）路径二：将 BT 项目视作存量资产以 PPP 模式实施

根据《财政部关于印发〈政府和社会资本合作项目财政管理暂行办法〉的通知》（财金〔2016〕92 号）、《国家发展改革委关于加快运用 PPP 模式盘活基础设施存量资产有关工作的通知》（发改投资〔2017〕1266 号，以下简称“1266 号文”）等文件规定：

1. PPP 项目中涉及特许经营权授予或转让的，应由项目实施机构根据特许经营权未来带来的收入状况，参照市场同类标准，通过竞争性程序确定特许经营权的价值，以合理价值折价入股、授予或转让。

2. 对拟采取 PPP 模式的存量基础设施项目，根据项目特点和具体情况，可通过移交—运营—移交（TOT）、改建—运营—移交（ROT）、转让—拥有—运营（TOO）、委托运营、股权合作等多种方式，将项目的资产所有权、股权、经营权、收费权等转让给社会资本。

3. 对在建的基础设施项目，也可积极探索推进 PPP 模式，引入社会资本负责项目的投资、建设、运营和管理，减少项目前期推进困难等障碍，更好地吸引社会资本

---

① 周兰萍：《规避非经营性项目投资风险　探索从 BT 模式转为 PPP 模式》，载《中国经济导报》2015 年 5 月 28 日。

特别是民间资本进入。

结合上述规定,可将 BT 项目视为存量资产,按照相关规定将其转化为 PPP 项目。就具体操作路径而言,对于已经建成移交的 BT 项目,因已进入政府回购阶段,可根据 1266 号文的规定,直接作为存量资产采用 TOT、ROT、TOO、委托运营、股权合作等方式转为 PPP 模式继续实施,通过引入社会资本提高项目运营效率和质量;而对于在建的 BT 项目,则首先需要终止项目并进行结算,由政府对已发生的工程进行回购后再作为存量资产采用 PPP 模式实施,通过 ROT 等方式引入社会资本继续完成后续工程的投资、建设和运营。

二、BT 项目转化为 PPP 项目的操作要点

无论采用上述何种路径,操作过程中均应重视以下关键操作要点:

(一)程序合规性

根据财金〔2016〕92 号文、财政部《关于印发〈政府和社会资本合作项目财政承受能力论证指引〉的通知》(财金〔2015〕21 号)等文件规定,项目需经过必要的识别论证程序以及法定采购程序,方可以 PPP 模式实施,确定 PPP 项目中选社会资本作为政府的合作方。因此,BT 项目转化为 PPP 项目的过程中,需按照 PPP 项目的操作流程进行完善,办理必要的前期审批手续,开展物有所值评价和财政承受能力论证,审批通过实施方案,纳入 PPP 综合信息平台,并进行公开的采购程序补正工作,确保程序合规。

(二)应注意 BT 模式形成的存量政府债务负担的合规转化问题

BT 模式需由政府方承担逐年回购义务,系政府方的债务负担。因此,此类项目作为存量资产在转化 PPP 模式实施过程中,应注意甄别政府债务负担的合规性,并在转化为 PPP 项目时,对之前已形成的债务负担予以合理处置。在此过程中,还应注意按照财金〔2016〕92 号文等相关文件要求,做好存量项目的国有资产审批、评估手续,避免国有资产流失。

(三)厘清原合同关系,保障提供公共产品或服务的持续性

上述两种操作路径,均应注意解决原投资人、服务供应商与 PPP 社会资本方招选的冲突问题,厘清原合同关系,将原有项目的权责关系与 PPP 项目的权责关系进行新

老划分，避免因投资人变更、合同关系变化导致纠纷爆发，影响项目后续顺利推进。

三、BT 投资人转为 PPP 社会资本的现实可操作性问题

如 BT 项目通过上述操作路径顺利转化为 PPP 项目，那么，原 BT 项目投资人是否因项目转为 PPP 项目而自动确认其中选社会资本角色？通过对上述转化路径与 PPP 项目社会资本招选程序契合性的解构，分析如下：

（一）在增加运营维护等 PPP 模式实质性构成要件路径下，BT 投资人转为 PPP 社会资本存在合规性问题

在该路径下，主要是通过完善原 BT 项目的合作内容、付费机制、稳定付费资金来源、确立长期稳定风险分担机制、补正识别论证手续等，使其在形式和合规性要件上符合 PPP 模式要求，表面上并不影响 BT 投资人与政府方就项目实施继续开展合作关系。但是，考虑到在转为 PPP 模式实施后，由于项目合作内容发生了实质性变更，突破了原 BT 模式下的政府采购内容，而变更后的合作内容同样应属于《政府采购法》规定的政府采购范围，因此如果直接由 BT 投资人负责 PPP 项目，实质上规避了政府采购程序，不符合程序合规性的要求。同时，在 PPP 模式下需要具备相应运营能力和管理经验等合格的社会资本方通过充分竞争选择确定，如果由运营经验不足甚至不合格的原 BT 投资人参与 PPP 项目，后期风险会增大，从而影响项目实施和实现物有所值目标。

（二）在将 BT 项目视作存量资产以 PPP 模式实施路径下，BT 投资人直接转为 PPP 社会资本存在合理性和合规性问题

在该路径下，无论是建完进入回购期的 BT 项目，还是在建 BT 项目，作为存量资产的操作均需厘定 BT 投资人与政府方回购关系，即通过将政府债务转为 PPP 项目的企业债务，或者政府一次性偿还等方式明确债务关系。在此基础上，BT 投资人与 BT 项目或政府方之间实际已终止合作关系，由 BT 投资人直接转为 PPP 社会资本缺少合理的“连接点”。同样，如后续作为存量资产采用 PPP 模式继续实施的，政府方仍需重新通过公开招标等竞争性方式择优选择具备相应资质和经验的合作方，如果直接由 BT 投资人负责 PPP 项目，实质上规避了政府采购程序，存在程序合规性瑕疵。

因此，无论在上述何种路径下，BT 投资人直接转为 PPP 社会资本都存在合理

性或合规性问题,不具备现实可操作性。

(三)在上述两种实施路径下,原 BT 投资人均可作为潜在社会资本平等参与转化为 PPP 模式实施的项目

在按照上述两种操作路径转为 PPP 模式实施后,BT 投资人仍然可以作为潜在社会资本参与 PPP 项目的竞争采购程序,后续如被选定为中选社会资本的,即可以参与项目的投融资、建设、运维等相关工作。但需要注意的是,如果原 BT 投资人为地方政府融资平台公司的,根据《财政部关于规范政府和社会资本合作合同管理工作的通知》(财金〔2014〕156 号)①、《关于在公共服务领域推广政府和社会资本合作模式指导意见》(国办发〔2015〕42 号)②等规定,融资平台公司需建立现代企业制度、实现市场化经营,且在其承担的地方政府债务已纳入政府财政预算、得到妥善处置并明确公告今后不再承担地方政府举债融资职能,方可作为合格社会资本参与 PPP 项目,否则只能作为政府方出资代表参与 PPP 项目。

结 语

随着当下规范地方政府举债融资、防控政府隐性债务政策趋严,BT 模式应用范围已被限缩乃至禁止将成为现阶段基础设施或公共服务投融资领域的新常态,由此触发 BT 项目的模式转化问题。但目前未有政策明确规定 BT 项目转为 PPP 项目应当如何操作,笔者以模式构成要件、项目定性为主线,引出两种转化路径:增加运营维护等 PPP 模式实质性构成要件和将 BT 项目视作存量资产以 PPP 模式实施,并分析得出在目前法律体系下由 BT 投资人直接转为 PPP 社会资本所存在的合规性障碍,望对读者有所裨益和启发。

---

① 本指南所称的社会资本是指依法设立且有效存续的具有法人资格的企业,包括民营企业、国有企业、外国企业和外商投资企业。但本级人民政府下属的政府融资平台公司及其控股的其他国有企业(上市公司除外)不得作为社会资本方参与本级政府辖区内的 PPP 项目。

② “(十三)大力推动融资平台公司与政府脱钩,进行市场化改制,健全完善公司治理结构,对已经建立现代企业制度、实现市场化运营的,在其承担的地方政府债务已纳入政府财政预算、得到妥善处置并明确公告今后不再承担地方政府举债融资职能的前提下,可作为社会资本参与当地政府和社会资本合作项目,通过与政府签订合同方式,明确责权利关系。严禁融资平台公司通过保底承诺等方式参与政府和社会资本合作项目,进行变相融资。”

第七章　PPP + 总价包干 EPC 项目法律风险如何防范

引　　言

PPP(Public - Private - Partnership,或称"政府和社会资本合作")和 EPC(又称"交钥匙工程")都是"舶来品",也都是目前基础设施投融资及建设领域非常热门的模式。诚然,PPP 项目中的工程并非必须采用 EPC 总承包模式实施,EPC 总承包模式的应用也并非仅限于 PPP 项目。但当 PPP 遇上 EPC,其中蕴含的机遇与风险却值得每一个项目参与方都应重点关注。

一、PPP + EPC 组合模式的优势与机遇

从 PPP 项目风险分配以及全生命周期风险管理角度来看,PPP 投融资模式与 EPC 总承包模式的组合实施有其必要性和合理性①。

(一)有利于实现项目全生命周期价值最大化

推行 PPP 模式的核心目的在于提高公共服务的供给效率,优化项目全生命周期管理及资源配置。因 PPP 项目投资人必须参与项目运营,且其获得的项目收益在很大程度上须与运营绩效相关联,因此,相比传统总承包模式或 BT 模式,PPP 项目投资人更应关注项目设计及工程质量对未来运营成本及收益的影响。EPC 总承包模式有利于 PPP 项目投资人更早地参与项目策划设计环节,并从有利于后续长期运营及提升项目整体收益的角度完善设计方案、管控工程建设质量、优化项目建设及运营成本分布,从而实现项目全生命周期的价值提升。

---

① 周兰萍主编:《PPP 项目运作实务》,法律出版社 2016 年版,第 68 页。

(二)有利于控制项目总投资超支风险

在 PPP 项目风险分配体系中,政府一般倾向于将项目总投资超支风险分配给 PPP 项目投资人承担。但若 PPP 项目投资人对项目设计环节缺乏必要的管控,则由其承担总投资超支风险将存在较大的风险敞口。而 EPC 总承包模式通常是一种包含设计、采购、施工各个环节,并以总价包干为常见合同条件的工程承包模式,PPP + EPC 组合模式的实施有利于 PPP 项目投资人通过对项目建设的全过程集成管理和风险管控,在不降低工程项目使用功能的前提下有效控制项目建设成本。因此,EPC 总承包模式有利于发挥 PPP 项目投资人对项目总投资超支风险的管控能力,通过 PPP + EPC 组合模式的实施将设计主导权与总投资超支风险分配给 PPP 项目投资人承担显然更符合 PPP 模式下风险公平分担的原则。因此,国际 PPP 项目中也多采用 PPP + EPC 组合模式实施。

(三)有利于提高项目推进效率,由专业的人做专业的事

根据《招标投标法实施条例》第 9 条的规定,已通过招标方式选定的特许经营项目投资人依法能够自行建设、生产或者提供工程以及与工程建设有关的货物、服务的,可以不另行招标。虽然通常认为特许经营仅是 PPP 模式的一种,但目前国内采用“两招并一招”方式的项目均将该条例规定扩大解释为适用于全部 PPP 项目。PPP + EPC 组合模式也可基于该法律依据通过一次招标同时选定项目投资人与工程总承包商。此举既可满足大量建筑施工企业通过参与 PPP 项目投资带动其工程主业的目的,也可降低政府方多次招标采购可能带来的风险及成本,有利于提高项目推进效率,并充分发挥企业投资人在后续环节的综合集成及资源整合能力。

二、PPP + 总价包干 EPC 组合模式的法律风险及应对策略

虽然 PPP 投融资模式与 EPC 总承包模式有上述诸多共通之处,适宜组合实施,但因 PPP 项目具有长期性特点,且在我国推行时间较短,相关法律体系尚待完善,很多环节仍处于实践摸索阶段;同时 EPC 总承包模式下的固定总价方式,将该项经济活动中事关企业核心利益的价格因素在招标阶段即提前进行了锁定,因此,在实务中采用 PPP + 总价包干 EPC(为行文方便,下文提及的“EPC”均指“总价包干 EPC”)组合模式运作基础设施项目,仍面临诸多法律风险。笔者结合近年来参与的多个采用 PPP + EPC 组合模式实施的项目,为客户提供全过程风险管控的服务经

验,梳理总结该组合模式下的主要法律风险及应对策略如下:

(一)项目准备阶段的风险

1. 表现形式——前期准备不充分导致的 PPP + EPC 组合模式风险

根据现行文件规定,PPP 模式中社会投资人采购主要采用公开招标、竞争性磋商等竞争采购方式。公开招标方式适合于边界条件清晰,经济技术参数明确、完整,且在采购过程中不做更改的项目。而竞争性磋商方式主要适用于技术复杂或者性质特殊,不能确定详细规格或具体要求的采购项目。但实践中,因公开招标方式具备更为有力的"两招并一招"的法律依据,且所涉工程项目无论从规模还是功能、资金来源性质等方面,大多属于必须以招标方式采购的项目,因此,在实践中往往作为首选采购方式。但我们也注意到,部分 PPP 项目虽然采用公开招标方式,但因项目前期工作不完备,项目实施内容相对复杂等原因,在前期准备阶段实际难以设定明确的边界条件或经济技术参数,因此,难以准确估算项目实际完成投资建设所需总投资金额。在这种情况下,若强行按 PPP + EPC 组合模式进行公开招标,无疑将给投标人带来巨大的潜在风险。此外,即使对于边界条件相对清晰的项目,因项目公开招标阶段时限仅为 1 个月左右,因此投标人对招标人提供的前期资料及项目现状的研究和了解往往不够深入,也极易造成投标报价与实际投资成本存在较大偏差,从而给投标人造成风险与损失。

2. 风险应对建议

PPP + EPC 组合模式需要结合项目实际情况加以运用。对于前期工作不完善,项目实施边界条件不清晰、投入产出要求不明确或后续可能存在较大变动的项目,应尽量避免采用该模式进行招标或采购。

(1)对于投标人而言,即使对于边界条件相对清晰、技术相对成熟的项目,在报价前也应安排相关专业人员,审慎地对项目前期相关资料(如可研报告、地质水文勘察资料、初步设计文件等)进行研究,有条件的应安排现场查勘,充分预估项目可能隐含的潜在设计及施工风险,以避免因对项目基础条件存在误判,而造成较大的投标报价偏差。另外,投标人如在项目前期资料研究及现场查勘过程中发现项目的可研估算及批复金额不能满足项目实际投资需要的,需及时提醒招标人按相关规定履行可研调整及重新审批工作。

(2)对于招标人而言,若拟采用 PPP + EPC 组合模式进行招标的,建议在满足法定招标时限要求的基础上,预留更为充分的投标时间,并提供投标人所需的相关前期文件,以利于引导投标人形成更为合理且满足充分竞争要求的报价,减少后续因合同调价、项目变更而发生争议、纠纷或项目停滞风险。必要时,还可借鉴"两阶段招标"方式,即先由投标人结合对前期资料及现场条件的研究和了解,对项目的边界条件、经济参数等提出技术方案,供招标人参照确定后,再由投标人按照招标人提出的项目统一边界条件及经济参数提供第二阶段项目投标报价。

(二)项目投标阶段的风险

1. 表现形式——不熟悉 PPP + EPC 组合模式投标报价体系导致的报价失误风险

除上述的因投标时间仓促、对项目资料及现状研究不足而导致的投标报价偏差风险外,作为 PPP 项目投资人及工程总承包商的投标人还可能面临因不适应 PPP 项目投标报价体系而造成的投标失误。

与传统工程总承包报价方式相比,PPP 项目的投标报价体系更为复杂。在价格构成方面,PPP + EPC 组合模式项目的报价既包括在 EPC 总承包模式下基于工程设计、施工、设备采购等需要而对应的工程建设投资报价,还包括因 PPP 项目前期准备、融资、运营等工作需要而对应的其他相关投资运营成本及合理收益报价。在商务标报价要素及指标方面,不同的 PPP 项目采用的商务标评标体系不同。实践中常用的报价要素及指标包括:工程下浮率(或工程费用报价)、投资收益率、政府付费或补贴上限等。无论采用何种报价体系,均需基于项目全生命周期投资—融资—建设—运营活动的需要,拟制特定财务模型,进而根据招标人要求,填报相应报价。在实践中,为了获得更高的投标评分,投标人还可能采用特定的不平衡报价策略。有鉴于此,由于 PPP + EPC 组合模式项目投标报价更具专业复杂性,加之不平衡报价策略的运用,在实践中往往因特定成本费用的少计、漏计而造成投资人损失,或因财务投资人与工程总承包企业投资人存在不同的收益预期而发生收益分配争议。

2. 风险应对建议

投标人在投标时应组建由投资、融资、财务、工程、运营等相关专业人员组成的投标团队,并就各自专业范围内的运作成本及合理收益做出预测及报价,再经统一组价后形成报价方案。对基于投标策略需要而作出的报价调整,需由各方以联合体内部协议、备忘录等方式加以明确,并就后续内部收益分配方式进行协商及书面约定。涉及以固定总价方式计取的成本,应由相应报价方对所填报价格承担相应费用包干风险。

(三)项目实施阶段的风险

1. 表现形式——项目客观条件变化导致的调价风险

PPP + EPC 组合模式项目在实施阶段最易引起争议的问题主要是基于项目工期延误、建设内容变更、不可预见风险发生(如自然灾害、宏观经济形势变化、建筑材料及人工价格大幅上涨等)等原因而造成投标报价时所依据的基础条件发生较大变动,从而使中标人在原固定总价包干范围内无法承受因客观基础条件变化而造成的经济损失,需要调整合同价格。

2. 风险应对建议

(1)工程企业投资人应积极参与 PPP 项目投标及 PPP 项目合同谈判,并就工程项目在建设期内的可调价因素及可调价范围通过投标或谈判小组向政府方提出相应修改建议。一般而言,PPP 项目合同与 EPC 总承包合同中均会约定调价条款。且基于 PPP 项目风险分配及传导的需要,通常 EPC 总承包合同的关键合同条件(如工期、质量、价格等)均与 PPP 项目合同中的对应条款相关联,并做出原则上不会优于 PPP 项目合同中相应事项合同条件的约定。例如,若 PPP 项目公司就材料调差事项与政府方约定的结算原则为不予调差,则原则上 PPP 项目公司与 EPC 总承包商签订的 EPC 总承包合同的材料调差条款也会相应约定为不予调差。因此,作为后续以 EPC 总承包模式承接项目工程总承包任务的工程企业投资人,应积极参与 PPP 项目投标及 PPP 项目合同谈判,关注 PPP 项目合同中与自身总承包责任及风险相关的合同条款,并就工程项目在建设期内的可调价因素及可调价范围通过投标或谈判小组向政府方提出相应修改建议,切勿因轻易放弃合同谈判或无视 PPP 项目合同中的潜在风险,而在 EPC 总承包合同签订和履行过程中使自身处于极为被动或劣势的地位。

(2)重视合同履约管理及过程风险控制,注意收集和保存因政府方原因导致工期延误、工程变更等后果的相关书面证明文件。一般而言,若发生因政府方原因导致的工期延误或工程变更,则就延误期间或变更部分所导致的额外经济损失,应按约定应由政府方或合同甲方另行承担,而不应计入固定总价包干范围。

(3)就自身无法控制风险而又属于固定总价包干范围的特定费用,应结合实际风险类型在 PPP 项目合同中约定项目公司承担相应费用的上限或约定据实调整项目总投资。第一,就政府方负责的前期工作所产生的相关费用如项目前期工作费用、征地拆迁费用等,政府方更有优势控制该等风险。因此,在 PPP 项目合同谈判中就该等实际由政府方负责支出或使用的费用,可以在合理范围内以“反包干”方式交由政府方包干使用并计入总投资,以控制该部分费用超支风险,若实际费用超支,超出部分由政府方承担。第二,就因不可抗力、通货膨胀等不可预见风险所造成的损失,除可通过购买保险的方式转移部分风险外,还应注意在 PPP 项目合同谈判时,与政府方确认“工程预备费”等特定科目费用的使用条件,就不可归责于任何一方的风险所导致的损失,项目公司应有权要求将该等支出计入工程预备费,并计入项目总投资。

(四)项目争议解决或调价索赔阶段的风险

1. 表现形式——索赔主体、索赔依据及索赔对象的确定风险

当 PPP + EPC 组合模式项目发生合同争议或索赔时,索赔流程及索赔主体的确定也往往会成为困扰 PPP 项目投资人的难点问题。如前文所述,因总承包企业在 PPP + EPC 组合模式项目中往往既是项目投资人(项目公司股东)又是工程总承包方,同时 PPP 项目合同与 EPC 总承包合同的约定还具有一定关联性,因此在发生争议或索赔时,投资人往往比较纠结具体以何种身份、以哪份合同为依据以及向何方主张权益。

2. 风险应对建议

就该问题应从基本合同法律关系入手,厘清不同主体之间的合同关系,并严守合同相对性原则。

EPC 总承包合同通常由作为甲方的 PPP 项目公司与作为乙方的工程总承包商之间签订。因此,主张工程款调价或支付时,需以 EPC 总承包合同的约定为基本依据,由工程总承包商向 PPP 项目公司主张 EPC 总承包合同权益。

PPP 项目合同通常由作为甲方的政府方实施机构与作为乙方的 PPP 项目公司之间签订。因此,若主张政府方应确认总投资额或要求调整总投资额的,则应以 PPP 合同的约定作为基本依据,由 PPP 项目公司向政府方主张。

在具体项目中,兼有双重身份的工程总承包企业投资人可结合对各份合同效力及相关条款约定的分析,以及自身在整个项目中核心利益的判断,选择较为有利的方式提出相应主张。但同时需要注意的是,即使作出了选择,在整个索赔及争议解决过程中,以另一主体身份、按另一合同法律关系对索赔事项予以协助和配合也是非常必要的。只有实现核心利益最大化的索赔结果,对总承包企业投资人而言才意味着索赔成功。

结　语

综上,因PPP投融资模式与EPC总承包模式皆为创新且合同条件较为复杂的模式,因此当PPP投融资模式与EPC总承包模式组合实施时,无论是对政府方而言还是对社会投资人而言,抑或对总承包企业而言都会是机遇与挑战并存。若使用得当,将大大提高项目的管理与资源整合效率;若使用失当,则极有可能在项目执行过程中导致争议频发,从而影响项目实施进度和投资预期。因此,PPP项目各方都应重视此类项目的前期研判、招投标及合同谈判阶段工作,并在PPP项目合同或其他文件中以书面形式约定价格调整及再谈判机制。只有将基础工作做实,才能避免后续项目执行陷入僵局。

第三篇　社会资本退出困境破解

- 第八章　PPP项目社会资本一定要“从一而终”吗
- 第九章　PPP项目社会资本的退出路径有哪些

第八章　PPP项目社会资本一定要"从一而终"吗

引　言

在PPP项目中,通常由政府方出资代表与社会资本或社会资本组成的联合体共同出资设立项目公司,作为PPP项目的实施主体。而在PPP项目长时段的合作周期内,政府基于公共利益等方面的考量,一般都希望社会资本能够"从一而终"并"善始善终",但是中选社会资本基于资本运作灵活性和增加融资吸引力等方面的诉求,往往会考虑通过股权转让的方式实现退出或引入其他社会资本。由此也衍生出与PPP项目公司股权转让相关的一系列问题:如PPP项目合作期内社会资本方的股权能否转让,锁定期内转让股权的行为可能导致哪些风险,完成股权转让后原中选社会资本是否仍应承担一定的责任等,都是当前政府和社会资本在签订PPP项目合同时必须提前考虑的事项,也常常会成为项目公司成立后项目参与各方不得不面对的实际困惑。对此,笔者将结合现有的政策法规及实践经验进行一一解答。

一、关于PPP项目中社会资本股权变更的法律政策规定

(一)现行法律法规并未禁止社会资本转让PPP项目公司股权

鉴于目前实践中PPP项目公司的组织形式通常为有限责任公司,在《基础设施和公共服务领域政府和社会资本合作条例》(以下简称"《PPP条例》")正式出台之前,《公司法》仍然是法律层面规制PPP项目公司股权转让的最主要依据。根据《公司法》第71条第1款及第2款的规定,有限责任公司的股东之间可以相互转让或者向股东以外的人转让其全部或者部分股权,PPP项目公司的股权转让当然也不例外。不过,该条第4款同时也规定公司章程对股权转让另有规定的,从其规定,实际

上是赋予了公司股东之间意思自治的权利，为 PPP 项目中政府设置社会资本股权锁定期等特殊安排提供了法律依据。

此外，需要注意的是，国务院法制办[①] 2017 年《PPP 条例》（征求意见稿）第 26 条规定，"在合作项目建设期内，社会资本方不得转让其持有的项目公司股权。合作项目运营期内，在不影响公共服务提供的稳定性和持续性的前提下，经政府实施机构报本级人民政府同意，社会资本方可以转让其持有的项目公司股权"。如果后续正式出台的《PPP 条例》保留了上述规定，那么，建设期内社会资本方转让其持有的项目公司股权可能会被认定为违法行为。

（二）国家现有出台政策允许 PPP 项目社会资本有条件地退出

截至目前，国家层面已出台的关于社会资本退出相关政策及规定如表 3－1 所示：

表 3－1　关于社会资本退出相关政策及规定

序号	文件名称	主要规定
1	《国务院关于创新重点领域投融资机制鼓励社会投资的指导意见》（国发〔2014〕60 号）	政府要与投资者明确 PPP 项目的退出路径，保障项目持续稳定运行
2	《国家发展改革委关于开展政府和社会资本合作的指导意见》（发改投资〔2014〕2724 号）	推动 PPP 项目与资本市场深化发展相结合，依托各类产权、股权交易市场，通过股权转让、资产证券化等方式，丰富 PPP 项目投资退出渠道
3	《关于规范政府和社会资本合作合同管理工作的通知》（财金〔2014〕156 号）	要兼顾灵活，合理设置一些关于期限变更（展期和提前终止）、内容变更（产出标准调整、价格调整等）、主体变更（合同转让）的灵活调整机制，为未来可能长达 20～30 年的合同执行期预留调整和变更空间
4	《国务院办公厅转发财政部、发展改革委、人民银行〈关于在公共服务领域推广政府和社会资本合作模式指导意见〉的通知》（国办发〔2015〕42 号）	（十八）保障公共服务持续有效……健全合同争议解决机制，依法积极协调解决争议。确需变更合同内容、延长合同期限以及变更社会资本方的，由政府和社会资本方协商解决，但应当保持公共服务的持续性和稳定性； （二十二）依托各类产权、股权交易市场，为社会资本提供多元化、规范化、市场化的退出渠道

① 2018 年 3 月，根据第十三届全国人民代表大会第一次会议批准的国务院机构改革方案，将国务院法制办的职责整合，重新组建司法部，不再保留国务院法制办。

续表

序号	文件名称	主要规定
5	《关于切实做好传统基础设施领域政府和社会资本合作有关工作的通知》(发改投资〔2016〕1744号)	构建多元化退出机制,推动PPP项目与资本市场深化发展相结合,依托各类产权、股权交易市场,通过股权转让、资产证券化等方式,丰富PPP项目投资退出渠道
6	《关于加强中央企业PPP业务风险管控的通知》(国资发财管〔2017〕192号)	积极盘活存量投资,完善退出机制。根据自身和项目需要,持续优化资金安排,积极通过出让项目股份、增资扩股、上市融资、资产证券化等多渠道盘活资产、收回资金,实现PPP业务资金平衡和良性循环

此外,一些地方政府及其各组成部门出台的关于PPP的政策文件中对于社会资本的退出事项均有所规定和细化。虽然上述政策规定都直接或间接地对PPP项目合作期内社会资本通过股权转让等多渠道方式退出的安排持开放态度,但是在实践中,为避免不合适的主体被引入项目的实施过程中,确保所提供公共服务的持续性和稳定性,政府在PPP项目实施方案及项目合同等文件中往往会明确对社会资本转让股权的期间和条件设置一定的限制,否则社会资本将面临承担相应的违约责任的风险。

二、社会资本在股权锁定期内变更股权可能存在的风险

(一)通常情况下社会资本擅自进行股权变更的,应承担相应的违约责任

在PPP项目中,PPP项目合同常会明确规定:在一定期间(股权锁定期)内,未经政府批准,项目公司的社会资本股东不得进行任何股权变更;政府(或政府方出资代表)与社会资本在PPP项目合作协议①、股东协议及项目公司的公司章程中也会明确股权转让需要经过股东会同意及政府批准等程序性前提要件。在实践中,关于股权锁定期的约定通常为自合同生效日,至项目开始运营日后的一定期限。这一约定的目的是确保社会资本履行完其全部出资义务以及约定的对项目公司的支持和保障义务,对其在项目公司稳定提供公共产品和服务之前轻易退出项目的

① 指社会资本在中选后与政府方签订的PPP项目合作协议,内容上有别于项目公司组建后与政府方签署的PPP项目合同。两份协议之间的关系参见笔者在本书第十九章“PPP项目中社会资本需要与项目公司承担连带责任吗”中的详细阐述。

行为加以限制,特别是对于承担项目建设施工任务的社会资本股东而言,从保证项目建设长期质量的考量出发(有些质量问题并不能在竣工验收时和保修期内被及时发现),设定相应的股权锁定期是非常有必要的。而在约定的锁定期内一旦发生违反股权变更限制的情形,政府将直接依据 PPP 项目合作协议、PPP 项目合同和股东协议等约定认定项目公司或社会资本违约,使其承担相应的违约责任;甚至在极端情况下,例如,未在政府要求的补救期限及时改正等严重情况下,政府会行使提前介入权或直接与项目公司解除 PPP 项目合同及/或解除政府与社会资本签订的 PPP 项目合作协议。

因此,从社会资本角度,除需要承担因违反 PPP 项目合作协议、股东协议等约定而引发的直接违约责任外,还需要承受因项目公司承担 PPP 项目合同违约责任所导致的间接损失。根据《合同法》第 107 条的规定,当事人一方不履行合同义务或者履行合同义务不符合约定的,应当承担继续履行、采取补救措施或者赔偿损失等违约责任。尽管 PPP 项目合同所约定的违约措施是由项目公司直接承受,但社会资本作为项目公司的控股股东甚至是全资控股的股东,项目公司承担违约责任之后必然导致股东所有者权益的减少,给股东带来相应的间接利益损失;另一方社会资本作为政府经法定采购流程选择的项目合作方,也可能会因为诚信问题而被列入政府的"黑名单",进而影响到社会资本的声誉。所以,在股权锁定期内,社会资本会因擅自变更其所持有的项目公司股权而成为最终的实际责任承担者。

(二)例外情形下的股权变更虽被允许,但不当然豁免社会资本方在 PPP 项目中的义务和责任

在锁定期内,政府出于项目的整体利益和运作灵活性的考量,除安排政府方出资代表自身的股权变更不受限制外,往往会在锁定期内也设定一些允许社会资本进行股权变更的例外情形,例如,财政部《关于规范政府和社会资本合作合同管理工作的通知》(财金〔2014〕156 号)所附《PPP 项目合同指南(试行)》中所列举的几种常见情形:(1)项目贷款人为履行本项目融资项下的担保而涉及的股权结构变更;(2)将项目公司及其母公司的股权转让给社会资本的关联公司。

在该等情形下,由于通常不会涉及社会资本所持全部股权的对外转让,因此股权变更的发生不应削弱和脱离原有社会资本的责任范围,社会资本及其股权受让方仍有必要共同对政府承担相应的义务。另外,由于该等股权转让均是为实现特

定目的而进行的特殊安排,如为满足贷款人融资担保要求而进行股权结构变更,或为实现社会资本企业内部管理要求而将股权转让给关联公司,而该等特定目的的实现同样也不应影响中选社会资本在PPP项目合同项下其他义务的继续履行以及项目的有序实施。因此,即使在特定情形下部分或大部分股权变更被允许,原中选社会资本的义务和责任也不当然被豁免。

但是,笔者在实践中也碰到了一些较为特殊的情况,如因项目客观情形较项目采购阶段发生了重大变化(投资额严重超出预期、征地拆迁工作迟迟无法推进等)导致在股权锁定期内双方无法按照原有合同约定继续履行。在此情况下,终止原有的PPP项目合同并重新进行社会资本的招选显然是最为合法合规的做法,然而,PPP项目终止将涉及众多参与主体及相关合同的解约,极易产生争议并导致冗长的处理周期,最终影响到公共产品和服务的按时提供,并不一定是符合公共利益最大化的处理方式。而通过股权转让方式引入具备相应能力的新社会资本代替原社会资本继续参与项目,有利于维系PPP项目中融资方、承包商等其他参与主体权利义务的连续性和稳定性,便于项目建设和运营按计划有序推进,或许更适合作为快速解决问题的首选路径。在此路径下,如项目各方经协商达成一致,原社会资本通过转让全部股权的方式退出,尽管该股权转让仍发生在锁定期内,但也不应当然视为社会资本的违约;此外,在股权转让完成,且该社会资本已妥善处理了与相关各方的权利义务之后,其在原PPP项目合同和股东协议等项下的义务和责任应当由新加入的社会资本方予以承继。

综上,对于项目股权转让后社会资本的责任承担问题,应当根据每个项目的不同实际情况予以区分考虑。

三、社会资本在股权锁定期满后的股权转让

在股权锁定期满后,部分社会资本为提前实现投资资本的变现或者资金周转上的诉求,往往会期望通过股权转让方式实现项目退出。此时,通常只要满足政府在PPP项目合同和股东协议中对受让方提出的相关要求和限制,如必须具备相应的履约能力及资格等,社会资本通过股权转让方式实现合同项下的权利和义务的转让一般不会遇到特别大的阻碍。在此种情况下,政府方通常也不会要求原中选社会资本在退出后仍然为PPP项目承担连带责任,社会资本方可以实现真正的退出。

但在一些特定的项目中,政府有可能不希望特定的主体参与到PPP项目中,因

此会直接在合同中约定禁止将项目公司的股权转让给特定的主体,但笔者认为这类限制应当具备合理的依据,不应存在任何不合理的关于地域或所有制的歧视。另外,也有一些项目中,政府要求的股权锁定期会包含整个项目合作期,在该种情形下,除非出现法律强制处置等不可控情形,否则社会资本很难通过股权变更等方式实现退出。这些特定的安排都应在实践过程中根据项目特殊情况进行具体分析。

四、国有企业作为社会资本方进行股权转让的特殊要求

当前,国有企业作为参与 PPP 项目的中坚力量,占社会资本中的大多数。当国有企业中标 PPP 项目所组建 PPP 项目公司进行股权变更时,还应遵守与企业国有资产交易相关的法律规定,以防止国有资产的流失。

通常情况下,国有企业进行股权变更都需按照规定遵循复杂、严格的审批流程、进行资产评估确定股权转让价格、在公开产权交易市场进行转让等特殊程序。由此,也会对社会资本造成一系列潜在的风险:

1. 程序合规性风险:如不及时合法地履行规定的流程,需承担流程瑕疵或缺失引发的违规决策风险。

2. 股权转让对价风险:转让价格过高,拟引入的受让方需承担较高的出资,对方未必同意受让;转让价格过低,无法实现国有资产保值增值的要求和目的。

3. 中标受让方不合要求的风险:除了国有金融企业的股权转让及特定情况下的国有非金融企业股权转让无须进场交易外,国有产权的转让通常要公开市场竞价交易,使最终中标的股权受让方可能并不能同时满足政府方和作为股权转让方的社会资本的要求。

4. 受让主体性质不符合金融机构意愿的风险:在 PPP 项目中,尽管项目公司才是项目融资的主体,但金融机构根据社会资本股东的主体性质不同,往往会给予差别化的融资待遇。实践中金融机构更为青睐国有性质的社会资本股东,民营企业作为社会资本参与的 PPP 项目在融资中将面临更多的困难。这一问题也经常会成为国有企业社会资本转让项目公司股权时的重大障碍,当股权受让方为民营企业时,金融机构通常难以接受,甚至会提出提前还贷的要求。

故,国有企业社会资本在进行股权转让时,可能会遇到更多的额外风险,承担相应风险发生情况下更多的责任和损失,这些都需要提前加以注意和防范。

结 语

限制社会资本股权退出仅是政府为推进PPP项目实施所采用的特别工具和手段,并非PPP项目的本质要求,因此需要从保障PPP项目各方合法合理权益同时实现社会公共利益最大化的角度进行通盘考虑,而不应绝对地放开或禁止社会资本的股权转让。未来在社会资本股权转让等退出机制的安排上,可以将关注点更多地转向受让方融资能力、技术能力、管理能力、专业运营能力等PPP项目所需要的要素上来,确保公共产品和服务的质量和稳定性。PPP项目合同的股权变更和转让机制,也完全可以以此为标准进行创新设计,改变当前PPP项目实践中所存在的"重准入而轻退出"的现象。

第九章　PPP项目社会资本的退出路径有哪些

引　言

自PPP模式在国内推广以来，各部委陆续出台政策和规范性文件强调要为社会资本构建多元化的退出机制，以增强PPP项目的流动性，提升项目价值，吸引更多社会资本参与。而对于社会资本而言，健全的项目退出机制同样能够成为其积极参与PPP项目并获得合理收益的有力保障。因此，本章即从社会资本在PPP项目中的退出需求入手，结合相关政策和项目实践情况，对社会资本的退出路径进行重点论述并提出完善PPP退出机制的操作要点，以期对PPP模式的健康发展有所裨益。

一、PPP项目中社会资本退出的现实需要

自2014年财政部《关于推广运用政府和社会资本合作模式有关问题的通知》(财金〔2014〕76号)推广PPP模式以来，项目退出机制就一直作为PPP模式下必不可少的关键环节予以规范。紧接着，国发〔2014〕60号、国办发〔2015〕42号、发改投资〔2016〕1744号等文件的相继出台，都强调应当丰富PPP项目投资退出渠道，为社会资本提供多元化、规范化、市场化的退出机制。究其原因，退出机制的健全和完善对政府与社会资本都有着深刻的现实需要。

(一)增强项目资本流动性，提高社会资本参与积极性

对于社会资本而言，多元化的退出机制意味着可以以最小的成本吸引新的资本进入或实现退出，有利于增加资本灵活性和融资吸引力，进而有利于社会资本更便利地实现资金价值的回收。另外，政府方同样可以依靠构建健全的退出机制，在充分发挥社会资本在公共服务领域内建设和运营优势的前提下，通过满足社会资

本关于项目退出的合理诉求,从而起到提升项目价值、吸引更多社会资本参与的目的。

(二)发挥社会资本联合体优势,满足联合体成员不同诉求

考虑到 PPP 项目投资规模大、专业性较强,组成联合体已经成为社会资本最为常见的参与方式。通常情况下,社会资本联合体由项目建设方、运营方和融资方所组成,通过发挥各自优势,实现公共产品和服务供给效率与质量的提升。但是,由于各联合体成员都具有阶段性退出的现实需求,比如,建设方不具备项目运营管理的经验,其关注的是对于工程款的及时取得,所以希望能够在项目运营期尽快实现退出;又如,融资方所选择的基金、债券、信托等融资工具通常存在期限错配的情形,难以满足 PPP 项目的期限要求,因此希望通过畅通的退出机制实现资金的及时回笼①。

(三)防范合作期内不可预见风险,为社会资本参与提供保障

在 PPP 项目长达 10~30 年的合作期内,存在诸多政企双方不可预见的风险,包含法律政策和经济环境的重大变更等。例如,财办金〔2017〕92 号文等一系列规范性文件出台后,多数 PPP 项目不仅面临被要求整改或清退出库的风险,当项目运作模式存在合规性硬伤或政企双方无法就项目后续实施方案达成一致意见的情形下,社会资本只能寻求其他退出路径以实现自身的及时止损。因此,面对双方都不可预见的项目风险,健全的项目退出机制能够为社会资本积极参与到 PPP 项目中提供有力的保障。

二、PPP 项目社会资本的退出路径

基于上述对 PPP 项目退出的现实需求,结合目前国内的实践情况,PPP 项目中社会资本退出的常见路径主要有以下五种:

---

① 杨芹芹:《PPP 模式中社会资本退出方式选择》,载 http://mp.weixin.qq.com/s?src=3&timestamp=1541916245&ver=1&signature=5UeR8qTr*DZaSm7ocRrclFGGE*uptnGt3-v3NAnVjD8iuX7hCQvGTY*2NlrmcwuXLgV1WMIFyK7mwLU4XrVfz**JVZ5XmcbhoesZrqH02HHeTsN2V5AtGgMXd2cDQQLtBR3SL849DRCmd-cjvjH-VYlBnMeaGULkgHhlRVQq9tQ=,最后访问日期:2018 年 11 月 11 日。

（一）到期移交

到期移交是指 PPP 项目合作期届满后，项目公司将项目所涉资产移交政府方或其指定机构，通常发生于采用 BOT（建设—运营—移交）、TOT（转让—运营—移交）或类似运作方式的 PPP 项目中。由于在采用到期移交方式的情形下，政企双方按照合同约定的移交形式、补偿方式、移交内容和移交标准完成移交工作即可，移交完成后社会资本方或其与政府方出资代表所出资设立的项目公司可以选择继续存续或直接进行清算工作，因此属于项目正常终止情形下社会资本方最为常见的退出方式。

（二）股权转让

股权转让是指社会资本通过转让其所持有的项目公司股权实现退出。股权转让的对象包括项目公司的其他股东或股东以外的第三人，待股权转让完成，作为转让方的社会资本即不再参与项目的后续实施，除双方另有约定外，其权利和义务均将由受让方所承继，因此该方式也成为 PPP 项目实施过程中最为常见的方式之一。但是，在具体实践过程中需注意，PPP 相关规范政策已明令禁止由政府或政府指定机构回购社会资本投资本金或兜底本金损失，因此，如在合同中存在有关政府方股权回购义务等违规安排的，都可能面临被要求整改的风险。另外，为了保证公共服务提供的稳定性以及避免不合适的主体被引入项目中，政府方通常在合同中会设置股权变更的限制机制，在合理的期限和限度内限制社会资本方不当变更股权。

（三）项目公司减资

项目公司减资通常指 PPP 项目公司在资本过剩或亏损的情形下，根据实际经营情况，依法减少注册资本的行为，也是社会资本实现投资退出的常用方式。但是，由于减资对于项目公司的财务状况要求较高，应当在具备经济合理性的前提下进行减资方案的设计。同时，由于有限责任公司的资本维持原则和人合性约束，实践中，项目公司减资通常会受到公司内部表决机制和《公司法》等法定程序的规制。例如，在表决机制上，公司减资属于必须经代表 2/3 以上表决权的股东通过的事项。另外，需要项目公司相应编制资产负债表及财产清单并通知债权人，且债权人有权要求项目公司清偿债务或者提供相应的担保。换言之，为完成项目公司减资，应提前与银行等债务资金提供方进行沟通。

(四)资产证券化

资产证券化是指在项目运营阶段,由项目公司作为原始权益人,按照使用者付费、政府付费、可行性缺口补助等不同回报机制类型,以能够给项目带来现金流的收益权、合同债权作为基础资产,发行资产证券化产品,并将募集资金用来偿还银行贷款并提前收回自有资金。

自2016年以来,中央就高度重视通过资产证券化方式丰富PPP项目的退出渠道,先后出台《关于推进传统基础设施领域政府和社会资本合作(PPP)项目资产证券化相关工作的通知》(发改投资〔2016〕2698号)、《关于规范开展政府和社会资本合作项目资产证券化有关事宜的通知》(财金〔2017〕55号)等文件,明确了国家重点鼓励支持的PPP项目资产证券化的开展条件、持续运营管理、绿色通道、信息披露、持续监管和风险处置机制等内容。目前,已有部分PPP项目成功发行资产证券化产品,不少PPP项目也正在积极谋划中。但需要注意的是,尽管PPP资产证券化基础资产包括收益权资产、债权资产和股权资产,但是基于PPP项目股权锁定期以及保障公共服务稳定性等特点,社会资本急切盼望的股权资产证券化实施难度较大①。目前的PPP资产证券化产品的基础资产主要是PPP收益权和PPP债权,该等资产证券化业务的开展并未改变社会资本对PPP项目公司的实际控制权和项目运营责任,因此社会资本只能通过项目公司收益的提前实现来达到间接退出。

(五)公开上市

对于具备上市条件的PPP项目公司,可以通过公开发行股票方式实现PPP项目和资本市场的有效联动,社会资本可借助二级市场交易完成项目退出。对此,证监会在其2017年公布的《关于政协十二届全国委员会第五次会议第2915号提案的答复》中指出,将积极支持符合条件的PPP企业发行上市、符合条件的股份制PPP项目公司在新三板通过挂牌和公开转让股份等方式进行股权融资,说明了PPP项目更加多元化、市场化的退出渠道已在逐步建立。但是,由于公开上市的标准较高,

---

① 参见周兰萍、郑大卫:《从PPP资产证券化看PPP项目再融资风险管理》,载"PPP运作实务"公众号,2017年3月5日。

要求PPP项目公司需具备较好的盈利状况、稳定的现金流和良好的发展前景，因此在缺少相关配套支持政策的前提下，目前仍较难形成可复制、可推广的PPP项目公司上市案例，社会资本通过公开上市实现退出的难度也较大。

三、当前背景下完善PPP退出机制的操作建议

在当前背景下，继续深化和完善PPP模式下社会资本退出方式将是进一步规范PPP模式的必要举措，同时也对促进PPP在国内的健康和长远发展产生深远影响。对此，笔者提出以下具体操作建议：

（一）完善PPP立法体系，建立PPP资产交易平台

随着PPP模式在我国的不断推进，虽然各部委相继出台相关政策和规范性文件，拓展PPP市场化退出渠道，构建多元化项目退出机制，以鼓励社会资本积极参与到PPP项目中来。但是，由于立法层级不高，且大多数文件仅对PPP退出机制提出了框架性的规范要求，对实践中社会资本退出的指导作用非常有限，因此亟须出台专门的PPP立法或示范性PPP合同指南对PPP退出机制进行深化和规范。同时，应尽快建立PPP资产交易和管理平台，结合PPP资产交易的特点，设置合理的PPP资产交易标准和条件要求，以尽可能满足PPP资产交易各方的现实交易需求，提高交易的积极性和高效性，促进社会资本在规范的交易规则下实现有序和有效退出。

（二）统筹结合项目需求目标，因地制宜设计项目退出方案

实践中，政府在项目前期准备阶段经常会产生“重准入，轻退出”的认识误区，在实施方案中仅对项目退出机制作出原则性的简单表述，或者仅对股权转让的相关限制进行约定，使得在具体项目实施过程中社会资本的退出缺少可操作性和可预期性。作为PPP必不可少的关键环节，政府方应统筹结合项目需求目标，因地制宜设计项目退出方案。例如，针对技术专业度要求较高的项目（如轨道交通、环境治理等）可适当提高社会资本的退出门槛，如延长其可以退出的期限，并对新引入的社会资本的资格条件进行严格的筛选和审查；针对项目未来有再融资需求或资金投入周期较长的项目，可明确要求社会资本在落实项目再融资方案或投入全部

项目所需资金后方能退出①。

（三）重视社会资本的退出需求，实现退出机制的多元化设计

实践中，经常会看到实施方案对社会资本股权锁定期采用“一刀切”的方式，通常约定在运营期开始后的特定时间内不允许社会资本进行股权的变动，以限制其不当退出。但是事实上，这种退出设计方案并不符合所有项目的实际需求，也不能满足不同类型社会资本的退出需要。因此，在前期方案设计过程中就应结合项目实际需求和潜在社会资本的合理诉求，进行退出机制的多元化设计②。例如，针对主要承担项目融资责任的财务投资人，通常情况下在资金到位后应允许其进行退出，但是对于资金投入周期较长或进行滚动开发的项目，就应当结合合作期内整体资本金的实际投入情况设计财务投资人的退出时间；针对承担项目建设责任的工程企业投资人，通常在项目进入稳定运营并实现有效项目产出后允许其进行退出，但如果项目公司采用委托第三方负责项目的运营工作或者在运营期内仍需借助工程企业投资人的资源协调和项目管理能力的，政府方则可以通过限制工程企业投资人的股权转让比例或要求其承诺承担连带责任等方式，对工程企业投资人的退出进行合理的限制。

（四）兼顾金融机构的合理诉求，保障融资方案的持续稳定

社会资本的退出不仅是政企双方之间的博弈，实践中多数社会资本无法顺利实现退出很大程度上还受制于银行等金融机构的态度。特别是在项目融资方案中明确要求社会资本在合作期内提供担保或不得进行股权转让的项目中，基于对融资方案实施的持续稳定等因素考虑，金融机构有权否决社会资本的退出诉求。因此，为拓宽社会资本在 PPP 项目的退出空间，不断探索创新信贷服务，推广项目融资方式的加速落地和鼓励金融机构对社会资本参与的 PPP 项目提供优惠的融资支

---

① 张恺祺：《PPP 项目社会资本方股东退出路径分析》，载 http://mp. weixin. qq. com/s? src = 11&timestamp = 1541916780&ver = 1237&signature = ZK1z4C3aASdeVZrqrHXHl6PdhplsLW0mUA * ai42byn0Nz6fZUISXV3UbG47ja9QE4A9Qg55 * 8lxALd7tStUJMSYIl1wTtnkVHELRW9eR8ooDxU889 * djs-Ket01SrRKaB&new = 1，最后访问日期：2018 年 11 月 11 日。

② 杨娟：《浅析 PPP 模式下社会资本退出机制》，载 https://mp. weixin. qq. com/s? src = 11&timestamp = 1541916827&ver = 1237&signature = On6mqffUOTgnRFoDjzNWP0WR * XfwHSPfQ6vMi14dbYSd5n1jrA7dOx13jm2gqCYCY9GeQX1m665fYJgnrWgajRP - yD3hA8mFcjEfoVKaeHlzIK - bKrBk - dht8y - vxoXO&new = 1，最后访问日期：2018 年 11 月 11 日。

持也仍然是当前值得研究的重要课题。

结　语

为社会资本构建多元化的 PPP 项目退出机制仍然是当前以及未来 PPP 模式发展的趋势，现行法规政策也为社会资本提供了多种可供选择的退出路径。但是，为了实现 PPP 退出机制的规范化和合理化发展，仍应继续推动 PPP 相关立法的完善工作，并在具体实践中重视对项目需求目标以及社会资本和金融机构合理诉求的统筹兼顾，为 PPP 项目创造更加良好的市场环境添砖加瓦。由于社会资本退出问题关系到诸多方面，相关注意事项可同时参考本书第三篇社会资本退出困境破解的其他章节以及第四篇项目融资困境破解、第六篇项目合规监管困境破解等相关章节内容。

第四篇　项目融资困境破解

第十章　PPP项目如何引入股权融资方

引　言

实践中,PPP项目的实施往往有赖于社会资本方自身的资金和技术实力。但PPP项目往往动辄数十亿元,甚至上百亿元的巨大投资体量,也给社会资本方带来了相当大的融资压力。而通过在PPP项目中适当引入股权融资方,无疑是解决社会资本方融资难问题的一剂"良方"。本章从PPP项目中股权融资方的身份认定、基本权利义务设置以及入股项目的实操建议等方面对于PPP项目如何引入股权融资方的问题进行了详细阐述,以供PPP项目投资人借鉴参考。

一、PPP项目引入股权融资方的主要路径

(一)股权融资的含义

通常来说,企业的融资方式有两类,债权融资和股权融资。所谓股权融资,是指企业的股东愿意让出部分企业所有权,通过企业部分转让或增资的方式引进新股东的融资方式。股权融资所获得的资金,企业无须还本付息,但新股东将与老股东同样分享企业的赢利与增长①。本章主要讨论股权转让融资方式,即PPP项目公司股东通过转让部分股权或增资扩股,以筹集项目公司所需资金的方式。

(二)PPP项目股权融资方的投资人背景

在认定股权融资方之前,需先区分PPP项目中常见的投资人类别。通常按投资目的划分,投资人可分为两类:一类是战略投资人,另一类是财务投资人。所谓财务投资人一般是指仅为PPP项目提供融资,不承担PPP项目设计、建设、运营、维护

---

①　百度百科:《股权融资》,载https://baike.baidu.com/item/股权融资/1912578?fr=aladdin,最后访问日期:2018年11月9日。

等工作的金融机构或准金融机构。而战略投资人是指以业务、资源整合为投资目的,为自身产业链服务,更希望未来有机会可以通过整体出售公司全部股权,更好地实现资源整合①,而不仅仅着眼于短期财务回报的投资主体。

(三)PPP 项目引入股权融资方的主要路径

目前,PPP 项目公司引入股权融资方的路径主要有两种:

1. 路径一:在项目前期采购阶段引入股权融资方

在路径一下,牵头参与 PPP 项目的社会资本在项目前期采购阶段前就已选定股权融资方,并与其共同组成联合体参与 PPP 项目招投标过程,中标后按照联合体内部协议、股东协议或公司章程等约定承担对项目公司的出资义务,即股权融资方在项目公司设立时即作为初始股东存在。

2. 路径二:在项目公司设立后引入股权融资方

在路径二下,政府方通过公开采购程序选定社会资本后,由中选社会资本先足额认缴应由社会资本方持有的全部股权并组建项目公司,在项目公司设立后,满足一定条件下,社会资本方再通过让渡部分股权的方式引入股权融资方。

从上述路径可以看出,PPP 项目中的股权融资方包括两类:

1. 作为联合体成员一方的股权融资方

作为联合体成员一方参与项目招投标/采购活动,并在联合体分工上,负责项目主要股权出资义务乃至融资筹划的主体。该股权融资方实际上即社会资本方(主要为战略投资人)基于股权(有时也包含债权)融资需要,为避免自身资产负债率上升,实现项目负债出表目的而通过结构化融资等方式引入的合作主体。通常该等情况下引入的合作主体以财务投资人为主。

2. 未作为联合体成员一方的股权融资方

未作为联合体成员一方的股权融资方,是指在项目公司成立后通过股权转让方式引入的股权合作主体。在该等情况下引入的投资主体,既可能是财务投资人,也可能是战略投资人。实践中,也不乏未参与联合体投标的股权融资方,在项目公司设立时直接作为原始股东的做法,下文将就此做法的合规性和可行性加以分析。

---

① 陈芳、高欣、胡韵:《私募基金实务——解析领售权条款》,载 http://www.zhonglun.com/Content/2017/11-08/1752214181.html,最后访问日期:2018 年 11 月 9 日。

二、未作为联合体成员一方的股权融资方以初始股东身份有效入股的合规性和可行性探讨

对于未参与联合体投标的股权融资方，需要以项目公司初始股东身份入股的，在我国现行政策法规下，可能有被认定为“第三方代持”的风险。但从国际 PPP 案例来看，此种方式却有较为成熟的案例或操作路径。笔者同时认为，从 92 号文对该项规定的原意来看，之所以禁止第三方代持行为，是为了确保社会资本选择程序的严肃性、公正性，夯实社会资本的投资建设运营责任。因此，若引入的股权融资方系经过政府认可，且股权融资方的加入既不影响原中标社会资本方继续实际承担项目投资建设运营责任，又可通过股权融资方的真实出资提高项目的整体抗风险能力，则该种操作与 92 号文的规范本意并没有实质性的冲突。因此该问题的操作路径涉及关键在于确保政府有效判别被引入的股权融资方的履约能力，并夯实社会资本方的主体责任，保障项目顺利推进。笔者认为，具体可考虑两种操作路径：

（一）路径一：由中标社会资本自行负责引入股权融资方

在该路径下，政府方仅需完成一次招标，选择社会资本，对于后续引入股权融资方的事宜，由中选社会资本自行负责并承担相关风险。英国 Midland 大都会医院（Midland Metropolitan Hospital）PF2 项目中就是通过这一路径引入了股权融资方。该项目是英国 PF2 的试点项目。承包商 Carillion 在竞争中脱颖而出成为中选社会资本方，之后其通过股权融资竞争选定 Richardson's Captial 成为新的投资者①，双方分别持股 50%、40%，另外 10% 由 Infrastructure UK（英国基础设施机构）持有②。

在该路径下，从合规角度需重点安排以下事项：

1. 在招标文件中明确允许在招标完成后为股权融资目的引入股权融资方

（1）政府方实施机构在招标文件中允许投标人为股权融资需要，后续可经政府方书面同意后另行引入第三方股权融资方。

（2）在招标文件中明确投标人（含联合体成员）应满足的财务、施工等各方面的

---

① Equity funding competition this month for PF2 hospital，载 https://ijglobal.com/Articles/96240，最后访问日期：2018 年 11 月 11 日。

② Midland Metropolitan Hospital PPP，载 https://ijglobal.com/data/transaction/30963？name = Midland%20Metropolitan%20Hospital%20PPP&link = %2FArticles%2F96240，最后访问日期：2018 年 11 月 9 日。

资质、能力和业绩要求，即本次招标文件资格条件中应包括未来引入股权融资方需要满足的条件。

2. 在联合体协议中明确各方对项目公司的持股比例

(1)在联合体协议中要求明示联合体成员及后续股权融资方将持有项目公司的股权比例，避免后期设立项目公司时产生争议。

(2)要求联合体或联合体牵头人承诺若不能在约定的限期内按要求完成股权融资方引入的，则由参与投标的联合体各方承担兜底出资责任，即按事先约定的比例承担补充认缴及出资义务，直至项目公司全部股权得以足额认缴并出资。

3. 在投标文件中对为股权融资引入股权融资方的方案进行说明

(1)如在投标文件递交前无法确定股权融资方，只能后续引入的，则应要求投标人在递交的项目投融资方案中就主要投融资方式和手段(含引入股权融资方的方案、股权融资结构)予以说明。

(2)如在投标文件递交前已有意向股权融资方的，则在必要时可要求拟引入股权融资方的投标人提交股权融资方的投资意向书或合作投资意向协议等证明文件，证明文件的具体形式可参考国内外一般PPP项目中实施机构要求投标人提供金融机构出具的债务性融资意向函的格式。

4. 股权融资方须报经政府方实施机构书面认可

(1)社会资本方在招选股权融资方的过程中，可邀请政府实施机构对招选过程予以监督，招选条件不得低于招标文件及投标文件规定的相应资格条件。待社会资本方中选并按要求确定股权融资方后，须报经政府实施机构确认。

(2)股权融资方应向实施机构作出书面承诺，并包含但不限于以下内容：

第一，认可已由参与投标的社会资本方提交并被招标人接受的投标文件全部内容及招标阶段由社会资本方联合体接受并同意的所有谈判条件。

第二，与中标社会资本方(含联合体)共同与政府实施机构签订PPP项目合同等协议，后续共同组建项目公司，并承担项目投资风险。

(二)路径二：由政府实施机构单独或与中选社会资本方共同引入股权融资方

在本路径下，政府在第一次招选时仅确定部分社会资本方(主要为战略投资人)，后续再单独或与中选的社会资本方共同通过另行采购方式，确定股权融资方(主要是财务投资人)。入选财政部第三批PPP示范项目的青岛地铁4号线工程

PPP 项目就是采用该路径分别进行了施工类投资人的招标采购[①]和财务投资人的竞争性磋商采购[②]。采用该路径安排需注意以下几点：

1. 战略投资人采购文件中应明示后续引入财务投资人的相关内容

政府需在战略投资人的采购文件中明示后续将另行引入股权融资方（财务投资人），并明示战略投资人及股权融资方各自在后续项目公司中的持股份额及各自的权利义务。

2. 财务投资人采购程序仍应以政府方为主导

在战略投资人确定后，由政府主导另行采购财务投资人。为确保后续各方合作顺畅以及体现项目公司通常作为有限责任公司具有"人合性"的特点，在财务投资人采购过程中，建议由中选的战略投资人作为共同采购人。

3. PPP 相关合同、协议的一致性

通过分别采购确定的战略投资人与财务投资人均应在中选后与实施机构签订内容一致的 PPP 项目合同等协议，并通过由政府出资代表（如有）、战略投资人、财务投资人共同签订股东协议明确股东各方职责，组建项目公司，共同运作项目。

需要特别说明的是，无论是上述路径一还是路径二，因股权融资涉及股东结构变动，若项目公司已完成债权融资的，尚需按约定同时征得银行等债权人的同意。

三、在项目公司设立后引入股权融资方的实施建议

目前，尽管 156 号文等政策文件对 PPP 项目社会资本方股权转让的"限制"重重，但并不意味着完全"禁止"。以甘肃省兰州市榆中县市民公园和场馆建设及道路新建工程 PPP 项目为例，2016 年 12 月，多金投资发展集团股份有限公司通过公开招标之后成为该项目社会资本方（以下简称"多金集团"），与该项目所在地城投公司共同出资成立榆中多金建投发展有限公司（以下简称"SPV 公司"），其中，多金集团出资 15, 136 万元，占注册资本的 82. 1%[③]。2017 年 3 月，项目正式开工建设。后因多金集团自身无法有效解决该项目融资问题，遂于 2017 年 10 月正式向该项目

---

① 《中国铁建组联合体中标 229 亿青岛地铁 4 号线工程 PPP 项目》，载 http://stock. jrj. com. cn/2016/11/15191121711601. shtml，最后访问日期：2018 年 11 月 11 日。

② 青岛市地铁工程建设指挥部办公室：《青岛市地铁 4 号线工程 PPP 项目（A 包）竞争性磋商公告》，载 http://www. ccgp. gov. cn/cggg/dfgg/jzxcs/201608/t20160810_7169003. htm，最后访问日期：2018 年 11 月 11 日。

③ 甘肃省产权交易所：《榆中多金建投发展有限公司 82. 1% 股权转让公告》，载 http://www. gscq. com. cn/xm/index. php? c = show&id = 1401，最后访问日期：2018 年 11 月 9 日。

实施机构提出退出项目申请。该项目实施机构与当地政府经过综合考虑后，同意多金集团通过委托甘肃省产权交易所以公开方式对其持有的 SPV 公司 82.1% 股权进行转让，并于 2018 年 8 月顺利完成股权变更，成功引入新的社会资本方（即股权融资方）[①]。从上述案例可知，通过股权转让等方式引入股权融资方在项目实践中具有可行性，但从实操角度，还需注意以下事项：

1. 在招标文件及 PPP 项目合同中明确，在项目具体实施过程中，为项目融资需要，政府方允许中标社会资本方经政府书面同意后引入股权融资方，并通过股权转让、增资扩股等形式参与项目投资。

2. 在招标文件及 PPP 项目合同中还应预先设置相应股权转让或增资扩股相关约定。比如，招标文件及 PPP 项目合同明确约定"股权转让需经政府实施机构报本级人民政府同意"的，则应以取得政府方书面同意作为股权转让协议的生效条件。此外，如股权转让方（原社会资本方）系国有企业的，在股权转让或增资扩股过程中，还应满足国有资产监管程序的相关要求。此外，若项目公司已完成债权融资的，尚需按约定同时征得银行等债权人的同意。

项目公司设立后引入股权融资方，从社会资本方角度实际是通过股权转让实现部分或者全部退出，相关交易风险及注意事项在本书第八章"PPP 项目社会资本一定要'从一而终'吗"中已详细阐述，本章不再赘述；从股权融资方角度实际是通过收购方式直接或间接入股项目公司，相关交易风险及注意事项将在本书第三十二章"如何防范 PPP 项目并购交易风险"中详细阐述，本章不再赘述。

结　　语

综上，在 PPP 项目中引入股权融资方，既能有效缓解社会资本方的融资需求，又可在后续实施过程中共同承担项目的投资风险。但在实际操作中，无论在何阶段、以何方式引入股权融资方，都应在合法合规的前提下，谨慎识别相关路径方案可能涉及的风险及操作困难，提前在招投标及合同等文件中做好相关安排，尽量规避交易中可能出现的风险，只有这样才能最大化地整合社会资本的资源优势，从而保障 PPP 项目的顺利实施。

---

① 甘肃省产权交易所：《甘肃省产权交易所顺利完成全省首宗 PPP 项目股权转让工作》，载 http://www.gscq.com.cn/news/index.php? c=show&id=3423，最后访问日期：2018 年 11 月 9 日。

第十一章　PPP项目公司股东之辩

——基金或基金管理人

引　　言

PPP项目的投资规模动辄数十亿元，甚至上百亿元，巨大的投资体量也带来了相当大的资金筹措压力。以第四批财政部PPP示范项目为例，总投资10亿元及以上的项目159个，对应投资金额共计6616.34亿元，总投资10亿元及以上的项目占第四批财政部PPP示范项目总个数(396个)的40.15%，其投资金额则占到全部投资总额(7588.44亿元)的87.19%。对于政府和很多投资人尤其是非上市企业而言，传统的融资模式和渠道亟待更新，也给基金参与PPP项目带来了新机遇。

在基金参与PPP项目投资的浪潮中，也纷纷出现了诸多争议问题，例如，不同形式的基金如何参与投资PPP项目，项目公司股东应由基金还是基金管理人担任，等等。笔者基于对相关法律规定的研究，结合基金参与PPP项目的实践案例，对这些问题进行逐一剖析，并对相关风险和防范措施予以提示。

一、参与PPP的基金类型和实践案例

按照不同分类标准，基金可以划分为许多不同类型。按照资金的募集方式不同，可以划分为公募基金(公开募集方式)和私募基金(非公开募集方式)；按照所募集资金的投向，可以划分为证券投资基金、股权投资基金等；按照基金的组织形式不同，可以划分为公司型、合伙型、契约型。根据通常理解及参考中国基金业协会关于私募基金的分类标准，参与PPP项目投资的基金一般应属于私募股权投资基金，其组织形式则覆盖了公司型、合伙型和契约型三种，其中，又以合伙型基金和公司型基金最为常见。

(一)公司型基金

根据中国基金业协会发布的《私募投资基金合同指引》(以下简称"《合同指引》")起草说明,"公司型基金"是指"投资者依据《公司法》,通过出资形成一个独立的公司法人实体,由公司自行或者通过委托专门的基金管理人机构进行管理,投资者既是基金份额持有者又是基金公司股东,按照公司章程行使相应权利、承担相应义务和责任"。

公司型基金具有法人资格,如中国政企合作投资基金股份有限公司(中国 PPP 基金)即属于由财政部与国内 10 家大型金融、投资机构共同发起设立的公司型基金,其管理人为中国政企合作投资基金管理有限责任公司。以中国 PPP 基金参与投资安徽省滁州市高教科创城科创产业园及文体活动中心工程 PPP 项目(第四批次国家示范项目)为例,其投资结构如图 4－1 所示:

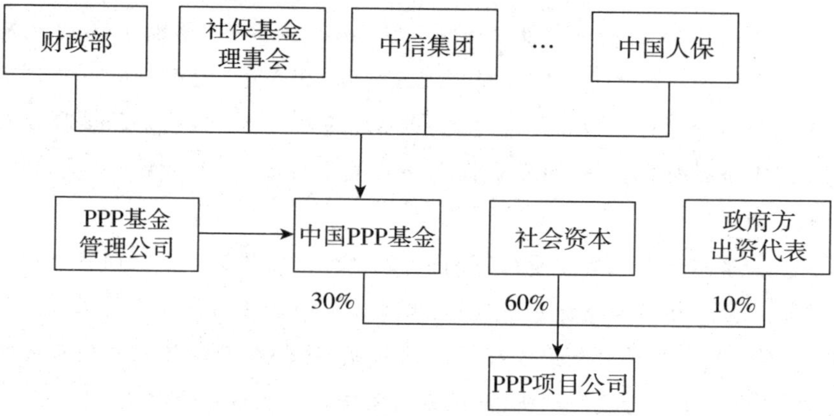

图 4－1　中国 PPP 基金投资 PPP 项目示意图

(二)合伙型基金

根据《合同指引》起草说明,"合伙型基金",指"投资者依据《合伙企业法》成立投资基金有限合伙企业,由普通合伙人对合伙企业的债务承担无限连带责任,由基金管理人具体负责投资运作(普通合伙人可以自任基金管理人,也可以另行委托专业机构作为受托人具体负责投资运作)"。

合伙型基金是参与 PPP 项目投资的主要形式,例如,福建省政企合作引导投资基金合伙企业(有限合伙)即属于有限合伙私募基金,其中,兴投(平潭)资本管理有限公司作为该基金普通合伙人(GP),福建省财政厅及金融机构为有限合伙人(LP)。该基金参与的福建省宁德市东侨经济技术开发区保障性住房、标准厂房、电子商务中心及市政道路工程PPP项目的投资结构如图4-2所示:

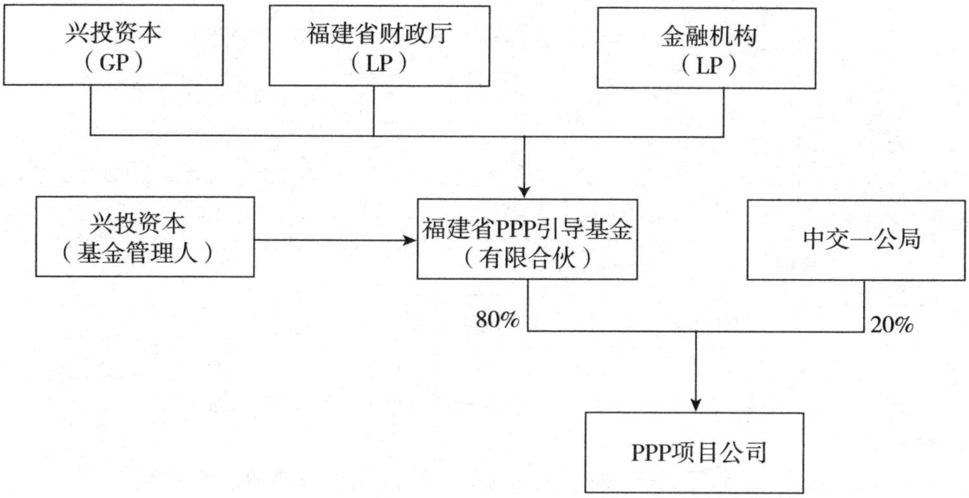

图4-2　福建省PPP引导基金投资PPP项目示意图

(三)契约型基金

2014年8月21日证监会颁布的《私募投资基金监督管理暂行办法》(以下简称"《暂行办法》"),首次在规章层面明确私募投资基金也可以采用契约型这一组织形式。在《合同指引》起草说明中,将"契约型基金"表述为"指未成立法律实体,而是通过契约的形式设立私募基金,基金管理人、投资者和其他基金参与主体按照契约约定行使相应权利,承担相应义务和责任"。

江苏省PPP融资支持基金即属于参与PPP项目股权投资的契约型基金,该基金由江苏省财政厅及部分市、县财政局联合交通银行、江苏银行等5家金融机构采用契约型形式设立,总规模100亿,每20亿为一个子基金联合金融机构共同出资设立,管理人为江苏省国际信托有限责任公司。其参与徐州市轨道交通2号线一期工程PPP项目的投资模式如图4-3[①]所示:

① 丁伯康、朱兰俊丹:《江苏省PPP融资支持基金全解析》,载"PPP知乎"微信公众号,2017年4月19日。

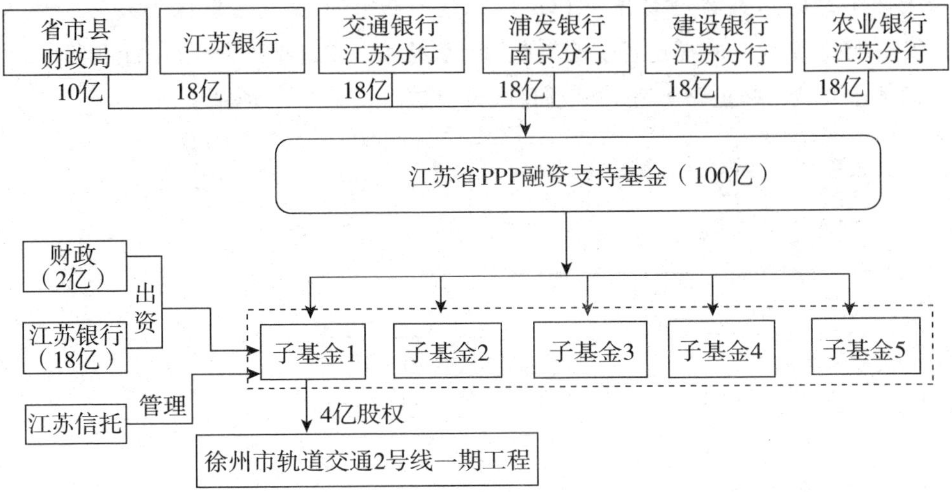

图 4－3　江苏省 PPP 融资支持基金投资 PPP 项目示意图

二、私募基金参与 PPP 项目投资时项目公司的适格股东认定

PPP 实践中，既存在以基金自身作为 PPP 项目公司股东的做法，也存在以基金管理人作为股东的做法。那么，究竟哪一种做法才是正确的选择？笔者认为，应当对基金内外部主体相互之间的法律关系进行梳理，根据对外出资财产的实际所有者是否具备民事主体资格以及 PPP 项目的特殊监管要求等方面进行综合判断。

（一）一般私募股权投资活动中的法律关系梳理

1. 公司型基金

不论是契约型、合伙型还是公司型的基金，与基金相关的主体一般包括投资者（基金份额持有者）、基金管理人和基金托管人①等，而公司型基金是三种组织形式的基金中相关主体之间法律关系最为明晰的。

首先，从基金公司与其投资者之间的关系来看，投资者既是基金份额持有者又是基金公司股东，从公司法角度来看，尽管基金财产最初是由投资者所投入，但由于基金公司是独立的法人，投资者以其出资取得对基金公司的股权后，该部分出资

① 私募投资基金并非要求必须由基金托管人托管，如《私募投资基金监督管理暂行办法》第 21 条规定："……基金合同约定私募基金不进行托管的，应当在基金合同中明确保障私募基金财产安全的制度措施和纠纷解决机制。"

财产的所有者已变为基金公司。

其次,从基金公司与其基金管理人的关系来看,由于投资者可选择由公司型基金自行管理或对外委托基金管理人进行管理,当选择自行管理时,基金与基金管理人的身份是重合的;当其选择对外委托基金管理人进行管理时,基金管理人具有受托者的法律地位。其中,实践中较为常见的一种做法是由投资者出资设立基金公司作为基金财产的载体,同时由相同投资者另行设立基金管理人对基金财产进行管理,从而在实现基金财产所有权与管理权分离运作的同时,确保投资者对于其所持基金份额的控制力。中国 PPP 基金即为该种模式,其相关主体之间的法律关系如图 4－4 所示:

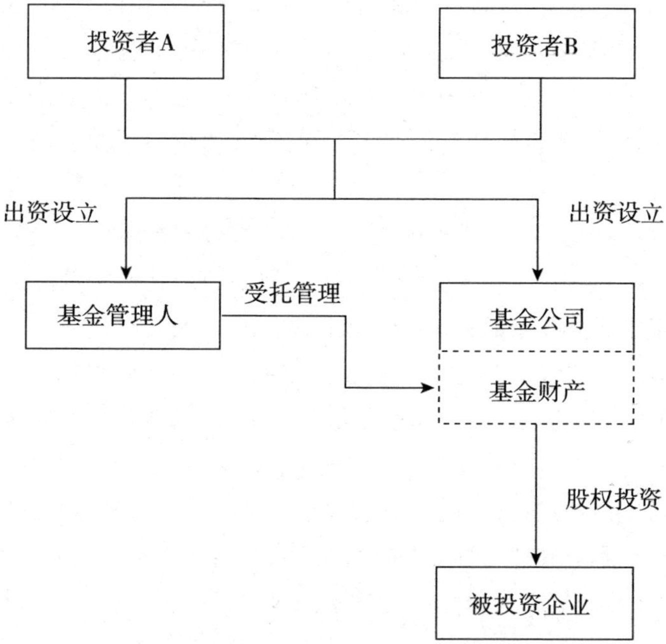

图 4－4　典型公司型基金相关主体法律关系示意图

因此,当公司型基金对外进行股权投资时,由于基金公司是基金财产的直接所有者,显然应当认定为被投资企业的实际股东。而若由基金管理人作为被投资企业股东的,根据《证券投资基金法》第 5 条"基金财产独立于基金管理人、基金托管人的固有财产。基金管理人、基金托管人不得将基金财产归入其固有财产"等的规定,基金管理人只能成为被投资企业的名义股东,其与基金公司之间成立的将是一种股权代持关系。

2. 合伙型基金

合伙型基金具有“先分后税”等特有优势，是私募股权投资实践中极为常见的一种基金组织形式。而从公司型、合伙型、契约型这三种组织形式的特性来看，其民事主体性质依次呈现逐步减弱的趋势，合伙型基金作为介于公司型和契约型之间的情形，在基金财产的权属认定和管理安排上最具混合型与特殊性。

首先，在合伙型基金与其投资者之间，构成的是合伙企业与合伙人的法律关系。关于合伙企业的法律主体地位认定，不同国家的法律存在较大差异，从我国相关法律规定来看，一方面，认定合伙企业不具备独立的法人资格，在某些情形下要求需对合伙企业进行最终投资者的穿透核查；另一方面，民法上也承认合伙企业作为非法人组织，“能够依法以自己的名义从事民事活动”①，并认为合伙企业的财产与合伙人的财产具有相对独立性。因此，在合伙型基金对外进行股权投资时，基于合伙企业的“准民事主体”特征及其财产的相对独立性，将合伙型基金本身而非其背后的合伙人认定为被投资公司的股东并无不妥，这也是工商登记实践中已经被广泛认可的做法。

其次，在合伙型基金与基金管理人之间，根据《合同指引》，合伙型基金的管理人可以是执行事务合伙人（由普通合伙人担任），也可以是受托的其他基金管理机构。当然，实践中最为普遍的仍然是由执行事务合伙人同时担任基金管理人的做法，此时基金管理人通常不但拥有对基金财产的管理权，同时也拥有对合伙企业合伙事务的管理权；相比而言，在公司型基金的情形下，基金管理人的管理对象通常仅包括基金财产，并不包括对基金公司其他事务的管理，基金公司自身仍通过股东会、董事会等法定机构进行治理，其自治程度更高，对于基金管理人的依赖程度较小。因此，合伙型基金管理人对基金的控制力显然远高于公司型基金的管理人，这也是PPP实践中基金管理人（作为已设立或拟设立基金的执行事务合伙人）经常会代表合伙型基金参与PPP项目前期社会资本采购的主要原因。另外，与公司型基金类似的是，如果以基金管理人而非合伙型基金自身登记为被投资企业股东的，同样也构成股权代持的关系。

综上，典型合伙型基金相关主体间的法律关系如图4－5所示：

---

① 《民法总则》第102条规定，非法人组织是不具有法人资格，但是能够依法以自己的名义从事民事活动的组织。非法人组织包括个人独资企业、合伙企业、不具有法人资格的专业服务机构等。

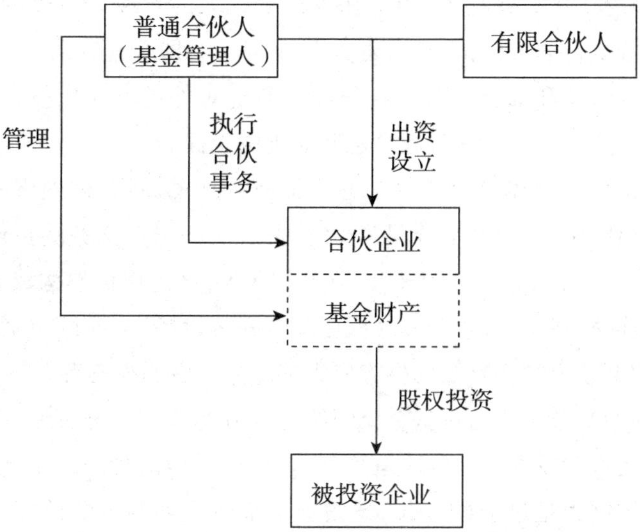

图4－5　典型合伙型基金相关主体法律关系示意图

3. 契约型基金

契约型基金也是实践中一种非常普遍的基金类型，具有设立方便、退出机制灵活等优势。该类基金与公司型/合伙型基金的最大区别在于，契约型基金只是对于投资者财产的一种契约式安排，并非是一个独立的法律实体，另外，由于我国当下的法律法规对于契约型基金的法律关系认定仍较为模糊，也导致了契约型基金在股权投资时存在股东工商登记等一系列实操问题。

按照《公司登记管理条例》第20条的规定，在申请设立有限责任公司时，必须提交"股东的主体资格证明或者自然人身份证明"，意味着公司股东必须具有"主体资格"，而契约型基金既不是法人也不是非法人组织，无法被登记为商事主体，当然也无法被登记为公司股东。那么，契约型基金股权投资中是否可将基金管理人登记为被投资公司的股东呢？尽管目前并无明确的法律规定，但主流观点一般认为，契约型基金的投资者与基金管理人之间的法律关系类似于《信托法》中的"信托"关系①。而按照《信托法》第2条的规定，本法所称信托，是指委托人基于对受托人的

① 《证券投资基金法》第2条规定："在中华人民共和国境内，公开或者非公开募集资金设立证券投资基金（以下简称基金），由基金管理人管理，基金托管人托管，为基金份额持有人的利益，进行证券投资活动，适用本法；本法未规定的，适用《中华人民共和国信托法》、《中华人民共和国证券法》和其他有关法律、行政法规的规定。"

信任,将其财产权委托给受托人,由受托人按委托人的意愿以自己的名义,为受益人的利益或者特定目的,进行管理或者处分的行为",即受托人可"以自己的名义"对信托财产进行管理和处分,因此,在契约型基金对外进行股权投资时,将基金管理人登记为被投资公司的股东看起来也并非于法无据。

但同样地,根据基金财产独立于管理人固有财产的原则,即便将基金管理人登记为被投资公司股东,按照基金合同等约定,负有实际出资义务的主体仍应为基金(或穿透后的投资者)而非基金管理人,故笔者认为,该操作仍然构成公司法上的股权代持关系,但区别在于,公司型和合伙型基金的被代持方(实际出资人)均为基金实体本身,契约型基金的实际被代持方应为基金穿透后的投资者。

此外,契约型基金主要通过基金合同约定各方的权利义务关系,投资者一般不参与基金具体运作和投资事项的决策管理,相比于其他两种组织形式,投资者对于基金管理人的控制力是最弱的,因而契约型基金所受到的行业监管力度也是最大的。典型契约型基金相关参与主体之间的法律关系如图 4-6 所示:

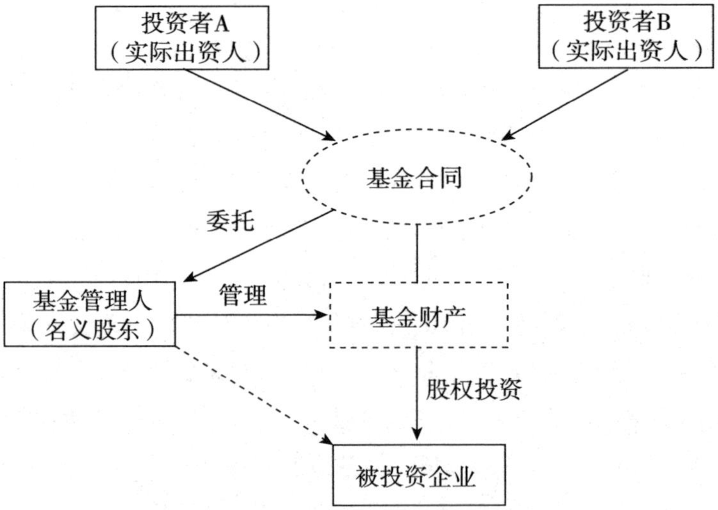

图 4-6　典型契约型基金相关主体法律关系示意图

(二)私募基金投资于 PPP 项目的股东资格认定

1. PPP 项目中"禁止第三方代持"的特殊规定

尽管目前司法实践中对于一般商事活动中的股权代持行为未持否定态度,但在 PPP 领域中则需谨慎加以对待。根据《财政部办公厅关于规范政府和社会资本合作(PPP)综合信息平台项目库管理的通知》(财办金〔2017〕92 号)的规定,“由第三方代持社会资本方股份”的做法不符合 PPP 规范运作要求;另外,《关于进一步加强政府和社会资本合作(PPP)示范项目规范管理的通知》(财金〔2018〕54 号)也规定“不得未经采购程序直接指定第三方代持社会资本方股份”。

2. 私募基金投资于 PPP 项目常见做法的合规性分析

目前在私募基金参与 PPP 项目投资的实践中,通常会采取“先中标后设立”的做法,即在 PPP 项目前期采购阶段,投资人先不设立基金,而由基金管理人作为社会资本参与项目采购,中标后再募集设立基金作为对 PPP 项目公司的实际出资主体,或者由基金管理人直接登记为 PPP 项目公司股东。笔者认为,这两种方式可能都存在瑕疵。

(1)基金管理人作为社会资本投标,中标后再募集设立基金出资。这种做法多见于合伙型基金,从法律关系角度判断,由于后设立的基金实体同时作为工商登记的项目公司股东和实际出资人,在主体上具有同一性,故并不属于公司法意义上的股权代持。但由于前期参与 PPP 项目采购是以基金管理人名义进行的,基金实体并不是通过法定采购程序中选的社会资本,因此,可能会被认为是属于财办金〔2017〕92 号和财金〔2018〕54 号所禁止的“第三方代持”情形。

(2)基金管理人作为社会资本投标,中标后由管理人登记为项目公司股东。该做法常见于契约型基金(也有部分合伙型基金采用此种方式),在此情形下,参加 PPP 项目采购的社会资本与项目公司的登记股东保持一致(同为基金管理人),因此看起来似乎并不违反财办金〔2017〕92 号和财金〔2018〕54 号的规定。但根据前文分析,由于管理人实为名义股东,并不是对项目公司的实际出资主体,该做法将构成公司法意义上的股权代持。考虑到基金管理人的资产规模一般较为有限,如基金无法成功募集或者无法履行出资义务的,该种股权代持安排可能会影响 PPP 项目的实施,进而影响到公众利益和公共安全,建议相关各方都应当审慎进行。

另外,按照 PPP 项目的相关规定,参与 PPP 项目的社会资本通常应当是已经设立的法人或其他组织,尚未募集设立的基金是否具备社会资本资格也可能存在争议。

结　语

私募基金在我国尚属新鲜事物，配套的法律体系也并不完备，对于基金在PPP项目投资中相关操作的合规性边界，不同部门或主体的判断往往存在较大差异，也给参与各方带来了无所适从的困扰，笔者建议相关主管部门应当尽快对相关法规政策进行完善和明确，为PPP项目中的基金投资行为提供合规依据。另外，尽管在实践中，管理人代持股权是基金进行一般商事投资活动的常见做法，但考虑到PPP项目的特殊性，从公众利益和公共安全角度出发，笔者建议相关各方仍应采取审慎态度，选择最为依法合规的操作方式，避免给PPP项目的后续推进带来不必要的风险和麻烦。

第十二章　PPP项目明股实债约定有效吗

<table><tr><td>

引　言

随着PPP模式的逐步推广，除参与较早、参与度较高的施工企业之外，越来越多的金融机构也积极参与到PPP项目投资中。但是，由于对PPP理念的认识不到位，再加上地方政府急于项目落地，实践中不少PPP项目中出现了约定由政府方向社会资本方承诺固定回报或回购安排的现象。由于该明股实债或固定回报的做法，究其实质，构成政府违法违规举债担保，其危害之大，不容小觑。因此，各部委陆续出台的一系列规范文件都对此一再严令禁止。本章即在梳理关于PPP项目明股实债相关规定的基础上，对明股实债的法律风险和后果进行重点论述，以为项目相关方提供决策参考。

</td></tr></table>

一、PPP项目关于明股实债（固定回报）的相关规定

明股实债，主要是指在形式上投资人以股权的方式对目标公司进行投资，但在具体交易结构上却包含了刚性兑付的保本约定，其实质是在一种债权债务关系。由于这种交易安排能为投资人带来更为稳定、风险更小的回报，因此一直受到众多投资人，特别是金融机构的青睐。

但是，对于PPP而言，明股实债在本质上形成了政府的债务性支出，属于一种政府变相融资行为，与现行《预算法》和《国务院关于加强地方政府性债务管理的意见》（国发〔2014〕43号）关于控制地方政府债务规模，严格限定政府举债程序的精神相违背。因此，近年来国务院办公厅、财政部等在相关文件中均明确对PPP项目中政府明股实债的行为作出了禁止性规定，具体包括：

1.《国务院办公厅转发财政部、发展改革委、人民银行关于在公共服务领域推广政府和社会资本合作模式指导意见的通知》（国办发〔2015〕42号）中规定，严禁融资平台公司通过保底承诺等方式参与政府和社会资本合作项目，进行变相融资。

2.《财政部关于进一步做好政府和社会资本合作项目示范工作的通知》(财金〔2015〕57号)中规定,严禁通过保底承诺、回购安排、明股实债等方式进行变相融资,将项目包装成PPP项目。

3.《财政部、发展改革委关于进一步共同做好政府和社会资本合作(PPP)有关工作的通知》(财金〔2016〕32号)中规定,要坚决杜绝各种非理性担保或承诺、过高补贴或定价,避免通过固定回报承诺、明股实债等方式进行变相融资。

4.《财政部关于印发〈政府和社会资本合作项目财政管理暂行办法〉的通知》(财金〔2016〕92号)中规定,政府与社会资本合资设立项目公司的,应按照《公司法》等法律规定以及PPP项目合同约定规范运作,不得在股东协议中约定由政府股东或政府指定的其他机构对社会资本方股东的股权进行回购安排。

5.《财政部、发展改革委、司法部、人民银行、银监会、证监会关于进一步规范地方政府举债融资行为的通知》(财预〔2017〕50号)中规定,严禁地方政府利用PPP、政府出资的各类投资基金等方式违法违规变相举债,除国务院另有规定外,地方政府及其所属部门参与PPP项目、设立政府出资的各类投资基金时,不得以任何方式承诺回购社会资本方的投资本金,不得以任何方式承担社会资本方的投资本金损失,不得以任何方式向社会资本方承诺最低收益,不得对有限合伙制基金等任何股权投资方式额外附加条款变相举债。

6.《财政部办公厅关于规范政府和社会资本合作(PPP)综合信息平台项目库管理的通知》(财办金〔2017〕92号)中规定,存在下列情形之一的项目,应予以清退:

"……

(四)构成违法违规举债担保。包括由政府或政府指定机构回购社会资本投资本金或兜底本金损失的;政府向社会资本承诺固定收益回报的;政府及其部门为项目债务提供任何形式担保的;存在其他违法违规举债担保行为的。"

7.《财政部关于规范金融企业对地方政府和国有企业投融资行为有关问题的通知》(财金〔2018〕23号)中规定,国有金融企业向参与地方建设的国有企业(含地方政府融资平台公司)或PPP项目提供融资,应按照"穿透原则"加强资本金审查,确保融资主体的资本金来源合法合规,融资项目满足规定的资本金比例要求。若发现存在以"名股实债"、股东借款、借贷资金等债务性资金和以公益性资产、储备土地等方式违规出资或出资不实的问题,国有金融企业不得向其提供融资。

二、PPP项目明股实债的法律风险

在PPP项目中,明股实债主要表现为在与社会资本方签订股东协议时,由政府方或政府方出资代表承诺在项目合作期内向社会资本方逐年支付相关费用或按照固定价格回购社会资本方在项目公司中的股权，以满足社会资本方投资本金的收回和投资回报的获得。无论明股实债采取的是固定回报还是股权回购的方式，其本质都属于政府的变相融资行为。

另外，由于明股实债是介于股权投资与债权投资之间的一种模糊状态，其法律性质尚不明晰，在实践中会对投资者产生法律风险，以下笔者结合 PPP 项目中的具体形式分别进行分析。

（一）股东之间协议约定股权回购、固定回报的效力分析

1. 公司股东之间的股权回购安排并未违反《公司法》的相关规定

《公司法》对于有限责任公司和股份有限公司的“股权（份）回（收）购”均有规定，一般情况下公司不得回购自己的股份。只有在少数法定情形下，如根据《公司法》第 74 条和第 137 条的相关规定，股东才有权请求公司按照合理的价格收购其股权或由公司收购本公司的股份。

但对于股东之间的股权转让，《公司法》第 71 条明确规定，有限责任公司的股东之间可以相互转让其全部或者部分股权。经股东同意转让的股权，在同等条件下，其他股东有优先购买权。因此，公司股东相互之间的股权回购约定未违反《公司法》规定，也不存在《合同法》第 52 条规定的合同无效情形，依法应认定有效。

2. 根据司法实践，股东之间约定固定回报也不必然认定无效

根据《公司法》第 34 条的规定，股东之间可以约定不按照出资比例分取红利。据此，在满足《公司法》第 166 条规定的公司利润分配条件后，就公司弥补亏损和提取公积金后的所余税后利润，股东可以在公司章程中约定某一股东享有固定回报。但是在公司亏损情况下是否还能由某一股东享有固定回报，《公司法》没有明确规定。

最高人民法院在（2012）民提字第 11 号甘肃世恒与海富投资案再审判决中的观点表明，当公司处于亏损状态时，如果仍然为满足某一股东享有固定回报，脱离公司的经营业绩而向该股东支付收益的，则损害了公司利益和公司债权人利益，根据《公司法》第 20 条规定应当予以禁止。但是，公司一方股东向另一方股东关于固定回报的承诺并不损害公司及公司债权人的利益，属于当事人的真实意思表示，不违反法律法规的禁止性规定而应认定为有效。

综上，公司股东之间约定固定回报是否有效，应根据不同情形区别对待。最高

人民法院已有案例观点表明:公司一方股东向另一方股东承诺固定回报的,只要是当事人的真实意思表示,不违反法律法规禁止性规定的,应当认定有效。

(二)PPP项目采用明股实债安排的效力分析和法律后果

1. 限制明股实债的PPP相关规定效力层级较低,采用明股实债不必然导致约定无效

发改委、财政部现行PPP相关政策文件中均明确禁止政府方承诺固定回报和对社会资本方股东的股权进行回购安排等行为。但是,该等文件均为财政部、发改委发布的规范性文件,并非法律和行政法规。鉴于此,对于前述情形应当区别对待:

(1)政府方承诺社会资本方固定回报的做法,实质上是变相举债。根据《预算法》第35条的规定,除了在国务院确定的限额内依法发行地方政府债券外,地方政府不得以任何方式举借债务。《预算法》的前述规定是强制性规定,政府方承诺社会资本方固定回报的做法违反了法律的强制性规定,因而有被认定无效的风险。

(2)若是政府方系通过其出资代表或其他指定主体对于社会资本方承诺固定回报或对社会资本方股权予以回购的,根据上述司法实践精神,则并不能依据现行PPP规范性文件而当然被认定为无效。

但需要提醒的是,即使PPP合同中政府方对社会资本方的前述承诺最终被确认为有效,若该笔债务直接由地方政府所承受,该笔债务可能会因事先并未纳入地方政府年度预算,或者因为项目合规性问题被清退出库导致无法纳入预算,进而使得政府无合法合规的支付路径;而若是地方政府将该项支付义务转移给其下属的地方国有企业(包括融资平台公司),根据现行政策规定,地方国有企业(包括融资平台公司)举借的债务依法不属于政府债务,其举借的债务应由国有企业自行负责偿还,地方政府不承担偿还责任,由此,意味着地方国有企业(包括融资平台公司)原先依赖地方政府财政收入作为偿债来源的支付路径已被封堵,这种情况下,如果地方国有企业(包括融资平台公司)自身偿债能力不足将会导致其作为债务人也无力偿还社会资本方的债务。所以,无论出现前述何种情形,对于原本寻求合理甚或更高固定回报的社会资本方来说都是不利的。

2. 明股实债对PPP相关合同履行可能带来的法律后果

结合相关法律法规规定以及个别地方实践中实际采取的处罚措施,若是约定"回购安排"或"固定回报",对于政府方和社会资本方可能分别会产生以下法律后果:

(1)对政府方可能产生的后果

第一,相关法律法规规定。

财政部新闻办公室在2016年11月4日最新发布的《依法厘清政府债务范围坚决堵住违法举债渠道——财政部有关负责人就地方政府债务问题答记者问》中指出,“坚决制止地方政府违法违规融资行为。建立财政部驻各地专员办对地方政府债务的日常监督机制,依法加大查处和曝光力度,对违法违规的地方政府、金融机构,会同有关监管部门依法追究有关责任人的责任”。

《关于对地方政府债务实行限额管理的实施意见》(财预〔2015〕225号)规定,“对地方政府违法举债或担保的,责令改正,并按照预算法规定追究相关人员责任”。

财金〔2016〕92号第38条规定,“对违反该办法规定实施PPP项目的,将依据《预算法》、《政府采购法》及其实施条例、《财政违法行为处罚处分条例》等法律法规追究有关人员责任;涉嫌犯罪的,依法移交司法机关处理”。

《预算法》第94条规定,“各级政府、各部门、各单位违反本法规定举借债务或者为他人债务提供担保的,责令改正,对负有直接责任的主管人员和其他直接责任人员给予撤职、开除的处分”。

《财政违法行为处罚处分条例》规定,“对于不依照预算或者用款计划核拨财政资金的行为,将对单位给予警告或者通报批评。对直接负责的主管人员和其他直接责任人员给予记过或者记大过处分;情节较重的,给予降级或者撤职处分;情节严重的,给予开除处分”。

第二,政府方承诺“回购安排”或“固定回报”可能产生的法律后果。

根据上述文件规定,一旦确认了政府方在PPP项目中存在下述违法违规情形的:一是采购前期政府在没有相关项目预算或未按照《预算法》的规定编制年度财政预算时,为尽快寻找到可供合作的社会资本而盲目承诺在项目后期以回购股权或其他非绩效考核方式满足社会资本固定回报的要求,以达到吸引社会资本目的的;二是在项目进行过程中因种种原因未依照政府预算或者用款计划,向社会资本违规核拨财政资金的;三是在项目最终完成之时因无可供支付社会资本的财政资金,导致政府履约不能而不得不以对社会资本的股权回购方式让社会资本退出,形成政府债务的。一旦出现前述情形,政府方及其相关责任人员依法将可能承担下列责任:

后果一:政府部门和相关责任人员应承担相关行政责任。

作为国家或地方政府及其相关监管机关,在其违法违规行为性质轻微的情况下,对相关单位给予责令改正、警告、通报批评等,同时对负有直接责任的主管人员和其他责任人员依法给予处罚、警告、记过或者记大过等处分;情节较重的,给予降级或者撤职处分;情节严重的,给予开除处分;构成犯罪的,依法追究刑事责任。

后果二:政府方应承担民事赔偿责任。

作为合同一方,因自身过错给他人造成损失的,除了承担相应的行政责任之外,还应依照有关民事法律规定承担违约等造成的民事责任,按照合同约定的违约机制对社会资本进行赔偿。

(2)对社会资本方可能产生的后果

第一,相关法律法规规定。

《财政部关于规范政府和社会资本合作(PPP)综合信息平台运行的通知》(财金〔2015〕166 号)规定,“未纳入综合信息平台项目库的项目,不得列入各地 PPP 项目目录,原则上不得通过财政预算安排支出责任”。

《预算法》第 13 条规定,“各级政府、各部门、各单位的支出必须以经批准的预算为依据,未列入预算的不得支出”。

第二,PPP 项目约定“回购安排”或“固定回报”对于社会资本方可能会产生的后果。

后果一:存在项目无法依法纳入项目库或被清退出库的风险。

根据财办金〔2017〕92 号的明确规定,对于不符合 PPP 政策规范要求的项目将面临无法纳入或被调出财政部综合信息平台项目库的风险。而依据财金〔2015〕166 号文的规定,未纳入综合信息平台项目库的项目,不得列入各地 PPP 项目目录,原则上不得通过财政预算安排支出责任,进而导致政府无法通过财政预算安排按约向社会资本方支付服务对价,且无法对社会投资人的合理收益提供保障。

后果二:政府方不再对其提供担保承诺的债务承担偿债责任。

根据国务院办公厅《关于印发地方政府性债务风险应急处置预案的通知》(国办函〔2016〕88 号)的相关规定,“对于政府存量担保债务以及 2014 年修订的《预算法》施行以后地方政府违法违规提供担保承诺的债务,法规已明确不再属于政府债务。按照《中华人民共和国担保法》及其司法解释规定,除外国政府和国际经济组织贷款外,地方政府及其部门出具的担保合同无效,地方政府及其部门对其不承担偿债责任,仅依法承担适当民事赔偿责任”。因此,针对政府方作出的固定回报或回购担保承诺,无法作为政府债务依法纳入预算,政府并不承担任何偿债责任,对此社会资本方应当具有更加清晰的认识。在这种情况下,如果政府方股东不具备履约能力,或者政府方股东对其支付义务未提供其他有效担保措施,社会资本方将会面临较大的履约风险。

后果三:被调出示范项目库及地方试点项目库,无法享受相应奖补政策。

在《关于联合公布第三批政府和社会资本合作示范项目加快推动示范项目建设的通知》(财金〔2016〕91 号)中,财政部按照“能进能出”的示范项目管理要求,已将不具备继续采取 PPP 模式实施条件的项目,如天津新能源汽车公共充电设施网络项目、南京市垃圾处理设施项目、渭南市主城区集中供热项目和兰州市轨道交通 2 号线一期工程项目等项目相继调出第一批及第二批政府和社会资本合作示范项目名单。对于该等被调出示范项目库的项目,将无法再享受示范项目的奖补政策。

同时,江苏省财政厅于 2016 年 8 月 3 日将 7 个不再具备实施条件的 PPP 项目核准退出省级试点项目库。根据议事规则,江苏省财政厅明确将收回前期费用补贴,且不再提供相关试点项目的奖补政策。

后果四:在项目公司破产清算时社会资本难以通过获得债权人资格行使相关优先权利。

在新华信托股份有限公司与湖州港城置业有限公司破产债权确认纠纷案[(2016)浙 0502 民初 1671 号]中,公司一方实际股东新华信托提出其向港城置业提供的款项实际属于“明股实债”,应当认定为借款而非股权转让款,故新华信托在港城置业破产清算的法定债权申报期限内向管理人申报了债权。对此,法院认为:首先在名实股东的问题上要区分内部关系和外部关系,对内部关系产生的股权权益争议纠纷,可以当事人之间的约定为依据,或是隐名股东,或是明股实债;而对外部关系上不适用内部约定,第三人不受当事人之间的内部约定约束,港城置业所有债权人实际(相对于本案双方当事人而言)均系第三人,对新华信托为持有港城置业 80% 股份的股东身份,港城置业之外的第三人有合理信赖的理由。另外,即使港城置业签订《合作协议》《股权转让协议》前有向新华信托借款的单方面意向,最终双方未曾达成借款协议,而是新华信托受让了港城置业的股权,发生了股权转让的事实。因此,新华信托提出的“明股实债”“让与担保”等主张,与本案事实并不相符,其要求在破产程序中获得债权人资格并行使相关优先权利并无现行法上的依据,法院不予采纳。

同理可知,如果社会资本在 PPP 项目中通过签订《合资经营协议》或《股东协议》等协议作为项目公司股东身份实际股东持有了项目公司股权。即使在协议中双方另有“明股实债”的交易安排,当项目公司破产清算时,法院倾向对第三人的信赖利益进行保护,社会资本将难以作为债权人身份得到法院的支持。

三、PPP 项目明股实债的应对建议

由于目前 PPP 法律框架体系的不完备,约定“回购安排”或“固定回报”对政府方和社会资本方而言都存在较大的风险。鉴于此,笔者建议,稳妥起见,对于已经约定“回购安排”或“固定回报”的 PPP 项目,双方可从以下角度协商并采取相应的补救措施:

第一,依据现行 PPP 法规政策,完善项目回报机制,在满足合法合规性要求的前提下保障社会资本方合理收益的获取。

第二,通过政府方对项目公司付费或可行性缺口补贴的调整安排,社会资本方作为项目公司股东通过分红方式获取投资收益。

结　语

PPP 的核心要求之一就是要由社会资本方承担项目的投资建设和运营责任及风险。社会资本方参与 PPP 项目是一种投资行为,而投资既可能盈利也可能亏损。社会资本方能否如期获取合理投资回报关键要看其能否提高管理水平、有效控制成本,特别是能否通过其运营管理的参与提供优质的公共服务获取绩效付费,实现预期收益。因此,社会资本方的回报不应是固定回报。无论是固定回报还是回购安排抑或是明股实债,本质上都是政府方的变相融资行为,都会构成政府的债务性支出,使社会资本方获得了实际上的债权人地位,这与 PPP 的内在要求是对立和冲突的,是典型的伪 PPP,应当禁止。

政府与社会资本双方都应该深入了解 PPP 的理念精髓,让 PPP 在市场参与者之间充分竞争,进而实现市场资源的优化配置。政企双方只有通过事先良好的沟通和明确的约定,建立对双方都有约束力的履约保障机制,才能在平等协商的基础上实现 PPP 项目全生命周期的共赢目标。

第十三章 如何借鉴国际 PPP 项目融资经验为我所用

引 言

实践中,PPP 项目融资一直都是 PPP 项目实施过程中的重要一环,社会资本融资方案的执行和融资交割的实现也是决定项目能否落地的关键因素。在国内 PPP 项目融资阶段,关于融资方的引入、社会资本股权转让的限制以及政府对融资交割的监管都是实践中较为突出的问题,也是政企双方容易发生争议的情形所在。因此,本章即在总结国际 PPP 项目融资经验的基础上,结合国内的实践情况,重点分析国际成熟融资经验对国内 PPP 项目的借鉴意义,以期对国内 PPP 模式的健康和长远发展有所助益。

一、关于 PPP 项目融资方引入的借鉴意义

(一)国内关于 PPP 融资方引入的困境

在国内 PPP 项目中,项目融资方也称为财务投资人,其参与项目的方式主要包括在项目采购阶段作为社会资本参与项目投标,或在项目实施阶段作为第三方机构通过股权转让、增资扩股等方式成为项目公司股东并参与股权投资,抑或取代银行等金融机构的角色,直接通过债务融资方式向项目公司或其股东提供所需资金。

但是,实践中由于国内采用 PPP 模式的主要目的除了解决项目资金问题,更多的是希望通过引入社会资本提高基础设施和公共服务的质量与效率,因此政府方在对社会资本资格进行审查时会更加关注其在项目建设和运营上的经验,使项目融资方很难作为社会资本单独参与项目采购。特别是在财政部点名要求对单一金融机构中标的武汉市轨道交通 8 号线一期 PPP 项目进行核查后,项目融资方单独参与 PPP 项目采购的做法变得格外谨慎。同时,由于对社会资本股权转让的限制

以及明股实债安排的明令禁止，导致融资方在项目实施阶段无论是通过持有项目公司股权进行股权投资还是通过向社会资本借款进行债权投资都要面临各种资格审查和合规性障碍。

可见，国内PPP项目中有限的参与路径减损了融资方的积极性，而在退出机制所受到的诸多限制也成为融资方参与PPP项目不得不面对的挑战，这些问题都在无形中加剧了项目融资难的困境。

（二）关于PPP融资方引入的国际经验

国际PPP项目同样不能缺少融资方的积极参与，融资方作为项目公司股权投资者参与PPP项目也是非常常见的方式。具体来说，除常规方式外，融资方参与PPP项目的途径还包含以下两种：

1. 融资方牵头参与项目并成为项目公司100%股东

在传统PPP项目社会资本组成中，通常由工程承包商或运营维护服务供应商牵头参与项目投标，并由其他投资者参与项目公司的出资或共同出资持股，其典型融资结构如图4－7所示：

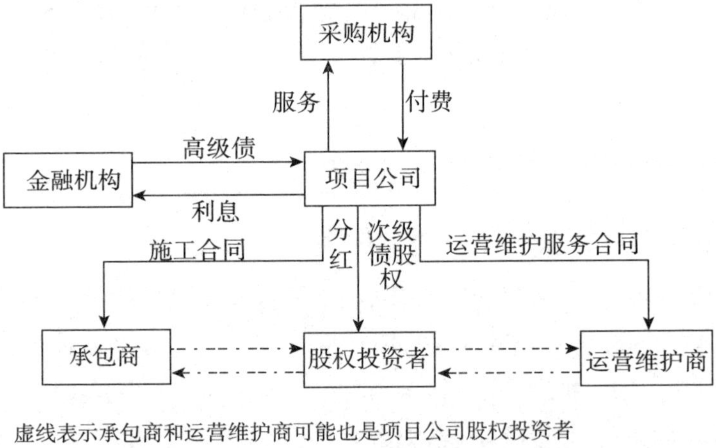

图4－7　传统PPP项目典型融资结构图

但是，澳大利亚从很早就开始兴起以融资方牵头的方式（Financer－led Approach）。在该种方法项下，融资方从项目投标阶段就开始起到主导作用，如管理投标、决定报价、提供高级债务并允许持有项目公司100%的股权。同时，融资方还可以通过开立信用证的方式将具体施工及运营维护分包给承包商和运营商。在该模式下典型的融资结构如图4－8所示：

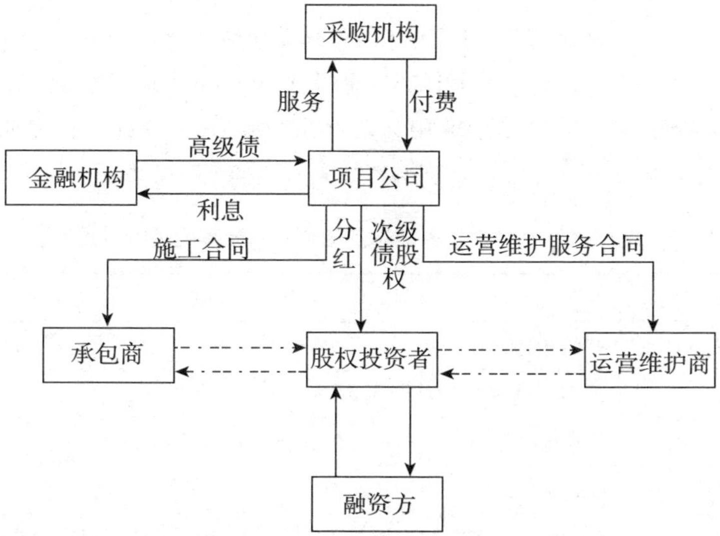

虚线表示承包商和运营维护商可能也是项目公司股权投资者

图8　融资方牵头参与项目并成为项目公司100%股东的典型融资结构图

表面上看，融资方作为PPP项目牵头方无法与PPP项目的服务提供商、服务成果发生直接联系，但并不能因此简单地认为融资方牵头就会造成“重项目融资，轻项目建设和运营”的问题。事实上，澳大利亚及英国等地存在不少以融资方100%牵头项目的案例。

2. 通过股权融资竞争程序成为项目公司股东

相比于PFI，英国采用PF2模式的一大目标为在PFI基础上进一步拓宽股权融资渠道以及进一步鼓励如养老基金这样的长期投资者提前对项目进行投资。为此，在英国PF2模式项下，采购机构允许在确定中选社会资本方之后再通过股权融资竞争（Equity Funding Competition）流程引入新的投资人，以降低项目融资成本。①

具体将由中选社会资本方通过竞争性方式，挑选其认为合适的融资方参股成为项目公司股东。政府方并不干涉这一过程，但是其有权知悉关于股权融资竞争的相关数据及信息。而在股权融资竞争的时间节点上，中选社会资本方往往会在其自身中选之前开始股权融资竞争，并在融资交割之前确定新的投资者。

① 具体参见英国财政部《Standardisation of PF2 Contracts Draft》Part A 1.4.2，2012年12月。

以 Midland 大都会医院（Midland Metropolitan Hospital）PF2 项目为例。该项目是英国 PF2 的试点项目。承包商 Carillion 在竞争中脱颖而出并成为中选社会资本方之后，又通过股权融资竞争流程选定 Richardson' s Captial 成为新的投资者，并由双方分别持股 50%、40%，另外 10% 则由 Infrastructure UK（英国基础设施建设局）持有。该项目从社会资本招选到融资交割阶段的关键节点如表 4－1 所示①：

表 4－1 从社会资本招选到融资交割阶段的关键节点

日期	事　　项
2014 年 7 月 17 日	开始招标
2014 年 9 月 10 日	公布入选名单的社会资本方
2015 年 5 月 6 日	Carillion 宣布开始本项目的股权融资竞争程序②
2015 年 8 月 11 日	Carillion 被确定为中选社会资本方
2015 年 9 月 24 日	Carillion 公布股权融资竞争结果 Richardson Capital 成为新的投资者
2015 年 12 月 11 日	项目完成融资交割

（三）国际经验的借鉴意义

在 PPP 项目融资方引入问题上，与国内相比，国外发达国家则采取了更为开放和市场化的态度，允许完全由融资方作为社会资本主导的投融资体系，同时也允许中选社会资本通过竞争性方式引入其他融资方，其目的显然是最大幅度地降低 PPP 项目的融资成本。

反观国内，由于 PPP 起步较晚等现实因素，与之相适应的 PPP 法律体系和操作实践都尚处于摸索之中，因此，笔者认为，关于融资方引入的市场化运作方式也应随着法律和市场环境的成熟逐渐开放，不可一蹴而就。现阶段，由于法律并未禁止融资方作为牵头方来主导项目实施，只要融资方在项目采购阶段能够提供符合项目需求和产出目标的建设和运营方案，同时提供已确定的合作方的资质文件，政府方完全可以通过采购阶段的评审和相关合同条款的设计约束社会资本的建设和运营责任，减小项目实施过程中的建设和运营风险。同理，在条件成熟的情况下，地方

---

① 载 https://ijglobal.com/data/transaction/30963? name = Midland%20Metropolitan%20Hospital%20PPP&link = %2FArticles%2F96240，最后访问日期：2018 年 11 月 14 日。

② 载 https://ijglobal.com/Articles/96240，最后访问日期：2018 年 11 月 14 日。

政府也可以通过对融资方的相关财务和融资条件设定一定标准,在不实质性改变原社会资本投融资责任的前提下,逐步探索由中选社会资本在项目实施阶段采取股权融资竞争等方式引入其他融资方或投资人,以更好地实现 PPP 物有所值。有关"PPP 项目如何引入股权融资方"的问题,本篇第十章对此有详细阐述,本章不再赘述。

二、关于 PPP 项目社会资本股权转让限制的借鉴意义

(一)国内关于社会资本股权转让的困境

社会资本股权转让已成为国内 PPP 项目实践中一个老生常谈的问题。为了保证公共服务提供的稳定性以及避免不合适的主体被引入项目中,政府方通常会在合同中设置股权变更的限制机制,在合理的期限和限度内限制社会资本方不当变更股权,并对股权受让方的资格条件提出相关的要求。

但是,实践中由于合同条款适用僵化问题,造成政府方经常采用"一刀切"的股权锁定方式,如在运营期开始后的特定时间内不允许社会资本进行任何股权变动。但是事实上,这种退出设计方案并不符合所有项目的实际需求,也不满足社会资本的退出意愿。特别是在项目融资阶段该问题尤其严峻,社会资本希望通过股权转让方式引入其他投资人以满足项目投融资需求,但是因为股权锁定期的存在导致将面临严格的违约责任,不利于项目融资的尽快实现。

(二)关于社会资本股权转让的国际经验

国际上,政企双方同样面临股权转让限制的现实考量,这些因素都影响 PPP 项目实施方案的设计以及合同条款的起草。但是,为了实现政企双方的合力互信,项目融资交割的顺利完成以及政府方对股权受让方的有效监管,通过会采取以下途径:

1. 针对不同类型社会资本方设置不同的锁定期或例外情况

在新西兰 PPP 项目标准合同中明确规定项目合同签署之日起至项目公司提供服务之后 12 个月为股权转让锁定期(Lock – In Period)①。但是,该标准合同也将项

① 新西兰 2013 年 10 月标准 PPP 项目合同基础合同(Standard Form Public Private Partnership (PPP) Project Agreement Base Agreement, October 2013)。

目公司原社会资本方股东之间股权转让视为允许的锁定期例外①。

而英国《标准化 PF2 合同》则明确原则上承担施工任务的社会资本方的锁定期(Lock Up Period)至项目缺陷责任期止,而承担运维服务的社会资本方的锁定期至提供稳定的运维服务止②。同时,将以下情形作为锁定期的例外情况:

(1)贷款人因行使担保权而获得项目公司股权;

(2)上市(即项目公司的股权进入公认的投资交易系统);

(3)关联公司之间转让,但实施机构应确保当受让股权的关联公司退出中标社会资本方的关联集团时,被转让的股权应转回至该关联集团。

2. 除锁定期条款,通过其他合同条款对股权转让加以监管

英国《标准化 PF2 合同》指出,项目合同的解约条款中可以明确如实施机构有理由认为没有原始股东的支持,项目公司无法履行合同义务的,实施机构有权解除合同。同时,为防止社会资本方从股权转让中赚取超额利润而尽早寻求转让退出,有专家建议从合同层面(甚至可以是立法层面)明确政府方应有权分享社会资本方股权转让获得的超额利润。同时,应一并加强政府监管及信息披露③。

3. 锁定期后对社会资本方股权转让的限制

一般认为,锁定期外不应限制社会资本方之间的股权转让,除非出于公共安全及公共利益等原因不允许某种特定类型的社会资本方成为某些特定项目的股东。例如,英国国防及监狱项目中会对项目公司股权受让方有严格要求。此外,也不接受烟草公司成为学校 PPP 项目新股东。

另外,实施机构有权获悉股权受让方的信息以及股权转让的价格,也可以要求中标社会资本方在全部实缴股权出资到位后方可进行股权转让。但英国《标准化 PF2 合同》指出,缺陷责任期之后,如有证据证明尚未出资到位的股权届时可以顺利出资到位(如有合适的信用证进行担保)不应再限制中标社会资本方转让项目公司股权。

---

① 新西兰 2013 年 10 月标准 PPP 项目合同基础合同第 91.4(ii)款。

② 第一,通常认为建设期风险较大,项目完成竣工进入运营期之后,大部分的风险已不存在,为此,一般可以允许承包商在缺陷责任期之后进行股权转让。

第二,《标准化 PF2 合同》明确针对提供运营维护的社会资本方,在其提供稳定的服务之前可以设置锁定期,但其并未明确提供稳定服务的标准或者时间要求。据此理解,实施机构可以根据具体项目项下运营维护服务的具体性质及提供稳定服务的不同标准,设置相应的股权锁定期。

③ Dexter Whitfield, PPP Wealth Machine – UK and Global treands in trading ppp project ownership, European Services Strategy Unit, December 2012, Amended January 2014.

具体以 Scottish and Southern Energy plc（SSE）及其关联公司将 7 个照明 PFI 项目 100% 股权转让财务投资人 Equitix 为例。2014 年 11 月，SSE 及其关联公司将包含 Hampshire，Southampton，West Sussex，Knowsley，Nottingham，Ealing 和 Islington 7 个道路照明 PFI 项目 100% 股权转让至具有丰富项目投资经验的 Equitix 公司。在股权转让完成后，项目公司将继续负责项目设施的修缮和升级工作，并始终承担 590,000 条街道道路设施的运维责任，包括灯箱、灯柱、照明标识和信号灯等的供应和维护①，同时每一项目的合作期限也不发生变化。

（三）国际经验的借鉴意义

在关于社会资本股权转让限制的问题上，显然国外发达国家的做法更具灵活性和可操作性，其原则关键在于从服务供给的质量及公共安全等方面对股权转让加以限定，而非“一刀切”式地对社会资本的股权转让进行限制。

借鉴国际经验，在国内 PPP 前期方案设计过程中政府可以结合项目需求和潜在社会资本的合理诉求，进行股权限制的多元化设计，针对社会资本方不同的角色和责任义务设置不同的股权转让锁定期或例外情形。除设置股权转让锁定期外，政府方也可以从合同约定及社会监督（如要求信息公示）等其他方面对社会资本方加以监管。同时，在股权锁定期满后，政府方不应拒绝或延迟同意社会资本合理的股权转让诉求，但是在 PPP 合同中可以列明锁定期满之后社会资本不可进行股权转让的具体情形和不适格的受让方范围等限制条件，并参考英国 PFI/PF2 模式，事先设定专门的程序要求社会资本方在进行权益变动时予以事先通知和信息披露②。

三、关于 PPP 项目融资交割监管的借鉴意义

（一）国内关于项目融资交割监管的困境

实践中，国内 PPP 项目通常将融资交割定义为项目融资所需的有关资信、协议、担保或承诺等文件已签署并提交政府方，且融资文件要求获得首笔资金的前提条件已得到满足或被豁免。但是，合同中往往缺少关于政府方具体对于融资交割过程的知情和监管权利，只会对融资交割的具体期限在合同中予以明确，并要求社

① 载 http://www.equitix.co.uk/ourportfolio-highways.html，最后访问日期：2018 年 11 月 14 日。

② 《PPP 项目权益变更通知》（Notification of Change of Ownership for PPP Projects），载 https://www.gov.uk/government/publications/pfipf2ppp-forms，最后访问日期：2018 年 11 月 14 日。

会资本在融资交割完成后提交相关的文件复印件,但最终导致的是项目融资过程的不透明和政府监管抓手的缺失。

(二)关于项目融资交割监管的国际经验

英国作为最早采用 PPP 模式的发达国家之一,在 PFI/PF2 项目中同样将项目融资交割的监管作为保障项目实现物有所值的关键措施,具体包括:

1. 融资交割尽职调查

在 PFI/PF2 模式下,英国财政部提出实施机构应在融资交割前要求中选社会资本方提交相关融资文件的复印件,以使其有足够的时间对相关融资文件进行尽职调查。尽职调查的范围一般包括以下方面:

(1)融资利率——融资文件中应分别明确项目各阶段的贷款利率,通常进入正式运营之后所要求达到的贷款利率会更低。

(2)储备账户——实施机构应确保其对储备账户行使监管权,且在提前释放储备账户的额度时,实施机构应共享再融资的相关利益。

(3)信用证——融资文件通常会允许项目公司提交信用证以提取储备账户项下的金额。相应地,在以信用证换取储备账户项下金额时,实施机构应要求中提供一份事先确定的信用证样式,且根据项目合同再融资相关条款约定,释放信用证将视同释放储备账户项下的金额。

(4)分手费用——项目公司提前终止借贷合同应支付的费用。英国 PF2 合同项下一般非因项目公司违约,实施机构提前终止项目合同的,均需支付项目公司融资贷款合同项下的分手费。为此,PF2 标准合同文本中要求实施机构审查分手费用,以避免费用过高,同时应确保终止时所支付给项目公司的是分手费净额,即减去项目公司相关成本支出的费用。

2. 融资交割时间节点要求

以英国项目为例,早期 PFI 实践中有不少项目融资交割时间节点较晚,有时甚至距项目竣工只有一个月时间,但是后续政府方也注意到了这个问题,并在后续项目中对融资交割时间有了更加严格的要求。以以下项目为例[①]:

① 数据来源:英国财政部 PFI/PF2 项目数据。

项目名称	T2 融资交割	T3 竣工	T4 首次 进入运营	项目公司 股东名称 及持股比例	T3 - T2
Baldovie	1997 - 09 - 01	1997 - 09 - 30	1997 - 09 - 30	Dundee City Council 100%	29
Berlin Embassy 柏林大使馆	2000 - 06 - 16	2000 - 07 - 18	2000 - 07 - 18	Land Securities Trillium 100%	32
Manchester Domestic Energy Services Manchester 家用能源服务	1999 - 08 - 15	1999 - 08 - 31	1999 - 09 - 01	Manchester Domestic Energy Services 100%	16
Stretford Divisional Headquarters and Fire Station Strdtford 分区总部及消防站	1999 - 10 - 27	1999 - 10 - 28	1999 - 10 - 29	Carden Croft 100%	1
Provision of Marine Services (PMS) 海运服务供应(PMS)	2007 - 12 - 01	2007 - 12 - 14	2007 - 12 - 14	Barclays Integrated Infrastructure Fund 100%	13
London Borough of Hounslow Highways Maintenance 伦敦 Hunslow 区公路保养	2012 - 08 - 30	2017 - 12 - 31	2013 - 01 - 01	Vinci Infrastructures SAS 50%, BIIF Holdco Ltd. 50%	1949
Isle of Wight Council-Highways Maintenance Wight 公路保养	2012 - 09 - 26	2020 - 03 - 31	2013 - 04 - 01	Vinci Concessions SAS 50%, Merdiam Infrastructure Finance II S. a. r. l. 50%	2743
Redevelopment of Royal Liverpool Univerity Hospital 利物浦皇家医院改建	2013 - 12 - 13	2017 - 03 - 31	2017 - 04 - 01	Carillion Private Finance Limited 50%, Scottish Widows Investment Partnership 50%	1204

续表

项目名称	T2 融资交割	T3 竣工	T4 首次 进入运营	项目公司 股东名称 及持股比例	T3 – T2
Mersey Gateway Project Mersey 门户项目	2014 – 03 – 28	2017 – 03 – 31	2017 – 09 – 15	Macquarie, FCC, Bilfinger	1099

3. 融资交割信息披露

针对 PFI/PF2 模式,英国财政部和基础设施建设局编制了专门的标准文件明确项目完成融资交割时应提供的信息清单①,并根据不同的融资手段(包括银行贷款、债券、股东借款等)分别设定不同的信息披露要求。

(三)国际经验的借鉴意义

借鉴英国 PFI/PF2 的成熟经验,国内 PPP 项目对于融资监管方面尚有非常大的细化和完善空间。目前,虽然还无法达到要求实施机构对项目融资过程进行全面尽调的条件,但是完全可以通过合同条款的细化对融资交割的条件和关键节点予以明确的安排,同时通过完善 PPP 信息披露制度要求社会资本提供关于融资交割的全面信息,保障政府方对项目融资过程的知情权和监督权。另外,在项目合作期内,政府方也应对项目融资落实和再融资情形进行动态的监督与评价,以实现 PPP 项目全生命周期内的物有所值。

结　语

参照国际 PPP 项目融资经验,无论是在融资方引入、社会资本股权转让还是政府融资监管等问题上都具有深刻的借鉴意义。现阶段,在国内不断深化和推进 PPP 模式的过程中,项目融资必然将会成为未来各方最为关注的重要问题。对此,笔者认为,在保障项目合规运作和政府方有效监管的前提下,应当逐步开放 PPP 项目的市场环境,采用更加规范化、灵活化和资本化的项目融资安排为项目融资困境找到突破口,为更好地实现 PPP 项目物有所值打开更宽广的局面。

---

① 《PPP 项目融资交割信息》(Financial Close Information for PPP Projects),载 https://www.gov.uk/government/publications/pfipf2ppp – forms,最后访问日期:2018 年 11 月 14 日。

第五篇 风险分配困境破解

- 第十四章 PPP项目设计质量风险如何合理分配
- 第十五章 在建工程如何纳入PPP项目合作范围
- 第十六章 PPP项目超概后能直接调增合同投资额吗
- 第十七章 英国PPP项目实践对我国PPP发展有哪些启示
- 第十八章 加拿大PPP失败案例对我国PPP发展有哪些启示

第十四章　PPP项目设计质量风险如何合理分配

引　　言

与传统承发包模式不同，采用PPP模式的初衷即在于让专业的人做专业的事，从而实现政府提供公共服务降本增效的目标，因此，通常PPP项目（特别是产出要求可以明确甚至量化，但美观不是那么重要的项目，如电厂、水厂、污水和垃圾处理、公路和隧道等）的设计应由具有设计能力的专业社会资本完成，相应的责任也应该由承担设计任务的社会资本方承担。笔者试从现行法律规定、全生命周期管理以及项目收益最大化的角度，对PPP模式下设计质量风险分配的合理方式进行详细阐述，并对政府方已完成PPP项目前期设计工作的解决方案给出切实可行的风险防范建议，以期对拟参与或正在参与PPP项目的政府方有一定启示。

一、PPP模式下设计质量风险分配的合理方式

PPP模式的精髓在于让专业的人做专业的事，即风险由最适宜控制该风险的一方承担，从而达到提高公共服务管理效率、降低政府成本支出的目的。因此，PPP项目中的设计义务人应当根据项目的不同特点以及产出要求，并基于不同的设计阶段分别来确定。

（一）原则上PPP项目的设计工作应当由具有设计能力的专业社会资本完成，相应的责任也应该由承担设计任务的社会资本方承担

上述观点的主要理由如下：

1. 该做法符合现行政策文件规定

根据财政部《关于印发政府和社会资本合作模式操作指南（试行）的通知》（财

金〔2014〕113 号)①第 11.2 条的规定,“原则上,项目设计、建造、财务和运营维护等商业风险由社会资本承担,法律、政策和最低需求等风险由政府承担,不可抗力等风险由政府和社会资本合理共担”。因此,根据文件精神,对于项目设计质量风险,原则上应由社会资本方承担。

2. 有利于 PPP 项目全生命周期管理

在 PPP 模式下,通常由社会资本方负责运营基础设施和提供公共服务。由于设计直接关系到未来项目的运营,面对一个设计不合理的项目,再好的运营也无力回天。澳大利亚著名学者欧文在描述责任、权利与风险如何一同分配时认为,“从风险分配的原则来看,风险应当被分配给最有能力管理风险的一方。只有当该方同时被赋予了与风险相关的决策权利和责任时,这个原理才成立”②。因此,从有利于 PPP 项目全生命周期管理的角度,社会资本方既然承担了项目运营和提供公共服务的职责,理应也有设计的权利和责任,才符合风险分配的原理。以英国 PPP 实践为例,根据英国 PFI 标准合同指南,对于设计、建设、整合、安装、测试、调试、运营和维护的风险分担有下述陈述:“设计、建造、整合、安装、测试、调试、运营、维护以及为满足产出需求而采购或开发的任何资产的最终性能,均是合同方(即我们所说的社会资本方)的责任,政府(除非例外情况)不应为此风险承担任何责任。”③因此,在 PPP 项目全生命周期内,应由合同实施方也就是社会资本方来承担项目设计质量的风险,这也符合风险分配的基本原则。

3. 有利于 PPP 项目获取最大收益

实践中,因未合理分配设计风险而导致经营失败的 PPP 项目屡见不鲜。以北京奥运鸟巢国家体育场 PPP 项目为例,在设计阶段,项目公司遇到一个很大的问题,北京市政府没有获得国家体育场设计的知识产权,但要求项目公司必须使用该设计。这导致项目公司在与设计联合体谈判时的弱势地位,同时也导致了设计上对体育场赛后商业运营考虑的不足。通常情况下,项目公司是设施的项目法人,设计方作为合同乙方应当满足项目公司的要求。但由于国家体育场是用于 2008 年奥运会使用,北京市政府在确定设计蓝图时处于主导地位,限制了项目公司对体育场

① 财金〔2014〕113 号文已于 2017 年 11 月 30 日有效期满。

② 世界银行:《政府和社会资本合作(PPP)参考指南》(第 3 版),北京明树数据科技有限公司译,中国电力出版社 2018 年版,第 187 页。

③ 罗水:《PPP 合同设计风险的初步分析》,载 https://mp.weixin.qq.com/s/O8GEU3JT1y70YwFvVIGy-w,最后访问日期:2018 年 11 月 10 日。

商业化和高效率使用的最大化①,从而最终导致鸟巢体育场馆在运营阶段经营惨淡。因此可见,从有利于PPP项目获取最大收益角度,也应由社会资本方承担项目设计质量的风险。

(二)应当由政府方承担设计职责与风险的例外情况

尽管PPP项目一般由社会资本承担设计职责和相应风险,但也存在一些例外情形。比如,对于产出要求不能明确、对美观和功能等要求高但不能描述清楚的项目(如体育馆、展览馆等),为防止因社会资本与政府方认知不同,导致出现设计成果不符合政府方需求的风险,建议仍应当由政府方负责主导设计工作,或者在社会资本委托的设计工作中建立有效的政府参与机制,避免发生设计偏差或返工等问题。

此外,在PPP项目不同阶段的设计职责与风险也可考虑采取不同的分配方案。一般来讲,前期的方案设计应当反映政府方对于项目的基本产出需求,并作为后续设计工作的基础和原则,因此建议应当由政府方来负责;随着设计的深化,设计工作与后续施工活动的关联性越来越密切,因此社会资本方的参与程度应当越来越高,并逐步取得设计工作的主导权,特别是在施工图设计阶段,由社会资本来负责显然是较为合适的。

二、政府方已完成PPP项目前期设计工作的风险分配方案

如前所述,实践中,一些PPP项目中政府方出于担心设计管理失控等原因的考虑,往往会采取由政府方先行委托设计单位组织实施PPP项目的前期设计工作,那么,对于该部分设计工作的质量风险应当如何分配?特别是在PPP合同并未明确约定的情况下,政府方是否需要对已完成的前期设计工作承担一定责任?针对该问题,在PPP管理实践中有两种较为可行的做法,具体如下:

(一)如设计工作尚未完成,可将设计合同中政府方的权利义务概括转让给社会资本方

在PPP项目识别、准备阶段,由政府方与设计单位签订设计合同,但设计工作

① 张国印:《"鸟巢"的遗憾:国家体育场PPP项目融资模式案例分析》,载https://wenku.baidu.com/view/44aa45afafaad1f34693daef5ef7ba0d4a736deb.html,最后访问日期:2018年11月11日。

还在进行中,尚未完成。这种情况下,建议政府方在项目采购阶段的招标文件及PPP 合同中明确约定,在社会资本中选或设立项目公司后,前期设计合同中政府方的权利义务全部转让给社会资本方或项目公司,通过该种方式实现设计权利、义务及风险的转移,避免后续就设计质量问题产生争议。实践操作时,建议应由政府方、中选社会资本方或项目公司与设计单位再签订一份三方补充协议,以确保上述权利义务转让的有效性。

(二)如设计工作已完成,可将设计成果的知识产权整体打包出售给社会资本方

在政府方与设计单位直接签订设计合同,且设计工作已完成的情况下,政府方可将现有设计成果的知识产权按一定价格整体打包出售给社会资本方,社会资本方应当与政府方另行签订购买合同,并在合同标的交底时提前尽到对设计图纸的审查义务。在该种操作模式下,设计质量风险一般在成果交接时实现转移,如社会资本购买该设计后用于项目的,则完全属于社会资本方自己的行为,社会资本方就应为其购买的设计承担责任①。当然,如果在后续因设计质量问题导致损失的,社会资本方也可基于设计成果购买合同的约定另行向政府方追究违约责任。

三、风险防范建议

为了防范对 PPP 项目设计质量风险的责任分配产生争议,对于项目参与各方而言,建议在项目操作过程可采取以下措施:

(一)项目尽量采用 PPP + EPC 模式

PPP + EPC 的组合模式,即指在采用 PPP 模式的项目中,以 EPC 总承包的模式进行项目建设。此时,社会资本方具有双重身份:项目投资人和工程承包商(EPC)。在 PPP + EPC 模式下,让社会资本方成为项目全过程管理(包含设计在内)的第一责任主体,通过该种模式有利于清晰地划分政府方与社会资本方的权利义务界面,从根本上减少后续设计质量责任分配争议产生的概率。

---

① 罗水:《实操——PPP 合同设计风险的初步分析》,载 https://mp. weixin. qq. com/s/O8GEU3JT1y70YwFvVIGy - w,最后访问日期:2018 年 11 月 10 日。

（二）PPP 项目合同中明确设计责任的承担主体

PPP 项目合同中应当对设计工作的安排、设计义务人以及设计责任主体进行明确约定，就政府方角度而言，一般会考虑设定类似“设计责任由社会资本方承担，同时，政府的任何审查、意见、批准或默认等均不代表政府承担了设计的责任和风险，也不代表政府认可该设计一定能满足合同中规定的对服务的要求”的免责条款，最大化地降低政府方承担设计质量责任的风险。

（三）政府方已参与前期设计工作的，应对设计工作及成果的交接作出完善的安排

如设计工作尚未完成，则建议政府方应将其在设计合同项下的权利义务概括转让给社会资本方，并由政府方、社会资本方与设计单位签订相关的三方补充协议。

如设计工作已完成的，则建议政府方可将现有设计成果的知识产权整体打包出售给社会资本方，由社会资本方对其购买的设计成果在 PPP 项目中的使用所导致的后果承担相应责任。

结　语

设计工作是 PPP 项目全生命周期内的重要组成部分，PPP 项目的设计义务人应当根据项目的不同特点以及产出要求，并基于不同的设计阶段分别来确定，相应地，设计质量风险应当主要基于“谁负责，谁承担”的原则，在政府方和社会资本方之间进行合理分配。为避免后续因设计质量问题产生争议，建议在 PPP 项目合同中应当就与设计相关的事项进行明确，如涉及前期设计成果交接的，还应当对具体交接方式和责任承担等问题进行约定，以确保 PPP 项目的顺利实施。

第十五章　在建工程如何纳入 PPP 项目合作范围

引　言

作为绝大多数 PPP 项目的发起者，地方政府在关注项目“落地率”的同时，往往对工程施工的“落实率”也尤其重视，以至于出现了不少 PPP 项目在社会资本采购前，就已通过施工或者工程总承包（EPC）模式先行选定了总承包商，并先行开始了部分工程建设。但是在该情形下，将会导致在社会资本中选并成立项目公司后，存在部分在建工程的工程量确定、结算与移交程序等衔接问题。

本章就 PPP 项目实际履行过程中，如何将此类在建工程纳入 PPP 合作范围的法律路径进行探讨，以期对同类项目的参与方有所参考。

一、路径一：将在建工程作为国有资产，以“国有资产转让”方式变更其权利归属

（一）PPP 项目中先行实施的在建 EPC 工程是否属于“国有资产”

作为先行实施的 EPC 工程，一般先由该项目的项目法人（即该项目的立项主体）作为发包人通过工程发包手续招选总承包商，而该项目的项目法人在实操过程中往往由 PPP 项目实施机构（政府职能部门或事业单位）或当地国有企业（包括平台公司）担任。

因此，无论是政府职能部门、事业单位还是国有企业，其形成的资产均应属于《行政单位国有资产管理暂行办法》第 3 条、《事业单位国有资产管理暂行办法》第 3 条、《企业国有资产监督管理暂行条例》第 3 条规定的“国有资产”。虽然上述行政法规及部门规章中并未对在建工程是否属于“国有资产”进行明确定义，但参照《企业国有资产交易监督管理办法》第 48 条“企业一定金额以上的生产设备、房产、在

建工程以及土地使用权、债权、知识产权等资产对外转让，应当按照企业内部管理制度履行相应决策程序后，在产权交易机构公开进行”中的描述，笔者认为，由政府职能部门、事业单位或国有企业作为发包人并承担出资责任的在建工程应归属为“国有资产”。

(二)国有资产转让的程序要求

若项目法人及发包人为政府职能部门的，应根据《行政单位国有资产管理暂行办法》第30条、第32条及第36条的规定，资产处置应当由行政单位资产管理部门会同财务部门、技术部门审核鉴定，提出意见，按审批权限报送审批；同时应当委托具有资产评估资质的资产评估机构对相关资产进行评估，最终采取拍卖、招投标、协议转让及国家法律、行政法规规定的其他方式进行。

若项目法人及发包人为事业单位的，应根据《事业单位国有资产管理暂行办法》第26条、第28条及第38条的规定，根据资产的规定限额，报主管部门审批或经主管部门审核后报同级财政部门审批，并委托具有资产评估资质的评估机构进行评估，转让资产数量较多或者价值较高的，应当通过拍卖等市场竞价方式公开处置。

若项目法人及发包人为国有企业的，应根据《企业国有资产交易监督管理办法》第48条、第49条及第50条的规定，在履行出资人职责的机构审批决定、合理确定最低转让价格后，在依法设立的产权交易场所公开进行，具体工作流程参照该办法关于企业产权转让的规定执行。

(三)以“国有资产转让”方式的操作难点

1. 国有资产评估使得转让价格存在不确定性

《国有资产评估管理若干问题的规定》(财政部令2001年第14号)第3条第6项对国有资产的评估程序进行了强调：“占有单位①有下列行为之一的，应当对相关国有资产进行评估：……(六)资产转让、置换、拍卖；……”

由上述规定可知，无论是政府职能机构、事业单位还是国有企业，转让国有资产时均需对相关国有资产进行评估，而评估单位对于在建工程的评估价格是否与

---

① 《国有资产评估管理若干问题的规定》第2条规定，本规定适用于各类占有国有资产的企业和事业单位(以下简称占有单位)。

先前签订的EPC合同完全一致存在不确定性，即使评估完全按照EPC合同约定进行，也不能保证在公开市场招标、拍卖、挂牌等过程中不出现价格竞争。

2. 以非公开协议方式转让国有资产要求严苛

《行政单位国有资产管理暂行办法》第32条中仅提及了行政单位资产的出售与置换可采取协议转让方式，但并未明确具体要求；《事业单位国有资产管理暂行办法》并未就事业单位资产的出售与置换可否采用协议转让方式进行明确。

《企业国有资产交易监督管理办法》第31条至第33条对国有企业协议转让的条件、要求及审批进行了约定，但条件颇为严苛。

以下情形的产权转让可以采取非公开协议转让方式：

(1)涉及主业处于关系国家安全、国民经济命脉的重要行业和关键领域企业的重组整合，对受让方有特殊要求，企业产权需要在国有及国有控股企业之间转让的，经国资监管机构批准，可以采取非公开协议转让方式。

(2)同一国家出资企业及其各级控股企业或实际控制企业之间因实施内部重组整合进行产权转让的，经该国家出资企业审议决策，可以采取非公开协议转让方式。

综上，虽然在建工程满足作为国有资产进行转让的前提条件，但是，在现行国有资产管理制度的规定下，由于难以避免资产评估和公开交易的程序性要求，以及对于协议转让的限制性，可能导致实践中对于资产的转让造成一定障碍。

二、路径二：将在建工程已完工程造价作为项目前期费用，以“项目公司前期费用代收代付”方式完成移交

(一)以“前期费用代收代付”方式完成移交的前提

由于在该方式下，在建工程已完工程造价最终将会作为前期费用由项目公司承担，因此项目采购人在采购文件中应当明确：“根据工程进度的需要，在完成社会资本采购工作前已对本项目部分工程先行开工建设。社会资本中选并成立项目公司后，由项目公司接收已完工程部分，已完工程造价纳入本项目前期费用由项目公司向相关垫付单位支付，并由政府审计部门根据施工/EPC合同对该前期费用进行审计确认纳入项目实际总投资”。同时，应将前期发包人与总承包商已签订的施工/EPC合同作为招标文件附件提供给投标人。

而社会资本对于采购文件的响应即意味着其对此法律安排予以认可，在中选

并成立项目公司、办理已完工程验收移交手续后应按照政府审计确认的结果将已完工程结算款支付给相应的垫付单位。

(二)以“项目公司前期费用代收代付”方式操作的注意要点及风险提示

1. 社会资本应仔细审核已签订的 EPC 合同,如有异议应及时向采购人提出

作为项目公司最终需支付款项的审计依据,社会资本应仔细审核 EPC 合同中的工程量、计价依据及支付约定,若有异议,社会资本应在限定期限内及时向采购人提出,并要求其进行书面澄清。

2. 原有 EPC 合同可继续履行或协商提前终止

在社会资本中选后,原先由发包人与总承包商签订的施工/EPC 合同一般面临着两种选择:由原发包人与总承包商终止原先施工/EPC 合同或由项目公司承继原施工/EPC 合同。

(1)由原发包人与总承包商终止原施工/EPC 合同的,则待双方共同确认已完工程量等相关结付事项,并在总承包商退场后,由原发包人将该部分工程移交给项目公司。

(2)由项目公司承继原施工 EPC 合同,合同办理变更等手续后,由原先的总承包商根据施工/EPC 合同继续完成合同约定范围内的工程,直至竣工验收合格后移交给项目公司。在该种情形下,更多考虑的是工程设计和施工的连续性与整体性,同时对于工程质量、工期、安全等责任的划分也应更为清晰,在合同约定的工程范围内均应由原先的承包商在法律规定和总承包合同约定的保修期限(以两者较长者为准)内继续承担保修责任。

3. 项目公司应对已完工程部分进行验收、确定工作界面,并要求总承包商就已完工程部分的质量承担保修责任

虽然项目公司接收的是在建工程,尚未具备竣工验收的条件,但为避免后续的工作界面划分不清以及质量问题纠纷,建议由原施工/EPC 合同的签订双方及项目公司共同组织验收,着重对已完工程的工作界面、工程量、质量问题、可继续使用的临时设施等进行固定,并明确相应的责任主体。特别是在原先的施工/EPC 合同终止履行的情况下,该项工作显得尤为重要。

就已完工程的质量保修责任,项目公司可要求总承包商出具质量保修书,承诺在不低于《建设工程质量管理条例》第 40 条要求的最低保修期限内承担保修责任,

并可预留一定比例的质保金[①]。

综上，以“项目公司前期费用代收代付”方式完成在建工程的转让较“国有资产转让”方式更具便利性和可操作性，但是实践中应重点注意原发包人、总承包商和项目公司三方的法律关系，以及对于已完工程工作界面、工程量、质量等问题的合同安排。笔者同时提示，考虑到以“项目公司前期费用代收代付”方式将在建工程纳入PPP合作范围的做法实际仍有税收等相关风险，建议双方在PPP合同中应就此预留出相应的协商或者再谈判机制。

需要特别说明的是，若是在先依法确定的施工/EPC总承包商在政府后续PPP社会资本采购过程中，符合投标条件并依法中标的，此种情形下，该社会资本可基于“两招并一招”规定在资质范围内承接PPP项目项下相应的施工/EPC总承包任务，就其在中标前已经施工部分，可直接由项目公司通过概括受让方式承继原施工/EPC合同项下发包人的权利义务。

三、路径三：在建工程竣工后再以存量资产[②]移交

（一）在建工程竣工后再以存量资产完成移交的前提

该部分在建工程应由政府方依法自行完成建设，政府方应在既有预算范围内列支相应工程款。在此前提下，政府方可委托项目公司进行建设管理，或者在妥善处理原施工/EPC合同关系的基础上，招选其他有相应资质的承包商负责施工建设。

（二）在建工程竣工后再以存量资产移交的注意要点及风险提示

1. 在建工程竣工后再以存量资产移交，该部分工程实质上采用的是EPC工程总承包或者施工总承包模式

采用该种方式进行移交，相当于将该部分在建工程作为传统的政府投资项目采用EPC工程总承包或者施工总承包模式进行建设，在建成之后作为存量资产以TOT的方式纳入PPP项目合作范围，移交给项目公司进行运营。

---

① 《建设工程质量保证金管理办法》第7条规定，“发包人应按照合同约定方式预留保证金，保证金总预留比例不得高于工程价款结算总额的3%。合同约定由承包人以银行保函替代预留保证金的，保函金额不得高于工程价款结算总额的3%”。

② 实践中，出于税收、进场交易等因素考虑，存量项目移交经营权而非资产所有权的做法也很普遍。

2. 以存量资产进行移交,仍应符合国有资产转让的程序要求

因该在建工程建成后属于国有资产,其转让程序仍应符合国有资产转让的相关要求,具体已在本章第一部分进行分析,在此不再赘述。

3. 以存量资产进行移交的价款建议以审计为准

在该在建工程竣工后,项目公司通过国有资产转让取得资产所有权,并负责后续的运营维护等,其支付对价一方面受到国有资产转让的限制,另一方面需要考虑因取得该部分工程支出的费用能否全额纳入 PPP 项目的回报基数,故笔者建议在符合国有资产转让程序的基础上,应提前就该部分工程的转让对价进行原则性约定,一般而言,以审计结果作为基数对政企双方较为公平合理,也不易就此产生争议。

四、案例分析

2018 年 1 月 31 日,河南中原产权交易有限公司发布《PPP 项目工业土地和在建工程转让公告》①[中原产权告字(2018)4 号],郑州高新技术产业开发区管委会郑开会纪〔2016〕10 号决定,将郑州高新技术产业开发区土地储备中心拥有的约 133.4 亩国有一类工业用地土地(豫〔2017〕郑州市不动产权第 0132402 号)采用 PPP(政府和社会资本合作)的方式建设北斗孵化基地项目。受郑州高新技术产业开发区土地储备中心委托,河南中原产权交易有限公司拟对其合法拥有的约 66.5 亩国有一类工业用地及地上在建工程 40,358.32 平方米 20 栋五层工业厂房进行公开转让。转让底价为 14,778.28 万元(人民币)。

上述案例中的在建工程,实际采用的是上述路径一下国有资产转让方式。该案例中的下列要点值得 PPP 项目在涉及在建工程转让安排时参考:

(一)转让行为应经内部决策及批准

在该案例中,此次产权转让行为已由相关决议通过,并经郑州高新区管委会批准(郑开会纪〔2017〕49 号)。

(二)转让标的资产评估报告应按规定办理核准或备案

在该案例中,转让的土地已经河南开源房地产估价有限公司评估,转让的地上

① 河南中原产权交易有限公司:《PPP 项目工业土地和在建工程转让公告》,载 http://www.zycqjy.com/article/ggtz/gpgg/201801/20180100002089.shtml,最后访问日期:2018 年 10 月 15 日。

在建工程已经河南省豫通房地产评估咨询有限公司评估,评估报告均已在郑州高新技术产业开发区国资办备案。

(三)对转让标的及转让对价有特殊安排的,应在公告中予以明确

在该案例中,公告中披露本次资产转让中约66.5亩的项目一期用地待PPP项目合作期结束后相应资产无偿移交给郑州高新技术产业开发区管委会或其指定机构;同时明确涉及产权交易的交易价款由产权交易机构拨付给土地储备中心后上交高新区管委会财政,代建部分即在建工程投资款返还原代建单位。

结 语

PPP项目社会资本采购前,若涉及在建工程,一方面,应结合原工程合同的签署、履行等实际状况,合理确定在建工程的处理方案;另一方面,在PPP项目实施方案、PPP项目合同等相关法律文件中应对此加以妥善安排,并应完备交易程序等相关手续,以免产生不必要的争议。

第十六章　PPP项目超概后能直接调增合同投资额吗

引　言

超概问题是PPP项目投资中较为常见的风险，在整个PPP项目投资过程中，引起超概的因素有很多，除设计文件编制不全面、设计变更、工程量增加、材料价格上涨、建设工期延长、自然灾害或意外的影响等原因外，还有很多由于项目公司或社会资本方项目建设管理不善等原因造成的超概，可谓防不胜防。那么，PPP项目超概后能直接调增合同投资额吗？PPP项目超概后政府方和社会资本方可否解除合同？笔者试从PPP项目超概的含义、超概部分的采购方式以及超概后的合同解除等几个方面浅析其中要点，抛砖引玉，以期给拟参与或正在参与PPP项目的各方一些启示。

一、超概的含义

（一）如何理解项目超概

“项目超概”中的“概”指的是项目设计概算，与概算类似的概念还包括估算、预算、决算等，均属建设项目投资额在不同阶段的表述，具体如表5－1所示：

表5－1　建设项目投资额在不同阶段的表述

发生阶段	项目建议书/可研	初步设计/扩大初步设计	施工图设计	项目竣工验收后
概念	投资估算	设计概算	施工图预算	竣工决算
精度	低→高			

“超概”指的是在建设项目实施过程中实际投资额超过或预计可能超过设计概算的情形。实践中,从中央到地方,政府投资项目均按照“决算≤预算≤概算≤估算”原则控制总投资风险。例如,财政部发布的《基本建设财务规则》(财政部令2016 年第 81 号)第 16 条规定,对于所有基本建设项目,“项目建设单位编制项目预算应当以批准的概算为基础,按照项目实际建设资金需求编制,并控制在批准的概算总投资规模、范围和标准以内”。国家发改委制定的《中央预算内直接投资项目概算管理暂行办法》中规定,对于中央预算内直接投资项目,“经核定的概算应作为项目建设实施和控制投资的依据。项目主管部门、项目单位和设计单位、监理单位等参建单位应当加强项目投资全过程管理,确保项目总投资控制在概算以内”;对于地方性的政府投资项目,各地方政府也均出台过与上述文件类似的相关规定。

(二)超概问题对于传统政府投资项目和 PPP 项目的不同影响

超概问题在传统政府投资项目及 PPP 项目中均比较常见,对两者的影响主要区别在于:

1. 超概部分最终承担责任的主体不同

对于传统政府投资项目,由政府方的项目业主(建设单位)承担项目投融资职责,承包方仅按照承包合同约定完成项目施工(对于采用工程总承包方式的还包括设计、采购等内容)并收取相应的合同价款。具体来看,如承包合同约定为总价包干计价方式,除合同另有约定外,即便承包单位实际发生的工程施工等成本增加,通常也不调增政府方支付给承包单位的合同价款,即不会因此导致项目总投资超概;而如承包合同约定为清单计价方式,如因工程量增加等原因导致政府方实际支付的工程价款上升,最终出现超概情形时,该部分额外支出的风险实际上也是由政府方业主来承担的。

在 PPP 项目中,应根据发生超概的原因,按照 PPP 项目合同关于超概风险的分配约定进行归责,一般而言,若是政府方提出设计变更等原因造成的超概,则应由政府方承担相关责任;若是项目建设管理不善等原因造成的超概,则应由项目公司或社会资本方承担相关责任;若是不可抗力导致的超概,一般会由双方共同来承担。

2. 对超概部分的审核程序不同

对于传统政府投资项目,在发生超概情形时,一般需报由原项目审批单位(一般为发改部门)批准。例如,《中央预算内直接投资项目概算管理暂行办法》规定,

"项目初步设计及概算批复核定后，应当严格执行，不得擅自增加建设内容、扩大建设规模、提高建设标准或改变设计方案。确需调整且将会突破投资概算的，必须事前向国家发展改革委正式申报；未经批准的，不得擅自调整实施"。

对于 PPP 项目，在发生需调整概算的情形时，除需履行上述的发改审批程序外，还可能涉及与 PPP 有关的一系列调整和审批程序，包括项目实施方案、物有所值评价和财政承受能力论证、PPP 项目合同等文件的调整和重新审查，否则可能会对 PPP 项目造成融资风险和财政支付风险。

3. 超概导致的政府额外财政支出责任的发生阶段可能不同

对于传统政府投资项目，由于超概风险一般由政府方承担，即对于超支部分的投资额政府需要通过财政预算等渠道筹集资金解决，势必增加政府方在建设期内的财政支出责任，对政府方的近期财政预算造成较大压力。

在 PPP 项目中，超概风险主要由项目公司和社会资本承担，对于按合同约定需由政府方承担的超概支出部分，政府方也可选择先由项目公司负责筹集，后续再通过增加运营期补贴或付费的方式补偿给项目公司，通过该种方式实现对政府财政支出责任的递延和分摊，有助于减少短期财政压力。当然，尽管根据《政府和社会资本合作项目财政承受能力论证指引》（财金〔2015〕21 号）的规定，在进行财政承受能力论证时已经考虑了一定比例的风险费用，但如超概数额较高时，仍有可能存在财政支出责任过高，部分金额无法列入政府预算安排的风险。

二、PPP 项目超概部分的采购方式

（一）超概后是否需重新采购

就 PPP 项目中超概后是否需要重新采购的问题，笔者认为，应根据超概的原因进行具体分析，按照 PPP 项目建设内容是否增加，大致可分为以下两种情形：

1. 建设内容不变，因单位建设成本（如材料、人工、设备费用）上升而导致的投资额增加（投资人承担包干风险的除外），不需要重新采购

在 PPP 项目建设内容保持不变的情况下，仅仅因单位建设成本（如材料、人工、设备费用）上升而导致的投资额增加，由于未发生新增采购内容，故无须重新采购。此时，超概部分投资额的承担主体及处理方式需结合 PPP 项目合同的具体约定进行确定：

（1）如 PPP 合同有明确约定的，则应当按照合同约定执行；

（2）如 PPP 合同没有明确约定的，则项目公司或社会资本应与政府方协商解

决；如协商不成，且满足最高人民法院《关于适用〈中华人民共和国合同法〉若干问题的解释（二）》第 26 条规定条件的，当事人也可以“情势变更”为由请求人民法院变更或者解除合同①。

2. 因建设内容增加而导致的投资额增加，可能需要重新采购

根据我国《政府采购法》第 49 条的规定，“政府采购合同履行中，采购人需追加与合同标的相同的货物、工程或者服务的，在不改变合同其他条款的前提下，可以与供应商协商签订补充合同，但所有补充合同的采购金额不得超过原合同采购金额的百分之十”。因此，对于因 PPP 项目建设内容增加最终导致 PPP 合同采购金额增加的，可按以下两种情形分别确定：

（1）如超概导致增加的 PPP 合同采购金额未超过原合同签约价 10% 的，可以无须另行履行采购程序

此处需要特别注意的是，如何理解上述《政府采购法》第 49 条中规定的“原合同采购金额的百分之十”的问题。笔者认为，如发生因建设内容增加导致超概的情形时，应当重新进行物有所值评价等工作，考虑到投资额增加可能会导致政府财政支出增加进而影响财政承受能力，从审慎角度考虑，建议在同时满足项目总投资的超概比例和政府财政支出责任的增加比例均不超过 10% 的前提下，针对新增建设内容部分，可以选择不再重新采购，在不改变合同其他条款的前提下，由政府方直接与供应商协商签订补充合同。

当然，由于《政府采购法》第 49 条采取的是“可以”而非“应当”的表述，意味着即使项目投资超概比例和财政支出责任增加比例均不超过 10% 时，政府方仍有权对新增建设内容部分重新开展采购程序。

（2）如超概导致增加的 PPP 合同采购金额超过原合同签约价 10%，应当另行履行采购程序

如超概导致调整后的合同金额超过原 PPP 合同签约价 10%，超出了《政府采购法》第 49 条规定的比例，因此，该情形下对于 PPP 项目增加的建设内容部分需重新进行采购。

---

① 根据最高人民法院《关于适用〈中华人民共和国合同法〉若干问题的解释（二）》第 26 条的规定，“合同成立以后客观情况发生了当事人在订立合同时无法预见的、非不可抗力造成的不属于商业风险的重大变化，继续履行合同对于一方当事人明显不公平或者不能实现合同目的，当事人请求人民法院变更或者解除合同的，人民法院应当根据公平原则，并结合案件的实际情况确定是否变更或者解除”。

(二)如需重新采购的,能否采用单一来源采购方式

我国《政府采购法》第31条规定:“符合下列三种情形之一的货物或者服务,可以采用单一来源方式采购:

(一)只能从唯一供应商处采购的;

(二)发生了不可预见的紧急情况不能从其他供应商处采购的;

(三)必须保证原有采购项目一致性或者服务配套的要求,需要继续从原供应商处添购,且添购资金总额不超过原合同采购金额百分之十的。”

上述规定中三种情形之间是“或”的关系,即满足任意一种情形就可以选用单一来源采购方式。结合上文分析,在出现超概时,相比情形(三),情形(一)和(二)尤其是情形(一)在实践中更有可能被作为适用依据。

此外,因PPP项目建设内容增加需采用单一来源方式另行采购的,还应按照相关规定履行必要的报批和公示等程序。

三、超概后的合同解除

(一)项目超概后,合同一方是否可解除PPP项目合同

对于项目超概后,政府方或社会资本方可否解除PPP项目合同,应区分以下两种情形加以分析:

1. PPP合同明确约定将超概作为单方解除合同的情形

如PPP合同中已明确约定将“超过投资概算作为合同一方单方解除合同的情形”,则一旦发生超概,政府方或社会资本方可按照上述约定单方解除合同。

2. PPP合同未对超概作为单方解除合同的情形进行约定

如PPP合同未将超概作为单方解除合同的情形进行约定的,则应结合超概的产生原因及责任主体、对于项目后续融资以及财政支付的影响程度、是否会导致合同目的无法实现等具体情况,来判定是否符合《合同法》等规定的法定解除情形。但从保护社会公共利益和保障公共服务稳定等角度考虑,笔者建议,无论是政府方还是社会资本方,均不应随意地解除PPP合同。

(二)如解除PPP合同的,由此带来的损失责任应如何认定

如解除PPP合同的,由此带来的损失责任承担主体应结合引起超概发生的具体原因以及双方的过错程度两方面因素来进行认定:

1.若是政府方提出设计变更、增加工程量等原因造成的,则应由政府方承担相关责任。

2.若是项目建设管理不善等原因造成的,则应由项目公司或社会资本方承担相关责任,通常在实践中,项目公司或社会资本方会把上述风险再转移给专业承包商承担。

3.若是由于双方共同原因或不可抗力造成的,则应结合政府方、项目公司(或社会资本方)的过错程度或基于公平角度来确定各自所应承担的责任比例。

结　　语

随着更多PPP项目陆续落地进入实施阶段,项目超概已成为很多政府方及投资人所不得不面临的现实问题,并可能会给项目带来融资不足、建设期拉长、额外的财政支出责任以及项目公司发生资金周转风险等一系列问题,甚至可能导致PPP项目陷入终止、失败的困境。因此,笔者建议PPP项目的参与方在项目出现超概情形时,需结合具体情况,通过追加合同投资额或者重新采购等方式来规范交易流程。此外,也建议在PPP项目合同中应当提前对于超概可能导致的后果及处理方式、责任承担主体等进行约定,避免在后续发生争议,影响项目的顺利建设和运营。

第十七章　英国 PPP 项目实践对我国 PPP 发展有哪些启示

引　言

自20世纪90年代初，英国就成为 PPP 的全球领跑者，PFI 和 PF2 是英国 PPP 项目的典型运作模式。从1992年英国政府推行 PFI 到2008年全球金融危机爆发之前，该模式在英国公共服务项目的采购和提供方面发挥了重要作用。截至2007年，英国有870个项目、总价值655亿英镑，都是通过 PFI 建设完工。2008年受全球金融危机的影响使英国 PPP 项目迅速减少，为了重振本国市场，英国在2011年开始着手进行全面评估，并推出了"升级版"——PF2。英国政府认为，采用 PF2 有助于降低采购项目成本、控制从招标到选定投标人的时间，并可通过签订合同提高项目的灵活性。

本章通过对若干英国 PPP 典型案例的分析，总结项目实施过程中常见的问题和风险点，并从不同角度阐述 PPP 运作中需重点关注的事项，希冀对参与 PPP 项目的各方主体有所裨益。

一、案例的选取

鉴于英国的 PPP 项目覆盖了交通运输、医疗、教育、公用事业和公共安全等多个行业，本章选取了来自上述领域内的11个存在问题的 PPP 项目进行分析，具体如表5－2所示：

表5－2　问题 PPP 项目明细表

案例号	项目名称	所属行业	项目实施情况
1	伦敦地铁项目	交通运输	政府回购
2	英国 M6 收费公路项目	交通运输	存在瑕疵

续表

案例号	项目名称	所属行业	项目实施情况
3	英法海峡隧道项目	交通运输	破产重组
4	英吉利海峡隧道连接铁路(CTRL)项目	交通运输	存在瑕疵
5	英国达勒姆北部大学医院项目	医疗	存在瑕疵
6	英国德里福德医院项目	医疗	放弃 PPP 模式
7	诺里奇和诺福克大学医院项目	医疗	存在瑕疵
8	英国贝尔法斯特市巴尔莫勒尔高中项目	教育	提前终止
9	英国法夫郡公共学校项目	教育	提前终止
10	英国谢菲尔德市废物处理项目	公用事业	提前终止(重新谈判)
11	英国 Parc 监狱项目	公共安全	存在瑕疵

二、项目主要风险分析

根据对前述所选取案例的梳理,英国 PPP 项目中的常见问题及风险点汇总如表 5－3 所示:

表 5－3　英国 PPP 项目中的常见问题及风险点汇总表

案例号 主要风险点	1. 伦敦地铁项目	2. 英国 M6 收费公路项目	3. 英法海峡隧道项目	4. 英吉利海峡隧道连接铁路(CTRL)项目	5. 英国达勒姆北部大学医院项目	6. 英国德里福德医院项目	7. 诺里奇和诺福克大学医院项目	8. 英国贝尔法斯特市巴尔莫勒尔高中项目	9. 英国法夫郡公共学校项目	10. 英国谢菲尔德市废物处理项目	11. 英国 Parc 监狱项目
融资风险	√										
公众反对风险		√									
政治风险			√								
成本超支风险			√		√						
运营延迟			√								

续表

案例号 主要风险点	1. 伦敦地铁项目	2. 英国 M6 收费公路项目	3. 英法海峡隧道项目	4. 英吉利海峡隧道连接铁路（CTRL）项目	5. 英国达勒姆北部大学医院项目	6. 英国德里福德医院项目	7. 诺里奇和诺福克大学医院项目	8. 英国贝尔法斯特市巴尔莫勒尔高中项目	9. 英国法夫郡公共学校项目	10. 英国谢菲尔德市废物处理项目	11. 英国 Parc 监狱项目
项目唯一性风险			√								
索赔争议风险			√								
实际收入偏低			√	√				√			
设计不合理					√						
竞争性不足						√					
物有所值评价不合理							√				
私营投资人财务困难									√		
合同缺少灵活性										√	
管理不善	√										√

各具体风险点结合具体案例分析如下：

（一）融资风险

融资风险是指由于融资结构不合理、金融市场不健全、资金筹措困难等因素引起的风险，其中融资结构不合理是最主要的融资风险。

以著名的伦敦地铁项目①为例，伦敦地铁作为古老而著名的地铁系统，承担着

① 周蕾：《走向破产的英国伦敦地铁：中国地铁未来发展之鉴》，载《国际工程与劳务》2014 年第 6 期。

伦敦市巨大的交通客流量，伦敦政府于2002年12月、2003年4月先后与名为Metronet和Tube Line两大社会资本联合体签订PPP合同，将伦敦地铁30年的特许经营权分别转让给由两大社会资本联合体实际控制的SSL、BCV和JNP三家项目公司。但该项目却在运营不到7年的时间就宣布破产。究其原因，主要是因为项目融资安排不合理。伦敦地铁项目融资结构主要是由股权融资和债务融资构成，权益和负债的比例为1:6，债务融资比例较高，社会资本承担的风险相对较小，另外，政府方对项目提供95%的债务担保责任，如果项目宣告破产，意味着政府要偿还95%的负债，而社会资本方的损失并不大。融资安排不合理导致项目风险分担不合理，使得政府方在项目中的角色比较被动，监管不力。此外，伦敦地铁项目中项目公司只负责基础设施的更新和维护，没有直接的利润收入，社会资本方的投资回报只能通过政府付费才能实现，因此项目公司并没有降低维修成本的积极性，使得项目公司与政府之间的利益不一致，冲突严重，最终导致了该项目的破产。

（二）公众反对风险

英国M6收费公路项目①是英国第一条采用使用者付费模式的公路PPP项目，特许经营期长达53年。由于M6公路主干道交通拥堵问题严重，需要另修建一条支路（即M6收费公路）以解决主干道交通拥堵问题。但由于英国政府资金不足，所以政府决定采用PPP模式引入社会资本。该项目是英国政府自1992年启动PFI模式后的第一条通过PPP模式建设的公路，根据特许经营合同的约定，在长达53年的特许经营期内，社会资本方负责项目的设计、建造、融资、运营和维护，并采用使用者付费机制。

但是，当时英国修建的道路大多采用影子收费模式，用户无须直接支付道路使用费，而是由政府根据道路使用情况通过公共资金和交通项目专项资金向项目建设者付费。由于英国民众已经习惯了"免费"使用道路，所以反对英国M6收费公路项目中所规定的直接针对用户的收费模式。虽然政府于1991年就决定修建M6收费公路，但使用者付费机制遭遇当地民众的强烈反对，导致项目在签署特许经营协议后延误了8年才得以实际启动。

---

① U. S. Department of Transportation. Case Studies of Transportation Public - Private Partnerships around the World. 2007. 3 - 7 - 3 - 11.

(三)政治风险

英法海峡隧道项目①初始投资预算为60.23亿英镑,其中10.23亿英镑为股权资金,由英国的海峡隧道集团(CTG)和法国的法兰西曼彻公司(FM)各出资79%和21%。中标之后,CTG和FM分别在英国和法国注册了Eurotunnel PLG公司和Eurotunnel S.A公司,两家公司联合成立了合伙制公司Eurotunnel General Limited(即欧洲隧道公司),并给予欧洲隧道公司自主运营权。TML联营体作为项目的总承包商,负责施工、安装、测试和移交运行。

英吉利海峡隧道概念的提出,可以追溯到19世纪初的拿破仑一世时代。从拿破仑时代提出到隧道建成通车,经过了200多年,其间至少中断或中途放弃了26次。200年来对是否建造隧道的决策始终不是取决于科技方面的担忧,而是取决于这个计划的政治环境,特别是英国方面对军事风险的担忧。该项目的决策主要受欧洲一体化进程以及英国与欧洲大陆贸易增长的影响,英吉利海峡隧道概念才真正成为现实。

(四)成本超支风险

上述英法海峡隧道项目初始计划成本是48亿英镑,最后实际成本大约是105亿英镑。其中,施工成本比预期增加了近65%,实际施工成本达58亿英镑,究其原因是大量的设计变更和设备安装及列车车辆的成本超支问题;1990年发布的增股公告显示,该项目融资成本已经从预计的9.75亿英镑增加到13.86亿英镑。施工成本及融资成本的大幅度增加都严重影响了项目的整体现金流情况。

(五)项目运营延迟风险

除了政治风险和成本超支风险,上述英法海峡隧道项目还面临着巨大的运营延迟风险。该项目合同中最初约定的隧道正式开通的时间是1993年5月,但是由于施工工期延误、英法两国政府的运营许可证书延迟发放等原因,隧道正式开通时间延迟至次年的5月,项目运营延迟导致项目现金流入滞后,给项目公司带来了巨大的财务负担。

---

① 吴之明:《英吉利海峡隧道工程的经验教训与21世纪工程——台湾海峡隧道构想》,载《科技导报》1997年第2期。

（六）项目唯一性风险

项目唯一性风险是指政府或其他投资人新建其他项目，导致给该项目带来实质性的商业竞争的风险。项目唯一性风险出现后往往会伴随市场需求变化风险、市场收益风险等一系列的后续风险，对项目的影响十分巨大。

上述英法海峡隧道项目的项目公司就承担了不可控的项目唯一性风险。项目公司（即欧洲隧道公司）的预期运营收入主要来自列车收费、铁路使用费及其他副业收入。两国政府在特许经营协议中承诺2020年之前不兴建第二条竞争性的固定海峡通道，并给予项目公司自主定价的权利。但是，两国政府的该项承诺形同虚设，根本无法实质解决项目唯一性风险，原因在于兴建类似英法海峡隧道的固定通道造价相当昂贵，理性的投资人不会参与第二条海峡隧道的建设，而真正能带来项目唯一性风险的是具有实际竞争关系的轮渡和航空公司，轮渡和航空公司大幅度削减票价引发了一场价格大战，迫使欧洲隧道公司降低票价，两国政府就此问题也没有提供足够的支持。

（七）索赔争议风险

上述英法海峡隧道项目在项目的建设期内，承包商TML联营体与项目公司之间出现了一些争议，并提出索赔要求。其中以1991年隧道电气系统设备安装成本为代表，最终以支付承包商TML联营体预期付款的利息解决了索赔问题。另外，项目公司也向英法两国政府提出了索赔要求，原因在于政府要求增加安全管理和环保措施而引起的额外成本的增加，最终双方约定以延长特许经营期限的方式解决该索赔争议。

（八）实际收入较预期收入偏低

英吉利海峡隧道连接铁路（CTRL）项目①是在英吉利海峡隧道和伦敦之间修建高速铁路的项目。虽然项目在建设阶段很成功，但是在运营阶段，该项目并没有带来预期的效果，原因可能是因为社会资本方缺少铁路网络整合运作的实操经验，也可能是因为PPP项目由专长于设计和建设工作的公司承担，该公司主要把精力放在了基础设施建设方面，而在市场拓展和服务提供等运营方面不够专业。最终导

---

① European Commission, *Resource Book on PPP case Studies*, 2004, pp. 119 - 123.

致该项目建成后,旅客人数仅为预测数量的一半,实际收入较预期收入偏低。

另外,在英国贝尔法斯特市的巴尔莫勒尔高中项目[①]中,该学校在建成并投入使用后5年就关闭了,原因是虽然该项目规划设计文件显示该学校可容纳500名学生,但实际学生人数严重偏低,如在2007年仅有154名在校学生。项目实际收入严重低于预期,最终导致该项目的失败。

(九)项目设计不合理

在英国达勒姆北部大学医院建设项目[②]中,医院楼的设计有严重的设计缺陷,导致该医院楼投入使用后对使用者造成了诸多严重的不便,包括:呼吸病房室温过高、发电机无法正常运行;病理部门的天花板被污水淹没;水闸的设计导致医院工作人员必须要经过病房区域清理脏衣物和垃圾,导致极大的不便;药房建在了停尸房旁边,而且药房没有等候区;厨房室温过高、令人难以忍受;救护车道过于狭小;医院的大部分地方都没有饮用水等。

(十)竞争性不足

英国普利茅斯医院NHS基金会的德里福德医院项目[③]中,该项目的投资额为3亿英镑,但由于3个竞标者中2个竞标者放弃投标,考虑到在仅有一个竞标者的情况下无法保证物有所值,政府方决定将该项目取消。

(十一)物有所值评价不合理

诺里奇和诺福克大学医院项目[④]以PPP模式进行的经济情况分析是基于住院人数将减少、8%的病人数量将转移到社区医院中的假设而得出的,但该假设事实上是不存在的。另外,本项目可采取PPP模式实施的结论是对公共部门采购效率低下的夸大估计的结果,在进行物有所值评价时用于比较PPP模式还是公共采购模

---

① Ontario Health Coalition. *Flawed Failed Abandoned 100P3s Canadian and International Evidence*, 2005, p. 77.

② Ontario Health Coalition. *Flawed Failed Abandoned 100P3s Canadian and International Evidence*, 2005, p. 44.

③ Ontario Health Coalition. *Flawed Failed Abandoned 100P3s Canadian and International Evidence*, 2005, p. 64.

④ Ontario Health Coalition. *Flawed Failed Abandoned 100P3s Canadian and International Evidence*, 2005, p. 87.

式更具有财务可行性的公共部门比较值 PSC，是基于公共采购模式中成本超支 34% 的假设计算出来的。事实上，国家审计署报告显示，公共部门的成本超支率平均只在 6.3% 至 8.4%。

（十二）私营投资人财务困难风险

在英国法夫郡公共学校 PPP 项目①中，由于社会投资人（Jarvis 公司）面临严重的财务问题，导致项目严重延期。法夫郡议会决定取消 1.76 亿英镑的 PPP 学校计划，并开始与其他投标人重新进行谈判。

（十三）管理不善风险

在 Parc 监狱 PPP 项目②中所面临的是劳资关系紧张的风险。监狱部长乔伊斯·奎恩表示，由于该项目前期的设计缺陷导致该监狱缺少足够的访客设施，访客设施的缺乏导致监狱警卫人员与囚犯之间冲突不断。该监狱在正式投入使用之前就已经发生了 8 次暴乱及 2 次囚犯自杀事件。据监狱改革信托基金会提供的消息，监狱开放 5 个月后，由于"员工流动率出乎意料地高"，警卫人员减少了 30 人，最终一部分囚犯不得不被转移到公共监狱。

（十四）缺乏灵活性安排

另外，有些项目合同由于缺乏灵活性安排，无法与变化的公共服务需求相匹配。例如，在谢菲尔德市废物处理项目③中，政府方（即谢菲尔德市议会）决定终止与威立雅（Veolia）的废物处理合同就是一个由于缺少灵活性安排而终止（重新谈判）的案例："议会无法确信和威立雅签订的综合废物管理合约（IWMC）可以节约成本，实现最初的预算。因此，废物合同审查小组被授权考虑是否存在当前合同的备选方案，既可以有效地降低废物管理服务成本，同时又能为未来提供更具灵活性和可持续性的服务留有空间。"

---

① Ontario Health Coalition. *Flawed Failed Abandoned 100P3s Canadian and International Evidence*, 2005, p. 46.

② Ontario Health Coalition. *Flawed Failed Abandoned 100P3s Canadian and International Evidence*, 2005, p. 67.

③ Ontario Health Coalition. *Flawed Failed Abandoned 100P3s Canadian and International Evidence*, 2005, p. 55.

三、英国 PPP 案例的启示

(一)对政府方的启示

1. PPP 项目风险应当由对风险最有控制力的一方承担

实践中,很多 PPP 从业人员错误地认为“采用 PPP 模式就是要把尽量多的风险转移给社会资本方”(主要是政府方官员的观点)和“承担更多的风险就可以获得更多的回报,从而把承担风险看成是获得高额回报的机会”(主要是社会资本方的观点)。但事实上,让社会资本方承担其无法承担的风险,一旦风险发生又缺乏风险控制能力,势必降低公共服务供给效率,增加成本,并且严重时可能会导致项目的失败。因此,PPP 项目风险应当由对风险最有控制力的一方承担,如项目延期所导致的设计标准变更风险由政府方承担(英国 M6 收费公路项目)、法律变更风险由政府方承担(英国布拉德福德市学校建设项目)。政府方在设计项目交易结构时,应当遵循客观规律和公平原则,对项目风险分配进行科学合理的安排。

2. 加强与民众的沟通,防范公众反对风险

在英国 M6 收费公路中,民众对使用者付费机制的抵触使 M6 收费公路遭到了强烈反对,导致项目延误时间长达 8 年。可见,对公众加强宣传,争取社会理解,也是 PPP 项目得以成功实施的关键因素之一。在此过程中,政府方应当重点关注项目信息和政务服务信息公开工作,提升 PPP 管理透明度,提高社会公众对 PPP 项目的信任度。

3. 政府方应就审批等行政事项给予社会资本方支持

在英法海峡隧道项目中,由于英法两国的运营许可证书发放延期的问题导致该项目施工工期延误,使得该项目延期 1 年才正式投入运营。运营延迟导致项目公司的现金流滞后,降低项目公司的资金周转效率并带来极大的融资风险。

为防范此种风险,政府方应积极履行项目合同中约定的政府方义务,为 PPP 项目的相关行政审批事项给予支持,如项目立项审批手续、用地获取手续等,同时应当加强在政府各职能部门之间的沟通协调,切实保障项目的顺利实施。

(二)对社会资本方的启示

1. 应采用多种融资工具及再融资手段以降低项目的融资风险

在项目的建设期,考虑到投资人退出及投资人提高资金使用效率的需要,除在项目建设期开展项目贷款融资外,还可以在项目运营阶段考虑资产证券化、项目收

益债、融资租赁、REITs 等多种再融资手段，以盘活项目固定资产，提高投资人的资金周转效率，防范项目的融资风险，防范出现类似伦敦地铁项目中由于融资结构不合理等原因所导致的融资风险。

2. 加强项目设计阶段管理

PPP 项目有着规模大、周期长、专业性强等特点，这就决定了 PPP 项目设计管理工作的专业性和复杂性。虽然在整个 PPP 项目中设计成本占整个投资成本的较少比例，但设计质量的好坏直接影响 PPP 项目后续的实施及能否成功落地。设计阶段如果出现问题或较大偏差，会导致成本超支风险，实际收入低于预期收入，甚至最终导致项目的失败。因此，加强项目设计阶段管理是社会资本必须充分关注的工作内容之一。

3. 加强项目运营阶段管理

由于 PPP 项目中的运营商多是由建筑施工领域的社会资本兼营或转型承担运营业务，所以他们对于项目建设工程的管理和成本控制、工程技术风险的控制轻车熟路，但是缺乏项目运营阶段的经验。例如，英吉利海峡隧道连接铁路（CTRL）项目中的项目公司在基础设施建设领域方面较为专业，但在运营方面缺乏相关经验，导致该项目运营阶段出现收入无法覆盖前期成本投入的问题。

4. 关注项目唯一性风险

在 PPP 项目中，社会资本方还需注意项目唯一性风险，如在英法海峡隧道项目中，政府给予社会资本方的承诺“不再修建第二条类似隧道”似乎规避了项目唯一性风险，但项目公司真正的竞争是来自于航空公司及轮渡公司。因此，社会资本在进行 PPP 项目投资决策时，一方面要提前对项目可能存在的竞争性风险进行充分调查，另一方面也应当注意在合同中对于项目唯一性风险及相关安排进行明确的约定。

（三）对融资方的启示

PPP 模式是一种典型的项目融资，在有限追索的情形下，一般由项目的稳定收入来源作为融资的基础。因此，金融机构应当重点关注 PPP 项目的收益来源和现金流情况，并充分考虑项目成本增加、成本超支等风险可能对融资方带来的潜在影响。此外，融资方可以考虑在融资合同中设置合理的介入权安排，以降低自身的风险。

（四）其他启示

首先，在前期确定项目是否采取 PPP 模式实施时，应充分论证项目是否“物有所值”，如果项目不能实现“物有所值”，应及时改变项目的实施模式，以实现财政资金和公共资源的合理配置。其次，合同各方应重视项目合同，清楚界定各方权利义务，防范法律争议风险。此外，应增加合同的灵活机制以应对未来如技术更新等问题所带来的影响。

结 语

在投资PPP项目，特别是国际PPP项目时，由于大型项目涉及设计、施工、投融资、财务、税务、法律等多领域和多学科，隐性风险多、项目关系复杂，这就需要包括工程咨询、工程管理、投融资顾问类咨询机构的帮助和支持。建议政府和投资方在投资决策阶段，即应当聘请相关专业咨询机构为项目提供专业意见，有效防范各类风险，降低项目实施成本，确保项目在全生命周期内的顺利推进。

第十八章　加拿大 PPP 失败案例对我国 PPP 发展有哪些启示

引　言

加拿大自 2003 年开始推广使用 PPP 模式，近年来稳步发展，即使面临金融危机，加拿大 PPP 项目也在市场上发挥着强大的影响力，并且在世界范围内名列前茅①。经过数十年的发展与沉淀，加拿大 PPP 市场已相对成熟，其 PPP 法律体系较为完善。尽管如此，与其他国家类似，加拿大的很多 PPP 项目在实践中也遭遇了延迟竣工或者项目超出预算等难题，且社会资本方对项目的逐利性与 PPP 项目自身的公共利益属性也存在严重的冲突，导致很多 PPP 项目出现争议，甚至陷入困境。

我国自 2014 年开始力推 PPP 模式，历经 4 年的推广与发展，PPP 模式发展得突飞猛进。然而，突飞猛进发展的背后，也存在各种乱象，如只重视项目"量"而不重视项目"质"、借真 PPP 之名行伪 PPP 之实等。本章笔者尝试对加拿大 PPP 项目常见争议进行分析，希望对国内 PPP 项目实施有所启示和借鉴。

一、加拿大 PPP 项目实施概况

加拿大是典型的联邦制国家。联邦与联邦以下的政府分别享有相对独立的立法权，并独立承担各自权限范围的公共事务。为了更好地实施 PPP 模式，加拿大专门成立了加拿大 PPP 国家委员会（Canadian Council for Public - Private Partnerships，CCPPP），并建立了 PPP 项目库。

CCPPP 委托 VISTAS 咨询公司就加拿大 2003 ~ 2012 年间实施的 PPP 项目在就

---

① 隋钰冰、陈慧：《加拿大 PPP 项目的三大成功经验》，载 http://www.rmlt.com.cn/2017/1121/503703.shtml，最后访问日期：2018 年 3 月 18 日。

业、收入和税收等方面的经济影响进行评估,并发布了《加拿大 PPP 十年经济影响评估报告(2003 – 2012)》(10 – Year Economic Impact Assessment of Public – Private Partnerships in Canada, 2013 – 2012)。该报告内容显示,目前加拿大 PPP 市场相对成熟规范,项目推进有力,各级采购部门经验丰富,服务效率和交易成本优势显著①。

根据 CCPPP 官网②,加拿大共有 274 个 PPP 项目,涵盖了加拿大的 10 个省,涉及多个领域,市场总价值为 124,858,567,951 美元。从表 5 – 4 可以看出,健康领域的 PPP 项目数量最多;而根据所处阶段来分,目前处于实施阶段的项目共有 178 个,建设阶段的项目共有 49 个,采购阶段的项目共有 42 个。

表 5 – 4 加拿大 PPP 项目汇总表

部门	数量
健康(Health)	97
交通(Transportation)	75
司法(Justice)	22
水 & 污水处理(Water & Wastewater)	19
娱乐 & 文化(Recreation & Culture)	16
教育(Education)	15
能源(Energy)	11
住宿(Accommodation)	10
信息技术(Information Technology)	5
政府服务(Government Service)	4

二、加拿大 PPP 项目失败的主要争议

《100 个加拿大及国际瑕疵/失败/放弃 PPP 项目实践》(Flawed Failed Abandoned, 100 P3s, Canadian & International Evidence)总结分析了加拿大的 100 个失败 PPP 项目及其争议事项。加拿大 PPP 项目争议发生的主要原因可归纳如下:

---

① 中国清洁发展机制基金管理中心:《加拿大 PPP 十年经济影响作用积极》,载《中国财经报》2014 年 6 月 17 日,第 008 版。

② 载 http://www.pppcouncil.ca/,最后访问日期:2018 年 3 月 8 日。

(一)成本费用超支

成本费用超支是 PPP 项目出现问题的最主要原因。其他原因或多或少地均会导致成本费用超支,从而影响项目能否顺利实施。成本费用超支风险通常发生在项目合同谈判阶段,甚至在合同完成谈判之后,执行阶段也会经常发生交易费用的增加、法律及咨询费用的增加。此外,环境灾难、破产以及其他严重事件也会导致成本费用增加。

如 Hamilton – Wentworth Water & Wastewater Treatment PPP 项目。该 PPP 项目合同于 2004 年签订,项目位于安大略湖有史以来最大的污水泄漏点,项目实施过程中一直受到环境灾难和设备故障的困扰。项目的全部清理成本实际由汉密尔顿市负责,但清理工作的全部费用以及市政府企图让公司负责相应费用的细节被一直保密。其后,该 PPP 项目被终止,水系统及废水系统被重新公开采购招标。该 PPP 项目被终止的主要原因,是项目所在地的环境灾难和设备故障问题,且项目成本过高,导致政府方不得不终止 PPP 合作,重新采用传统的政府公开招标采购建设的方式实施。

(二)项目设计时完全没有考虑公众需求

某些 PPP 项目的设计是为了满足社会资本方的需求,而不是满足社会公众的需求。如 Nova Scotia Schools(30)PPP 项目(新斯科舍省学校 PPP 项目)。1994 年新斯科舍省政府承诺在加拿大的任何地方进行以 PPP 模式建设学校的最大范围实验。在之后的 PPP 模式实施过程中,学校被移建至城市中心之外,以满足社会资本最大限度发挥土地发展机会的需求;学校还遭遇丑闻及各种问题的困扰。6 年后,新斯科舍省政府取消了 PPP 计划。但是,已经有 30 所学校签署了长达 35 年的合同。

新斯科舍省的审计员发现,以 PPP 模式建造学校的费用比政府公开采购建设多花费 3200 万美元。审计发现,PPP 社会资本不负责运营成本、设备改进(包括维修)或技术升级,PPP 合同同时免除了社会资本由于建设错误而遭受的处罚责任。

有加拿大研究报告认为新斯科舍省学校 PPP 项目是彻底的失败项目,政府方花费了比传统政府采购项目多达千万的金额,而回购是唯一的选择①。有报道称,

---

① Buy – out is the only option for P3 schools in Nova Scotia, says think tank,载 http://nationtalk.ca/story/ccpa – buy – out – is – the – only – option – for – p3 – schools – in – nova – scotia – says – think – tank,最后访问日期:2018 年 3 月 10 日。

加拿大某些省份的 PPP 学校项目遭受维护和设计问题，主要原因是设计单位和建造商的不合理实施，将该部分风险从社会资本方重新转移到政府方①。

（三）双方涉诉或者社会资本方破产等原因，导致政府不得不接管 PPP 项目

如 Maple Ridge Downtown Redevelopment（leisure centre，youth & arts centre，library，parking garage，office tower and hotel）P3，BC。不列颠哥伦比亚省最高法院裁定，由枫树岭区签署的为期 50 年的市中心重建 PPP 交易是非法的。随后的法庭审计发现，拟议的交易是有缺陷的，并且是故意设计使得该项目利用 PPP 模式比传统的政府公开采购模式更优。在 PPP 社区赞成解除 PPP 合同之后，PPP 合同的额外成本导致枫树岭区在 2004 年恢复了对该建筑物的控制权和所有权。

该项目失败的主要原因是法院认定采用 PPP 模式实施是非法的。在重新采用传统的政府公开采购方式实施本项目后，本项目的成本反而相较于 PPP 模式减少了很多。

三、对我国实施 PPP 项目的启示及借鉴

（一）强调 PPP 项目的公共属性，并防止社会资本方从中获取暴利

《加拿大战略性基础设施基金法》（Canada Strategic Infrastructure Fund Act）明确了 PPP 模式适用的领域——战略性基础设施，即以公共利益为目标的固定资产项目，包括六类：高速公路或铁路基础设施、地方交通运输基础设施、旅游或城镇发展基础设施、污水处理基础设施、水利基础设施、法律规定的其他基础设施。即可以采用 PPP 模式建设的公共项目，需要符合两个条件：一是应当以公共利益为目标，满足社会公共需要，有利于促进国民福利提升；二是应运用于固定资产项目②。

但在实践中，社会资本往往会具有逐利性。例如，在加拿大某些学校 PPP 项目中，社会资本方关注的是项目收益，而忽视了学生和老师的健康或者安全需求，为节约成本在设计上存在瑕疵，包括消防设备、紧急救助等设施的设计不合理，导致项目存在隐患。由于社会资本方的逐利性导致的各种问题以及政府方因此需承担更大的风险，在某些省，政府方已经开始重新审查使用 PPP 模式建造学校的合理性③。

---

① Get the facts P3 Schools，载 https://www.weownit.ca/p3_schools，最后访问日期：2018 年 3 月 10 日。

② 杨雅琴：《加拿大运用 PPP 投资公共项目的经验借鉴》，载《地方财政研究》2016 年第 4 期。

③ Get the facts P3 Schools，载 https://www.weownit.ca/p3_schools，最后访问日期：2018 年 3 月 10 日。

因此，采用 PPP 模式实施的项目本身应当具备公共属性，且应当提供的是公共服务，服务的成本终究要由社会公众和政府方承担，基于 PPP 项目的公共属性，社会资本从中只能获取合理收益而不应获取暴利。

（二）事先对项目进行定性及定量评价，检验论证是否能够实现物有所值

根据《财政部关于印发政府和社会资本合作模式操作指南（试行）的通知》（财金〔2014〕113 号），物有所值评价是国际上普遍采用的一种评价传统上由政府提供的公共产品和服务是否可运用 PPP 模式的评估体系，旨在实现公共资源配置利用效率最优化。为规范实施 PPP 项目，加拿大政府也相应地出台了《PPP 公共部门物有所值评估指引》。

但在我国 PPP 项目实践中，不少地方政府为大力推行 PPP 模式，缺少对项目进行物有所值和财政承受能力等前期论证工作，或者使得项目的物有所值和财政承受能力等前期论证工作流于形式。该种做法可能会使得政府方和社会资本方均承担巨大的投资风险，从而导致项目失败。

为保证 PPP 项目能够顺利开展，在项目进入正式的采购阶段前，应首先通过定量及定性评价来论证该项目是否能够实现“物有所值”，即是否能够最高效、最经济地提供公共服务。

（三）建立合理有效的风险分担机制，有效进行风险转移

CCPPP 对 PPP 做出的定义，是指公共部门和私营部门基于各自的专长而进行的合作性投入，通过资源、风险和回报的合理分配最大限度地满足事先确定的公共需求。同时 CCPPP 认为，PPP 应具有两大特点：第一，PPP 要涉及公共服务或公共产品的提供；第二，合作伙伴间需要进行风险分担是很有必要的①。

但在项目实施过程中，绝大多数项目失败的原因是政府方并未重视风险转移这一点。例如，在 Bruce Nuclear P3，ON 项目中，政府未能将核废料管理和处置、工厂退役费用、租赁费用等风险转移给社会资本方，而是保留了上述风险，导致自身需承担极高的费用及责任。

故，PPP 项目中应当注重风险防范及风险管理，将公共项目的风险由政府方向社会资本方进行有效转移。合作各方需要根据自身是否对项目实施过程中产生的

---

① 周兰萍主编：《PPP 项目运作实务》，法律出版社 2016 年版，第 11 页。

风险更具有控制能力、优势或更能够提高效率,而让对方承担的风险尽可能小,减少项目实施过程中出现的不确定性①。

(四)完善项目采购流程,规范项目实施

PPP 项目采购工作的规范实施关系到能否通过合法合规合理的安排招选到适合的社会资本。在 Maple Ridge Downtown Redevelopment (leisure centre, youth & arts centre, library, parking garage, office tower and hotel) P3, BC 项目中,项目采购前对采用 PPP 模式实施的评估结果违法导致本项目提前终止。

因此,政府方应当结合项目的具体特点、市场测试情况等因素选择合适的采购方式,通过充分的竞争选择出有投资运营管理经验的社会资本②。

结 语

加拿大 PPP 模式的发展一直处于世界领先地位,在借鉴其发展经验的同时,我们也应吸取其中的失败案例教训,对 PPP 项目可能存在的风险和问题进行积极有效的防范,降低项目全周期成本,提高项目管理效率,以真正实现 PPP 模式的物有所值目标。

---

① 周兰萍主编:《PPP 项目运作实务》,法律出版社 2016 年版,第 15 页。

② 周兰萍主编:《PPP 项目运作实务》,法律出版社 2016 年版,第 114 页。

第六篇　项目合规监管困境破解

- 第 十 九 章　PPP项目中社会资本需要与项目公司承担连带责任吗
- 第 二 十 章　PPP项目中的股权代持协议有效吗
- 第二十一章　政府方出资代表的法律地位和责任如何认定
- 第二十二章　政府承诺函管用吗——理性看待政府承诺，规范政府预算管理
- 第二十三章　商业项目纳入PPP合作范围有哪些风险
- 第二十四章　如何防范物有所值评价不合理对PPP项目实施的影响
- 第二十五章　未依法定程序选择社会资本是否会导致项目合同无效
- 第二十六章　如何实现土地招拍挂与社会资本竞争采购环节的合并
- 第二十七章　PPP项目中的项目法人是否一定要变更
- 第二十八章　如何借鉴世行经验对国内PPP项目进行有效监管

第十九章　PPP 项目中社会资本需要与项目公司承担连带责任吗

引　言

根据现行 PPP 相关政策的规定，在 PPP 项目实施过程中，项目公司虽然非强制性要求设立，但是综观目前项目实践情况，基于政府和社会资本双方各自不同的需求，多数项目均会采取项目公司制的做法，即由中选的社会资本独资或与政府方出资代表合资设立项目公司（通常为有限责任公司），由项目公司负责实际履行项目的投融资、建设、运营等义务。该种 PPP 项目中选供应商与 PPP 合同实际履约主体不一致的问题，在合同履行阶段也带来了一系列法律问题，例如：项目公司成立后，项目公司和社会资本对政府方的责任范围如何界定？社会资本方，包含各联合体成员，是否应就项目公司在 PPP 项目合同项下的义务向政府方承担连带责任？就此，笔者在本章中将针对上述问题一一进行剖析和解答。

一、实务中对于社会资本是否应承担连带责任存在不同观点

关于在项目公司设立完成，并且政府方与项目公司的 PPP 项目合同签署生效后，社会资本是否还应就 PPP 项目合同的履行与项目公司承担连带责任的问题，业内主要存在两种不同观点：

（一）观点一：基于政府采购的法律规定，社会资本方作为供应商或投标人应对采购人承担连带责任

《政府采购法》第 24 条第 2 款规定，“以联合体形式进行政府采购的，参加联合体的供应商均应当具备本法第二十二条规定的条件，并应当向采购人提交联合协议，载明联合体各方承担的工作和义务。联合体各方应当共同与采购人签订采购

合同,就采购合同约定的事项对采购人承担连带责任”,《招标投标法》第 31 条也作了类似规定。据此,有观点认为,《政府采购法》和《招标投标法》所规定的社会资本联合体对政府方的连带责任属于法定的连带责任,即无法通过任何合同或协议安排加以排除;并从该条款推定出,社会资本作为项目采购人依法招选的供应商应对采购人承担责任,有义务根据 PPP 项目合同的约定履行项目投资、融资、建设和运营等义务,且该等义务不应因为项目公司的设立而免除,以保障政府方在 PPP 项目合同履行过程中对社会资本方进行监督管理。

(二)观点二:基于合同相对性及股东有限责任原则,在项目公司成立后社会资本方不应再承担连带责任

有观点认为,从《合同法》和《公司法》角度解读,社会资本无须就 PPP 项目合同的履行与项目公司承担连带责任。一方面,根据《合同法》第 88 条的规定,当事人一方经对方同意,可以将自己在合同中的权利和义务一并转让给第三人。因此,项目公司在签署承继责任的补充协议或重新签署 PPP 项目合同时,可以明确约定社会资本方的权利义务由项目公司承继并由项目公司独自履行合同义务(属于社会资本应履行的出资义务及双方另有约定的除外)。另一方面,根据《公司法》规定的股东有限责任原则,社会资本联合体成员作为项目公司的股东应当以其出资额对项目公司承担有限责任,而无须再就项目公司的义务对采购人承担连带责任。

二、关于 PPP 项目中社会资本应承担责任的分析

由上述内容可见,针对社会资本方在 PPP 项目中的责任承担问题,从不同法律依据角度进行解读将导致不同观点的存在。而笔者认为,不宜草率给出结论,理论争议的价值仍需回归并结合实践进行深入探析,才能为政府方和社会资本方的利益冲突寻找到解决的出口。

(一)对于不同路径下 PPP 项目合同签署行为的法律关系认定

在目前的 PPP 项目实践中,一般通过以下两种路径完成 PPP 项目合同的签署:路径一,项目中选通知书发出后,先由中选社会资本与政府方签署 PPP 项目合同,在项目公司设立后,再由项目公司通过补签或重签方式与政府方签订正式的 PPP 项目合同;路径二,项目中选通知书发出后,先由中选社会资本与政府方签署 PPP

项目合作协议①等形式的协议，在项目公司设立后，再由项目公司直接与政府方签订正式的 PPP 项目合同。

笔者认为，在上述路径一之下，中选社会资本在项目公司设立前，同时兼具政府采购中选供应商和 PPP 项目合同履约主体的双重身份，项目公司补签或重签 PPP 项目合同的行为，在法律关系上体现为 PPP 项目合同主体的变化和权利义务的转移。如在项目公司设立之前社会资本发生违约行为的，应当根据 PPP 项目合同的约定承担违约责任。而在路径二之下，由于中选社会资本并非 PPP 项目合同的签约主体，自 PPP 项目合同签约开始，其实际履约主体即为项目公司而非社会资本，中选社会资本在与政府方先行签署的 PPP 项目合作协议中约定由项目公司与政府方签署并履行 PPP 项目合同，从法律关系上应当认为是为未来新设的项目公司预设权利义务的行为，而项目公司与政府方之间正式 PPP 合同的签署，应视为对社会资本上述预设行为的追认。根据合同相对性原则，无论是在项目公司设立之前还是设立之后，如社会资本发生违约行为的，应当首先根据 PPP 项目合作协议的约定承担违约责任，PPP 项目合同中的违约责任安排对社会资本并不必然具备约束力。

（二）我国法律并未明确规定社会资本方与项目公司之间应承担连带责任

笔者认为，《政府采购法》和《招标投标法》所规定的社会资本联合体成员对于政府采购人的连带责任，与社会资本和项目公司对于政府采购人的连带责任存在本质上的区别。首先，前者属于强制性法律所规定的法定连带责任，而后者属于基于双方合意前提下的约定连带责任；其次，《政府采购法》和《招标投标法》规制的是联合体成员之间的法律关系，主责任人是未履行约定供应商义务的联合体成员，而后者是对社会资本和项目公司之间法律关系的调整，主责任人是未履行 PPP 项目合同义务的项目公司；最后，由于 PPP 项目履行过程中社会资本与项目公司的权利义务并不相同，因此前后两种连带责任的基础和内涵均有所差异。因此，《政府采购法》和《招标投标法》关于联合体成员连带责任的规定并不能当然适用于社会资本与项目公司之间。

尽管如此，法律也并未禁止 PPP 项目各方当事人约定由社会资本对项目公司的履约行为向政府方承担连带责任。从部分 PPP 项目的招标公告信息来看，实践

---

① 实践中，部分 PPP 项目社会资本与政府方签署的协议名称采用类似“《投资协议》”的表述，但笔者认为，社会资本与政府方签署的协议内容不止是投资事项，还会涉及双方之间的其他权利义务，所以命名为“《合作协议》”更为合适。

中存在通过采购公告明示的方式告知中标社会资本方需要与项目公司向采购人承担连带责任的情形,该连带责任的范围包括但不限于保证依合同约定组建项目公司、项目的投融资、工程的建设和运营管理等。故,该等情形即属于以明示方式约定的连带责任,这种连带责任不应因项目公司的成立而得以豁免。社会资本方在参与投资 PPP 项目前即应对此进行充分的利弊权衡,以免造成事后违约而承担不必要的责任和损失。

三、关于 PPP 项目中社会资本应承担责任的思考

(一)从实现 PPP 项目目标和保障公共利益的角度考虑,需要社会资本方在项目公司成立后仍对政府方承担一定责任

笔者认为,由项目公司签署 PPP 项目合同的交易安排,并不意味着社会资本方无须向政府方承担任何责任。

采用 PPP 模式的目的是通过引入具备一定技术和经验的社会资本提升公共服务的供给质量和效率,并实现公共利益最大化。PPP 项目合同中常见的股权锁定期以及履约保函的设置等安排,其目的都是提高社会资本退出的门槛,以保障中标或成交结果的稳定性,以及在项目公司无法履行合同项下义务时为政府方要求社会资本方承担责任提供有力抓手。由于项目公司是专门为特定项目的而成立的特殊目的公司,在缺少足够人力、物力和财力支持的情况下,仍需要借助社会资本方的专业技术、施工、管理、资金、运营等能力去支撑和协助项目公司实施与管理整个项目,以实现项目预期目标和物有所值。因此,从保障公共利益的角度考虑,PPP 项目中政府方有必要要求社会资本方就 PPP 项目合同约定的部分核心事项在项目公司履约不能的情形下承担补充责任,并在 PPP 项目合作协议和 PPP 项目合同等文件中进行明确约定。

(二)基于 PPP 项目融资有限追索的特征,社会资本方的责任承担应限定于特定范围和期限

1. 对社会资本方所承担的责任范围不应作扩大化解释

虽然从 PPP 项目的初衷以及实践情况来看,PPP 项目社会资本方应承担的长期责任无法绝对避免,且对政府方来说,要求社会资本方承担补充责任可以增加 PPP 项目实施过程中社会资本方的履约保障约束,但这并不意味着社会资本方所承担的责任范围可以进行无限制的扩大解释。

考虑到社会资本方设立项目公司的最大动因即为实现风险隔离和融资上的有限追索，笔者认为，一方面，在项目合作期内，社会资本方所承担的责任应仅限于就项目公司履行 PPP 项目合同的情况对政府采购人承担的责任，而不必然包含对项目贷款方、施工方等其他第三方的责任；另一方面，对于社会资本方所承担的责任范围也应有清晰的界限约定，对于社会资本方应承担的责任应限定在社会资本方具备或者应当具备责任承担能力以及社会资本方本身对于项目公司的履约负有管理义务的事项，如对于项目资本金筹集、工程的按期按质完工、项目进入稳定运营予以必要的支持和保障以及在项目公司融资不能时给予必要的支持（包括提供补充融资方案、承担补充融资责任等），而不应扩大至项目公司在项目合作期内可能发生的所有对外义务与责任。另外，考虑到 PPP 项目合同本身对项目公司的违约事项已经设置相应的违约责任条款或已由项目公司提供相应的履约担保，因此在责任承担的次序上，笔者认为，也应先以项目公司的资产或提供的其他担保承担责任，若有不足，再由社会资本方在约定范围内承担相应责任。

2. 对社会资本方的责任承担可根据项目需求做合理化安排

在当前 PPP 项目涉及领域愈加广泛的背景下，各潜在投资人都倾向于选择与其他具有融资、设计、施工、运营等专业优势的合作方组成联合体参与 PPP 项目，并通过联合体协议的书面形式提前分配好各方的责任范围，实现各方的专业分工。

在项目建成并进入稳定运营期后，前期单纯负责融资的财务投资人以及单纯负责项目设计或建设的主体都已根据相应的融资、设计及总承包合同履行完毕各自的义务，如继续要求其在整个项目合作期内向政府方承担责任的，则超出了上述各方的实际责任和能力范围。因此，在相关合同签订及项目具体实施过程中，社会资本方和政府方可以根据社会资本方联合体成员的组成情况，对联合体各方承担补充责任的具体期间作合理化安排，如根据不同类型项目的特点，对设计和施工方等设置不同的股权锁定期，而不应进行简单粗暴的“一刀切”处理。

（三）兼顾双方合理利益，多样化政府方对于社会资本违约情形下的救济方式

从兼顾双方合理利益的角度考虑，政府方可以选择通过多样化违约救济途径的方式代替单纯要求社会资本承担连带责任，以合理降低或控制项目实施过程中可能发生的风险。

为了防止出现项目公司在各个阶段的违约情形，首先，提前设置衔接性较强的

投资保函、建设期履约保函、运营期履约保函及移交履约保函，可以促使社会资本设法降低其在违约情形下的成本损失。其次，财政部办公厅《关于规范政府和社会资本合作（PPP）综合信息平台项目库管理的通知》（财办金〔2017〕92 号）对于“政府承担的项目建设成本与运营成本均应根据绩效考核结果进行支付，且建设成本中参与绩效考核的部分占比不得低于 30%”的规定，使得对项目公司的绩效考核不再流于形式，政府方可通过完善的绩效考核机制实现对社会资本方股东的有效约束。除此之外，PPP 项目合同中股权锁定期条款、合作期内最低持股比例条款、强制购买保险条款、提前终止补偿条款、政府方介入权条款等均可以成为制约社会资本方可能出现违约行为的积极有效举措。

另外，为明确社会资本方享有的合同权利和应承担的责任范围，并与 PPP 项目合同中项目公司所承担的义务有所区分，笔者认为，实践中在项目公司与政府方或其授权实施机构签署的 PPP 项目合同之外，由社会资本方和政府方或其授权实施机构单独签署一份 PPP 项目合作协议的做法是非常有必要的。在 PPP 项目合作协议中，不仅应当包括社会资本对后续由项目公司签署的 PPP 项目合同内容予以确认的条款，同时也应当对社会资本在 PPP 项目中的相关权利义务进行明确约定；而在 PPP 项目合同中，则应当对于项目公司在 PPP 项目中应享有和承担的权利义务进行明确的约定。

结　语

综上，在 PPP 项目中，社会资本和政府方以有限责任公司的组织形式成立项目公司后，不宜单纯地以通常视角和逻辑判定社会资本方应对政府方承担的责任，而应更多地基于 PPP 项目风险分配的原则识别并合理地界定和分配不同风险的承担主体，并通过相关协议文本对相关主体的权利义务予以明确和固化，以实现在项目全生命周期内社会资本方参与 PPP 项目的责任层次分明，以及不同社会资本方之间责任承担的衔接和传递，避免因出现争议而导致项目延误或失败，最终影响公共利益的实现。

第二十章 PPP项目中的股权代持协议有效吗

引　言

股权代持作为一般商事活动过程中的常见安排在PPP项目中也屡见不鲜,但是随着财办金〔2017〕92号文明确将PPP项目中“第三方代持社会资本方股份”作为不符合规范运作要求的情形,业界对于PPP项目中股权代持安排的合规性以及相关后果形成了不同的观点。本章从公司治理中股权代持的常见安排和产生原因,以及司法实践中对股权代持安排的认定等方面入手,结合PPP项目相关政策规定,对PPP项目中股权代持安排的法律效力进行分析论证。

一、股权代持的常见安排和原因

(一)一般商事活动中的股权代持安排

股权代持又称委托持股或隐名投资,是指公司股权的实际所有人(实际出资人)由于特定的原因不以其自身名义直接持有公司股权,而将该部分股权登记在其他个人或主体(名义股东)名下,由名义股东代为持有该部分股权。

实践中,股权代持安排通常出于如下原因:(1)规避我国强制性法律、行政法规关于禁止或限制投资的相关规定,如外国投资者为了规避行业准入或持股比例限制或监管而委托境内主体代持股权;(2)规避《公司法》关于有限责任公司股东人数或资格等规定①;(3)出于简化公司股权结构、特殊商业安排及基于一般信赖关系代

① 具体情形包括:(1)《公司法》第58条规定,“一个自然人只能投资设立一个一人有限责任公司。该一人有限责任公司不能投资设立新的一人有限责任公司”。同一自然人股东为实现设立多个公司之目的,委托他人代持股权。(2)《公司法》第24条规定,“有限责任公司由五十个以下股东出资设立”。为将有限责任公司股东人数控制在50人以下,部分实际出资人委托他人代持股权等。参见刘新波:《有限责任公司股权代持效力之相关问题研究》,载 https://mp. weixin. qq. com/s? src = 3&timestamp = 1541918988&ver = 1&signature = EBeDBhZD8BKKKLrMrWGRLf22In3ZHj - noNV06q00rnwYZb9nvvY5nXoaIYGySj6keh7pEJrv - neIwCh9lZEEMd5BshpVx8 - D - BfURh5Fp0ZnKgasAz7MBhACCjc6k4hpeDFwmM8cy3aODkHy8p60AZ1TMhPYof * A8lVEdbSNpiM = ,最后访问日期:2018年11月11日。

为管理资产等其他原因。总之,股权代持相比直接持股,最大的特点是具有隐蔽性,给不愿公开股东身份的实际出资人提供了便利,但随之也带来了相关风险。

(二)PPP项目中的股权代持安排

在PPP项目常见的交易结构中,政府方实施机构通过竞争性采购方式选定社会资本后,中选社会资本通常需要与政府授权的政府方出资代表合资设立PPP项目公司,并按照股东协议、PPP项目公司章程等合同文件约定持有项目公司股权,享有股东权利。在PPP实践中,根据中选社会资本在股权代持关系中的不同身份(委托方或受托方),通常可分为以下两种股权代持情形:

1. 中选社会资本实为名义股东的股权代持

该种股权代持一般是由以下原因导致:希望参与PPP项目的社会资本(实际出资人),因企业自身不满足PPP项目采购文件中对社会资本资质等条件的要求,或者因为其他原因,不能或不愿直接作为PPP项目候选供应商,因此委托其他社会资本(名义股东)以其他社会资本名义代为参加PPP项目采购,并通过事先或中选后签署的股权代持协议明确股权代持的相关安排,具体如图6-1所示:

在此情形下,从外观上看,上述受托的其他社会资本既是PPP项目采购的中选社会资本,也是PPP项目公司的名义股东,对外享有和履行中选社会资本与项目公司股东的相关权利义务;而实际出资人一般并不会在中选社会资本与政府方签订的相关PPP合同中直接出现。因此该种代持属于一种"隐形"的股权代持安排。

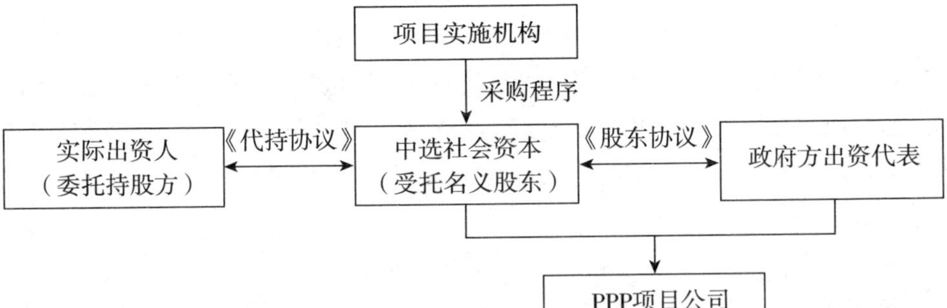

图6-1 中选社会资本实为名义股东的股权代持关系图

2. 中选社会资本作为实际出资人的股权代持

该种股权代持通常是指中选社会资本并不直接参与 PPP 项目公司的出资设立，而是中选后与其他未参与项目采购的社会资本签署股权代持协议，委托其他社会资本代为持有项目公司的股权，具体如图 6－2 所示：

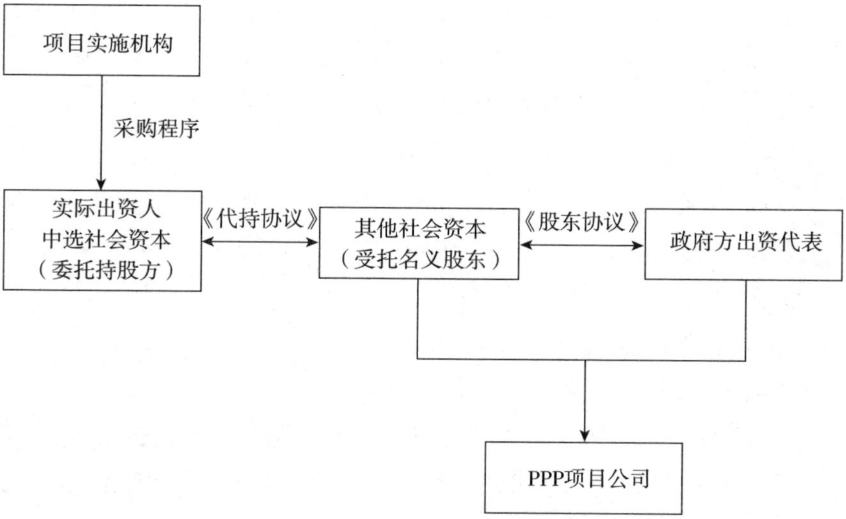

图 6－2　中选社会资本作为实际出资人的股权代持关系图

实践中此种代持安排主要基于如下原因：第一，中选社会资本为实现股权融资需要，或实现资产出表降低企业自身资产负债率目的，而寻求其他社会资本代为持股；第二，中选社会资本仅希望获得项目施工利润等收益而不愿参与项目公司实际经营管理，而寻求其他社会资本代为履行股东权利；第三，因集团公司内部管理要求需要由中选社会资本的关联方代为持股，等等。

在此情形下，从外观上看，上述受托的其他社会资本作为 PPP 项目公司名义股东，并未经过 PPP 项目采购的竞争性程序，与中选社会资本在主体上并不一致，因此是一种“显性”的股权代持安排，也是被后文中所提到的财办金〔2017〕92 号等文件认定为不符合 PPP 规范运作要求的一种做法。

二、关于股权代持的法律规定和裁判指引

（一）《公司法司法解释（三）》的规定

《最高人民法院关于适用〈中华人民共和国公司法〉若干问题的规定（三）》［以下简称“《公司法司法解释（三）》”］第 24 ~ 26 条对股权代持相关行为的效力进行

了认定,但值得注意的是,该司法解释的出台并非是鼓励股权代持,而是对实操中客观存在的股权代持争议现象予以规制,投资者对于股权代持仍需持谨慎态度。其中包括:

1. 代持合同效力认定

《公司法司法解释(三)》肯定股权代持合同的法律效力,对于实际出资人与名义出资人之间订立的合同,约定由前者出资并享有投资权益,以后者为名义股东,该合同若无《合同法》第 52 条关于合同无效的情形,则应当认定该合同有效。

2. 投资收益归属

《公司法司法解释(三)》明确了投资收益归属于实际出资人,并强调名义股东以股东名册记载、公司登记机关登记为由否认实际出资人权利的,法院不予支持。同时,如除名义股东之外过半数的股东同意的,实际出资人还可以请求公司变更股东、记载于股东名册并办理登记等。

3. 名义股东擅自处分股权行为的效力

名义股东未经实际出资人同意,将登记于其名下的股权予以转让、质押或以其他形式处分,实际出资人可以请求法院认定该股权处分行为无效。但是如股权受让人符合《物权法》第 106 条关于善意取得规定的情形,该股权转让行为应当有效,对于因股权转让造成实际出资人损失的,实际出资人可向名义股东请求赔偿。

4. 出资瑕疵时,名义股东对公司债务的补充清偿责任

《公司法司法解释(三)》规定,为保护善意债权人的利益,公司债权人以名义股东未履行出资义务为由,可以向名义股东主张其对公司债务不能清偿的部分在未出资本息范围内承担补充赔偿责任,不因其未实际出资而受影响;名义股东承担责任后可向实际出资人追偿。

(二)最高院裁判指导原则

除《公司法司法解释(三)》的相关规定之外,最高人民法院还以公报案例形式确认了以下裁判指导原则:

第一,对于股权代持,双方应签订相应的协议以明确双方的关系,从而否定挂名(名义)股东的股东权利[①]。

---

① 申银万国证券股份有限公司诉上海国宏置业有限公司财产权属纠纷案,载《最高人民法院公报》2010 年第 3 期。

第二,目标公司股权存在代持法律关系的,实际出资人要求显名且经过公司其他股东同意的,法院应予以支持①。

第三,名义股东的债权人对代持的股权申请强制执行,实际出资人以其为代持股权的实际权利人为由提出执行异议,要求停止执行的,法院不予支持②。

(三)PPP 项目关于股权代持安排的相关规范性文件

针对 PPP 项目,《财政部办公厅关于规范政府和社会资本合作(PPP)综合信息平台项目库管理的通知》(财办金〔2017〕92 号)明确规定"由第三方代持社会资本方股份"的做法不符合 PPP 规范运作要求,如出现该情形的项目应予清退。另外,《关于进一步加强政府和社会资本合作(PPP)示范项目规范管理的通知》(财金〔2018〕54 号)对此也再次强调"不得未经采购程序直接指定第三方代持社会资本方股份"。

综上可见,对于一般商事活动中的股权代持的安排,如无《合同法》第 52 条规定的情形的,在《公司法》及司法实践层面均承认代持行为的有效性。但是在 PPP 项目中,社会资本采购及相关合同履行行为还受到《政府采购法》及《招标投标法》等法律法规的规制,特别是在财办金〔2017〕92 号等规范性文件出台之后,对于 PPP 项目中的股权代持关系的效力认定,尚需做进一步分析。

三、PPP 项目股权代持安排的法律效力分析

财政部有关负责人就财办金〔2017〕92 号文答记者问时,强调要求社会资本的股份不得由第三方代持,并遏制当前部分社会资本中选后自行指定其关联企业、子公司、基金等第三方代为履行出资义务,以及部分联合体参与方只承揽项目施工或设计任务、不实际出资入股等不规范操作现象,以确保社会资本选择程序的严肃性、公正性,夯实社会资本的投资建设运营责任。可见,根据财政部出台的规范性文件精神,应当对 PPP 项目中的股权代持安排严格防控,但是否意味着所有股权代持安排均不具备法律效力,笔者认为不应一概而论,需要根据项目不同情况和背景加以分析和讨论。

---

① 王成与安徽阜阳华纺和泰房地产开发有限公司股东资格确认纠纷案[案号:最高人民法院(2014)民二终字第 185 号]民事判决书。

② 哈尔滨国家粮食交易中心与哈尔滨银行股份有限公司科技支行等执行异议纠纷上诉案[案号:最高人民法院(2013)民二终字第 111 号]民事判决书。

（一）中选社会资本实为名义股东的股权代持效力认定

1. 是否违反财办金〔2017〕92 号文的规定

虽然财办金〔2017〕92 号文明文禁止"第三方代持社会资本方股份"的做法，但是由于对"第三方代持"目前尚无明确的文件规定，同时参考财政部金融司《关于规范政府和社会资本合作（PPP）综合信息平台项目库管理的通知》解读，笔者认为，财办金〔2017〕92 号文所禁止的"第三方代持社会资本方股份"，主要指由中标社会资本以外的第三方代替中标社会资本持有项目公司股权，或者项目公司股东与中标社会资本不一致的其他情形。而在中选社会资本实为名义股东的情形下，从外观上项目公司股东与中标社会资本仍然保持一致，故，在项目按规定进行信息公开的前提下，该种股权代持行为不应当然视为违反财办金〔2017〕92 号文的禁止性规定。

2. 该种股权代持协议是否有效

根据《合同法》第 52 条的规定，"有下列情形之一的，合同无效：……（四）损害社会公共利益；（五）违反法律、行政法规的强制性规定"。尽管在此情形下，中选社会资本的内在真实意思表示是接受实际出资人委托代持项目公司股权，并不必然有真实的投资意愿；但从外在表现来看，受托社会资本以自身名义参加 PPP 项目采购，通过公平竞争方式取得中选者身份，并相应履行对项目公司的出资等外部义务。因此，在现行法律、行政法规未作明确的强制性禁止规定的情况下，该种内部股权代持安排并不会实质性影响中选社会资本与政府等相关各方的外部法律关系，也难以认定其必然影响 PPP 项目采购的公平公正性，进而损害到社会公共利益，不宜轻易认定股权代持协议无效。

3. 实际出资人后续能否请求成为项目公司显名股东

尽管如上所述，该种情形下的股权代持协议不宜轻易认定无效，但实际出资人后续能否请求成为项目公司显名股东，笔者认为，仍然可能存在不确定性，具体障碍包括：

第一，按照《公司法司法解释（三）》第 24 条的规定，实际出资人显名必须经过项目公司其他股东半数以上同意。

第二，由于名义股东才是经过法定采购程序确定的中选社会资本，实际出资人并未参与 PPP 项目采购公开竞争，也很有可能并不具备中选社会资本的相关条件资质，故显名操作可能违反《政府采购法》和《招标投标法》的规定。

第三,各地工商部门对于实际出资人显名操作的认定不同,因此还需考虑工商登记变更实操层面的可行性等。

(二)中选社会资本作为实际出资人的股权代持效力认定

1. 是否违反《政府采购法》和《招标投标法》的规定

如前所述,虽然《政府采购法》和《招标投标法》并未对中选社会资本在项目公司中的股权代持安排作出明文规定,但是《政府采购法》第 50 条规定,“政府采购合同的双方当事人不得擅自变更、中止或者终止合同”。且通常情况下政府采购主体均会在采购文件中要求由中选社会资本与政府方出资代表出资设立 PPP 项目公司,因此如中选社会资本在签署与政府方的 PPP 项目合作协议、股东协议等合同文本后,以社会资本之外的第三方代为持有项目公司股权,该行为一方面属于合同违约行为,另一方面还属于实质性对合作主体进行擅自变更的行为,存在违反《政府采购法》规定的风险。

2. 该种股权代持协议是否有效

根据《合同法》第 52 条的规定,“有下列情形之一的,合同无效:……(四)损害社会公共利益;(五)违反法律、行政法规的强制性规定”。

(1)是否违反《合同法》第 52 条第 5 项规定导致无效

对于“(五)违反法律、行政法规的强制性规定”的合同无效,《合同法司法解释(一)》第 4 条规定,“合同法实施以后,人民法院确认合同无效,应当以全国人大及其常委会制定的法律和国务院制定的行政法规为依据,不得以地方性法规、行政规章为依据”。另外,《合同法司法解释(二)》第 14 条规定:“合同法第五十二条第(五)项规定的‘强制性规定’,是指效力性强制性规定。”即,只有违反属于全国人大及其常委会制定的法律或国务院制定的行政法规,且该法律(法规)被认定为属于效力性强制性规定的,则该合同无效。因此,财办金〔2017〕92 号文作为财政部出台的规范性文件,尚未达到法律和行政法规层级,该文件本身并不足以作为认定股权代持协议无效的依据。

然而,从该种股权代持安排的外部效果来看,股权代持后将会改变中标社会资本与政府方及项目公司等相关主体的原有法律权利义务关系,属于对项目招标文件或采购文件的实质性背离,参照《招标投标法》第 46 条“招标人和中标人不得再行订立背离合同实质性内容的其他协议”以及《政府采购法》第 50 条“政府采购合同的双方当事人不得擅自变更、中止或者终止合同”等相关强制性规定,仍有可能存在代持协议被认定无效的风险。

(2)是否违反《合同法》第 52 条第 4 项规定导致无效

对于 PPP 项目中中选社会资本与第三方签订的股权代持协议是否可能依据“(四)损害社会公共利益”而被认定无效,虽然目前并未检索到法院对此问题的裁判观点及相关案例,但是笔者认为可参考最高院对于上市公司股权代持安排的裁判要点。在杨金国、林金坤股权转让纠纷一案[(2017)最高法民申 2454 号]中,最高人民法院认为,“上市公司不得隐名代持股权系对上市公司监管的基本要求,公司上市系列监管规定有些虽属于部门规章性质,但是因经法律授权且与法律并不冲突,并属于证券行业监管基本要求与业内共识,并对广大非特定投资人利益构成重要保障,对社会公共利益亦为必要保障所在,故依据《中华人民共和国合同法》第五十二条第四项等规定,股权代持类协议应认定为无效”。

可见,最高人民法院在对股权代持协议法律效力认定问题上,不仅依据已有的法律法规,同时会考虑:①该股权代持安排是否为行业要求和业内共识所禁止;②该股权代持安排是否存在损害社会公共利益之可能。如将该两项标准放诸 PPP 项目的背景下,笔者发现:

首先,考虑到 PPP 项目的实施运作主要依赖于经政府方采购确定的中选社会资本的资质水平和管理能力,而第三方社会资本并未经过合法有效的采购程序,其直接作为项目公司的股东可能使得实际中选社会资本的投资建设运营责任被虚化,不利于项目未来的有序实施。特别是在第三方社会资本缺少相应资质而通过股权代持方式参与项目的情形下,由于 PPP 项目本身所具有的公益性,该股权代持安排可能将有损社会公共利益。其次,禁止第三方股权代持是 PPP 项目确保社会资本选择程序的严肃性、公正性以及夯实社会资本的投资建设运营责任的切实之举,已为行业内所广泛接受。

综上,依据最高人民法院对股权代持协议效力认定上的相关标准,针对 PPP 项目中第三方股权代持问题,笔者认为,可能存在违反《合同法》第 52 条第 4 项和第 5 项的规定导致被认定无效的风险,但是在具体问题的认定过程中还应视项目的实际情况分别加以分析和判断。

四、PPP 项目股权代持安排的风险分析和防范建议

在 PPP 项目中,除了第三方代持关系可能因为违反相关强制性法律法规的规定或损害社会公共利益而被认定为无效外,对项目自身和参与各方还存在其他诸

多风险。

（一）对项目整体造成的风险

由于财办金〔2017〕92 号文明确规定，"违反相关法律和政策规定由第三方代持社会资本方股份的"，属于不符合规范运作要求。因此，从项目角度，如存在"由第三方代持社会资本方股份"情况，将导致项目存在被整改或者被清退出库风险。且从笔者检索到的实践案例来看，已经有部分项目因为在实施方案中约定"社会资本所持有项目公司股权，可由社会资本持有，也可由社会资本及其指定的第三方共同持有"，明显触及财办金〔2017〕92 号文的政策红线而被列入限期整改清单。且一旦因运作不规范而被限期整改或清退出库，进而还会影响到银行等金融机构的放款进度，项目将面临资金无法到位等融资风险。

另外，对于部分具有稳定现金流来源的 PPP 项目，项目公司可以在合作期内依托 PPP 合同约定的项目收益权、股权和合同债权等基础资产发行资产证券化产品，进一步拓宽项目融资渠道。同时，在项目运营期内部分社会资本希望通过首次公开发行股票（IPO）的方式实现收益的提前偿付。但是，考虑到对于拟开展资产证券化的 PPP 项目必须满足运作规范和权属清晰的条件，同时 IPO 也同样要求发行人的股权清晰、控股股东和受控股股东、实际控制人支配的股东持有的发行人股份不存在重大权属纠纷①。因此，如果项目公司拟将股权作为基础资产发行资产证券化产品或未来拟开展 IPO 工作的，股权代持的安排都将会影响到项目公司股权权属的认定，进而可能导致无法实现资产证券化、IPO 等结构化融资安排。

综上，笔者建议，在项目实施方案和合同文件等具体条款中应避免出现允许项目公司股权由第三方持有的相关安排，如确有必要引入第三方实现结构化融资的，也应根据招投标文件以及合同约定的流程按照股权转让等方式进行，同时应满足关于股权锁定期和受让人条件的相关限制性约定。

（二）对政府方造成的风险

从政府方角度来看，由于第三方并未直接与实施机构或政府方出资代表通过签订合同方式建立契约关系，因此如其直接作为项目公司的股东对项目公司实现经营管理的，政府方无法按照合同约定对其履行监督和管理职能。同时，如前所述，

---

① 详见《首次公开发行股票并上市管理办法》第 13 条的规定。

由于该第三方未经过合法有效的采购程序，其资质能力可能无法满足项目实施的基本条件，导致实际中选社会资本的投资建设运营责任被架空，将极大地影响项目的有序实施，进一步损害社会公共利益。

因此，为确保社会资本选择程序的严肃性、公正性，进一步夯实社会资本的投资建设运营责任，建议政府方在项目采购阶段按照财办金〔2017〕92 号文的相关规定，在采购文件中明确要求社会资本方实际履行对项目公司出资和持股的义务，同时对第三方股权代持进行限制。如在项目实施过程中，中选社会资本方确有特殊原因进行内部股权代持安排的，应要求其对此出具书面说明文件，并明确中标社会资本就此应向政府方承担的连带责任。

（三）对社会资本造成的风险

对于社会资本，即股权代持关系中的实际出资人（隐名股东）而言，同样面临较大的风险，包括：

首先，股权代持协议无效的风险。如前分析，如果法院依据《合同法》第 52 条认定该股权代持协议无效的，则项目公司只能根据实际工商登记的股东和持股关系进行公司治理，从而导致该实际出资人可能面临出资无法收回的风险。而由于代持行为无法通过代持协议的相关安排当然得到法律认可，特别是在第三方代持情形下所面临协议被认定无效的风险更大，因此在 PPP 项目社会资本中应尽量避免采用股权代持的特殊安排。

其次，名义股东越权行使或滥用股东权利导致实际出资人受损的风险。实践中，名义股东基于利益驱使常常会基于其公示的股东身份滥用表决权、分红权、剩余财产分配权等股东权利，损害实际出资人的利益。此外，如名义股东将其代持的股权转让或质押，根据《公司法司法解释（三）》的规定，该股权代持安排无法对抗善意第三人，这些均将对实际出资人造成风险。对此，建议实际出资人在股东代持协议中明确约定名义股东权利行使方式的限制，如表决前应得到实际出资人的书面指示等[①]，同时对名义股东可能对实际出资人造成的损害设置相应的追偿权利。

最后，股权代持在 PPP 项目中涉及多个法律关系，包括名义股东和实际出资人

---

① 尚浩东、柳秋萍等：《股权代持纠纷解析》，载 http://mp. weixin. qq. com/s? src = 11&timestamp =1541917819&ver = 1237&signature = 5VF - dadc8bI3Pv * - rjfE6QMLIyXQPJYtlVKzl - GhzTvPmFdfxS-RxN7tTBEJCBeGrpr8E59eHFjJ0CW0jDIzWgUwFWIXybmGyLuni * NTZv3MrBJR * PVNUK7fKz3yG * 9rj&new =1，最后访问日期：2018 年 11 月 11 日。

的关系、名义股东和政府方出资代表等其他股东的关系以及名义股东和项目公司的关系等，由此会产生一系列的法律纠纷，对各方的经营管理均会造成极大不便，因此建议在开展股权代持安排前应就交易模式和相关协议与专业律师进行沟通，以全面考虑可能存在的法律风险。

结　语

尽管股权代持是一般商事活动中的常见做法，在PPP项目监管趋严的形势下，其在PPP项目中的合规性仍应根据项目实际情况作出具体分析和判断。同时，面对可能由于股权代持安排所发生的合规性风险、投融资风险和项目公司治理风险，项目各方参与主体均应开展事先的风险评估并采取必要的防范措施，以实现各自利益的保护和项目的有序推进。

第二十一章　政府方出资代表的法律地位和责任如何认定

引　言

在PPP项目实践中，对于政府方出资代表的法律地位以及资金来源一直缺少较为清晰的界定。同时，在PPP模式推广过程中，由于部分地方政府对原有基建项目投融资方式存在路径依赖，对国有企业自有资金、债务性资金和政府财政资金在使用管理上未加严格区分，因而进一步加剧了政府方出资代表法律地位的混乱与权责关系不明的问题。究其根源，是我国目前法律法规和规范性文件缺少明确的规范指引，同时在司法实践中也尚未对出资代表与地方政府之间的关系作出明确的判定。因此，本章结合当前法律法规框架与实践情况，对政府方出资代表的资金来源、法律地位与出资责任承担的问题进行探讨，并尝试梳理之。

一、政府方出资代表的主体性质和资金来源

（一）政府方出资代表的源起

政府指定或授权出资代表进行资本金投资的方式并非PPP项目所独有，而是在“政企分离”的大原则下所采取的一种特定的投资途径。《国务院关于投资体制改革的决定》（国发〔2004〕20号）规定：“政府投资资金按项目安排，根据资金来源、项目性质和调控需要，可分别采取直接投资、资本金注入、投资补助、转贷和贷款贴息等方式。以资本金注入方式投入的，要确定出资人代表。”因此，在政府方以资本金注入方式参与的项目投资中，由于政府方不能直接参与市场经营，所以必须要借由出资人代表的方式实现，并由出资人代表政府行使出资人权利，享有和承担《公司法》及项目法人章程规定的全部权利和义务。

在 PPP 项目中,《财政部关于印发政府和社会资本合作模式操作指南(试行)的通知》(财金〔2014〕113 号)①与《传统基础设施领域实施政府和社会资本合作项目工作导则》(发改投资〔2016〕2231 号)等一系列文件,都已明确可由政府方指定或授权的出资代表参与 PPP 项目投资,并渐已成为政府方参与 PPP 项目投资的常见运作模式。

(二)政府方出资代表的主体性质辨析

现行法律法规、规范性文件中对于 PPP 项目中出资代表的身份类型和性质并无统一规定,仅在相关规定中涉及对于国家资本金出资人代表的界定。

如《中央预算内投资资本金注入项目管理办法(征求意见稿)》第 7 条规定,以资本金注入方式使用中央预算内投资所形成的资本金属于国家资本金。国家发展改革委在审批项目时应当确定国家资本金出资人代表。出资人代表可以由中央管理企业、计划单列企业集团、地方管理企业等国有独资公司担任,行使出资人权利,享有《公司法》及项目法人章程规定的全部权利和义务,实现国家出资意图。但需注意的是,该管理办法尚未正式施行,其条款仅供参考。

在 PPP 项目实践中,普遍情况是由地方政府下属国有企业(含政府融资平台公司)或事业单位等法人组织担任出资代表这一角色。根据《中共中央、国务院关于深化国有企业改革的指导意见》(中发〔2015〕22 号)的规定,国有企业可主要分为两类:一类是公益性国有企业,另一类是商业性国有企业。商业性国有企业的主要目的是实现国有资产保值增值,放大企业经营的运行活力。而公益性国有企业主要以保障民生、服务社会、提供公共产品和服务为主要目标,可通过引入市场机制,提高公共服务效率和能力。同时,根据《民法总则》的规定,事业单位是为适应经济社会发展需要,提供公益服务而设立的非营利法人。在医院、学校等特殊行业 PPP 项目中由公立医院或学校等事业单位作为政府出资代表的情况也极为常见。

另外,鉴于 PPP 项目具有公益性质,因此主要应由公益性国有企业、事业单位代表政府方担任项目公司股东,同时从股东角度以及行业运营角度对项目公司所提供的公共服务进行管理监督。如果尚没有已完成分类改革的公益类国有企业或事业单位作为适格的政府出资代表,则在过渡期,可由其他非公益类国有企业专设公益性账户独立管理政府委托出资的财政资金,与其管理的经营性资产区别管理

---

① 财金〔2014〕113 号已于 2017 年 11 月 30 日有效期满。

和考核。待确定合适的公益类国有企业后,再将股东权利转移由公益类国有企业持有①。

(三)政府出资代表的资金来源辨析

对于作为政府方出资代表的国有企业或政府融资平台公司,其代表政府出资的资金具体来源于政府财政资金,还是其自有资金,这是PPP项目实践中经常出现的核心问题。对此,笔者认为:

首先,对于PPP项目中政府出资代表的出资资金来源虽无明文规定,但从该项投资的性质和资金管理要求角度,其作为投资资金来源的性质与政府产业投资基金中的政府出资在性质和风险管控要求上近似。因此,可借鉴政府出资的产业投资基金及政府投资基金的相关规定,PPP项目政府方出资代表参与项目出资的资金来源应纳入政府财政预算管理。《政府出资产业投资基金管理暂行办法》第3条规定,政府出资资金来源包括财政预算内投资、中央和地方各类专项建设基金及其他财政性资金。《政府投资基金暂行管理办法》第3条规定,本办法所称政府出资,是指财政部门通过一般公共预算、政府性基金预算、国有资本经营预算等安排的资金。虽然政府投资基金中的政府出资在性质上是金融投资,与PPP项目的政府出资直接作为实业投资有所不同,但其在出资性质和作用上与PPP项目中的政府出资具有一致性。即由政府通过发挥财政资金的杠杆作用,以少量政府财政资金出资方式体现政府信用,并通过市场化方式引导社会资本的投资积极性,撬动民间投资,体现政府方与社会资本方在具体投资项目中的风险共担及收益共享。因此,PPP项目中政府指定出资代表代政府履行出资义务的资金,作为政府以资本金注入方式对项目的财政支出,也应依据其具体安排的财政资金支出科目相应纳入政府财政资金预算管理。

其次,财金〔2015〕21号文可印证政府方出资代表出资应视为政府对PPP项目的财政支出。根据《财政部关于政府和社会资本合作项目财政承受能力论证指引》(财金〔2015〕21号)规定,“PPP项目全生命周期过程的财政支出责任,主要包括股权投资、运营补贴、风险承担、配套投入等。其中,股权投资支出责任是指在政府与社会资本共同组建项目公司的情况下,政府承担的股权投资支出责任。如果社会资本单独组建项目公司,政府不承担股权投资支出责任”。由此可见,政府股权出

---

① 高礼彦:《PPP模式下的产业基金运作模式探析》,载《经济论坛》2015年第8期。

资支出是政府方在 PPP 项目中所承担财政支出责任的组成部分。政府方出资代表作为具有独立法人资格的企(事)业单位,在获得政府出资后,其全部财产即为法人独立财产,而区别于出资人的财产。因此,即使是由政府独资设立的国有企业,其与政府之间的关联应限定于政府可基于其对国有企业的出资享有相应所有者权益。而国有企业以其自有资金对外投资的,不应计入政府的直接支出责任。因此,既然政府对 PPP 项目的股权支出责任应计入项目政府财政承受能力论证范围,那么作为 PPP 项目的政府出资代表所出资金应当是政府通过专项财政预算安排用于支持 PPP 项目的财政资金。

最后,从其他国家 PPP 经验来看,对 PPP 项目政府方在项目公司的出资同样要求列入国家预算。譬如,英国在 2000 年设立了专门机构 PUK(Partnership UK),其本身即采取典型的 PPP 模式,英国财政部占 49% 股权,私人部门占 51%,通过提供专业化服务为公共部门提供战略支持[①]。而《哈萨克斯坦共和国公私伙伴关系法》第 52 条规定:“根据哈萨克斯坦共和国预算法,从国家预算中划拨出参与公司伙伴关系公司法定资本的资金。”

故,笔者认为,PPP 项目中政府出资的资金,应参照《政府投资基金暂行管理办法》等政府投资基金的资金管理方式通过财政预算予以专项安排,而非使用政府方出资代表的自有资金。在该等情况下,政府注入的资本金属于国有资产,可按照国有资产的相关规定进行监督管理。

二、政府方出资代表出资瑕疵时,社会资本如何保障自身权益

(一)能否直接向政府方出资代表追究责任

在 PPP 项目实践中,政府方出资代表通常与社会资本方通过签署《股东协议》或《合资经营协议》建立合作关系,并共同出资设立项目公司。该等协议属于典型的民事合同,受到《合同法》的约束,同时,企业之间合资设立公司的行为,还将受到《公司法》的约束。因此,当政府方出资代表出现不能按时缴纳资本金等出资瑕疵时,或不能正当履行股东权利、承担股东义务时,根据《合同法》及《公司法》的规定,社会资本方可通过民事诉讼程序追究其违约责任,并要求其履行相应股东义务。

对此,司法解释和司法实践也有相关佐证。《最高人民法院关于审理中央级财

---

① 王春成:《PPP 模式与公共项目财政投资的转型系列之二——PPP 模式中的公共财政职能实现》,载《中国财政》2014 年第 7 期。

政资金转为部分中央企业国家资本金有关纠纷案件的通知》(法〔2012〕295 号)规定,有关中央企业就通知所涉中央级财政资金转为国家资本金引发的确认公司或企业出资人权益、返还资金等纠纷提起民事诉讼的,人民法院应予受理。哈尔滨市中级人民法院在《哈尔滨九洲电气股份有限公司与黑龙江省龙财资产经营有限公司股东出资纠纷二审民事判决书》[(2015)哈民三商终字第 364 号]中认为,虽然省级配套资金的所有人是省政府,龙财公司的身份是省政府出资人代表,但在本案中省政府并非合同主体,与九洲公司签约并履行的是龙财公司,根据合同相对性原则,九洲公司应向龙财公司履行义务,故龙财公司可作为适格的诉讼主体。

(二)能否向政府方追究责任

对于该问题,实践中存在以下两种不同的观点:

观点一认为,政府授权政府方出资代表的行为为民事委托,即政府与政府方出资代表为委托人和受托人的关系。根据《合同法》第 402 条的规定,“受托人以自己的名义,在委托人的授权范围内与第三人订立合同”。按此理解,出资代表经政府委托与社会资本方签订合同。同时,依据规定,“第三人在订立合同时知道受托人与委托人之间的代理关系的,该合同直接约束委托人和第三人”,即社会资本方与出资代表所订立的协议将直接约束政府方。因此,在该种观点下,社会资本方有权就政府方出资代表的违约责任向政府方追责。

观点二认为,政府授权政府方出资代表的行为为行政授权,政府方出资代表在授权范围内以自己名义承担作为项目公司股东的义务并享有相应权利,并独立承担由此而产生的法律后果,因此就政府方出资代表的违约责任,社会资本方仅有权向政府方出资代表主张,无权向政府方追责。

对此,笔者认为,以上两种观点各有缺陷。政府方授权政府出资代表进行出资的行为,从主体上看,由于出资代表仅有被动接受的权利而非平等的自由原则,两者并非平等的民事法律主体,因此,将此类授权行为视为民事委托行为欠缺民事法律行为要件,司法实践中有法院持此态度①。而从授权内容上看,对项目公司出资并承担股东权利义务显然属于民事行为,由于对外投资及参与企业经营并非政府

---

① 北京市第三中级人民法院在“北京七星华电科技集团有限责任公司上诉国投资产管理公司合同纠纷案”[案号:(2016)京 03 民终 10807 号]中认为,基于有关政策文件,在使用中央财政预算内的专项资金进行资本金出资的项目中所确定的出资人代表,其代表资格的取得与一般民事案件中基于委托合同而取得之代表权存在本质区别,不应当视为民事委托行为。

职权，因此该等授权也有别于行政授权或行政委托情形下被授权/委托方对外行使的行政职能，因此该授权行为也不应当被视为行政授权或行政委托行为。

在该行为的定性上，笔者更倾向于将其认定为政府内部管理行为，而在表述上使用“政府方指定出资机构”代替“政府方授权出资机构”似乎更为准确，并且由于该行为本身不会直接造成社会资本方权利义务关系的改变，通常情况下也不具有可诉性①。因此，在 PPP 项目中，如政府方出资代表与社会资本签订《股东协议》后未能按照约定履行出资义务、承担股东责任的，社会资本方将无法就政府方的授权行为提起行政诉讼。

如前所述，既然 PPP 项目中政府方出资代表的资金来源应为财政预算资金，政府出资代表仅为代替政府履行出资人职责，那么当政府方出资代表出现出资瑕疵时，作为项目公司股东的社会资本方是否有权要求政府方承担责任呢？对此，笔者认为，社会资本方有权要求政府方就其出资代表的出资瑕疵按约定承担违约责任。理由如下：

1.《公司法司法解释(三)》第 24 条第 1 款规定：“有限责任公司的实际出资人与名义出资人订立合同，约定由实际出资人出资并享有投资权益，以名义出资人为名义股东，实际出资人与名义股东对该合同效力发生争议的，如无合同法第五十二条规定的情形，人民法院应当认定该合同有效。”由此可见，只要不涉及《合同法》第 52 条对合同无效的法定情形，政府方指定其出资代表的股权代持行为应被认定为有效。

2. 从政府方与社会资本方之间的法律关系来看，由于通常政府方都会在招标文件或与社会资本方签署的投资协议、合作协议等文件中，明确由政府方指定出资代表向项目公司注资或承担其他义务的安排，该等安排应当视为政府方在 PPP 合同关系下对于社会资本方的承诺，如果政府方未能履行该义务的，社会资本方可以依据投资协议或合作协议以及与政府方出资代表之间的股东协议等文件的约定向政府方追究违约责任。

---

① 重庆市第四中级人民法院在“重庆市玉塔食品有限公司与重庆市黔江区国有资产监督管理委员会行政批准二审行政纠纷案”[案号：(2014)渝四中法行终字第 00009 号]中认为，黔江区国资委关于同意鸿业公司所属鸿庄公司以 600 万元的价格收回玉塔公司房产及土地的批复应视为是出资人对公司的一种监督管理行为，系其对管理的国有公司报告的重大事项进行的审批，对玉塔公司无约束力。玉塔公司与鸿庄公司的权利义务只受双方合同行为的约束，黔江区国资委批复不对玉塔公司的权利义务产生直接实际的影响。

结　语

由于目前政策法规文件中对政府出资代表的出资资金来源、权责关系等欠缺系统的规范，导致 PPP 实践中经常出现政府出资代表与政府实施机构甚至政府在项目地位和资金管理上的混乱，一方面因此种权责不清，将加剧项目陷入困境的风险；另一方面也将对社会资本方及项目公司债权人在困境中维护自身权益造成障碍。因此，厘清政府出资代表的法律地位，明确其在 PPP 项目管理中承担的权利义务，对保障 PPP 项目稳健运营将发挥至关重要的作用。

第二十二章　政府承诺函管用吗

——理性看待政府承诺，规范政府预算管理

引　言

自《国务院关于加强地方政府性债务管理的意见》（国发〔2014〕43 号）出台以来，财政部通过一系列文件严控地方政府违法违规举债或担保的行为，同时要求各地自行开展清查财政性违规出具担保函和承诺函的自查自纠工作。对此，部分地方政府已经向相关金融机构等下发了有关承诺函的撤销通知或作废声明，政府撤回承诺函的举动一时间受到了业内的广泛关注，也引发了各方的激烈争论。本章即从承诺函撤回事件入手，对不同类型政府承诺函的法律效力进行分析，并就实践中可能产生的影响作进一步探讨。

一、"一纸休书"引发轩然大波

2016 年 10 月，贵州多地财政局向金融机构发函要求撤回承诺函，且从通过公开的信息渠道了解到，此次承诺函撤回事件并非个案。如正安县财政局向远东国际租赁有限公司下发的声明表示，由其出具的《关于正安县人民医院银行委托贷款项目的配套资金的承诺函》作废，并要求尽快将原件退回。同样，安顺市财政局向黄铺物流园区开发投资有限公司下发了收回《承诺函》的函，遵义湘江投资建设有限责任公司也向中信信托有限责任公司下发了收回为融资出具的《资金安排函》等。

从各函件内容上看，发函主体多为地方政府财政局或政府下属平台公司，即原承诺函的出具主体。发函的书面理由都是因原承诺函内容违背了新《预算法》的规定和《国务院关于加强地方政府性债务管理的意见》（国发〔2014〕43 号，以下简称"国发 43 号文"）的相关精神。

由于被发函主体多为金融机构,因此有观点认为贵州此次清查行动力度之大是史无前例的,而金融机构则成为此次承诺函撤回事件的牺牲品,因"一纸休书"而被政府抛弃。也有观点表示,由于地方政府为地方融资平台或地方企业出具担保函的情况原本属于普遍现象,就某种角度而言,这一事件也被视为地方债务的政府隐性兜底机制破产的信号,且很可能影响到其他省份和地区相继采取类似行动。更有激进的言论表示,地方政府随意撤回其出具的承诺函,是政府失信的一种表现,将会对整个市场带来较大的负面影响。

二、对政府承诺函的法律效力探讨

实践中,在金融机构向政府平台公司或地方政府相关企业提供融资的过程中,要求地方政府出具相应承诺函的行为较为普遍,且此类承诺函经常作为重要的融资增信措施,也作为金融机构内部风控要求的必备文件。但是由于实践中的承诺函涉及不同的具体内容,笔者认为,对于政府承诺函合规性和法律效力的评判也不应一概而论。同样地,对于此次政府承诺函撤回事件,也应回到承诺函自身内容上加以分析,不应对所有政府承诺函盲目采取否定态度。

结合自身理论和实务经验,笔者认为,政府出具的承诺函主要包括以下三类,在此分别加以分析。

(一)未构成担保法律关系的政府承诺函

在中银香港诉辽宁省政府保证合同纠纷案[最高法院(2014)民四终字第37号]中,最高人民法院已对于该类承诺函的法律效力给出了明确的观点。在该案中,辽宁省政府向原新华银行香港分行出具一份《承诺函》,内容包括:"我省人民政府知悉贵行同意向我驻港附属机构中辽有限公司(借款人)提供及/或继续提供银行便利/贷款:如借款人不能按贵行要求偿还就上述银行便利/贷款下产生的任何债务时,我省人民政府将协助解决借款人拖欠贵行的债务,不让贵行在经济上蒙受任何损失。"中银香港依据此《承诺函》要求辽宁省政府承担保证责任。

对此,最高人民法院判决观点认为,从本案《承诺函》的名称与内容来看,辽宁省政府仅承诺"协助解决",没有对中辽公司的债务作出代为清偿责任的意思表示,该《承诺函》不符合《担保法》第6条有关"保证"的规定,不能构成法律意义上的保证。因此,中银公司依据《承诺函》要求辽宁省政府承担保证责任于法无据,法院不予支持。

可见,《承诺函》是否构成保证担保并作为要求政府承担相应担保责任的依据,应当根据其名称和具体内容确定。对于未形成担保法律关系的政府承诺函,其实质上仅能作为政府向企业出具的“安慰函”,不具备任何法律效力,也无法对政府形成有效的约束。

(二)构成担保法律关系的政府承诺函

在此类政府承诺函中,政府通常具有代偿的意思表示,即在承诺函中明确说明政府在债务人违约时承担代为清偿的义务或与债务人共同承担连带赔偿责任。对于该类承诺函,虽然在政府与企业之间形成了担保法律关系,但是由于早在新《预算法》和国发 43 号文出台前,《担保法》第 8 条已对国家机关作为担保人采取了禁止性规定(经国务院批准为使用外国政府或者国际经济组织贷款进行转贷的除外)。因此,由于此类承诺函直接违反了法律强制性规定,应认定为无效。

《财政部、发展改革委、司法部、人民银行、银监会、证监会关于进一步规范地方政府举债融资行为的通知》(财预〔2017〕50 号)更是明确规定金融机构为融资平台公司等企业提供融资时,不得要求或接受地方政府及其所属部门以担保函、承诺函、安慰函等任何形式提供担保,为规范政府违规担保行为加上了又一道安全阀。

对于政府撤回大批此类具有担保性质的承诺函,笔者认为,其旨在更加规范地方政府举债融资行为,防范地方债务风险,同时也是对历史遗留问题的一次清理,不仅有法可依,也具一定合理性。但是,这并不意味着政府方可以肆意通过发函再撤回的方式扰乱市场秩序,损害投资者对政府的信任,政府方仍应为自己的历史问题依法埋单。

根据《国务院办公厅关于印发地方政府性债务风险应急处置预案的通知》(国办函〔2016〕88 号)和《最高人民法院关于适用〈中华人民共和国担保法〉若干问题的解释》等的相关规定,对于地方政府违法违规提供担保承诺的债务,不再属于政府债务。按照《担保法》及其司法解释规定,除外国政府和国际经济组织贷款外,地方政府及其部门出具的担保合同无效,地方政府及其部门对其不承担偿债责任,仅依法承担适当民事赔偿责任。由此可知,若政府承诺函已构成担保法律关系时,虽然由于其违反了法律强制性规定而应被认定为无效,但由于存在过错,地方政府应尊重市场化原则,充分考虑并维护好各方合法权益,并依法相应的承担民事赔偿责任。

(三)将政府财政支出依法纳入预算的承诺函

此类承诺函在 PPP 项目或政府购买服务项目中较为常见,主要体现为由政府方向社会资本方或者服务供应商承诺在编制中长期财政规划时，将项目所涉政府财政支出责任纳入预算统筹安排，并经人大或人大常委会批复。

笔者认为，针对此类承诺函，与上文提到的具担保性质的承诺函存在本质上的区别。国发43号文明确规定："应将政府与社会资本合作(PPP)项目中的财政补贴等支出按性质纳入相应政府预算管理。"另外，《国务院办公厅转发财政部发展改革委人民银行关于在公共服务领域推广政府和社会资本合作模式指导意见的通知》(国办发〔2015〕42号)也规定："将项目涉及的运营补贴、经营收费权和其他支付对价等，按照国家统一的会计制度进行核算，纳入年度预算、中期财政规划，在政府财务报告中进行反映和管理，并向本级人大或其常委会报告。"可见，将政府财政支出依法纳入预算的承诺函属于有法可依的政府行为，与新《预算法》下对于规范政府债务管理、强化预算约束的立法精神相吻合。相反，具担保性质的承诺函则是由地方政府违规出具的，其无法纳入政府财政预算统一管理，属于政府违规举债行为而应当被禁止。

三、理性看待政府承诺，规范政府预算管理

综上分析，笔者认为，对于地方政府的承诺行为应当理性看待，不能盲目地认为所有政府承诺函都违反《预算法》及政府债务管理相关法规而"大棒式"地加以禁止。据笔者了解，有个别地方政府依据新《预算法》中关于"地方政府不得为任何单位和个人的债务以任何方式提供担保的规定"，以及"财政预算是以年为单位进行编制报告，目前没有实施中长期财政规划"等理由，要求在PPP项目合同中删除"承诺将政府付费或可行性缺口补助列入政府的年度预算和中长期财政规划"的相关表述。对此，笔者认为，该行为反而与现行国家预算管理制度和财政部PPP项目规范性文件精神背道而驰，不利于PPP项目中的规范发展。理由如下：

(一)将政府的正常财政支出依法纳入预算具有合法性

国办发〔2015〕42号等PPP法规政策都强调针对PPP项目中所涉及的政府支付义务，财政部门应结合中长期财政规划统筹考虑，纳入同级政府预算，按照预算管理相关规定执行，其理论基础是在新《预算法》框架下规范政府收支行为，强化预算约束，加强对预算的管理和监督。因此，将政府正常的财政支出依法纳入预算是法律法规要求各级地方政府必须履行的一种职责义务。

(二)将政府的正常财政支出依法纳入预算具有合理性

PPP项目的本质是政府与社会资本之间建立的长期合作关系，双方按照平等协

商原则订立合同,明确责权利关系。地方政府通过合同条款的安排或承诺函的形式确保将财政支出依法纳入预算的做法,除了能够体现政府尊重契约精神,保证自身履约能力之外,对于社会资本来说也是一项重要的增信措施,为营造良好的政企合作关系将打下坚实基础。

(三)将政府的正常财政支出依法纳入预算与政府担保具有本质区别

如前所述,在当前《预算法》的体系下,地方政府违规提供担保无法纳入政府财政预算统一管理,属于政府违规举债行为而应当被禁止。而国发 43 号文明确要求政府方应依照 PPP 项目合同约定,将政府与社会资本合作项目中的财政补贴等支出按性质纳入相应政府预算管理,纳入预算不仅是政府方的合同义务,也是其法定义务。

(四)中长期财政规划的预算管理已成为地方政府的重要职责

PPP 项目的性质不可避免地要求政府财政部门就政府方的支付义务应结合中长期财政规划统筹考虑。新《预算法》施行后,《国务院关于深化预算管理制度改革的决定》(国发〔2014〕45 号)和《国务院关于实行中期财政规划管理的意见》(国发〔2015〕3 号)都明确规定,各地方政府应改进预算管理和控制,建立跨年度预算平衡机制,财政部门会同各部门研究编制三年滚动财政规划,对未来三年重大财政收支情况进行分析预测。中期财政规划的编制和管理,有助于地方政府建立跨年度预算平衡机制,地方政府应及时调整思路,改进预算管理和控制机制。

结　　语

对于政府承诺函合规性和法律效力的认定不应一概而论,而是需要根据承诺所述具体内容进行合理评判。对于已撤回的承诺函,地方政府也应在依法合规的前提下,尊重市场化原则,充分考虑并维护好各方合法权益,妥善处理政府性债务偿还问题。在具体 PPP 项目中,依法将政府的各年度支出纳入跨年度预算统筹管理不仅是社会资本、金融机构等相关方的合理诉求,也是地方政府健全完善财政预算管理机制的内在要求,应将其作为政府必须履行的职责义务。

第二十三章　商业项目纳入 PPP 合作范围有哪些风险

引　言

实践中,地方政府为了上马可行性缺口补助或政府付费等政府财政补贴支出责任较重的项目,开始将大量商业项目(如商品住宅、酒店、商场、游乐设施等)纳入 PPP 合作范围中,以期以商业项目营收平衡非经营性项目或准经营性项目的现金流,实现减少财政补贴金额或实现提供公共产品/服务与周边商业配套有机组合的目的。

那么,将商业项目纳入 PPP 合作范围的操作,是否合法合规?如不合规,该种操作面临何种法律风险及后果呢?笔者结合现行法律法规、PPP 相关规范性文件规定,对商业项目纳入 PPP 合作范围可能存在的风险进行了仔细梳理,并对风险的破解路径进行了进一步探讨。

一、商业项目不适宜采用 PPP 模式实施

(一)PPP 模式是政府提供公共产品/服务的机制创新

根据《关于在公共服务领域推广政府和社会资本合作模式指导意见》(国办发〔2015〕42 号)等文件规定,PPP 模式有以下三大特征:(1)PPP 模式适用于公共服务领域,诸如能源、交通运输、水利、环境保护、农业、林业、科技、保障性安居工程、医疗、卫生、养老、教育、文化等;(2)PPP 模式是政府提供公共产品/服务的创新机制,即属于政府职责范围内的事项,提供的是公共产品或公共服务;(3)政府提供公共产品/服务的职责,可通过一定程序交由社会力量代为履行。

(二)政府推广和应用 PPP 模式过程中应有所不为

《财政部关于推广运用政府和社会资本合作模式有关问题的通知》(财金

〔2014〕76 号）第 1 条第 3 款规定："政府和社会资本合作模式的实质是政府购买服务。"《国务院办公厅关于政府向社会力量购买服务的指导意见》（国办发〔2013〕96 号）第 3 条第 3 款"购买内容"中规定："对应当由政府直接提供、不适合社会力量承担的公共服务，以及不属于政府职责范围的服务项目，政府不得向社会力量购买。"政府在 PPP 模式推广和应用中应有所不为，其中不属于政府职责范围应提供的服务事项，是不适宜采用 PPP 模式实施的。

（三）商业项目不属于政府职责范围内应提供的公共产品/服务

根据上述国办发〔2015〕42 号、财金〔2014〕76 号及国办发〔2013〕96 号文件对于 PPP 模式的定义、实质及政府购买服务内容等的规定，PPP 模式是政府购买公共服务的一种方式，该模式的适用领域限于"有公益属性的公共产品或者服务领域"。而商业项目性质上"不属于政府职责范围的服务项目"范畴，不属于政府应当提供的公共产品或服务，不适宜采用政府购买服务/PPP 模式实施，不应当将商业项目纳入 PPP 合作范围交由中选社会资本/PPP 项目公司负责实施。因此，将商业项目纳入 PPP 合作范围的障碍在于：PPP 模式的制度不适用性①。并且，《财政部办公厅关于规范政府和社会资本合作（PPP）综合信息平台项目库管理的通知》（财办金〔2017〕92 号）已明确规定，商业地产开发、招商引资项目等不属于公共服务领域，政府不负有提供义务，不适宜采用 PPP 模式实施。

二、将商业项目纳入 PPP 合作范围的风险

（一）不合规风险

基于上述财金〔2014〕76 号、国办发〔2013〕96 号、国办发〔2015〕42 号、财金〔2016〕90 号及财办金〔2017〕92 号等规定，商业项目不适宜采用 PPP 模式实施，如将商业项目直接纳入 PPP 合作范围的，存在违反相关 PPP 规范性文件规定的风险，即该类 PPP 项目的实施不符合规范性文件的要求。

---

① 除了模式制度不适用性外，还涉及将商业设施纳入 PPP 项目合作范围目的无法实现的障碍，如商业设施的资金投入是否需要纳入 PPP 项目总投资？如纳入总投资，对于缺口补助及政府付费项目，政府方是否要就该部分给予缺口补助或付费？如需，显然，以商业设施营收弥补政府缺口补助的目的将在 PPP 项目合作期内很难实现。如不纳入，商业设施部分的营收是全额，还是部分弥补缺口补助？期满是否移交？

（二）存在无法纳入财政部 PPP 项目库或入库后被退库的风险

根据财办金〔2017〕92 号的规定，不适宜采用 PPP 模式实施的新项目不得入库，已入库项目如存在不适宜采用 PPP 模式实施的情形，应予以清退。

故，如存在项目合作范围等不合规问题的，财政部综合信息平台将不予认可，存在无法纳入财政部 PPP 项目库的风险；即使已经入库的，同样存在被退库的风险。

（三）存在无法将政府方应支付的投资补助等资金通过预算安排列支的风险

根据《政府和社会资本合作（PPP）综合信息平台运行规程》第 19 条以及《预算法》第 13 条等规定，未纳入 PPP 综合信息平台项目库的项目，存在政府方无法将财政补助等 PPP 项目相关费用支出列入年度预算和中长期财政规划的风险。

（四）存在被财政部问责、暂停该地区新项目入库并对直接负责人员追责的风险

根据《关于开展部分地区地方政府债务管理存在薄弱环节问题专项核查工作的通知》（财办预〔2016〕94 号）及财办金〔2017〕92 号等文件规定，将商业项目纳入 PPP 合作范围并将商业项目投入计入总投、给予财政补贴/付费，并将该等费用列入年度预算和中长期财政规划的，将涉及违法违规举债等行为，存在因此而遭受财政部门的问责、暂停该地区新项目入库并追究直接责任人的风险。

（五）存在被审计风险

项目中如需要政府方支付一定的财政补助资金或使用上级专项资金等特殊情形，后续可能会按规定接受审计单位的审计。而审计机关的重要职责是对本级各部门（含直属单位）和下级政府预算的执行情况和决算以及其他财政收支情况，进行审计监督。因此，此类项目在执行过程中，可能还要面临审计风险。

三、风险破解路径探讨

基于商业项目不适宜采用 PPP 模式实施的障碍以及纳入 PPP 项目合作范围将面临诸多风险，那么，笔者在此围绕实现以商业项目营收弥补政府缺口补贴金额或实现提供公共产品/服务与周边商业配套有机组合之目的，尝试提供以下破解路

径，以供参考。

（一）将商业项目与 PPP 项目的产业导入和产业发展服务相关联

可借鉴片区综合开发 PPP 项目中，将合作范围内的产业落地投资额、引入产业类型等因素作为产业导入和产业发展服务的绩效考核内容，引导或督促社会资本或其指定机构以及其他市场竞争主体参与该区域内商业项目的建设、运营等，即由该等市场竞争主体通过招拍挂等方式依法取得商业项目的土地使用权，并根据该区域、该地块的规划要求进行建设、运营等，社会资本同时还能获得相应的产业导入和产业发展服务的绩效考核服务费用，以此实现政府方提供公共产品/服务与周边商业配套有机组合之目的。

（二）借鉴铁路建设实施土地综合开发的运作思路

根据国务院办公厅《关于支持铁路建设实施土地综合开发的意见》（国办发〔2014〕37 号）确立的“实施铁路用地及站场毗邻区域土地综合开发利用政策，支持铁路建设”原则，借鉴“新建铁路项目未确定投资主体的，可在项目招标时，将土地综合开发权一并招标，新建铁路项目中标人同时取得土地综合开发权”的思路，实现商业项目的投资主体与 PPP 项目的社会资本合并招选，并将商业项目的营收用于抵减 PPP 项目中政府方应当支付的可行性缺口补助或政府付费金额。

但是，将铁路建设实施土地综合开发的操作直接移植到其他类型 PPP 项目，尚缺乏明确的法律法规或政策依据，有待后续中央及地方进一步出台相关支持性文件，使商业项目与 PPP 项目同步招选、以商业项目营收反哺 PPP 项目的设想能够得以顺利实施。

结　语

当然，将商业项目纳入 PPP 合作范围的出发点是好的，即便是在财务安排上是合理的，但仍面临 PPP 模式的制度不适用性风险。如何在合法合规的前提下实现两者的有机结合，达到减少财政补贴金额或实现提供公共产品/服务与周边商业配套有机组合的目的，成为一道问答题。目前，实操层面的片区综合开发 PPP 项目、铁路建设实施土地综合开发项目中的操作路径，为我们解题提供了有益参考。

第二十四章　如何防范物有所值评价不合理对 PPP 项目实施的影响

引　言

当前,我国 PPP 项目中的物有所值评价正面临着挑战和质疑。在财政部于 2017 年年底出台的财办金〔2017〕92 号文中,已明确将未通过物有所值论证及未按规定进行物有所值论证的 PPP 项目列入负面清单,今后此类项目将无法入库或将被清退出库。随着国内今年 PPP 模式运作成熟度的提高及相关数据库的完善,国家也将进一步适时调整现行物有所值评价相关规范。参照英国、加拿大等国的 PPP 项目实践和相关案例,前期物有所值论证不合理可能导致 PPP 项目陷入困境,甚至提前终止。那么,如何防范物有所值评价不合理对 PPP 项目实施的影响?本章试从物有所值评价不合理的风险以及风险防范建议等方面进行分析,抛砖引玉,以期给 PPP 项目参与各方以启示。

一、物有所值评价不合理的风险

物有所值评价(value for money,VfM),是国际上普遍采用的 PPP 项目评估办法,作为能否采用 PPP 模式实施基础及公共服务项目的重要依据,英国、加拿大等较早开展 PPP 模式的国家,其对物有所值评价的理念和体系均已发展较为完善。而从国内外 PPP 操作实践来看,如前期项目识别准备阶段的物有所值评价不合理,很可能导致后续 PPP 项目陷入困境。

(一)国外PPP项目物有所值评价不合理可能带来的影响

1. 因物有所值评价不合理导致PPP项目需要调整和变更

以英国诺里奇和诺福克大学医院项目①(以下简称"福克大学医院项目")为例,福克大学医院项目最初对PPP模式进行的经济情况分析是基于住院人数将减少、8%的病人数量将转移到社区医院中的假设而得出的,但实际上,"住院人数将减少"这一假设与事实并不相符。此外,该项目在进行定量评价时,是基于公共采购模式中成本超支34%的假设得出的。事实上,国家审计署报告显示,公共部门的成本超支率平均只在6.3%~8.4%,可见,其物有所值评价结论足足夸大了4倍之多。由于前期物有所值评价的不合理最终导致福克大学医院项目在实施过程中被认定为存在瑕疵,需进行变更和调整。

2. 因物有所值评价不合理导致PPP合同解除、项目提前终止

以加拿大枫树岭区签署的为期50年的市中心重建PPP项目(以下简称"枫树岭区重建项目")为例,枫树岭区重建项目被加拿大不列颠哥伦比亚省最高法院裁定②,"此PPP交易是非法的"。随后法庭审计中发现枫树岭区重建项目中拟议的交易是有缺陷的,并且是故意设计使得该项目利用PPP模式比传统的政府公开采购模式更优。随后,该PPP社区均赞成解除PPP合同,枫树岭区重建项目因此提前终止。

(二)国内PPP项目物有所值评价不合理可能带来的影响

就我国PPP项目而言,前期物有所值评价不合理的原因可能包括政府方实施PPP项目的动机不当,在利益驱动下,盲目追求项目数量,再加上项目可研论证不充分、基础假设前提不科学等因素导致物有所值评价多流于形式。那么,基于上述原因导致政府方前期进行的物有所值评价被认定为不合理时,社会资本方能否以此为由提出PPP项目合同终止或者变更呢?笔者认为,上述问题可从以下几方面来进行分析:

1. 政府方开展的物有所值评价属于政府内部行为还是具体行政行为

笔者认为,政府方开展的前期物有所值评价属于政府方在PPP准备阶段的内

---

① Ontario Health Coalition. Flawed Failed Abandoned 100P3s Canadian and International Evidence, 2005, p. 87.

② Maple Ridge Downtown Redevelopment (leisure centre, youth & arts centre, library, parking garage, office tower and hotel) p. 3, BC.

部行为，而非具体行政行为，不具有行政法意义上的可诉性。理由主要有以下两点：

（1）从物有所值评价的目的来看，是为了评估项目采用PPP模式实施相比于其他模式对政府方是否更有利，从而为政府方决策要不要使用PPP模式提供依据。尽管物有所值评价可能会对实施方案及后续PPP项目合同中的相关内容产生影响，并最终对政府方和社会资本方的权利义务产生影响，但显然该种影响是间接发生的，其本身仍属政府内部行为，并不会直接发生设置或改变社会资本方权利义务的外部效果。

（2）根据具体行政行为的构成要件来看，具体行政行为是指行政机关行使行政权力，对特定的公民、法人和其他组织作出的有关其权利义务的单方行为，其对象应当是"特定"的。而根据财金113号文第9条的明确规定，"通过物有所值评价和财政承受能力论证的项目，可进行项目准备"。因此，在政府方组织进行物有所值评价时，项目仍处于前期阶段，此时尚未通过采购程序确定中选社会资本，并不存在其权利义务会受到物有所值评价行为影响的"特定"对象。故从该角度来看，显然物有所值评价也并不符合具体行政行为的构成要件。

2. 物有所值评价不合理对政府方采购活动以及PPP项目合同效力会产生怎样的影响

（1）物有所值评价不合理可能造成项目存在合规性问题，并最终导致采购活动终止。按照《关于规范政府和社会资本合作（PPP）综合信息平台项目库管理的通知》（财办金〔2017〕92号）规定，已明确将未通过物有所值论证及未按规定进行物有所值论证的PPP项目列入负面清单。而根据《财政部关于进一步加强政府和社会资本合作（PPP）示范项目规范管理的通知》（财金〔2018〕54号）中关于退库项目后续处置工作的规定，"对于已进入采购程序或已落地实施的项目，应当针对核查发现的问题进行整改，做到合法合规；终止实施的，应当依据法律法规和合同约定，通过友好协商或法律救济途径妥善解决，切实维护各方合法权益"。尽管财金〔2018〕54号文的上述规定是针对退库示范项目提出，但笔者认为，该整改原则也可参照适用于其他被清退项目。因此，对于已进入采购阶段的PPP项目，如因物有所值评价不合规被清退出库，必然会影响到采购程序的按计划推进，此外，如果经论证后确定无法继续采用PPP模式实施的，还将导致采购程序的终止。

（2）物有所值评价不合理是否会导致已签署的PPP项目合同无效。笔者认为，根据《合同法》第52条第5项的规定，"违反法律、行政法规的强制性规定"的合同才会无效，而目前物有所值评价只是财政部规范性文件的要求，因此即便物有所值评价不合理,通常也不宜认定 PPP 项目合同无效。但需要注意的是,《合同法》第 52 条第 4 项也规定,“损害社会公共利益”的合同约定无效,由于 PPP 项目所提供的产品和服务均具有明显的公共属性,因此如有明确证据证明因物有所值评价不合理导致社会公共利益受损的,也不能排除 PPP 项目合同被认定无效的可能性。此外,在《基础设施和公共服务领域政府和社会资本合作条例》(以下简称“PPP 条例”)出台后,该问题还应结合 PPP 条例的相关规定进行判断。

3. 物有所值评价不合理是否可作为政府方或社会资本方提出合同变更或者终止的理由

(1)PPP 项目合同有明确约定的情形。①如 PPP 项目合同或者招标文件中明确约定将政府方前期开展的物有所值评价不合理作为社会资本方有权变更或解除合同的情形,则一旦出现上述情形时,社会资本方可以此为由提出合同变更或者提前解除合同,并可按照合同约定向政府方主张相应的损失赔偿。②如 PPP 项目合同中虽未明确约定社会资本方在物有所值评价不合理的情形下可享有合同变更或解除权,但已将确保物有所值评价合理性列入甲方义务、承诺或保证条款的,则一旦出现物有所值评价报告造假、故意虚构数据等情形,社会资本方也可考虑基于相关条款的约定追究政府方的违约责任。

(2)PPP 项目合同未明确约定的情形。如 PPP 项目合同或者招标文件对此未作明确约定的,则缔约各方只能通过协商或启动再谈判方式进行协商解决,协商不成的,则进入争议解决程序或寻求其他外部救济途径。

二、风险防范建议

尽管我国现行法规对于物有所值评价存在实质内容不合理的后果暂无明文规定,但从当前立法趋势来看,国家和中央部委层面后续可能会出台更为严格的监管规定,从预见风险的角度尽早做好防范极有必要。因此,笔者建议,PPP 项目各方可采取下列措施来有效防范物有所值评价不合理对 PPP 项目实施可能带来的影响:

(一)利用补充评价程序,对物有所值评价方法进行优化

财政部《PPP 物有所值评价指引(试行)》(财金〔2015〕167 号)[①]第 26 条规定,

---

① 财金〔2015〕167 号的有效期为两年,目前已到期。但由于 2016 年 10 月 24 日公开征求意见的《政府和社会资本合作物有所值评价指引(修订版征求意见稿)》至今未定稿,故实践中仍在继续沿用原有的 167 号文。

“定量评价是在假定采用 PPP 模式与政府传统投资方式产出绩效相同的前提下，通过对 PPP 项目全生命周期内政府方净成本的现值（PPP 值）与公共部门比较值（PSC 值）进行比较，判断 PPP 模式能否降低项目全生命周期成本”。但上述方法仅在以 PPP 模式和政府传统投资模式下产出绩效相等的前提下适用，项目前期若无法得知项目在运用 PPP 模式后与采用传统政府投资模式的产出绩效是否完全一样，则在项目进入稳定运营期后及在进行项目中期评价时，根据项目的实际产出绩效对项目进行补充评价，届时评价结果会更为合理。

（二）理性立项，避免没有合理需求或过分超出公众需求的政绩工程盲目上马

1. 加强前期可行性论证，理性作出立项决策

英国自 2010 年起就制定了适用所有项目（无论是否 PPP）的“五维评估方法”，即战略（项目范围和目标符合战略和政策）、经济（政治/经济/社会/技术/法律/环境/成本—效益/VfM）、商业（可融资性/合同/风险）、财政（承受力）、管理[①]。2014 年 4 月，中国著名 PPP 学者清华大学王守清教授在一次 PPP 研讨会沙龙上提出了与前述英国项目管理方法类似的“PPP 五部曲[②]”，按照王教授的观点，政府在决定是否以 PPP 模式实施一个项目时，应该考虑：（1）项目的技术和经济可行性；（2）商务和融资可行性；（3）物有所值；（4）财政承受能力；（5）项目管理（实施机构是否有权力、能力和财力进行招标并做好合同期的管理）。而综观目前已在实施的诸多 PPP 项目出现的问题，很多都与前期没有经过理性慎重的决策流程有关。因此，为避免出现物有所值评价不合理的风险，在决定采用 PPP 模式前，参照王教授的“五部曲”流程对项目可行性进行充分论证极有必要。

2. 社会资本在参与投标前可开展市场和财务可行性论证，理性参与项目投资

社会资本方也应积极利用自身优势，在投标前对项目开展市场调研论证，在此基础上再决定是否参与项目投资。可行性调研论证的方法主要包括实地现场查勘、项目资料研究、复核以及重新模拟未来收益、重构财务模型等。另外，必要时，社会资本方还可自行聘请第三方专业机构就 PPP 项目可研、实施方案、两评报告等前期文件中涉及的数据、分析模型等进行重新论证。对于超越或可能超越自

---

① 摘自王守清·清华个人微博 https://weibo.com/botppp，最后访问日期：2018 年 11 月 9 日。

② 王守清：《王守清在清华 PPP 研究中心〈PPP 条例〉研讨会上的发言》，载 https://mp.weixin.qq.com/s/YUW3ft0aIBT6nN-_d-5XNQ，最后访问日期：2018 年 11 月 9 日。

身投资能力的项目,要谨慎决策,更不宜为了中标而盲目采取超低价投标的报价方式。

(三)合理设置交易结构,通过有限追索项目融资促使项目各方作出更为谨慎的决策

风险合理分配是确保政企双方长期合作、互利共赢、实现项目物有所值的基本原则。对于社会资本方而言,PPP 项目的投资风险不容忽视,因此风险分担与隔离非常重要。为了降低物有所值评价不合理造成的项目投资风险,乃至拖累投资方本体效益,应尽量采用有限追索项目融资的方式安排项目融资。即在项目的融资安排中主要依靠项目自身收益作为偿债来源,除在项目公司的资产上设定担保物权之外,原则上投资人应当避免对项目债权人承担连带偿债责任,也不以投资人自身的主体信用为项目公司融资提供直接完全担保(最多是有限担保)。投资人仅以自身出资额和有限担保额为限,对项目公司承担有限责任。

(四)通过分期实施、调整必要投资额等方式实行动态管控以控制项目实施风险

对于片区综合开发、长线路交通项目(需具备分段开通运营条件)等投资规模巨大且具备分期实施条件的项目而言,在项目实施过程中采取“在一定投资规模范围内分期实施结合必要的项目变动”的方式可有效控制项目投资风险,规避因盲目投资可能导致的变更或提前终止的风险及损失。

此外,建议在 PPP 项目合同中,对项目相关风险分配方式进行明确约定,如因政府方前期可研和物有所值评价等不合理导致的总投资超支或项目需求严重不足的,应由政府方承担相应风险;因社会资本方自身运营能力不足或擅自扩大投资规模,导致项目未能实现物有所值的,则相应损失和风险应由社会资本方自行承担。

(五)设置再谈判机制,为完善物有所值评价预留出必要的空间

建议在 PPP 项目合同中明确约定,一旦发现存在物有所值评价等不合理的情形,双方可进行再谈判,并明确再谈判的启动条件、再谈判应遵循的原则及程序、谈判期限安排等,为后期完善物有所值评价的交易安排预留出必要的空间。比如,针对中期评价时可能会发现存在项目合同需要调整完善的情形,可事先在 PPP 项目合同中作出类似安排:在项目实施过程中,政府方可聘请评价小组对项目实施做出

评价及合同修改完善建议。如双方决定根据评价小组建议对合同进行修改,且涉及合同实质性条款变动的,则应启动再谈判程序。

结　语

物有所值评价机制的作用在于解决项目是否可采用PPP模式的问题,参照英国、加拿大等国的PPP项目实践和相关案例,一旦发现项目无法实现物有所值时,即应当适时调整或提前终止项目。为了防范物有所值评价不合理的风险,建议PPP项目各方可采取优化评价方法、理性立项及参与项目投资,并通过在PPP项目合同中合理设置交易结构、加强项目的动态管控以及设置再谈判机制等措施,从而有效降低物有所值评价不合理对PPP项目实施所带来的影响和风险。

第二十五章　未依法定程序选择社会资本是否会导致项目合同无效

引　言

自2014年起，中央政府频繁发文，力推PPP（政府和社会资本合作）模式。根据财政部政府和社会资本合作中心在平台项目库的公布结果，截至2018年9月30日，全国入库项目共计8289个，累计投资额12.3万亿元；管理库累计落地项目数4089个、投资额6.3万亿元，落地率49.3%①。在PPP快速发展过程中，难免就会出现个别PPP项目在推进过程中违法违规。有些项目尚未依法定程序选择社会资本，社会资本就已经设立了项目公司，甚至社会资本也已经开始投资建设等全面履约。

那么，未依法定程序选择社会资本，是否会导致政府与社会资本已签订的PPP项目合同无效？法院或仲裁机构在司法实践中是怎么认定的？结合公开渠道检索的案例，根据我国现行PPP相关规范性文件，笔者尝试解读未依法定程序选择社会资本是否会导致已签订的PPP项目合同无效，以及应如何进行司法救济，以期能对读者有所帮助。

一、未依法定程序选择社会资本导致双方涉诉的一起典型案例

本案涉诉的政府方为安达市人民政府，社会资本方为哈尔滨长恒热电设备有限公司（以下简称"长恒公司"）。本案经由黑龙江省绥化市中级人民法院一审、黑龙江省高级人民法院二审，并经由最高人民法院再审。最高人民法院于2015年12

① 财政部PPP中心：《全国PPP综合信息平台项目管理库2018年三季度报》，载http://www.cpppc.org/zh/pppjb/7450.jhtml，最后访问日期：2018年11月10日。

月 18 日作出再审民事裁定书①。

根据二审判决书记载，该案的基本案情如下：2011 年年初，安达市人民政府决定将长恒公司引进安达市投资热电联产集中供热项目。2011 年 4 月，安达市人民政府以电子邮件的方式，发给长恒公司《框架协议》一份。《框架协议》约定由长恒公司投资 9.9 亿元，建设安达市城镇热电联产集中供热项目，项目规模为铺设供热管网 74 千米、建换热站 53 座、城镇供热面积达到 1000 万平方米。该《框架协议》还约定了建设周期及违约责任等。

框架协议达成后，长恒公司于 2011 年 8 月 15 日在安达市注册设立了“安达市长恒热电有限公司”，购置了供热项目所需物资，根据约定接管小区供热和物业。

2012 年 4 月 11 日，安达市人民政府以热电联产集中供热项目必须经公开招标为由，通过当地媒体公布了招标公告。长恒公司未中标。后，安达市政府职能部门安达市审计局就长恒公司在安达市热电联产集中供热项目工程施工情况进行了审计。

因双方就赔偿事宜无法达成一致，长恒公司遂向黑龙江省绥化市中级人民法院提起诉讼，主张双方之间《框架协议》合法有效且双方均已实际履行，因安达市人民政府是违约方且单方根本违约导致合同解除；诉请要求安达市人民政府返还履约保证金人民币 1000 万元，并要求安达市人民政府赔偿因其违约而给长恒公司造成的损失人民币 4000 万元。

二、在选择 PPP 社会资本时，如违反法律、行政法规的效力性强制性规定，会导致已签订的合同被认定为无效合同

（一）法院或仲裁机构依据现行有效的法律法规及司法解释作为案件审理的依据

1. 依法成立的合同即对合同当事人产生法律约束力

根据我国《合同法》的规定，依法成立的合同对双方当事人产生法律约束力。《合同法》第 37 条规定，“采用合同书形式订立合同，在签字或者盖章之前，当事人一方已经履行主要义务，对方接受的，该合同成立”。

长恒公司案件中，安达市人民政府以电子邮件方式向长恒公司发送《框架协

① 该案例系在威科先行法律信息库检索，二审案号为：黑民终字第 15 号；再审案号为：（2015）民申字第 2626 号。

议》,应视为要约。双方虽没有在《框架协议》上签字盖章,长恒公司也没有以书面形式进行确认,但长恒公司已按安达市人民政府的指示,全面履行其在《框架协议》的义务,设立项目公司,对旧供热工程、分户工程、网管工程等进行改造;安达市人民政府曾数次召开专门会议,落实热电联产集中供热项目推进情况,并以会议纪要和文件等形式落实具体任务,督导项目有关部门配合长恒公司推进项目,并为长恒公司热电联产集中供热项目选址及项目审批等方面提供了大量的帮助。根据《合同法》第 37 条的规定,应认定《框架协议》已成立,并对双方具有法律约束力。

2. 只有违反法律、行政法规的效力性强制性规定,才会导致合同无效

《合同法》第 52 条第 5 项规定,违反法律、行政法规的强制性规定,合同无效。《合同法司法解释(二)》第 14 条明确,"合同法第五十二条第(五)项规定的强制性规定,是指效力性强制性规定"。判断是否属于效力性强制性规定的主要标准,就是看法律及行政法规是否明确规定了违反该条款即导致合同无效的法律后果。

长恒公司案件中,二审黑龙江省高级人民法院审理后认为,《框架协议》已成立;但该案的热电联产集中供热项目属于法定的必须进行招标的建设工程项目,而双方达成的《框架协议》未经法定强制招标程序。根据司法解释的规定,应认定《框架协议》无效。

(二)选择 PPP 社会资本时,如违反法律、行政法规的效力性强制性规定,会导致已签订的合同被认定为无效合同

1. 根据财金〔2014〕113 号文的规定,PPP 招选社会资本可通过公开招标、邀请招标、竞争性谈判、竞争性磋商和单一来源采购五种方式。项目实施机构应根据项目采购需求特点,依法选择适当采购方式。各采购方式及其规范依据,详见表 6－1 所示:

表 6－1　PPP 采购方式及规范依据表

适用的采购方式	规范依据	规范发文机构	规范的效力级别
政府采购工程及工程有关的货物和服务时所采用的公开招标和邀请招标	中华人民共和国招标投标法	全国人大常委会	法律
	中华人民共和国招标投标法实施条例	国务院	行政法规

续表

适用的采购方式	规范依据	规范发文机构	规范的效力级别
竞争性谈判、单一来源采购、政府采购货物和服务时所采用的公开招标和邀请招标	中华人民共和国政府采购法(2014 年修正)	全国人大常委会	法律
	中华人民共和国政府采购法实施条例	国务院	行政法规
竞争性磋商	政府采购竞争性磋商采购方式管理暂行办法	财政部	部门规范性文件
	财政部关于政府采购竞争性磋商采购方式管理暂行办法有关问题的补充通知	财政部	部门规范性文件
各采购方式均适用	政府采购货物和服务招标投标管理办法	财政部	部门规章
	政府采购非招标采购方式管理办法	财政部	部门规章
	财政部关于印发政府和社会资本合作模式操作指南(试行)的通知	财政部	部门规范性文件
	财政部关于印发《政府和社会资本合作项目政府采购管理办法》的通知	财政部	部门规范性文件
	国务院办公厅关于政府向社会力量购买服务的指导意见	国务院办公厅	国务院规范性文件

2. 从表 6 - 1 可以看出,除《招标投标法》及其实施条例、《政府采购法》及其实施条例外,2014 年起出台的 PPP 相关规定,从效力级别上均属于部门规章或其他规范性文件。

只有违反法律、行政法规的效力性强制性规定,才会导致合同无效,如果仅违反了地方性法规或规章,不必然导致合同无效。因此,在判断未依法定程序选择社会资本是否会导致合同无效时,首先应判断该项目所适用的采购方式是否符合项目需求以及其规范依据、规范的发文机构、规范的效力层级,并在此基础上作出判断、给出建议。

(三)因违反法定程序选择社会资本而被法院认定合同无效的裁判案例

1. 在会理县人民政府诉东北军辉路桥集团有限公司投资合作纠纷案中,法院以政府方未依法公开招投标选择社会资本而认定诉争合同无效[①]

四川省凉山彝族自治州中级人民法院经审理认为,涉案工程为公路建设项目。原告会理县人民政府与被告东北军辉路桥集团有限公司未经公开招投标签订《投资合作协议》及《凉山州永郎至会理快速通道建设项目合同书》,约定由被告按照"BOT + EPC"模式对公路项目进行投资建设,由原告会理县政府转让政府还贷公路收费权益(收费权、广告经营权、服务设施经营权)及相关补偿。原告会理县人民政府未依法进行审批并公开招投标选择经营管理者,对讼争公路建设项目的设计、采购、施工的约定未依法采用公开招投标,违反了《招标投标法》第 4 条"任何单位和个人不得将依法必须进行招标的项目化整为零或者以其他任何方式规避招标",并根据《合同法》第 52 条第 5 项认定诉争合同无效。

2. 在自贡市华燃天然气有限责任公司诉荆门市人民政府行政复议纠纷案中,法院以特许经营权的授权违反法定程序为由,认定特许经营权合同无效[②]

湖南省高级人民法院经审理认为,京山县城市管理局(承担城市管理、公用事业管理职能)在未经公开招投标、未经京山县人民政府批准的情况下,与自贡市华燃天然气有限责任公司签订了《框架协议》,在框架协议约定的地域范围内由原告投资、建设和经营管道燃气,并取得约定地域范围内的特许经营权。《框架协议》虽然在形式上是一份招商引资的框架协议,但实质上是一份特许经营权协议。特许经营权的授权违反了《招标投标法》第 3 条、《工程建设项目招标范围和规模标准规定》[③]第 3 条等规定,依法认定《框架协议》无效。

三、未依法定程序选择社会资本导致合同无效时,应如何开展司法救济

(一)可能申请确认合同无效的主体

1. 合同当事人

有权向法院或仲裁机构申请确认已签订的合同无效。在实践中,如确认合同

---

① 该案例系在中国裁判文书网检索,一审案号为:(2014)川凉中民初字第 7 号。

② 该案例系在中国裁判文书网检索,二审案号为:(2015)鄂行终字第 00079 号。

③ 该规定已于 2018 年 6 月 1 日被废止。

无效将使一方当事人获得更大收益,该方就有可能申请确认合同无效。

2. 第三人,往往是行业内竞争者

如第三人认为其公平竞争权受到影响,则第三人就有可能提起行政复议或第三人撤销之诉。在湖南省高级人民法院审理的自贡市华燃天然气有限责任公司与荆门市人民政府案中,就是第三人京山华润燃气有限公司提起了行政复议,并认为其公平竞争权受到影响。

(二)合同无效后,因无效合同造成的损失由过错方承担

我国《合同法》第 58 条规定了合同无效的后果。根据该规定,合同无效后,因无效合同而取得的财产应予以返还或折价补偿;因无效合同造成的损失,由过错方承担损失赔偿责任。

在长恒公司案件中,二审黑龙江省高级人民法院在认定合同无效后,对长恒公司所主张的损失进行司法审查,审查内容包括是否直接损失、是否存在因果关系、是否有证据证明等,并根据双方的过错确定损失赔偿责任。

(三)区分与特许经营无关的 PPP 争议和与特许经营有关的 PPP 争议,法院裁判思路可能会有不同

1. 与特许经营无关的 PPP 争议,可通过民事诉讼或仲裁途径解决,并依据民事法律作为争议解决依据。即,认定合同无效后,按照《合同法》第 58 条的规定,各方因无效合同取得的财产各自返还、不能返还时作折价补偿;如因无效合同遭受损失的,由各方按过错比例承担过错赔偿责任。

需要特别说明的是,典型 BOT 模式下的特许经营协议,如具有明显的民商事法律关系特征,应定性为民事合同。最高人民法院在"河南新陵公路建设投资有限公司与辉县市人民政府合同纠纷管辖权异议[①]"案中首次在司法层面就 BOT 模式下特许经营协议的定性问题表明上述观点并作出裁判。

2. 与特许经营有关的 PPP 争议,且不具有明显的民商事法律关系性质的,按照最新修订的《行政诉讼法》及其司法解释,应作为行政合同纠纷,提交行政诉讼进行解决。与此同时,根据《行政诉讼法》第 74 条的规定,行政行为依法应当撤销,但撤销会给国家利益、社会公共利益造成重大损害的,由人民法院判决确认行政行为违

---

① 该案例系在中国裁判文书网检索,二审案号为:最高人民法院(2015)民一终字第 244 号。

法，但不撤销行政行为。由最高人民法院再审审理的苍梧县人民政府与广西梧州市中威管道燃气发展有限责任公司特许经营合同纠纷案①中，最高人民法院在确认被诉行政主体将特许经营权先后授予给不同投资人的“一女二嫁”程序违法的同时，判令被诉行政主体采取补救措施及赔偿责任，但没有作出撤销的裁决结果，主要是考虑到撤销行政行为会导致已开始使用燃气的用户暂停用气，影响居民生活，带来社会不稳定因素，也有可能导致工程重复建设，造成财政浪费。

结　语

先拿项目再补程序，我国现阶段很多 PPP 项目都可能存在这个问题。PPP 项目投资额巨大，且往往会涉及公共利益，一旦产生争议并涉诉，极有可能造成“多输”的局面。进入 2017 年以后，政府也着力规范 PPP，倡导理性发展 PPP。笔者建议，PPP 项目的政府方和社会资本均尊重游戏规则，严格按照适合项目特点的采购方式进行采购。另，PPP 合同涉诉后，法院或仲裁机构作为审理依据的法律法规基本都是非常原则性的规定，导致法院自由裁量权很大，常常出现同案不同判。即便由同一个法院审理的不同 PPP 项目合同争议，行政庭和民事庭的审理依据不同，结果也往往大相径庭。作为司法救济的最后一道防线，法院或仲裁应有统一的审判依据和裁判尺度，笔者在此建议立法或司法机构适时出台相关法规，以规范案件审理活动。

① 该案例系在威科先行法律信息库检索，再审案号为：(2015)行监字第 2035 号。

第二十六章　如何实现土地招拍挂与社会资本竞争采购环节的合并

引　言

2016 年 10 月 11 日，财政部发布的《关于联合公布第三批政府和社会资本合作示范项目加快推动示范项目建设的通知》（财金〔2016〕91 号）率先提出了“将通过竞争方式确定项目投资方和用地者的环节合并实施”。之后，国家发改委与国土资源部又先后发文鼓励将 PPP 项目的社会资本采购与项目建设用地的使用者确认环节合并实施。一系列政策文件的出台被看作对我国现有土地招拍挂制度的一次历史性突破，但是由于现阶段仍然缺乏针对土地招拍挂与 PPP 社会资本采购合并实施的指导细则，导致实践中对于“合并实施”的操作路径理解不一。鉴于此，笔者特撰写本章，对于土地招拍挂与 PPP 社会资本采购环节合并实施的合规路径进行分析。

一、“土地招拍挂与 PPP 社会资本竞争采购环节合并实施”难题产生的背景

2013 年下半年以来，中央部委在基础设施和公共服务领域力推政府和社会资本合作（PPP）模式，全国各地的 PPP 项目呈井喷式增长，仅财政部第三批 PPP 示范项目就共计 517 个，计划总投资金额约 11,708 亿元。但是，随着政府和社会资本合作机制的不断深化，PPP 项目中的创新性做法也不时出现。但由于目前相关配套的法律法规不完全到位导致实践中的诸多问题也逐步凸显出来，PPP 项目土地使用权的取得就是其中的难题之一。

(一)在鼓励国有土地有偿使用的政策背景下,通过竞争出让方式取得项目用地是经营性和准经营性 PPP 项目不得不面临的选择

《土地管理法》第 54 条规定:"建设单位使用国有土地,应当以出让等有偿使用方式取得,但是城市基础设施用地和公益事业用地,以及国家重点扶持的能源、交通、水利等基础设施用地,经县级以上人民政府依法批准,可以以划拨方式取得。"但是,并非所有 PPP 项目的项目用地均可以采用划拨的方式取得。根据国土资源部《划拨用地目录》(国土资源部令 2001 年第 9 号)第 3 条的规定,"对国家重点扶持的能源、交通、水利等基础设施用地项目,可以以划拨方式提供土地使用权。对以营利为目的,非国家重点扶持的能源、交通、水利等基础设施用地项目,应当以有偿方式提供土地使用权"。近期出台的《关于扩大国有土地有偿使用范围的意见》(国土资规〔2016〕20 号)也规定,对于可以适用划拨用地的能源、环境保护、保障性安居工程、养老、教育、文化、体育及供水、燃气供应、供热设施等项目,除可按划拨方式供应土地外,鼓励以出让、租赁方式供应土地。

据此,根据现行 PPP 项目用地相关政策规定可知,通过出让、租赁以及作价出资入股等有偿方式[①]取得项目用地是大势所趋。而客观上因为租赁和作价出资入股方式在适用上的局限性,通过出让方式取得土地使用权成为不少 PPP 项目不得不面临的选择。具体就经营性和准经营性 PPP 项目而言,若是通过出让方式取得项目用地,按照规定只能通过招标、拍卖或者挂牌(以下简称招拍挂)这三种竞争出让方式[②]。由此,如何在 PPP 社会资本采购的同时一并取得竞争出让用地,即将"土地竞争出让与 PPP 社会资本竞争采购两大环节加以合并实施"以确保 PPP 项目用地的取得成为实践中无法回避的难题。

(二)土地竞争出让与 PPP 社会资本竞争采购适用的是不同的流程管理规定,流程之间的差异对于两大竞争环节的合并客观上形成了实施障碍

根据我国现行土地出让的相关规定,通过招拍挂方式出让国有土地使用权的,必须严格执行《招标拍卖挂牌出让国有土地使用权规定》(国土资源部令 2007 年第

---

① 参见周兰萍主编:《PPP 项目运作实务》,法律出版社 2016 年版,第六章"PPP 项目合同要点"章节。

② 土地使用权出让还包括采用协议出让的方式,但是由于协议出让方式条件要求较高、适用范围较窄、具有明确的限定性条件,在 PPP 项目中较为少见,因此不再赘述。

39号）和《招标拍卖挂牌出让国有土地使用权规范（试行）》（国土资发〔2006〕114号）规定的程序和方法，并且主要由项目所在地国土资源管理部门实施招拍挂出让国有土地使用权的活动。而PPP项目社会资本的采购流程则主要遵循《中华人民共和国政府采购法》及其实施条例、《政府和社会资本合作项目政府采购管理办法》（财库〔2014〕215号）以及《传统基础设施领域实施政府和社会资本合作项目工作导则》（发改投资〔2016〕2231号）等法律、法规及规范性文件的相关规定，并且主要由项目所在地人民政府授权的项目实施机构负责社会资本的采购管理。可见，国有土地使用权的招拍挂与PPP项目社会资本的采购适用的是两套截然不同的实施和管理流程。实践中，即使社会资本通过竞争性的方式成功中选，但由于土地使用权需要严格按照招拍挂程序进行出让，在无法保证中选社会资本成功中标的情况下，最终会导致PPP项目中选社会资本和土地使用权受让人不一致的情形，进而可能影响到项目资产所有权的归属、施工许可证的办理以及项目公司的融资方式受限等一系列问题。

二、"土地招拍挂与PPP社会资本竞争采购环节合并实施"难题破解的政策利好

如前所述，项目用地使用权问题在一定程度上会影响PPP项目的实施，众多业内和学界人士也多次反映和呼吁出台相关土地政策破解当前项目用地使用权取得的困境，规范土地出让制度与社会资本采购制度的结合。

鉴于此，财政部于2016年10月11日发布的《关于联合公布第三批政府和社会资本合作示范项目》（财金〔2016〕91号）率先提出："依法需要以招标拍卖挂牌方式供应土地使用权的宗地或地块，在市、县国土资源主管部门编制供地方案、签订宗地出让（出租）合同、开展用地供后监管的前提下，可将通过竞争方式确定项目投资方和用地者的环节合并实施。"

之后，国家发改委在同月24日发布的《传统基础设施领域实施政府和社会资本合作项目工作导则》（发改投资〔2016〕2231号）中指出"各地要积极创造条件，采用多种方式保障PPP项目建设用地。如果项目建设用地涉及土地招拍挂，鼓励相关工作与社会资本方招标、评标等工作同时开展"。国土资源部在同月28日发布的《产业用地政策实施工作指引》（国土资厅发〔2016〕38号）中也同样明确"采用政府和社会资本合作方式实施项目建设时，相关用地需要有偿使用的，可将通过竞争方式确定项目投资主体和用地者的环节合并实施"。

各部委规范性文件的出台无疑是PPP项目用地政策的一次重大突破，进一步

体现了简化项目办事环节,提高行政程序效率的理念,为当前众多涉及出让供应用地的 PPP 项目提供了指导思路。但是,具体如何操作来实现 PPP 项目用地招拍挂和社会资本采购的合并实施,仍有待进一步的梳理和明确。

三、"土地招拍挂与 PPP 社会资本竞争采购合并实施"的路径分析

为实现土地招拍挂与 PPP 社会资本竞争采购环节的合并实施,首先应对土地招拍挂以及 PPP 社会资本竞争采购各自的适用特点进行全面的梳理和分析。

(一)土地招拍挂与 PPP 社会资本竞争采购方式的横向比较分析

土地招拍挂是指以招标、拍卖或者挂牌出让方式在土地的地表、地上或者地下设立国有建设用地使用权,实际包含了招标、拍卖和挂牌三种方式,其各自的实施程序与成交标准都有所不同(具体可参见表 6-2)。而根据财政部与国家发改委 PPP 相关政策文件,PPP 项目社会资本的竞争采购方式主要包含公开招标、邀请招标、竞争性磋商和竞争性谈判等,各方式之间也同样存在适用范围、采购流程、评审标准上的差异(具体可参见表 6-3)。

通过对比表中招拍挂方式以及社会资本竞争采购方式的对比结果,不难发现:

1. 建设用地使用权的招标出让与社会资本的招标方式具备相似的特点,同样包含了邀请不特定自然人、法人和其他组织参与投标的公开招标方式,以及邀请特定自然、法人和其他组织参与投标的邀请招标方式;在实施程序上,均需要遵循投递标书、开标、评标、定标和发出中标通知书的流程;在中标标准上,同样包含了价格评定和综合评定两套评价体系;在成交人数上,都要求有效的投标人不少于 3 人。因此,通过建设用地使用权招标出让与社会资本招标各自特点的比较发现,两者具备采用同一流程同步实施的法律基础。

2. 建设用地使用权的拍卖出让要求出让人在发布拍卖公告后,竞买人应在指定时间、地点进行公开竞价。由于涉及竞买人当场进行多轮举牌应价、报价的程序性要求不适用于 PPP 社会资本的采购活动,因此拍卖出让的方式不宜与社会资本采购合并实施。

3. 建设用地使用权的挂牌出让要求出让人在土地交易场所发布挂牌公告,在竞买人自行填写报价单报价后,由挂牌主持人确认报价并更新显示挂牌价格。虽然挂牌出让方式同样允许二次报价,且只依据价格因素确认成交结果,与竞争性谈判的采购方式类似。但是,由于挂牌出让的报价方式属于公开报价,无法对竞买人的

报价逐一进行评价打分，且挂牌出让方式允许在只有一个竞买人报价的情况下成交，无法体现PPP社会资本采购的竞争性，因此挂牌出让方式同样不宜与社会资本采购合并实施。而实践中，PPP与土地挂牌结合的方式主要是指在采用竞争性方式确定社会资本之后，出让人通过在挂牌公告中规定限制性报价条件的方式将土地使用权定向出让给社会资本或项目公司。但是，该“定向挂牌”的土地使用权供应方式在合法合规性上仍有待商榷。

综上分析，笔者认为，在现行法律框架体系下，只有在同为招标方式下，土地使用权竞争出让以及PPP社会资本竞争采购环节的合并才是最稳妥可行的。

表6-2 土地使用权招拍挂方式对比表

类别	定义	实施程序	中标/成交标准	终止/不成交
招标	是指市、县人民政府国土资源行政主管部门（以下简称出让人）发布招标公告，邀请特定或者不特定的自然人、法人和其他组织参加国有建设用地使用权投标，根据投标结果确定国有建设用地使用权人的行为	（1）投递标书 （2）开标 （3）评标【评标小组/如按价高者得，则可不成立评标小组】 （4）定标 （5）发出中标通知书	（1）综合评分：最大限度地满足招标文件各项综合评价标准；或者 （2）价高者得：能够满足招标文件的实质性要求且价格最高的投标人，且该价格不低于底价或标底	（1）有效投标人少于3人 （2）投标人的投标价均低于底价或投标条件均不能够满足标底要求的，投标活动终止
拍卖	是指出让人发布拍卖公告，由竞买人在指定时间、地点进行公开竞价，根据出价结果确定国有建设用地使用权人的行为	（1）主持人点算竞买人 （2）主持人介绍拍卖宗地的面积、界址、空间范围、现状、用途、使用年期、规划指标要求、开工和竣工时间以及其他有关事项 （3）主持人宣布起叫价和增价规则及增价幅度。没有底价的，应当明确提示 （4）主持人报出起叫价 （5）竞买人举牌应价或者报价 （6）主持人确认该应价或者报价后继续竞价 （7）主持人连续三次宣布同一应价或者报价而没有	（1）价高者得，当场成交 （2）可以不设底价	（1）有效申请人少于3个 （2）竞买人的最高应价或者报价未达到底价时，主持人应当终止拍卖

续表

类别	定义	实施程序	中标/成交标准	终止/不成交
		再应价或者报价的，且该价格不低于底价的，主持人落槌表示拍卖成交 (8)主持人宣布最高应价或者报价者为竞得人 (9)出让人与竞得人签订成交确认书		
挂牌	是指出让人发布挂牌公告，按公告规定的期限将拟出让宗地的交易条件在指定的土地交易场所挂牌公布，接受竞买人的报价申请并更新挂牌价格，根据挂牌期限截止时的出价结果或者现场竞价结果确定国有建设用地使用权人的行为	(1)公布挂牌信息：在挂牌公告规定的挂牌起始日，出让人将挂牌宗地的面积、界址、空间范围、现状、用途、使用年期、规划指标要求、开工时间和竣工时间、起始价、增价规则及增价幅度等，在挂牌公告规定的土地交易场所挂牌公布 (2)符合条件的竞买人填写报价单报价 (3)挂牌主持人确认该报价后，更新显示挂牌价格 (4)挂牌主持人在挂牌公告规定的挂牌截止时间确定竞得人 (5)出让人与竞得人签订成交确认书	1. 价高者得 (1)在挂牌期限内只有一个竞买人报价，且报价不低于底价，并符合其他条件的，挂牌成交 (2)在挂牌期限内有两个或者两个以上的竞买人报价的，出价最高者为竞得人；报价相同的，先提交报价单者为竞得人，但报价低于底价者除外 2. 可以不设底价	在挂牌期限内无应价者或者竞买人的报价均低于底价或者均不符合其他条件的，挂牌不成交

表 6－3　PPP 社会资本采购方式对比表

采购方式	定义	采购流程	评定标准	供应商数量要求
公开招标	是指招标人在公开媒介上以招标公告的方式邀请不特定的法人或其他组织参与投标	(1)发布招标公告和招标文件 (2)成立评标委员会 (3)开标 (4)成立谈判工作组并开展谈判 (5)确定成交商	政府采购招标评标方法分为最低评标价法和综合评分法。 最低评标价法，是指投标文件满足招标文件全部实质性要求且投标报价最低的供应商为中标候选人的评标方法。 综合评分法，是指投标文件	3 家以上

续表

采购方式	定义	采购流程	评定标准	供应商数量要求
		(6)签订采购合同	满足招标文件全部实质性要求且按照评审因素的量化指标评审得分最高的供应商为中标候选人的评标方法	
邀请招标	招标采购单位依法从符合相应资格条件的供应商中邀请三家以上供应商,并以投标邀请书的方式邀请其参加投标	(1)发出投标邀请书和招标文件 (2)成立评标委员会 (3)开标 (4)成立谈判工作组并开展谈判 (5)确定成交商 (6)签订采购合同	政府采购招标评标方法分为最低评标价法和综合评分法。 最低评标价法,是指投标文件满足招标文件全部实质性要求且投标报价最低的供应商为中标候选人的评标方法。 综合评分法,是指投标文件满足招标文件全部实质性要求且按照评审因素的量化指标评审得分最高的供应商为中标候选人的评标方法	3 家以上
竞争性谈判	采购人等按规定的程序,通过与符合项目资格要求供应商依据谈判文件进行谈判,最后确定成交供应商的采购方式	(1)成交谈判小组并制定谈判文件 (2)发布资格公告征集供应商 (3)向合格供应商提供谈判文件 (4)供应商提交首次响应文件 (5)开展谈判并重新提交响应文件 (6)确定成交商 (7)签订采购合同	谈判小组应当从质量和服务均能满足采购文件实质性响应要求的供应商中,按照最后报价由低到高的顺序提出 3 名以上成交候选人,并编写评审报告	最少 2 家
竞争性磋商	是指采购人、政府采购代理机构通过组建竞争性磋商小组与符合条件的供应商就采购货物、工程	(1)发布公告和磋商文件 (2)供应商首次提交响应文件 (3)开展磋商并重新提交响应文件	经磋商确定最终采购需求和提交最后报价的供应商后,由磋商小组采用综合评分法对提交最后报价的供应商的响应文件和最后报价进行综合评分	最少 2 家

续表

采购方式	定义	采购流程	评定标准	供应商数量要求
	和服务事宜进行磋商,从而确定供应商的采购方式	(4)确定成交商 (5)签订采购合同		

(二)土地使用权招标出让与PPP社会资本招标采购流程的纵向比较分析

为实现土地使用权招标出让与PPP社会资本招标采购环节的合并实施,还应当对现行土地使用权招标出让以及PPP项目招标采购所应遵循的程序性要求进行全面梳理和分析。

根据《招标拍卖挂牌出让国有土地使用权规范(试行)》(国土资发〔2006〕114号)第4.4.5条的规定,土地使用权招标出让程序应当包括:(1)公布出让计划,确定供地方式;(2)编制、确定出让方案;(3)地价评估,确定出让底价;(4)编制出让文件;(5)发布出让公告;(6)申请和资格审查;(7)招标拍卖挂牌活动实施;(8)签订出让合同,公布出让结果;(9)核发《建设用地批准书》,交付土地;(10)办理土地登记;以及(11)资料归档。

根据财政部《政府和社会资本合作模式操作指南(试行)》(财金〔2014〕113号)[①]以及国家发改委《传统基础设施领域实施政府和社会资本合作项目工作导则》(发改投资〔2016〕2231号)的相关规定,PPP项目操作流程可分为项目识别、准备、采购、执行和移交五个阶段,具体应包括:(1)制定PPP项目年度实施计划;(2)编制项目实施方案;(3)进行物有所值和财政承受能力验证;(4)项目实施方案审查和审批;(5)准备资格预审文件并发布公告;(6)资格预审查;(7)采购活动实施;(8)公示采购结果并签订项目合同;(9)设立项目公司(如有);以及(10)项目实施。

通过比较可以发现,土地使用权招标出让程序与PPP项目操作流程之间不存在根本性冲突,甚至在个别环节的设置上具有相同的程序性要求和目标,如对于土地计划或项目实施计划的制订、出让方案和项目实施方案的编制等均是为了满足城市的发展规划要求和投资政策引导;再如,对申请人资格的预先审查以保证申请人对于土地出让的投标或竞买资格,以及社会资本参与PPP项目投标或响应的资

① 财金〔2014〕113号文已于2017年11月30日有效期满。

格等方面都体现了两者在程序上的关联性。结合上文提到的建议优先选择的土地使用权招标出让和PPP社会资本招标方式的合并实施，笔者总结归纳在项目实践中的具体路径（如图6-3所示）。

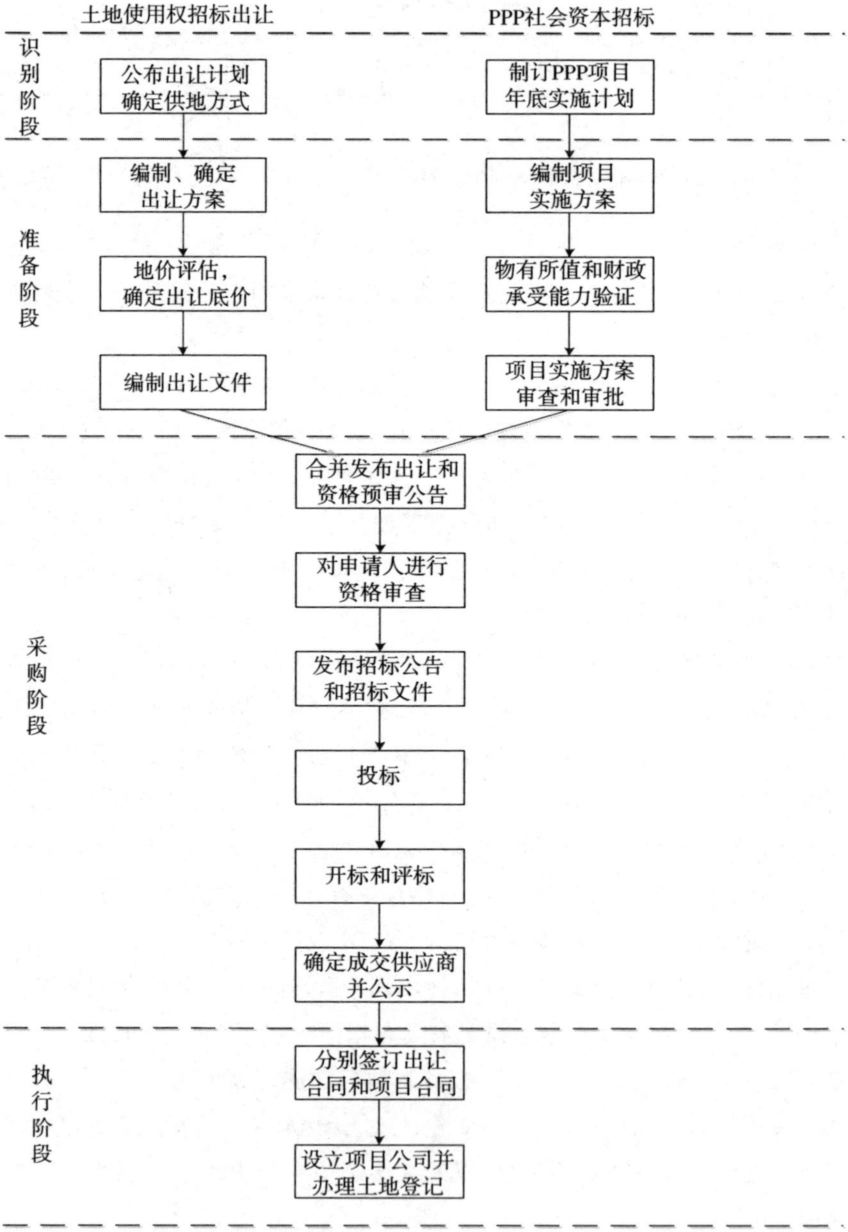

图6-3 合并实施具体路径图

四、“土地使用权招标出让与 PPP 社会资本招标采购合并实施”的实务操作要点

根据上文的梳理分析，笔者认为，采用招标方式出让国有建设用地使用权（以下简称“土地使用权招标出让”）并采用招标方式完成 PPP 社会资本的采购（以下简称“PPP 社会资本招标采购”），在当前土地招拍挂制度和 PPP 社会资本采购制度下存在合并实施的操作空间。但是，由于目前具体指导细则的缺失以及两套制度在管理模式方面的差异，实践中可能仍然存在不少问题有待摸索和解决。结合实践经验，笔者从以下方面做了初步总结并提出相关建议措施。

（一）程序合并后的实施主体问题

根据《招标拍卖挂牌出让国有土地使用权规定》（国土资源部令 2007 年第 39 号）的相关规定，建设用地使用权出让年度计划的编制、拟出让地块出让方案的拟定以及招标公告的发布等工作，均由市、县人民政府国土资源行政主管部门负责完成。而在 PPP 项目中，政府或其指定的有关职能部门或事业单位都可以作为项目实施机构负责项目的准备、采购、监管和移交等工作。因此，在土地使用权招标出让与 PPP 社会资本招标采购合并实施的情况下，建议由地方政府出具授权委托书，指定国土资源行政主管部门和有关职能部门或事业单位共同作为项目的实施机构，并在授权书中明确两者的权利和职责划分；或者由地方政府指定的职能部门或事业单位牵头，国土资源行政主管部门全程协同配合完成项目的准备和采购管理工作，以有序推进土地使用权招标出让工作与 PPP 社会资本招标采购工作的同步开展。

（二）出让方案和实施方案的编制统筹问题

根据土地招拍挂制度要求，市、县人民政府国土资源行政主管部门应当按照出让年度计划，会同城市规划等有关部门共同拟订拟招标出让地块的出让方案，包括拟出让地块的具体位置、四至、用途、面积、年限、土地使用条件、供地时间、供地方式、建设时间等。鉴于土地出让方案和实施方案的编制主体可能存在不一致的情况，因此两方在方案编制过程中应当做到信息和意见的有效沟通与统筹，使得拟出让地块的位置、四至、用途、年限等方面满足 PPP 项目实施方案对于项目合作范围、用地范围和使用权限制以及项目合作期限等的要求。

（三）申请人资格审查阶段的衔接问题

虽然土地使用权招标出让和PPP社会资本招标采购都要求对申请人资格进行预先审查以保证申请人对于土地出让的投标资格，以及社会资本参与PPP项目的投标资格，但是两者在具体程序上存在部分差异。如土地使用权招标出让的资格审查是由出让人直接对收到的申请进行审查，而PPP社会资本的资格预审则要求由项目实施机构代表和评审专家共同组成的评审小组进行审查。另外，在目前PPP项目实践中，社会资本的资格预审并非法定强制性的流程，部分项目也的确采用了资格后审的方式进行资格的审查。对此笔者认为，在土地使用权招标出让与PPP社会资本招标采购合并实施的前提下，对于申请人的资格要求应当具备更高、更严的标准，而资格后审在时间上已无法实现对参与土地投标主体资格的提前把控，因此资格预审在两者合并实施中显得尤其必要。关于评审小组审查的问题，则可以通过将国土资源行政主管部门相关专业人员作为实施机构代表，与其他代表和专家共同组建评审小组参与审查的方式解决。

（四）出让公告和采购公告的发布平台问题

根据《招标拍卖挂牌出让国有土地使用权规范（试行）》（国土资发〔2006〕114号）的要求，国有土地使用权招标拍卖挂牌出让公告应当由市、县国土资源管理部门通过中国土地市场网和当地土地有形市场发布，而PPP社会资本招标采购公告则通常由实施机构在政府采购网站发布。对此，在土地交易平台与政府采购平台无法实现合并运作的前提下，笔者建议将与土地使用权出让内容合并后的采购公告（资格预审公告）在土地交易平台与政府采购平台同时发布，并对土地使用权招标出让与PPP社会资本招标采购的合并实施事宜进行说明。

（五）评审标准和评审因素的设置问题

在采用土地使用权招标出让的情况下，出让人通常会将投标价格作为主要考量因素并采用价高者得或综合评判的原则进行评标，而PPP社会资本的招标评标方法分为最低评标价法和综合评分法。为避免两者在评审标准上的差异，笔者建议在优先选择综合评分法的前提下，综合考量土地使用权招标出让与PPP项目采购的投资比重，合理安排招标文件中的评审因素量化指标和分值设置，体现社会资本对于土地使用权受让以及项目建设、运营和管理的综合能力。

结　语

随着政府和社会资本合作制度深化改革步伐不断地迈进，未来土地招拍挂与PPP社会资本采购制度的突破与创新已是一大发展趋势。本章中，笔者结合理论与实践对两者的合并实施作了初步的路径探索，仅作抛砖引玉之用，后续仍有待具体指导细则的出台，进一步规范土地使用权竞争出让与PPP社会资本竞争采购环节的合并做法。

第二十七章　PPP 项目中的项目法人是否一定要变更

> **引　言**
>
> 一直以来，项目法人都是建设工程领域广为熟知的概念。目前，关于项目法人变更问题也属于 PPP 项目实践中较为常见的问题之一，特别是在项目管理、手续办理、资产所有权的获得等方面对社会资本均会造成一定影响。因此，为减少项目法人变更问题在项目实施过程中可能带来的风险，本章在整理现有法律环境和实践案例的基础上，对 PPP 项目的项目法人变更相关问题进行分析，以期对 PPP 项目实践操作有所帮助。

一、项目法人的概念和实践中存在的问题

（一）“项目法人”的概念

项目法人的概念最早由国家水利部在《关于印发〈水利工程建设项目实行项目法人责任制的若干意见〉的通知》（水建〔1995〕129 号）中提出，其第 4 条规定，“项目法人对项目的立项、筹资、建设和生产经营、还本付息以及资产的保值增值的全过程负责，并承担投资风险”。在该通知发布之前，在我国的建设项目管理体制中，多数都是以项目业主的称谓表述。

随着《国家计委印发〈关于实行建设项目法人责任制的暂行规定〉的通知》（计建设〔1996〕673 号）（已失效）进一步明确“实行项目法人责任制，由项目法人对项目的策划、资金筹措、建设实施、生产经营、债务偿还和资产的保值增值，实行全过程负责”。项目法人责任制也进一步得以开展，项目法人通常被理解为项目的责任主体，对项目的立项、投资、建设和生产经营等全过程负责。

(二)“项目法人”在PPP项目中存在的问题

在PPP项目实践中，由于项目立项等前期手续通常先由政府有关部门以自身或其指定机构名义进行，在立项完成后再进行招选PPP项目社会资本、组建项目公司、授予特许经营权等工作。因此，按照PPP有关政策法规，项目公司（如不涉及组建项目公司的，则为社会资本）虽然实际承担着项目的投资、建设、运营和移交等项目法人的职能，但由于前期立项批复等环节已由政府部门或其指定机构完成，并取得相应批复（包括项目建议书、环评报告、土地预审、规划选址和用地许可等），因此前期已完成的多项文件中载明的项目法人仍为原报审机构，从而可能造成在项目立项文件与实际情况不一致，以及后续PPP项目实施阶段管理主体责任界定不清，乃至项目自身报批、报审、报备合规性等诸多问题。

二、项目法人不变更可能造成的影响和风险

(一)管理主体责任界定不清风险

目前，国家有关规定涉及的都是建设阶段的项目法人，因此建设期间内的责任主体比较明确，但是对项目全过程的责任尚不尽清晰。特别针对合作期限较长的PPP项目来说，项目的整体效益有赖于前期立项、工程建设和运营管理等各环节的工作衔接。项目法人的统一有益于明确各阶段的责任主体，避免各主体之间互相推诿或扯皮的现象发生。

特别是在部分项目中，政府可能为项目实施而组建临时建设管理单位或者建设指挥部作为项目法人负责项目前期的立项和建设阶段的管理工作，而待项目竣工后该临时机构就可能面临解散的风险，造成PPP项目在运营期内责任主体不明确的问题。可见，只有建立责权利统一的项目法人制度，才能有利于加强项目的内部管理和项目专业化的管理规范。

(二)建设施工手续的办理风险

根据《建筑法》第 8 条①及《建筑工程施工许可管理办法》第 4 条②的规定可知:

1. 施工许可证应由建设单位申请办理并提交相应的证明文件;

2. 施工许可证办理时应满足已完成建筑工程用地批准手续、取得规划许可证、拆迁进度符合施工要求、确定建筑施工企业等前置条件;

3. 施工许可证办理条件由法律、行政法规规定,县级以上地方人民政府住房城

---

① 《建筑法》第 8 条规定:"申请领取施工许可证,应当具备下列条件:

(一)已经办理该建筑工程用地批准手续;

(二)在城市规划区的建筑工程,已经取得规划许可证;

(三)需要拆迁的,其拆迁进度符合施工要求;

(四)已经确定建筑施工企业;

(五)有满足施工需要的施工图纸及技术资料;

(六)有保证工程质量和安全的具体措施;

(七)建设资金已经落实;

(八)法律、行政法规规定的其他条件。

建设行政主管部门应当自收到申请之日起十五日内,对符合条件的申请颁发施工许可证。"

② 《建筑工程施工许可管理办法》第 4 条规定:"建设单位申请领取施工许可证,应当具备下列条件,并提交相应的证明文件:

(一)依法应当办理用地批准手续的,已经办理该建筑工程用地批准手续。

(二)在城市、镇规划区的建筑工程,已经取得建设工程规划许可证。

(三)施工场地已经基本具备施工条件,需要征收房屋的,其进度符合施工要求。

(四)已经确定施工企业。按照规定应当招标的工程没有招标,应当公开招标的工程没有公开招标,或者肢解发包工程,以及将工程发包给不具备相应资质条件的企业的,所确定的施工企业无效。

(五)有满足施工需要的技术资料,施工图设计文件已按规定审查合格。

(六)有保证工程质量和安全的具体措施。施工企业编制的施工组织设计中有根据建筑工程特点制定的相应质量、安全技术措施。建立工程质量安全责任制并落实到人。专业性较强的工程项目编制了专项质量、安全施工组织设计,并按照规定办理了工程质量、安全监督手续。

(七)按照规定应当委托监理的工程已委托监理。

(八)建设资金已经落实。建设工期不足一年的,到位资金原则上不得少于工程合同价的 50%,建设工期超过一年的,到位资金原则上不得少于工程合同价的 30%。建设单位应当提供本单位截至申请之日无拖欠工程款情形的承诺书或者能够表明其无拖欠工程款情形的其他材料,以及银行出具的到位资金证明,有条件的可以实行银行付款保函或者其他第三方担保。

(九)法律、行政法规规定的其他条件。

县级以上地方人民政府住房城乡建设主管部门不得违反法律法规规定,增设办理施工许可证的其他条件。"

乡建设主管部门不得违反法律法规规定，增设办理施工许可证的其他条件。

因此，社会资本在中选并成立项目公司后，应依法开展项目法人的变更工作，并确定项目公司作为项目的建设单位，否则由于无法满足《建筑法》及《建筑工程施工许可管理办法》规定的前置条件，可能对施工许可证的办理可能造成障碍。

(三)资产所有权取得的风险

我国现行《物权法》第142条规定，建设用地使用权人建造的建筑物、构筑物及其附属设施的所有权属于建设用地使用权人，但有相反证据证明的除外。《物权法》第30条规定，因合法建造、拆除房屋等事实行为设立或者消灭物权的，自事实行为成就时发生效力。由此可知，除非合同另有约定外，PPP项目资产所有权应基于建设用地使用权人的建造行为而原始取得①。

因此，即使PPP项目合同约定项目公司有权获得项目资产的所有权，但是如果政府部门或其指定机构已通过划拨等方式成为土地使用权证所登记的使用权人的，在现行法律法规下可能会影响项目公司对项目资产所有权的取得。特别地，由于实践中存在部分固定资产无法单独办理不动产权证，而直接将土地使用权人认定为项目的资产所有人的情况，因此在对土地使用权属主体不进行变更的前提下，在实践中也可能对项目公司实际取得所有权产生障碍。

(四)其他权益取得和义务承担的风险

在不对项目法人进行变更的情况下，实践中可能还存在项目公司无法享受到项目法人所应享有的其他权益，例如，以项目法人身份对外签署合同、获取上级专项补贴资金以及开展其他经营性业务等。同样地，在相关义务承担方面，是否对项目法人进行变更也会存在差异，如税负的承担等。

三、项目法人变更的法律依据和操作流程

(一)项目法人变更的法律依据

国家发展改革委《关于印发〈传统基础设施领域实施政府和社会资本合作项目工作导则〉的通知》(发改投资〔2016〕2231号，以下简称“发改委2231号文”)第10

---

① 原始取得是指根据法律的规定，因一定的法律事实，财产所有权第一次产生或者不以原所有人的所有权和意志为根据，而直接取得的所有权。

条规定，“纳入 PPP 项目库的投资项目，应在批复可行性研究报告或核准项目申请报告时，明确规定可以根据社会资本方选择结果依法变更项目法人”。第 17 条规定，“PPP 项目法人选择确定后，如与审批、核准、备案时的项目法人不一致，应按照有关规定依法办理项目法人变更手续”。该等规定均是为了解决 PPP 项目前期立项主体与实际项目法人名称不一致的问题，为 PPP 项目变更项目法人提供了相应的政策依据。

（二）项目法人变更的操作流程

参考重庆市发展改革委对于“项目公司成立后，PPP 项目业主是否须变更为项目公司？后续建设手续应办理在建设业主还是项目公司名下？”的公开答复①可知：

1. 原以政府部门或指定机构为项目法人、已取得可研报告批复的项目，在通过 PPP 合作引入社会投资人并成立合资项目公司后，若原批复建设内容无变化，可由可研报告批复单位履行项目法人变更为项目公司的程序；若原批复建设内容发生变化，可由项目公司重新申报批复（或核准）。同时，结合浙江省发改委关于杭州至海宁城际铁路项目法人变更的批复（浙发改交通〔2017〕681 号）②内容来看，也同样遵循了该操作流程，即根据发改委 2231 号文第 17 条的规定，将原项目法人海宁市交通投资集团有限公司变更为了浙江杭海城际铁路有限公司（即 PPP 项目公司）。除对项目法人名称作调整外，该项目其他事项仍按原批复内容执行。

2. 项目公司作为项目法人，负责办理后续建设、融资等手续。规划、国土、环保等批复是否调整由行业主管部门负责解释和办理。对于规划、国土、环保等批复是否调整的问题，我们理解，其解决思路应与可研报告批复保持一致，即如果原批复内容无变化的，则可由原批复单位履行项目法人的变更程序。但是，具体项目法人变更的操作流程应以地方发改及其他相关部门的意见为准。

四、项目法人变更后的风险及应对措施

虽然上述对项目法人不变更可能带来的风险进行了分析，并提供了进行项目法人变更的具体操作流程建议，但是对于中选社会资本来说，同样应当注意在项目

---

① 载 http://www.cq.gov.cn/PublicMail/Citizen/ViewReleaseMail.aspx?intReleaseID=778106，最后访问日期：2017 年 10 月 20 日。

② 载 http://www.zjdpc.gov.cn/art/2017/8/7/art_808_1731910.html，最后访问日期：2018 年 11 月 7 日。

法人变更后可能面临的风险。

（一）项目法人变更后的风险分配

通常情况下，项目法人所应承担的法定职责主要包括项目的立项、筹资、建设和生产经营、还本付息以及资产的保值增值等事项。但是，从项目法人变更的法律关系来看，项目公司在变更前后所应享有和承担的权利和义务也会有所差异。

在项目法人变更前，由于项目公司并非项目立项批复文件上所明确的项目法人，而仅仅作为项目的出资人、建设管理人和运营管理人，其在法律关系上与立项批复所确定的项目法人之间实际属于一种“委托代建”的关系，当在项目公司决策失误或经营不善时，实际的项目委托人要可能面临资产灭失、损害或资产价值的减少等风险，并作为项目法人对外也应是法定的第一责任人。而在项目法人变更后，政府方将其自身在项目投融资、建设和运营管理等事项上可能面临的责任风险都转嫁到了项目公司（或社会资本），从而实现行政管理职能与建设运营职能的分离，项目公司成为对外责任的最终承担者。

（二）项目法人变更后的项目管理风险

显然，在项目法人变更后，项目公司将承担更多的项目管理职责，特别是与项目立项和建设前期工作的衔接与协调。

由于前期立项阶段是由政府有关部门以自身或其指定机构负责组织编制立项文件、安排勘察设计等工作，针对建设目标和方式、项目的经济合理性与技术可行性方面作出决策。因此，如项目法人变更后，为避免由于前期立项问题出现互相扯皮的情况，项目公司应及时与政府方协调完成项目立项文件的交接工作，审查立项文件的完整性。如立项批复文件内容与项目实际情况不符，项目公司也应与原立项审批部门进行及时联系和沟通，并提出合理化建议。在必要的情况下，可作为新的项目法人向有关主管部门申请根据项目实际情况对原立项文件做进一步的调整和重新批复。

在项目建设阶段，项目法人的管理工作主要集中在建设项目施工的“三控制、二管理、一协调”工作，即进度控制、投资控制、质量控制，合同管理、信息管理和协调各方关系，对项目建设的工期、质量、造价、安全生产等进行全面的监督与管理。但鉴于PPP项目的特殊性，项目公司在建设阶段还应重点注意对项目成本的控制、国有资产的保值以及与政府主管部门的协调工作等。

（三）项目法人变更后的税收风险

如果PPP项目中双方约定项目资产的所有权归属项目公司，且项目公司已通过出让或划拨方式取得建设用地使用权的，在此过程中可能产生的税费包括：土地使用权出让金、契税、印花税以及因土地使用权归属于项目公司名下而产生的土地使用税。除此之外，当项目运营期届满项目公司向政府方移交资产时，又会产生增值税和所得税，对于项目公司的税费负担较重。特别是在采用TOT模式的存量PPP项目中，由于涉及两次资产移交过程，因此还可能导致重复缴税的风险。在目前PPP项目相关税收政府暂未出台的情况下，这些都需要提前在项目交易结构和回报机制中予以考虑，同时积极与政府税收部门沟通出台专项税收减免政策。

结　语

项目法人变更作为PPP项目实践中的常见问题，如不加以重视必然会对众多社会资本造成项目合作期内的若干风险。目前，PPP相关政策和实操层面都已提供了可供参考的项目法人变更路径，解决了以往因证照主体不统一导致责任不清、前期工作无法有效衔接等问题。但是，由于项目法人的变更也意味着项目管理、成本控制和税收筹划等责任的加大，社会资本应根据项目现实需要和自身风险承担能力等因素进行统筹考量，并合理安排项目法人的变更事宜。

第二十八章　如何借鉴世行经验对国内PPP项目进行有效监管

引　言

自2014年政府和社会资本合作(PPP)模式在我国兴起以来,PPP改革实践所取得的巨大成就和快速发展已得到全世界的瞩目。而世界银行集团(World Bank Group,以下简称“世界银行”或“世行”)作为全球范围内项目投融资的先行者,正在逐步开展与国内更加广泛的PPP合作。同时,世界银行在PPP模式领域内所积累的项目实践以及在项目风险管理上的先进经验,也无疑对我国寻求更加规范和理性的PPP发展之路具有重要的学习和借鉴意义。

一、世界银行与国内PPP的合作之路

长期以来,世界银行都在不断加深与中国在PPP项目上的合作,通过多次开展国际PPP研讨会以及积极参与国内PPP项目,推动中国PPP事业的发展。在2016年10月国际货币基金组织与世行秋季年会期间,世界银行副行长劳拉·塔克在题为“PPP改革在中国”的研讨会上,就对目前中国在基础设施PPP方面所取得的成果表示了肯定,同时也明确表达了与中国在PPP项目方面加强合作的意愿。

从目前已取得的合作成果来看,世界银行与国家财政部于2015年签署了中国—世行伙伴基金管理协议,并于2017年签署了旨在支持“一带一路”倡议的谅解备忘录。在PPP研究方面,世界银行最新发布了《PPP模式应用指南》(第三版)(PPP Reference Guide Version 3)和《2017年版PPP合同条款指南》(Guidance on PPP Contractual Provisions 2017 Edition),旨在帮助PPP业界人员在了解相关知识、解析关键问题的基础上,促进PPP合作理念和共识的传播和树立。同时,世界银行从2013年起就已积极参与到国内PPP项目的实践当中,为扶贫、教育、环保、城镇开

发等领域提供利率可观的项目贷款，以促进项目尽快落地，并带动了一批以宁波市世行贷款厨余垃圾处理厂 PPP 项目为代表的示范案例。

另外，根据国家发改委、财政部《关于我国利用世界银行和亚洲银行贷款 2017－2019 年备选项目规划的请示》（发改外资〔2017〕92 号）的意见，本期备选项目规划中世行的贷款规模将达到 25 亿美元，并重点支持农村扶贫开发、食品安全、政府和社会资本合作（PPP）示范及新型城镇化等专项规划和优先领域。可见，未来世界银行与国内 PPP 项目具有广阔的合作空间，在深化国内 PPP 制度改革、管控 PPP 项目风险、倡导 PPP 合作理念上世界银行也将发挥重要作用，成为促进我国 PPP 发展必不可少的一大推动力量。

二、借鉴世界银行经验助力国内 PPP 的发展之道

近年来，我国 PPP 改革实践受到了全世界的高度关注，在充分借鉴 PPP 市场成熟国家的经验基础上，我国已建立了较为全面的 PPP 政策框架、PPP 专门管理机构和 PPP 综合信息平台等制度顶层设计，也形成了良好的示范项目引导体制。然而，为了深化国内 PPP 政策制度建设，助力 PPP 项目更加规范和理性发展，世界银行的实践经验仍然具有重要的学习和借鉴意义。

（一）优化融资结构设计，提高项目可融资性

根据世界银行的观点，项目可融资性（Bankability）是 PPP 项目中的关键要素，甚至决定了能否通过采用 PPP 模式实现基础设施的采购。顾名思义，项目可融资性是指项目吸引债务性资金的能力，而吸引债务资金的能力则取决于贷款人对还款能力的信心，与之相关的，具体包含对于 PPP 项目的融资结构和融资风险分配两方面的思考。

在融资结构上，无追索权或者有限追索权的项目融资模式在国际 PPP 项目实践中较为常见，也逐渐为国内金融机构所接受。而在项目融资模式下，项目债务资金的还款能力取决于项目的经营性现金流是否充足，并且有适当的盈余应对现金流的变化风险。借鉴宁波市世行贷款厨余垃圾处理厂 PPP 项目的成功经验，为增加该项目的可融资性，政府方非常重视垃圾分类系统能力的整体规划，并提前布局

垃圾收费机制研究,将垃圾分类及收运、垃圾处理、政府能力及公众宣传等相结合[①]。同时,通过整合区域内同类领域项目及各方资源,实现生活垃圾、厨余垃圾和餐厨垃圾等各项目之间的资源化利用,通过系统性推进和项目整合协同方式实现充足的经营性现金流。

在融资风险的分配上,虽然根据PPP项目风险分配的原则惯例,融资风险主要由社会资本承担。在当前融资环境下,通过给社会资本必要的融资协助以降低项目融资成本和融资风险(包括再融资风险)也是政府方应有职责。此外,在PPP项目合作期间及合作期限届满后,政府同样面临如何通过合理的融资方案设计在接管项目的同时降低后续项目运作成本。这些都促使政府加强项目前期的筛选和评估工作,在设计PPP项目融资结构时平衡风险分配,既能保持项目的可融资性,又要避免承担不必要的风险。此外,让贷款方从项目初期就开始介入,尤其是在各投标人之间竞争较为激烈的情况下,也将有助于政府方在签署PPP项目合同之前对项目的可融资性进行合理判断。

(二)完善项目周期管理体系,实现项目信息综合评价

目前,虽然我国总体已经建立了PPP项目的政策框架,但是在效力层级上多数仍然停留在国家发改委和财政部的规范性文件,针对PPP项目的操作流程和项目管理缺少相应的法律法规和实施细则。而反观其他发达国家和国际组织对于PPP都具有严格和规范的程序性管理体制,以世界银行为例,针对每一个贷款项目其都有一套完整、严密和稳定的管理流程,称为“项目周期”(Project Cycle)。通过从《国别援助战略》的编制到项目评价共八个阶段,以实现对项目全周期的准备、监督和管理(具体如图6-4所示)[②]。

---

① 薛涛:《国际金融机构参与我国PPP的简要分析》,载http://www.h2o-china.com/column/878.html,最后访问日期:2018年11月10日。

② 详见世界银行官方网站:http://web.worldbank.org。

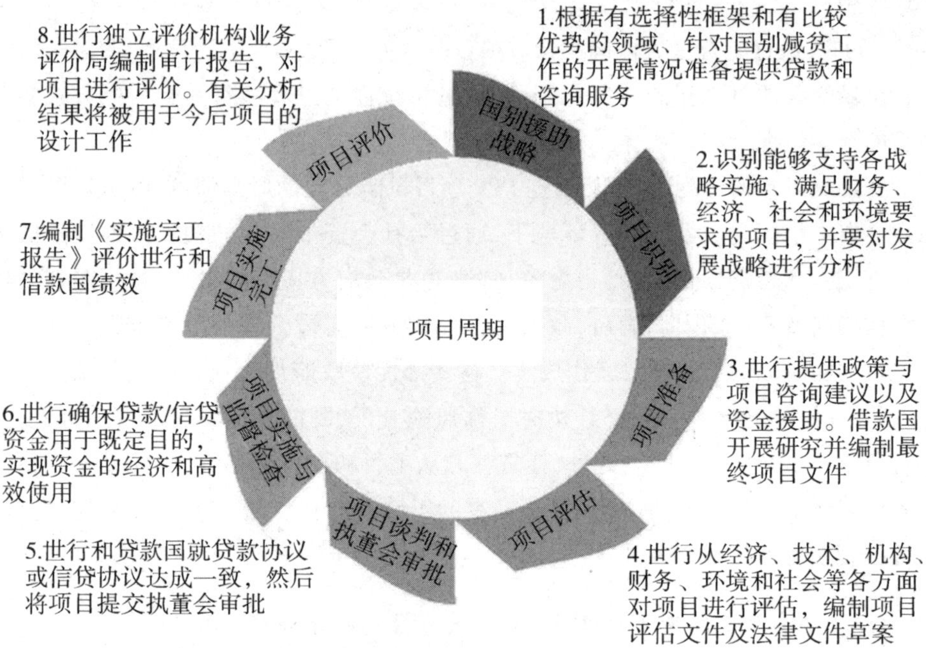

图 6－4　项目周期图

通过直观比较可以发现，国内在 PPP 项目全生命周期管理体系上仍有较大的提升空间，特别是在信息收集和总结评价方面。在项目前期世界银行就会重视项目的信息收集和公开工作，并在识别和准备阶段着手《项目概念文件》、《项目信息文件》和《环境评价报告》等文件的编制，对外公开项目的基本内容、建议目标、潜在风险、替代方案以及项目审批的大致时间表等，帮助社会公众和潜在投资人全面了解项目概况，并为提前对项目开展评估工作提供条件。在项目实施阶段，世界银行也会持续跟踪项目的进展情况，并对项目财务管理工作进行监督，包括要求定期提交经审计的财务报表，以确保项目合同得到执行。另外，在项目完工后世界银行业务评价局会对项目成果、成果的可持续性以及机构发展影响等进行评价，这些项目“二次评价”程序使得项目实现全面评估的同时，为将来其他项目提供了切实可行的参考依据。

（三）推进 PPP 采购制度改革，确保项目采购公正公平

强调项目采购的公开性和公平性一直以来都是世界银行所贯彻的基本原则，且只有在确保社会资本的采购过程与世界银行核心采购原则相一致的前提下才会

为该项目提供资金。根据世界银行2016年7月以后所实行的新采购框架(Procurement Framework)①,主要可以从以下三个方面加以借鉴,最大化地实现项目的采购目标。

第一,选择最合适的采购方式。在项目采购开始前,世界银行会对项目需求和风险进行全面分析,帮助政府方寻求最适宜的采购方式并确保采购流程能够与项目的规模、价值和风险相匹配。对此,宁波市世行贷款厨余垃圾处理厂PPP项目的做法就值得借鉴。为确保项目技术方案科学合理,优先引入创新型技术手段满足项目目标,该项目采用了两阶段招标方式,首先通过第一阶段的采购流程获取专业技术方案,其次在确定最优方案的基础上再由各供应商进行商务报价,并最终择优挑选社会资本最大限度实现项目的物有所值。

第二,通过项目采购实现物有所值。物有所值意味着以最有效率、最经济的方式使用资源,在达到项目效益的同时最大化地降低项目全生命周期的成本。但是,采购过程中价格因素并不是判断物有所值的唯一标准。为实现物有所值,就必须通过明确项目采购需求和目标,确保整个采购过程公开公正,设置合理的采购评审标准以及选择适当的合同安排和风险分配等多种途径,最大化地发挥PPP项目采购中竞争机制的作用。

第三,采购投诉制度的建立。在世界银行项目采购框架下,确定最优社会资本后并最终授予前存在至少10个工作日的停顿期(standstill period),允许其他供应商及相关利益方对采购文件、采购结果进行投诉或要求采购人对采购情况进行说明。而采购人也有义务及时公平地解决投诉,并保留所有情况说明、投诉及解决方案的完整记录。这种采购投诉制度的建立无疑会加强PPP项目采购的公正性和透明性,也会使得整个PPP市场更加规范。

(四)合理设定合同条款,体现项目"量身定做"

考虑到世界各国法律制度、PPP交易模式以及具体项目情况的差异性,在世界银行2017年发布的最新版《PPP合同条款指南》(以下简称"《指南》")中着重选取了实践中每一PPP项目中均可能遇到的主要法律问题,对其进行了详细论述,如不可抗力、终止补偿和争议解决等。同时,《指南》也强调了在制定合同条款时需要合

---

① 详见《关于世界银行项目发展采购战略》(Project Procurement Strategy for Development)的介绍,载http://www.worldbank.org/en/projects-operations/products-and-services/procurement-projects-programs,最后访问日期:2018年11月14日。

理评估每一 PPP 项目中的具体风险和问题,并根据项目情况对合同条款进行“量身打造”。

财政部《PPP 项目合同指南(试行)》序言部分中提到,PPP 项目兼具长期性、复杂性与多样性,项目所处地域、行业、市场环境等情况的不同,各参与方合作意愿、风险偏好、谈判能力等方面的差异,最终会表现为合同内容上的差异性。但是,从国内 PPP 项目实践来看,普遍存在合同内容“换汤不换药”的问题,甚至不同领域项目之间也存在合同“照搬照套”的现象,显然为将来项目具体实施埋下了隐患。

借鉴《指南》的观点,任何示范文本都并非全面,也并非适用于所有的 PPP 项目,考虑到每一个 PPP 项目的复杂性和特殊性,合同缔约双方均应在法律、财务和技术专家的协助下,在对项目状况进行广泛的尽职调查的基础上完成 PPP 项目合同和相关协议的签署,包括项目所属行业的成熟程度、项目所在地的法律环境、政府所意图转移风险的成本、项目的融资结构和回报机制等。

以不可抗力条件的起草为例,考虑到 PPP 项目合同的起草者未必能将期限长达 10 ~ 30 年甚至更久的合同将来所要面临的不可抗力情况考虑周全。所以,应当针对不同类型的 PPP 项目给出不同“不可抗力”起草方案。对于像污水处理这样的 PPP 项目,由于污水行业规范本身比较成熟、从业者对该类型项目的经验较为丰富,可以明确列出或将发生的不可抗力情形,所以使用“列举式清单定义”的方法起草不可抗力条款更为适合;而对于如片区开发之类体量大、子项目多的复杂项目或是旅游、文化、教育等创新型项目,则使用“开放式概括定义”的方法来定义更为合适①。

(五)加大项目信息披露,实现项目公开透明

长期以来,世界银行致力于 PPP 项目的信息披露工作以及项目库制度的建立,将其作为项目信息管理和保障公众知情权的有效手段,并于 2016 年发布了《PPP 项目披露框架》(A Framework for Disclosure in Public – Private Partnerships)。根据该文件的信息披露框架建议,可将项目信息披露分为采购前和采购后两阶段进行(具体如表 6 – 4 所示)。

---

① 详见世界银行《2017 年版 PPP 合同条款指南》第一章——不可抗力。

表6-4 PPP项目信息披露框架建议表

采购阶段	披露事项	具体内容
采购前信息披露	项目信息	经批准的项目简介、服务内容、估算成本、收入来源和计划采购日期
	采购文件	项目意向书、报价要求、征求意见书(包括评审标准和谈判标准等)、合同草案和项目细节报告
	评审情况	投标人名称、通过筛选的投标人短名单、中标候选人名称、投标谈判会议记录、所有在采购过程中的沟通记录、文件的修改情况
	项目报告	项目可行性报告、物有所值报告
采购后信息披露	基本信息	高级信息
	项目风险	重大风险、风险分配情况、风险降低方式、实际风险事件和成本
	选择PPP的理由	定性和定量分析,包括物有所值分析
	财务信息	融资结构、股权结构和表决机制、预测和实际的收入(包括政府保障的最低收入或其他收入分配机制)、预测和实际的股权回报
	政府支持	担保、补助、土地权利、服务费的支付等
	关税	关税计算方式和相关规定
	重大合同签署情况	合同概况、投标方式、价格和供应商的名称和地址
	履约情况	针对目标的实际履约情况、针对合同履行的实际惩罚措施、独立工程师或审计师的履约监管报告、用户反馈意见或调查
	合同终止情况	终止条款、移交条款
	再谈判和变更情况	变更日期、项目成本、财政支付义务、或有责任、风险分配、关税以及费用支付的变更细节

国内早在2015年就通过PPP综合信息平台的建立,搭建了PPP项目库和信息披露制度的基本框架,并于2017年相继发布财政部《政府和社会资本合作(PPP)综合信息平台信息公开管理暂行办法》(财金〔2017〕1号)和《关于规范政府和社会资本合作(PPP)综合信息平台项目库管理的通知》(财办金〔2017〕92号),进一步细化了PPP项目的信息披露制度。从信息披露的内容来看,已经基本涵盖了从项目识

别、准备到项目采购、执行阶段的所有关键项目信息，以及对于信息公开的具体公开时间和内容要求。但是，从规定的实际执行情况来看并没有达到预期的效果，特别是在项目执行阶段的信息公开问题上，在 PPP 综合信息平台上多数进入执行阶段的项目并没有做到信息的适时公开，包括项目公司的设立情况、融资交割情况、绩效考核情况以及项目再谈判和合同的变更情况等。对此，除了从行政监管角度进一步加大关于项目信息公开的监察和处罚机制，同时应为社会公众搭建切实有效的监督平台或者投诉渠道，保障相关利害关系人在项目采购和执行过程中依法维护自身权益，同时对于项目整改过程和结果进行公示，进一步加强 PPP 项目中社会公众对政府行为的监督。

结　语

过去，我国 PPP 改革的发展得益于对于国际先进经验的充分借鉴；未来，PPP 的规范发展仍然离不开对于国际优秀经验成果的消化吸收，并立足国情，进一步加强 PPP 标准化和透明度的建设。世界银行作为国际 PPP 项目的先行者，在优化融资结构设计、完善项目周期管理体系、推进 PPP 采购制度改革、合理设定合同条款和加大项目信息披露方面已经为我们指明了前进方向，只有在充分学习和借鉴的基础上，我国 PPP 发展之路才会走得更加长远。

第七篇　项目公司治理困境破解

- 第二十九章　如何合理设计PPP项目公司治理结构
- 第 三 十 章　如何合理设置政府方股东/董事的“一票否决权”
- 第三十一章　PPP项目公司管理僵局如何破解

第二十九章　如何合理设计 PPP 项目公司治理结构

引　言

PPP(政府和社会资本合作)模式是政府方和社会资本方在基础设施及公共服务领域建立的一种长期合作关系,而 PPP 项目公司则是双方通过契约形式进行项目合作的重要载体。通常情况下,为了优化项目管理和运作,政府方出资代表与社会资本方共同出资设立项目公司,发挥各自优势,共担风险,共享收益。

但是,由于 PPP 模式与传统民事主体间的合作关系有所不同,加之 PPP 项目经营期限长、参与主体身份特殊等特征,传统的公司治理模式已经无法满足 PPP 项目公司的治理要求。因此,有必要从理论上厘清 PPP 项目公司治理的特征和原理,进一步合理化 PPP 项目公司的治理结构和具体管理模式。

一、PPP 项目公司治理结构的主要特征

通常情况下,PPP 项目公司的治理结构具有以下特性:

(一)PPP 项目公司治理受到多层级法律法规的影响

传统公司(包括有限责任公司和股份有限公司)的治理结构主要受到《公司法》的约束,《公司法》作为一部商事法律规定了公司的组织机构及其各自职能、公司股东的基本权利等,其作用是为了规范公司的组织和行为,保护公司和股东的合法权益。

但是,PPP 项目公司在治理结构上除了受到《公司法》的约束之外,还受到了 PPP 相关法规政策的影响,最显著的就是对于政府方在项目公司中所持股权比例的规定,财政部颁布的《PPP 项目合同指南(试行)》中规定了政府在项目公司中的持

股比例应当低于50%且不具有实际控制力及管理权。虽然该规定不属于强制性的法律规定,但是实践中PPP项目基本上都遵从了这一原则。

(二)PPP项目公司股东的身份特殊性

PPP项目合作性质的特殊性导致了PPP项目公司股东的特殊性,一方是具有行政公权力的政府方股东,另一方则是依靠市场化运营的社会资本股东。主体性质的不同导致了双方各自所追求目标的不同,社会资本作为商业组织必然追求自身利益的最大化,而代表公众的政府部门则追求的是社会公共利益的最大化。这种身份的特殊性和目标的不一致性所导致的则是在公司治理过程中的信息不对称性,如果缺少有效的监督管理机制,社会资本可能会利用自身的信息优势谋求自身利益最大化而损害社会公共利益,政府也可能利用自己的强势地位打着保护公众利益的旗号损害社会资本的利益。

(三)PPP项目公司股东权利与所持股权比例的非对等性

在传统公司治理层面,公司发起人共同出资设立公司,且在《公司法》的引导下,股东会会议通常由股东按照出资比例行使表决权,同时股东也会按照实缴的出资比例分取红利。但是,如前所述,在PPP项目公司中为了防止社会资本方股东滥用股东权利损害公众利益,政府方股东虽然出资较少,但是针对公司重大表决事项通常会设置一票否决权或提高决议通过所需的表决权比例。另外,为了对社会资本方形成激励并提高项目的整体收益水平,在利润分配机制的设置上,政府方股东通常也会选择不参与分红。因此,无论是在表决权的行使上或是利润的分配方式上,都与PPP项目公司股东实际所持的股权比例具有非对等性。

(四)PPP项目公司治理与项目治理的高度关联性

PPP项目公司作为为项目实施而设立的特殊目的公司,其公司治理结构必然与项目治理密不可分。PPP项目的本质即在于正确处理政府、市场和社会三者之间的关系,因此PPP项目公司的治理核心目标也应当是实现三者的有机统一。PPP项目中,政府已由在传统方式下公共设施和服务的提供者转变为规制者、监督者和合作者(有时还是购买者),社会力量的参与度上升但是仍应受制于政府监管和市场规律的作用,适度的政府监管能从项目计划、行政手段和法律制约等方面为项目提供良好的外部环境,而成熟、良性的市场环境则是社会资本通过提供公共服务获取合理收益的前提。因此,为达到 PPP 项目公司的最佳治理必然需要实现对政府、社会和市场三者的有机融合与协调。

二、PPP 项目公司治理结构的设计原理

笔者认为,在政府方和社会资本方合资设立 PPP 项目公司并根据双方约定分别委派董事对项目公司进行管理之前,应当根据项目情况对 PPP 项目公司的治理结构,如股权比例的分配、股东表决权的行使以及董事会和经营管理机构的组成等进行充分而全面的考量。通常情况下,对于项目公司治理结构的设计可从以下几个方面把握:

(一)公平 vs. 效率

在传统公司治理中,公平主要指公司股东对权利平等、利益分配平等的价值追求,而效率则是指股东之间通过有效的表决机制实现资源的有效配置。但是,在 PPP 项目的大环境下公平与效率也应当具有更加深层的意义。一方面,由于 PPP 项目具有的特殊性和公共性,项目公司的治理必然要满足公众对有关社会公共利益事项的知情权和参与权,因此需要通过政府方股东参与公司治理得以实现;另一方面,由于 PPP 项目的最终目标是通过社会资本的引入向公众提供更高质量的设施和更具效率的公共服务,这些都离不开项目公司经营层面高效的决策机制,因此 PPP 项目公司的治理更加强调公平与效率的统一。

对此,笔者认为,公平是双方合作的基础,这是应当确立在先的原则,在 PPP 项目公司治理结构的设计过程中应当充分保障政府方作为公司小股东的基本权利,如向公司推荐董事、监事和高级管理人员的权利;委派股东代表参加公司股东会对所议事项进行表决的权利;查阅、复制公司章程、股东会决议、董事会决议、监事会决议和财务会计报告,要求查阅公司会计账簿的权利等。但是,合作效率则决定了公平的程度,同时效率也有利于促进双方合作的公平开展。因此,对于多数与公共利益和股东平等权利无关的公司事项的表决机制设置上,不宜随意采用提高表决权比例的通过方式或者赋予政府方股东一票否决的权利,以提高项目公司日常经营管理的效率,避免公司经常陷入治理僵局的局面。

(二)政府监管 vs. 公司自治

从 PPP 项目全生命周期来看,PPP 项目中地方政府的监管贯穿于项目前期、建

设、运营和移交的各个阶段，且在不同的项目阶段具有不同的监管内容，如项目前期主要包括立项审批等前期手续的监管和社会资本方准入监管；建设阶段主要包括对工程进度控制、工程质量保障、施工安全管理、资金安全管理、竣工验收等方面的监管；运营阶段的监管主要包括服务质量监管、服务价格调整监督、运营成本控制、运营绩效评价和项目中期评估等内容；移交阶段的监管主要包括移交验收、缺陷责任保证、项目后评价等方式。这些都能成为政府方有效监管社会资本经营活动，保证项目有序进行的有力抓手。

另外，在PPP项目合同中通常会设置在特殊情况下的政府介入权，包括项目公司擅自以出售、转让、出租、抵押等方式处置项目设施或项目经营权；建设过程中存在重大安全隐患且拒不整改，危及或者可能危及公共利益、公共安全；因管理不善，发生重大质量、生产安全事故；或者擅自停业、歇业，严重影响社会公共利益和公共安全等情况下，实施机构有权实施临时介入，这些权利都进一步保障了政府方对项目的全面掌控。因此，笔者认为，在政府监管体系已经较为完备的前提下，政府方在项目公司层面可以适当考虑简政放权，由政府方股东按照“抓大放小”的原则，保留对日常经营管理进行监督以及对重大事项表决的权利，而对于其他事项给予项目公司充分的自治空间。

（三）事前防范 vs. 事后救济

在项目公司治理结构的设计过程中，也可以考虑将待决事项分为必须通过政府方股东监管方式进行事前防范的事项，与政府能够通过事后救济措施减少不良影响和损失的事项。例如，对于项目公司擅自以出售、转让、出租、抵押等方式处置项目设施或项目经营权或者擅自停业、歇业等可能严重影响社会公共利益和公共安全的情形，或其他可能与政府及其主管部门的相关规章制度相冲突的事项，针对该等风险政府方股东应当进行重点监管。而针对其他政府方能够通过后续协商、行政命令或争议解决等方式进行事后救济的事项，则可以相对减少对项目公司决策的干预。

（四）双方特别约定 vs. 登记管理要求

实践中，笔者发现存在股东双方虽然就PPP项目公司治理问题达成一致意见并通过公司章程加以落实，但是由于受制于地方公司登记管理要求导致无法就相关特殊约定安排进行备案的情形。对此，笔者认为，在项目公司治理结构的设计过程中还应当咨询地方公司登记机关的相关意见。如果公司登记机关要求采用其统一公司章程模板进行登记备案的，股东双方就特别约定事项通过签订补充协议方式加以明确，但其前提是约定内容不应与已登记备案的公司章程内容相矛盾，仅作为公司章程的补充适用。

三、PPP项目公司治理的具体形式

传统意义上的公司治理结构包含以下方面：公司控制权的分配、董事会、经营管理机构的组成以及股东会、董事会表决机制的设置等，笔者针对该等内容进行具体探讨。

（一）公司控制权的分配

PPP模式的采用其主要目的是通过引入社会资本，以发挥社会资本在项目投资、建设、融资、运营与维护等方面的优势，以提高PPP项目的服务供给效率和服务质量。另外，在风险分配机制方面，由于社会资本承担了项目设计、建设、财务、运营维护等商业风险，而这些风险控制需要通过对项目公司经营决策权的控制来实现，因此笔者认为，在项目公司的控制权分配问题上，应当给予社会资本对PPP项目公司的充分自主经营权，且应当遵守财政部颁布的《PPP项目合同指南（试行）》中有关政府在项目公司中的持股比例应当低于50%且不具有实际控制力及管理权的规定。

（二）股东会表决机制的设计

如前所述，PPP项目公司股东表决权与股权比例通常存在非对等性，即政府方进行象征性地出资以换取股东会议的参与权、表决权以及项目公司日常经营事项的知情权与监督权，笔者建议PPP项目公司股东会表决机制应当依据各方持有股权比例进行相应设置。例如，对于政府方股东持股比例不足1/3的情形，可以采用超级多数表决机制安排：即股东会一般事项仍由代表1/2以上表决权的股东通过；重大事项（如作出修改公司章程、增加或者减少注册资本的决议，以及公司合并、分立、解散或者变更公司形式的决议）则可设置高于三分之二的表决通过比例，从而在实现社会资本股东对项目公司日常运营的决策权同时，确保政府方股东对于股东会重要事项的否决权。

（三）政府方股东一票否决权的设置

为避免社会资本利用信息优势谋求自身利益最大化而损害社会公共利益，同时出于对重大事项可能导致的风险进行提前防范，在前述股东会表决机制安排之外还应当允许政府方对 PPP 项目公司经营中涉及公共安全与公众利益事项享有一票否决权。但是，笔者认为，为防止政府滥用其一票否决的权利导致项目公司陷入治理僵局，此处涉及公共安全与公众利益的事项不应作扩大化理解，通常仅应包括转让、出租、质押经营权或处置、抵押项目设施；停业、歇业计划会影响到社会公共利益和公共安全的；可能造成重大质量、安全责任事故的经营活动，会严重影响公众利益的；可能导致公司被相关部门做出歇业、停业等严重处罚的违法经营行为。

（四）董事会的组成和表决机制的设计

根据传统的公司治理规定，董事会的组成原则上是根据股东各自出资比例来分配各方委派的董事，但在 PPP 项目政府出资代表参股的情况下，政府方为了避免社会资本完全控制董事会，在委派董事人数上并不完全遵循股权比例。但同样地，在董事会的组成上政府方不应占据主导地位。

在董事会的表决机制上，笔者建议同样采用根据各方股东委派董事人数设置合理的表决机制，如对于一般事项应由出席会议董事的过半数通过；重大事项（如对总经理、副总经理和财务总监的任免、公司年度经营计划和财务会计制度的批准、对公司重大资产的处置等）由出席会议的所有董事 2/3 以上同意通过。而政府方出资代表委派的董事的一票否决权可以参照政府方股东代表所享有的一票否决权设置，且注意应仅限于公共利益或公共安全的事项，不作扩大化解释。另外，实践中，为防止公司章程对于董事表决机制的表述不清（如出席会议董事过半数即为通过还是全体董事过半时方才通过）造成董事间的纠纷，公司章程中还应当对出席董事会会议的法定董事人数进行约定，通常情况下，董事会会议应当有 2/3 以上董事出席方能举行，且每名董事享有一票表决权。

（五）经营管理机构的组成

PPP 项目公司经营管理机构通过由总经理、副总经理（多名）、财务负责人等组成。为提高项目公司日常经营事项决策效率，给予社会资本充分的自主经营权，项目公司总经理通常由社会资本提名，副总经理可以有多名并由社会资本和政府出资代表分别提名，如政府方出资较少则仅提名一名副总经理负责对日常经营活动的监督即可。由于社会资本主要承担了项目投融资的风险，因此，财务总监通常也由社会资本委派，而政府方可以委派一名财务副总监负责监督社会资本对项目公司资金的专款专用，确保项目的顺利进行。

结　语

综上，基于PPP项目的复杂性和行业的差异性，对于项目公司治理结构的设计不应千篇一律，合作双方需要综合考量监管政策、融资能力、行业特点等众多因素，基于笔者上述PPP项目公司治理的特征和原理，进一步合理化PPP项目公司的治理结构和管理模式，推进项目顺利实施。

第三十章　如何合理设置政府方股东/董事的“一票否决权”

引　言

PPP项目公司不仅是政府方与社会资本方开展合作的平台，也是实施和经营项目的主体。根据《财政部PPP项目合同指南（试行）》的规定，政府方出资代表在项目公司中的持股比例应当低于50%，且不具有实际控制力及管理权。实践中，为保障公共利益以及政府方参与主体对项目公司的监督权，在PPP项目公司的公司章程或股东协议中，通常会针对特定事项，约定“政府方股东/董事的一票否决权”条款，或设置类似“全体股东/董事一致同意方可通过”的表决机制安排，以保证政府方能够以小股东身份有效监督管理项目公司的经营行为，成为社会资本方头顶的“达摩克利斯之剑”。

基于对PPP模式发展的现状与思考，本章将理论分析与司法实践相结合，深入探讨此类条款中可能蕴含的法律风险与防范建议，供PPP项目各参与方实践参考。

一、PPP项目中政府方“一票否决权”的表现形式

经在PPP项目库中检索，实践中政府方在项目公司章程或股东协议中所设置的“一票否决权条款”有多种表现形式，具体可参考以下项目案例：

（一）晋中市餐厨废弃物处理PPP项目

“股东会作出决议，必须经全体股东所持表决权的三分之二以上通过；但增加或者减少注册资本的决议，公司合并、分立、解散或变更公司形式等重要事项需由全体股东一致通过。政府在实质性改变项目合同权利方面的重大事项拥有一票否决权。”

(二)河北省保定市涿州市南水北调地表水厂及配套管网项目

“公司股东会由全体股东组成。股东会是公司的权力机构,股东会会议由股东按出资比例行使表决权。股东会作出决议,必须经全体股东所持表决权的三分之二以上通过;但增加或者减少注册资本的决议,公司合并、分立、解散或变更公司组织形式等重要事项需由全体股东一致通过。”

“董事会做出决议,必须经全体董事的2/3以上通过,但制订增加或者减少注册资本方案,拟定公司合并、分立、变更公司组织形式、解散方案,需经全体董事一致通过。同时,政府方出资代表委派的董事对影响公共利益或公共安全的事项享有一票否决权。”

(三)河北省邢台市南水北调配套工程召马地表水厂项目

“本项目作为邢台市南水北调的配套工程,对于优化城市供水系统起着重要作用,是城市供水安全的关键组成部分。政府派驻的董事,对于项目公司建设和生产期间涉及的制水、输水、配供水等危及城市供水系统稳定的重大安全问题,具有一票否决权。”

可见,PPP项目中通常可通过两种方式实现政府方对于特定事项的控制权:一是提高部分股东会/董事会决议事项的表决通过要求(所谓的“超级多数”条款,super-majority provision),以匹配政府方所持有的股权比例或董事会席位;二是针对特定事项(如涉及公共利益和公共安全的事项)单独设置政府方的“一票否决权”条款。从两种方式的效果来看,无论是“超级多数”条款还是“一票否决权”条款,当政府方股东/董事对所表决事项投出反对票时,即可确保该决议不能通过,均可实现政府方诉求。但从两种方式的法律实质来看,“超级多数”条款下每一股或每一董事席位所拥有的表决权利是平等的,社会资本方所投出的反对票同样可起到否决所表决事项的效力,而“一票否决权”条款下政府方和社会资本方的表决权利却是不对等的,社会资本方所投出的反对票并不能起到当然否决所表决事项的效力。因此,两种方式仍存在一定的差异,需要分别进行分析。

二、公司章程能否约定"一票否决权"或"超级多数"条款

(一)关于股东会决议

1."一票否决权"条款的效力

如前所述,"一票否决权"条款实际上赋予了政府方股东高于社会资本方的表决权利,带有"同股不同权"的特征,但是该种安排并不为《公司法》所禁止。其法理依据为《公司法》第 42 条,"股东会会议由股东按照出资比例行使表决权;但是,公司章程另有规定的除外"。即在一般情形下有限责任公司的股东应当"同股同权"的表决权利,但如公司章程对股东表决权有特别规定的,在适用顺序上公司章程规定优先。从司法实践来看,也并不否定该种特别安排的效力,如上海市第二中级人民法院(2014)沪二中民四(商)终字第 909 号判例①中,即认可股东之间约定的创始人股东享有"在股东会行使的职权或者按照章程董事会须报股东会批准的事项,对决定或批准事项拥有否决权"的特别权利。

2."超级多数"条款的效力

有限责任公司的股东会决议事项,分为普通决议事项和特别决议事项。其中,普通决议事项的最低通过比例,按照《公司法》第 43 条②第 1 款的规定,可在公司章程中自行约定,尽管实践中一般采取简单多数(超过 1/2 表决权即可)的安排,但提高该比例也不违反法律规定。对于特别决议事项,按照《公司法》第 43 条第 2 款的规定,必须经代表 2/3 以上表决权的股东同意才能通过,那么,通过"超级多数"条款设置更高的表决通过比例是否符合法律要求呢?笔者认为,该种做法并不违反《公司法》第 43 条的规定,在司法实践中,各地司法机关亦对此观点持肯定态度,譬如:

上海市第二中级人民法院(2012)沪二中民四(商)终字第 896 号《上海米蓝贸易有限公司与孙某公司决议撤销纠纷一案二审民事判决书》的裁判观点如下:

《公司法》对股东会决议的生效程序作了相应规定,即第 44 条(笔者注:2013 年修订前的《公司法》条款号)第 1 款规定"股东会的议事方式和表决程序,除本法有

---

① 曾奕与上海产联电气科技有限公司公司决议撤销纠纷案,案号:(2014)沪二中民四(商)终字第 909 号,载中国裁判文书网。

② 《公司法》第 43 条规定:"股东会的议事方式和表决程序,除本法有规定的外,由公司章程规定。股东会会议作出修改公司章程、增加或者减少注册资本的决议,以及公司合并、分立、解散或者变更公司形式的决议,必须经代表三分之二以上表决权的股东通过。"

规定的外,由公司章程规定”。该条第2款同时规定,“股东会会议作出修改公司章程、增加或者减少注册资本的决议,以及公司合并、分立、解散或者变更公司形式的决议,必须经代表三分之二以上表决权的股东通过”。从上述法律规定来看,对于如何修改公司章程,公司法规定了“三分之二以上表决权”的最低限度,即必须达到2/3以上,但对上限并无限制。因此,公司章程中如规定了超过公司法规定的最低限度要求的表决程序的,法律上并不禁止,应属公司自治范围的内容,并未违反法律的强制性规定。

(二)关于董事会决议

1.“一票否决权”条款的效力

对于有限责任公司董事享有“一票否决权”的条款是否有效的问题存在两种观点,而这两种观点的法律依据都是《公司法》第48条[①]的规定。

肯定的观点,主要是认为《公司法》第48条第1款规定为董事“一票否决权”提供了法律依据;同时认为董事“一票否决权”也符合有限责任公司“人合性”的特征。而否定的观点,主要是认为《公司法》第48条第3款规定的董事“一人一票”制度已经明确否定了部分董事拥有高于其他董事的表决权,并认为,第48条第1款中的“董事会议事方式和表决程序”并不包含董事表决权的内容。

笔者倾向于后一种观点。《公司法》第42条在规定股东的表决权时,除了法定的“一股一权,同股同权”规则外,还允许公司章程进行例外安排。而第48条第3款在规定董事的表决权时,限定了“一人一票”的规则,并未允许其他例外安排,同时第48条第1款采用的是“除本法有规定的外,由公司章程规定”的表述,意即公司章程不允许规定与《公司法》相冲突的表决权规则,这与第42条的规定相比显然是大相径庭的。

由于司法实践中与董事“一票否决权”有关的纠纷案例并不多见,目前笔者仅检索到南京市中级人民法院(2018)苏01民终3636号判例[②],但该案例的特殊性在于公司章程中同时设置了特定董事的“一票否决权”和全体董事一致决的“超级多

---

① 《公司法》第48条规定:“董事会的议事方式和表决程序,除本法有规定的外,由公司章程规定。
董事会应当对所议事项的决定作成会议记录,出席会议的董事应当在会议记录上签名。
董事会决议的表决,实行一人一票。”

② 党凯与南京赛世仙林房地产开发有限公司、计东、史俊新公司决议效力确认纠纷案,案号:(2018)苏01民终3636号,载中国裁判文书网。

数”条款,二审法院在判决时仅对“超级多数”条款的效力进行了认定,而回避了对于“一票否决权”条款的效力认定。

2.“超级多数”条款

对于有限责任公司董事会决议的最低表决通过比例,《公司法》并无要求,应在公司章程中进行明确,可以是简单多数,也可以是2/3以上,甚至也可以规定全体董事一致同意方能通过,均不违反《公司法》规定。

(三)小结

综上,从《公司法》法理与司法实践的角度来讲,PPP项目公司章程中设置股东会/董事会决议的“超级多数”条款以及政府方股东的“一票否决权”条款通常都是有效的,但政府方董事的“一票否决权”安排是否符合《公司法》规定仍存在争议,建议在公司章程中应当谨慎使用。

三、“一票否决权”等表决规则给公司治理带来的难题

(一)“一票否决权”等表决规则可能形成公司决策僵局,存在公司被判令解散的风险

《公司法》第182条规定:“公司经营管理发生严重困难,继续存续会使股东利益受到重大损失,通过其他途径不能解决的,持有公司全部股东表决权百分之十以上的股东,可以请求人民法院解散公司。”《公司法司法解释(二)》第1条也规定:“单独或者合计持有公司全部股东表决权百分之十以上的股东,以下列事由之一提起解散公司诉讼,并符合公司法第一百八十二条规定的,人民法院应予受理:(一)公司持续两年以上无法召开股东会或者股东大会,公司经营管理发生严重困难的;(二)股东表决时无法达到法定或者公司章程规定的比例,持续两年以上不能做出有效的股东会或者股东大会决议,公司经营管理发生严重困难的;(三)公司董事长期冲突,且无法通过股东会或者股东大会解决,公司经营管理发生严重困难的;(四)经营管理发生其他严重困难,公司继续存续会使股东利益受到重大损失的情形。”

因此,虽然“一票否决权”与“超级多数”条款能够成为小股东在公司经营过程中有效制约和监督大股东行为的“武器”,但是当外部情况发生重大变化,或双方意见长期不能保持一致时,就会引发股东会机制失灵的“公司僵局”现象,进而可能导致公司发生被人民法院判令解散的风险。在司法实践中,此种情况并不罕见,如最

高人民法院(2017)最高法民申2148号[①]和江苏省高级人民法院(2010)苏商终字第0043号[②]判例,法院均支持了原告提出解散公司的诉请。上述判例中涉诉公司尽管并非PPP项目公司,但显然对于PPP项目公司而言,风险是类似的。

(二)PPP项目公司陷入决策僵局后可能损害股东及社会公共利益

如上所述,公司在陷入股东会/董事会决策僵局后,可能会导致公司经营管理发生严重困难,使股东利益受到重大损失;但对PPP项目公司来讲,基于其所提供产品和服务的公共性,一旦公司陷入经营管理困境,除了上述不良后果之外,还可能发生损害社会公共利益和公共安全的严重后果。

而从陷入决策僵局后的救济路径来看,对于一般的公司,如果符合《公司法》规定的情形,即可向人民法院提起公司解散之诉;但PPP项目公司一旦解散,势必导致公共服务的停止,如果相关各方届时不能提供可行的替代解决方案,显然人民法院从公共利益和社会稳定性角度考虑,未必会轻易支持解散公司的诉讼请求,从而导致PPP项目公司长期陷入困境,社会资本股东无法通过合法途径退出的风险。

四、关于PPP项目公司合理设置“超级多数”和“一票否决权”条款的建议

(一)“超级多数”条款不应限缩社会资本股东在项目公司治理中的合理权利

从PPP模式的实施目的来看,是需要引入社会资本在PPP项目的投融资、建设和运营中发挥主导作用,一旦给予太多的限制,一方面可能损害社会资本的合理利益,另一方面也不利于发挥社会资本方的主观能动性和积极性。而从政府方在PPP项目中的角色来讲,应该主要定位于“监督者”的身份,对于PPP项目实施以及项目公司治理中的重要事项及涉及公共利益的重大事项进行监督和参与决策。因此,在设置股东会/董事会的“超级多数”表决规则时,不应采取“一刀切”的方式,而是应当在规定政府方股东对于重要事项(一般指《公司法》规定的特别决议事项,也可包含部分重要的普通决议事项)享有否决权的同时,确保社会资本方股东对于其他普通决议事项的控制权。

例如,以上文中提到的河北省保定市涿州市南水北调地表水厂及配套管网项

---

① 董占琴、长春东北亚物流有限公司公司解散纠纷案,案号:(2017)最高法民申2148号,载中国裁判文书网。

② 林方清与常熟市凯莱实业有限公司公司解散纠纷案,案号:(2010)苏商终字第0043号,载中国裁判文书网。

目为例,其 PPP 项目公司中政府方股东和社会资本股东的持股比例分别为 30% 和 70%,其"超级多数"规则把"增加或者减少注册资本的决议,公司合并、分立、解散或变更公司形式等重要事项"的表决通过比例提高为"全体股东一致通过",对于其他事项确定了 2/3 以上表决权即可通过的规则,因此仍然保留了社会资本股东对于项目公司治理常规事项的决策控制权。

(二)针对"一票否决权"设立严格的适用范围与适用情形

一方面,政府方股东所享有的"一票否决权"应当主要限定于涉及公共利益和公共安全的事项,例如,项目公司(1)可能造成重大质量、安全责任事故的经营活动;(2)不正当理由停业、歇业计划;(3)可能导致群体事件发生的事项;(4)可能导致项目公司被相关部门作出歇业、停业等严重处罚的违法经营行为;(5)可能影响到社会公共利益和公共安全的其他事项等。另一方面,为避免政府方滥用"一票否决权"进而对公司和其他股东造成损害,还需要对适用"一票否决权"设定严格的适用条件。例如,针对某一重大决策不能连续使用"一票否决权"、某一时间段可以使用"一票否决权"的次数等。

(三)提前考虑公司陷入决策僵局的救济路径

建议在社会资本方与政府方股东为设立项目公司而签署的股东协议中,提前对 PPP 项目公司出现因"一票否决权"等安排导致股东会机制失灵等僵局情形的救济路径进行约定,一方面避免股东利益长期遭受损失,另一方面避免对公共利益造成不良影响。同时需要注意股东协议的终止机制应当和项目公司与实施机构签署的 PPP 项目合同中的终止机制进行统筹考虑,以免因两者的不匹配而产生争议。

结　语

总而言之,PPP 项目公司的治理是一个系统性的工程,既要符合《公司法》的相关规定,也要考虑 PPP 项目所特有的公共属性,如何合法合规地设置政府方在 PPP 项目公司中的特别表决权利,同时确保其他各方的合理权利不受影响,达到合作共赢的目的,是实践中值得反复深入思考的课题。同时,考虑到 PPP 项目合作的长期性,为保障项目的顺利实施并向公众提供稳定和优质的公共服务,笔者也建议在项目的初始阶段,参与各方即应提前邀请行业专家和律师为项目保驾护航,从而降低项目后续发生争议的风险,最终实现 PPP"物有所值"的目的。

第三十一章　PPP 项目公司管理僵局如何破解

引　言

“PPP 是一场婚姻,不是一场婚礼”,但是“幸福的家庭家家相似,不幸的家庭却各有不同”,在 PPP 项目漫长的运营期间,政府方与社会资本方在以项目公司为平台载体进行合作时,同样会因为各种原因而导致合作进入泥淖,而反映在 PPP 项目公司层面,则称为公司僵局。

本章将结合公司法的普遍性视角与 PPP 模式的特殊性,综合分析 PPP 项目公司僵局的具体表现与成因,并为破解 PPP 项目公司僵局提出有益的建议。

一、一般商事活动中的公司僵局

公司僵局并非法定术语,而是在《公司法》(2013 年修订)第 182 条中所提出的一种可提起公司解散之诉的公司状态,主要表现为:公司经营管理发生严重困难,继续存续会使股东利益受到重大损失,且通过其他途径不能解决。《公司法司法解释(二)》第 1 条对这种状态又作了列举性的规定,包括:

1. 公司持续两年以上无法召开股东会或者股东大会,公司经营管理发生严重困难的;

2. 股东表决时无法达到法定或者公司章程规定的比例,持续两年以上不能做出有效的股东会或者股东大会决议,公司经营管理发生严重困难的;

3. 公司董事长期冲突,且无法通过股东会或者股东大会解决,公司经营管理发生严重困难的;

4. 经营管理发生其他严重困难,公司继续存续会使股东利益受到重大损失的情形。

同时,最高人民法院强调了认定公司僵局的指导思想,“这里的经营管理的严重困难不能理解为资金缺乏、亏损严重等经营性困难,而应当理解为管理方面的严重内部障碍,主要是股东会机制失灵,无法就公司的经营管理进行决策:这里的股东利益受损不是指个别股东利益受到损失,而是指由于公司瘫痪导致公司无法经营造成的出资者整体利益受损”。上述指导思想在最高人民法院的司法实践案例中也有体现。

最高人民法院指导案例 8 号:江苏省高级人民法院(2010)苏商终字第 0043 号“林方清诉常熟市凯莱实业有限公司、戴小明公司解散纠纷案”的裁判观点如下:

首先,根据《公司法》第 183 条和《公司法司法解释(二)》第 1 条的规定,判断公司的经营管理是否出现严重困难,应当从公司的股东会、董事会或执行董事及监事会或监事的运行现状进行综合分析。“公司经营管理发生严重困难”的侧重点在于公司管理方面存有严重内部障碍,如股东会机制失灵、无法就公司的经营管理进行决策等,不应片面理解为公司资金缺乏、严重亏损等经营性困难。本案中,凯莱公司仅有戴小明与林方清两名股东,两人各占 50% 的股份,凯莱公司章程规定“股东会的决议须经代表二分之一以上表决权的股东通过”,且各方当事人一致认可该“二分之一以上”不包括本数。因此,只要两名股东的意见存有分歧、互不配合,就无法形成有效表决,显然影响公司的运营。凯莱公司已持续 4 年未召开股东会,无法形成有效股东会决议,也就无法通过股东会决议的方式管理公司,股东会机制已经失灵。

其次,由于凯莱公司的内部运营机制早已失灵,执行董事戴小明作为互有矛盾的两名股东之一,其管理公司的行为,已无法贯彻股东会的决议。林方清作为公司监事不能正常行使监事职权,无法发挥监督作用。由于凯莱公司的内部机制已无法正常运行、无法对公司的经营作出决策,即使尚未处于亏损状况,也不能改变该公司的经营管理已发生严重困难的事实。

综上所述,一般商事活动中的公司僵局,是指公司在运营过程中由于管理方面出现严重内部障碍,如股东会机制失灵、公司经营管理无法决策等直接导致公司无法正常运转甚至瘫痪,并最终造成公司股东利益受损的一种状态。而 PPP 项目公司作为承载 PPP 项目具体实施的特殊目的公司,一方面,需要遵循商事活动的一般规律,按照《公司法》等相关规定进行运作;另一方面,基于 PPP 项目的公共性,项目公司负有稳定提供公共产品和服务的义务,一旦其陷入瘫痪状态,除造成对出资者的经济损失外还会对社会公共利益造成影响。

二、导致 PPP 项目公司僵局的成因

(一)PPP 项目中政府方与社会资本方存在不同诉求

PPP 模式是基础设施和公共服务领域的一种新模式,相较于传统的政府投资模式,在具体运作方式、风险分配机制和采购程序等方面都存在较大区别。但由于纳入 PPP 合作范围的建设、运营内容具有公共属性,因此政府方一方面作为公共利益的代表,在 PPP 项目的实施过程中,应当以确保公共产品和服务的及时、稳定提供为首要前提;另一方面政府方从项目监管的角度出发,可能也会对项目的实施提出特别的要求。而从社会资本方的角度来看,其作为企业,在进行项目投资时最为关注的显然是经济利益问题,如收益水平、投资安全、投资退出等具体事项。

在 PPP 项目中,尽管基于“公平合作、收益共享、风险共担”的原则,通过合理的合作机制与风险分配安排,可以最大限度地降低政府方与社会资本方在诉求上的分歧,但显然无法将其完全消除,而当该种分歧反映在项目公司的治理层面时,即可能导致项目公司股东会/董事会的决策活动陷入僵局。

(二)在项目发起或项目公司设立时,未能构建完善的公司治理结构和风险控制机制,导致公司僵局无法及时化解

目前对于一般的有限责任公司,根据现行《公司法》的规定,其股东会审议增加资本、减少资本、分立合并、解散或变更公司形式以及修改公司章程等特别决议事项时须经代表 2/3 以上表决权的股东同意,其余事项则由公司章程规定,实践中通常会采取“过半数”的简单多数决规则。该种表决机制一方面有利于保证大股东对于项目公司日常经营管理的控制权,另一方面也有利于保护小股东的合法权益,可以较好地实现股东之间的权利制衡,防止公司僵局的出现。

但是,PPP 实践中,由于一般情形下社会资本股东在项目公司中持股比例较高,政府方在项目公司中的持股比例较低,而政府方出于监督管理和确保公共利益的需要,往往会在公司章程中设置“一票否决权”条款或其他类似安排,以防止社会资本滥用其大股东的权利。然而,该种“一票否决权”条款也增加了公司股东会/董事会决议无法通过的风险,极易导致公司僵局的发生。

(三)由于政策环境变化与发生不可抗力事件等外在环境改变,导致项目公司无法继续按照拟定方式继续运营,从而导致公司僵局发生

PPP 模式项目周期较长,不可预见和不可控的风险因素较多,且政策环境的变

化也可能直接导致 PPP 项目的停摆，加之部分地方政府的契约精神有限，其行为的可预测性又很容易受到社会舆论与关键人员变动影响，该等因素都可能会导致公司治理环境的恶化，在缺少形成长效保障机制的情形下，会进一步导致公司僵局的出现。

三、破解 PPP 项目公司僵局的对策与建议

（一）建立稳定政策环境构建项目公司治理长效保障机制

PPP 项目公司治理环境的高效和稳定是 PPP 项目良性运作的基础，政府方通过出台相关规范政策保障公司人员和组织架构的稳定，通过完善公司治理结构充分发挥社会资本运营管理优势，通过建立行而有效的监管机制确保政府对重大事项的把控，能够从源头上避免公司僵局问题的产生，实现项目公司的长久经营。此外，参照国外 PPP 项目成熟经验引入“公众参与”机制，破解 PPP 项目公司僵局，也是后续值得深入研究的思路之一。

（二）通过充分协商优化项目公司表决权机制与公司治理结构

PPP 项目公司僵局状态产生的根本原因主要是公司表决方式和公司治理结构已经不能满足当下政府方与社会资本方的利益要求。为避免矛盾进一步激化政府方与社会资本方应首先通过自力救济的方式化解纠纷，使项目公司恢复正常状态，这包括事先防范和事后救济。事先防范是指双方在 PPP 项目合同谈判和公司设立阶段便尽可能充分考虑将来可能发生的难以调和的事端种类及其解决办法，在公司章程中尽可能充分予以设定，包括合理设置政府方与社会资本方的股权比例，优化项目公司表决机制与公司治理结构，从而达到防患未然的目的。事后救济是指当僵局的事项即将发生或者实际发生时，各方能够从大局出发，作出妥协和适当让步，从而自行化解，并避免僵局的再发生。

（三）及时启动 PPP 项目再谈判破解公司僵局

在政策环境变化和不可抗力事件等外部因素导致出现公司僵局时，政府方与社会资本方应及时启动 PPP 项目再谈判，灵活调整 PPP 项目实施方式，化解公司僵局。特别是在近期财政部等主管部门频繁加强 PPP 模式的政策监管与约束的情况下，政策变动极易导致项目原有的交易安排无法继续。在这种情况下，及时开展 PPP 项目再谈判进行完善整改，是化解 PPP 项目公司僵局状态的根本解决方式。因

此，在外部环境发生变化时，政府方和社会资本方应保持积极沟通，及时反馈自身诉求，避免双方利益冲突进一步加剧，从而在有序推进项目的同时，保障各方利益。

(四)事先为社会资本方设置有效退出路径及时止损

当矛盾严重激化，双方不可能再继续进行有效合作时，为避免损失进一步扩大，社会资本方宜及时退出项目，以避免遭受进一步损失，具体包括通过社会资本减资、股权转让、政府方回购等路径。但需要注意的是，由于有限责任公司的资本维持原则和人合性约束，双方应对于提前终止情形下的社会资本具体退出路径加以规范，并应保持项目公司及其所提供公共服务的稳定性。

除以上破解 PPP 项目公司僵局的柔性方式外，在必要情形下，也可采用公力救济方式，即由一方持有全部股东表决权 10% 以上股东所提起的公司解散之诉。根据《公司法》第 182 条规定所提起的公司解散之诉，是股东为避免公司继续存在导致各方利益进一步受损，而采取的司法救济手段。但是，提起公司解散之诉可能导致最终公司清算，而由于 PPP 项目的公益性质，解散公司必然会造成巨大的社会影响和公益损害，导致多方利益均受到损害。因此，采取司法救济手段之前，政府方与社会资本方应尽力通过自力救济的手段，寻求各方的最大利益公约数，通过合理的决策补偿机制协商破解僵局。

结　语

“PPP 是一场婚姻，不是一场婚礼”，一方面，婚姻需要夫妻双方的相互尊重、理解与包容；另一方面，当婚姻出现危机时，也需要寻找合适的方式和途径进行解决，以免导致婚姻关系的破裂。此外，如果婚姻关系确实无法存续的，那也应当尽量选择和平分手方式。

类似地，对于 PPP 项目来说，在长达数十年的项目合作周期内，政府方与社会资本应当本着平等互利、相互尊重的态度进行合作，而在项目公司由于各种原因真的陷入僵局时，项目各方应当积极寻求各种方式解决争议，如合作关系确实无法继续的，双方也应当选择好聚好散的方式，避免因项目公司的动荡对公共利益和公众安全造成不利影响。

第八篇　存量项目困境破解

第三十二章　如何防范 PPP 项目并购交易风险

引　言

在近来国内的 PPP 实践中，由于各种各样的原因，许多项目出现了原中选社会资本寻求退出的情形，此外，也不乏新的第三方社会资本主动希望介入项目。因此，如何选择合法合规的路径，在满足各方诉求的前提下实现社会资本的更替，继续保障 PPP 项目的有序推进，已经成为从业人士越来越关注的焦点之一。在这样的背景下，探索并购模式在 PPP 项目实务中的运用，研究 PPP 项目并购的具体途径和相关注意事项，防范并购交易中的或有风险，是一个非常具有现实意义和必要性的研究课题。

一、并购的基本概念

PPP 项目并购，首先它是一个并购活动，需要遵循并购交易的基本规则，因此，我们需要先了解什么是并购。实际上，“并购”（M & A）并不是一个法律概念，它是一个舶来词，由“兼并”（merger）和“收购”（acquisition）两部分构成，其具体含义如下：

兼并，通常指两家或更多的独立的企业、公司合并组成一家企业，通常由一家占优势的公司吸收一家或更多的公司。因此，狭义上的兼并通常被视为公司法中的“吸收合并”。

收购，通常指一家企业用货币、股权或者债券等支付方式购买另一家企业的股权或者资产，以获得对该企业或标的资产的控制权的行为。根据收购标的的不同，收购可以划分为股权收购和资产收购两种不同的方式。

兼并和收购最主要的区别在于，前者情形下会导致被兼并方法人主体资格的消灭，其全部资产和债权债务将由合并后的企业承继；而后者情形下目标企业一般仍会继续作为独立法人存续。另外，广义上的并购还包括“合并”（consolidation），即两个或两个以上公司合并为一个新设的企业，并承继原被合并公司的全部资产和债权债务，其含义与公司法中的“新设合并”一致。从并购实践情况来看，尽管收购、兼并与合并在内涵上有所不同，但在表述时往往会将这几个概念进行混用而不作明确区分。

二、并购的常见交易模式

（一）股权收购

股权并购中根据交易标的为目标公司原有股权还是新增股权，通常可以划分为股权转让和增资扩股两种方式。

1. 股权转让方式

此为股权收购中最为常见的交易模式，即收购方以货币等支付对价向目标公司的股东收购其持有的目标公司现有股权，交易完成后目标公司成为收购方的全资或控股子公司。其典型交易结构如图 8－1 所示：

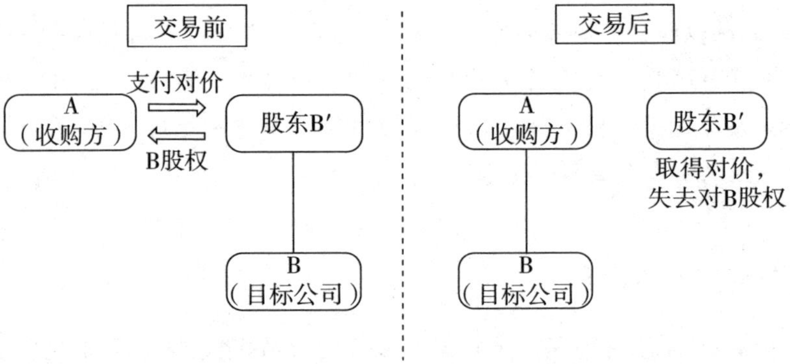

图 8－1　股权转让典型交易结构图

2. 增资扩股方式

增资扩股也是股权并购的一种特殊情形，该种模式与通常股权转让收购方式的主要区别在于：

（1）在股权转让方式下，并购标的是目标公司的原有股权，完成收购后目标公司的注册资本并不会增加；而增资方式下并购标的是目标公司在原有股权之外新增发的股权，增资会导致目标公司注册资本的增加，并购方为获得对目标公司的控制权，相对股权转让方式往往需要付出更多的对价。

（2）在股权转让方式下，交易主体是并购方与股权转让方（目标公司的原股东），并购方向股权转让方支付对价；而增资方式下，交易主体是并购方与目标公司,即目标公司向并购方增发股权,并购方向目标公司支付相应对价(即出资)。

尽管相比于股权转让方式,增资并购方式会增加并购方的交易对价,但由于增资方式可增大股东对于被投资公司的权益性出资,有利于公司扩大规模和增加经济实力,因此实践中增资并购方式也极为常见,其典型交易结构如图 8－2 所示:

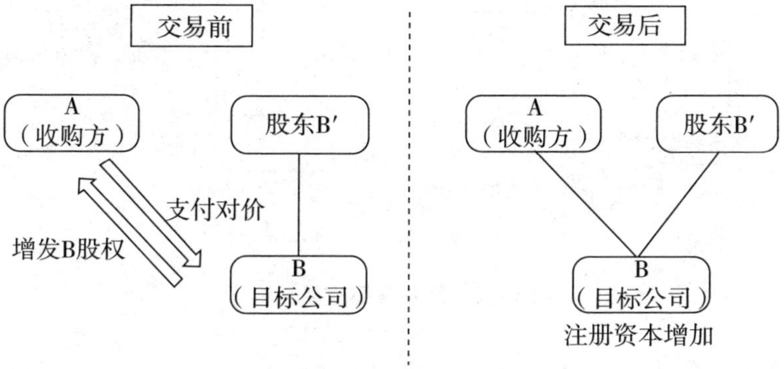

图 8－2　增资扩股并购典型交易结构图

(二)资产收购

在资产收购中,收购方以货币等形式作为支付对价,向目标公司收购实质性经营资产,交易完成后目标公司取得标的资产,但各方的股权结构均未发生变化。其典型交易结构如图 8－3 所示:

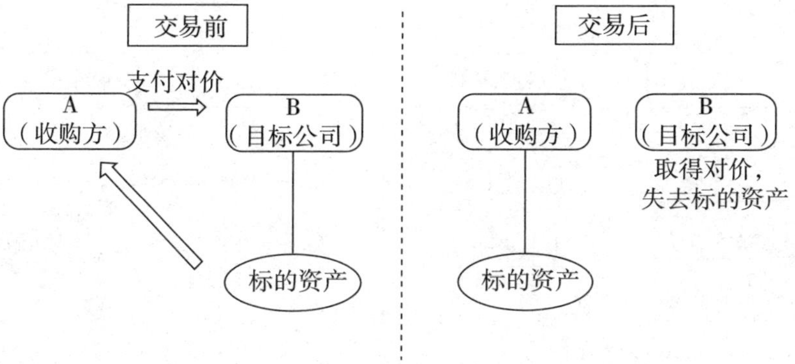

图 8－3　资产收购典型交易结构图

(三)兼并(吸收合并)

兼并是兼并方直接以货币等方式作为支付对价,向被吸收公司收购其全部资产并承接其全部债权债务,交易完成后被吸收公司解散,其法人主体资格归于消灭。其典型交易结构图如图8－4所示：

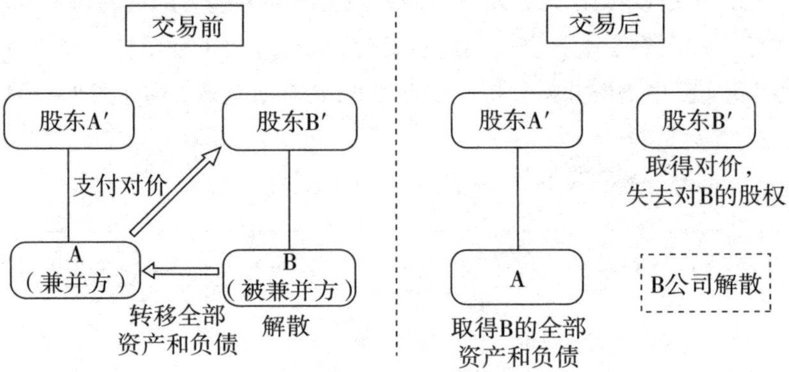

图8－4　兼并典型交易结构图

(四)新设合并

新设合并是两个(或两个以上)公司合并为一个新设公司,新设公司承继原被合并公司的全部资产和债权债务,被合并公司均不再作为独立法人主体存续。该种模式通常适用于合并前双方地位比较相当的情形,其典型交易结构如图8－5所示：

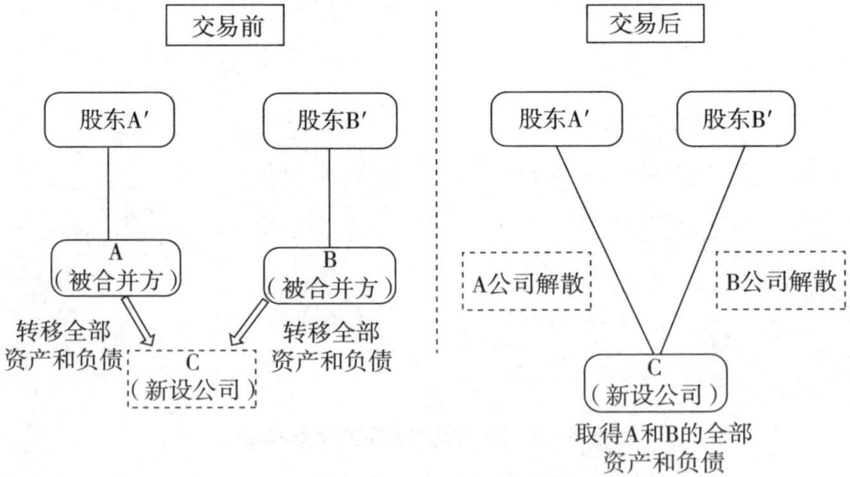

图8－5　新设合并典型交易结构图

三、PPP 项目并购模式的选择

PPP 项目并购除了需要遵循通常并购活动的基本规则外,还需要充分考虑 PPP 项目自身的特殊性对于并购行为带来的影响。因此,笔者认为,应当首先了解引发 PPP 项目并购的原因和并购中相关主体的利益诉求,进而根据 PPP 项目的特殊性确定合适的交易标的,最终选择可行的并购模式。

(一)引发 PPP 项目并购的原因

PPP 项目并购,必然伴随着项目原社会投资人的退出。那么,什么样的原因会导致社会投资人产生退出的意愿或者不得不退出呢?笔者认为,大致可以划分为正常退出和非正常退出两大类原因。前者主要是指符合 PPP 合同约定可正常退出的情形,一般发生在运营期内(特别是股权锁定期满之后),该种情形下部分社会投资人的主要合同义务已经完成,希望通过并购的方式实现退出,收回投资成本并取得相应的投资回报。后者主要是指不满足 PPP 合同约定条件的异常退出情形,如因社会投资人不具备投资、建设或运营能力被要求退出的情形,或者因为政府方原因导致项目无法继续推进导致社会投资人寻求退出的情形,或者因其他原因导致社会资本主动或被动选择退出的情形。

另外,从广义上来讲,发生 PPP 合同约定的终止情形时政府方选择提前回购项目,实际上也应当视为并购的一种情形,尽管该种情形下,并购行为是发生在政府与社会资本之间,而且并购的触发条件和主要条件在 PPP 合同中就已提前约定,并非是一个完全市场化的操作。由于本章主要以社会资本之间对 PPP 项目所进行的市场化并购为研究对象,因此对于政府回购 PPP 项目的情形不多做赘述。

(二)并购中各方主体的诉求分析

在发生可能引发 PPP 项目并购交易的情形下,PPP 项目的各方主体基于各自不同的身份和立场存在不同的诉求。

1. 政府方

从政府方的视角来看,其基于公共利益和社会稳定角度考虑,通常会要求 PPP 项目的建设或运营能够平稳推进,PPP 项目所提供的公共服务数量和质量不能受到影响,PPP 项目公司的股权结构不能发生剧烈变化。此外,并购交易本身的合法合规性也是政府方特别关注的事项之一。

2. 拟退出的社会资本

对于拟退出 PPP 项目的中选社会资本,关注点包括前期投入成本及预期收益的收回,项目后续责任和义务的涤除,等等。对于项目进度尚处于建设期,且同时兼具施工承包商双重身份的社会资本而言,如何对并购交易本身和施工合同权利义务的处置进行有效衔接,也是其在策划交易方案时必须重点考虑的内容。

3. 联合体其他成员

作为联合体其他成员的社会资本,出于不同的考虑,可能会选择一并退出,也可能会选择继续作为项目投资者存在,然而无论是哪一种选择,都会把保障其投资利益作为首要出发点。此外,其作为 PPP 项目公司的原股东之一,在股权转让中还享有同意权和优先受让权。

4. 项目融资机构

对于为项目提供融资的金融机构(特别是银行)而言,降低并购活动对于融资本息回收的风险,保障资金的安全性,是金融机构的第一要务。此外,由于 PPP 项目所具备的长期性和有限追索性等特点,因此,金融机构在并购过程中必然会关注对于原项目贷款合同权利义务的承接,评估社会投资人的变更对于项目公司还本付息能力的影响,并对并购交易对价的支付方式和途径等问题发表自身的意见,从融资机构的角度对 PPP 项目并购交易开展非常严格的审查。

5. 施工承包商等项目相关方

施工承包商、材料供应商、运营承包商等项目相关方,如果其与项目公司签订的相关合同尚处于履行期内,那么将会涉及上述合同是否继续履行、终止或者转让的问题,也均需在并购方案中提前做好考量。

6. 潜在并购方

相比于以上各方,潜在并购方作为项目后续的接盘人,需要关注的方面会更多一些,包括 PPP 项目本身从财务上是否值得投资、PPP 项目实施的进度和存在问题、PPP 合同本身对于并购是否有禁止性或限制性规定、相关方对于并购所持的态度等,这些都需要通过详细的法律、财务尽调,并结合并购方的具体投资需求才能作进一步判定。

(三)并购交易模式选择

在选择 PPP 项目的并购模式前,首要问题是确定并购的标的。就广义的 PPP 项目资产交易而言,可纳入交易范围的通常既可包括项目公司或社会资本基于与政府方签订的 PPP 项目合同而享有的 PPP 项目资产所有权和收费权、收益权等相关权益，也可包括股东拥有的 PPP 项目公司股权及收益权，甚至还可包括项目公司债权人（如银行等金融机构）享有的与 PPP 项目相关的债权和收益权等。本章所指的并购交易，主要是上述交易标的中的前面两类，即以项目公司或社会资本作为主体的并购交易。而根据 PPP 项目的特点，笔者认为，资产并购或兼并方式在实践操作上可能存在较大障碍，相比来说采取股权并购方式更为符合各方的诉求，主要理由如下：

1. PPP 项目资产属于公共或公益性基础设施，一方面项目公司是否拥有资产所有权目前法律规定并不明晰，另一方面此类基础设施在竣工之后也并不能像房地产项目一样取得所有权证，此外，在实践中，很多项目的 PPP 合同会直接约定由项目公司投资建设形成的固定资产归政府方所有，项目公司仅是基于其投资建设的行为取得向公众或政府方收费的权利，因此，直接以 PPP 项目资产作为并购标的可能会遇到很多障碍。

2. 由于 PPP 项目的项目公司是特殊目的公司，采取资产并购或兼并方式后，项目资产将被转移到并购方名下，项目直接实施主体发生了更替，政府方对于项目的控制能力可能受到影响（特别是对于政府方股东参股原项目公司的情形），因而会构成对原有 PPP 合同的重大变更；此外，如前所述，项目融资机构对于 PPP 项目并购交易的审查要求非常严格，变更项目直接实施主体甚至可能产生融资机构要求立刻提前还贷的后果。而股权并购模式，由于不会直接变更项目公司作为项目直接实施主体的地位，无论是从 PPP 合同还是从贷款合同、施工合同等合同体系的稳定性考虑，显然都更为符合相关方的预期。

3. 转让项目公司股权并不违反《公司法》规定。根据《公司法》第 71 条的规定，对于有限责任公司，股东向股东以外的人转让股权，其他股东有同意权和优先购买权，当然，如果公司章程对于股权转让另有规定的，从其规定。因此，如果公司章程对于股权转让没有特殊规定的，项目公司股权的转让应当按照《公司法》规定执行；如果 PPP 项目中对于社会资本持有的项目公司股权转让有特殊要求，如设定股权锁定期和实施机构的审批权，则必须在公司章程中进行明确规定，否则并不当然发生《公司法》上的效力。

基于前述理由，笔者认为，股权并购是 PPP 项目并购的首选途径，相对来说各方都较易接受，而且交易结构最为简洁易行。但对于 PPP 项目合同中约定了股权锁定期的情形，在股权锁定期尚未届满时，直接通过股权转让方式可能会受到限制,此时就需要根据具体情况来选择合适的并购模式,例如,可以考虑通过直接收购项目公司的社会资本股东背后的实际控制人所持社会资本股权的方式实现控制项目公司的目的(间接收购方式,见图 8 –6)。

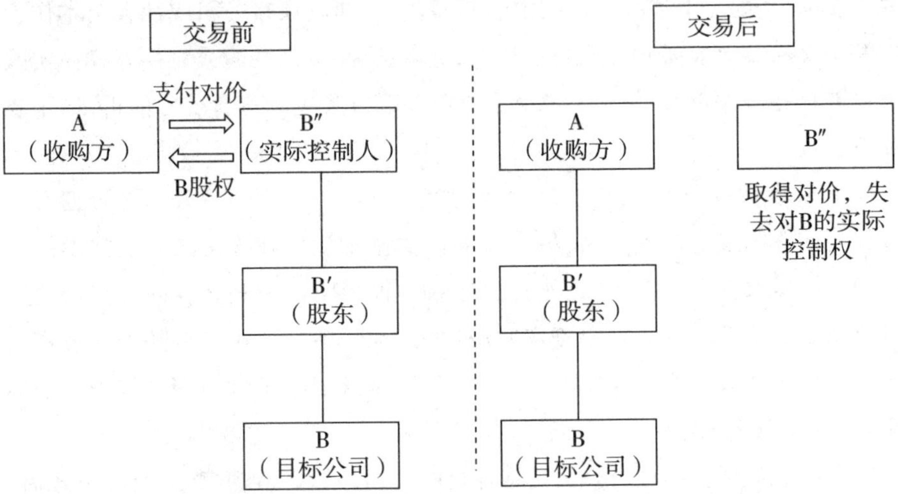

图 8 –6 股权间接收购典型交易结构图

四、PPP 项目并购的注意要点

如上所述,对于拟介入 PPP 项目的并购方,不仅应当关注一般项目并购的普遍性事项,也应当对 PPP 项目特有的问题进行重点调查。

(一)一般并购项目需关注的事项

具体包括目标公司的基本情况和业务经营状况、股东出资情况和股权是否存在权利限制、目标公司的业务经营资质(资格、许可、批复等)、财务和税务状况、固定资产和其他重大资产、债权债务情况、劳动人事情况、是否存在诉讼、仲裁或行政处罚等。此外,需要特别关注的是在股权转让中其他股东同意权和优先购买权的处理。

对于涉及企业国有产权转让的,还应当关注转让方是否已经履行法定的内部决策程序、外部审批程序和清产核资、审计及资产评估程序,另外,还需要关注产权交易程序的合规性问题。

对于涉及上市公司的并购,应当符合《上市公司收购管理办法》《上市公司重大资产重组管理办法》等文件的规定,遵循上市公司并购的决策和审批程序,并注重做好信息披露工作。

对于涉及外资并购的项目,应当关注项目核准和备案手续的完备性、是否通过外商投资行业准入审查、是否通过国家安全审查(如有)、外汇管理手续等。

(二)PPP 项目并购需注意的特别事项

1. PPP 项目本身的合法合规性

PPP 项目的合法合规性主要包括主体的适格性、程序的合规性、项目交易模式和内容的合法合规性。

(1)判断 PPP 项目主体的适格性,需要对政府方和社会资本的适格性同时进行分析

例如,按照《财政部关于印发政府和社会资本合作模式操作指南(试行)的通知》(财金〔2014〕113 号)①等文件的要求,有权作为 PPP 项目政府方的政府层级必须是县级(含)以上人民政府,那么乡/镇一级政府显然就不能独立作为 PPP 项目的甲方。当然,对于管委会等机构是否具备 PPP 项目主体资格,应当根据管委会的行政级别、是否具备完整的行政授权、是否具备独立的财权等方面综合进行判断。

对于 PPP 项目的实施机构,按照财金〔2014〕113 号的规定,只能由政府或其指定的有关职能部门或事业单位担任,如果是由国有企业或融资平台公司担任项目实施机构的,显然是不符合规定的行为,《财政部关于进一步加强政府和社会资本合作(PPP)示范项目规范管理的通知》(财金〔2018〕54 号)等文件已经对此作了明确规定。此外,项目实施机构应当已经得到政府的明确授权,具备进行项目前期识别准备、采购和代表政府方签约的相关权力。

对于 PPP 项目的社会资本方,除应满足法律法规、招标文件对于中标人的要求之外,按照国办发〔2015〕42 号、财金〔2018〕54 号等文件规定,禁止地方政府融资平台公司作为社会资本方参与 PPP 项目,也是实践中应当注意的事项。

(2)PPP 项目程序的合规性

PPP 项目的完整程序包含了识别准备、采购、执行和移交,在并购时往往是处于执行阶段,因此,前期的项目识别准备、采购的程序是否合法依规,也是在 PPP 项目前期尽调时需要了解的内容。具体包括新建、改扩建项目的前期工程立项所需的审批、核准或备案是否完成,涉及国有资产权益转移的存量项目是否已经按规定履

① 财金〔2014〕113 号文已于 2017 年 11 月 30 日有效期满。

行相关审批和评估手续、PPP 项目实施方案和两评是否已经完备并已经过有权部门的审批、项目是否已经进入财政部的综合信息平台管理库(属于传统基础设施领域的 PPP 项目是否已经纳入发改委传统基础设施 PPP 项目库)、社会资本采购程序是否合法依规等。

(3)PPP 项目交易模式和内容的合法合规性

相比于前面两点,判断 PPP 项目的交易模式和内容是否合法合规的标准要复杂得多,需要结合很多方面综合进行判断。例如,根据《关于规范政府和社会资本合作(PPP)综合信息平台项目库管理的通知》(财办金〔2017〕92 号)等文件的规定,判断 PPP 项目是否合规的要求至少包括:

①项目是否适宜采用 PPP 模式实施。不适宜采用 PPP 模式实施的情形包括:不属于公共服务领域,政府不负有提供义务的,如商业地产开发、招商引资项目等;因涉及国家安全或重大公共利益等,不适宜由社会资本承担的;仅涉及工程建设,无运营内容的,等等。

②项目是否建立了按效付费机制。包括政府付费或可行性缺口补助是否与项目产出绩效相挂钩;政府付费/补助在项目合作期内是否连续、平滑支付;项目建设成本是否参与绩效考核以及挂钩比例是否达到 30%;是否固化政府支出责任,等等。

③是否符合规范运作要求。包括未按规定转型的融资平台公司作为社会资本方的;采用建设—移交(BT)方式实施的;采购文件中设置歧视性条款、影响社会资本平等参与的;未按合同约定落实项目债权融资的;违反相关法律和政策规定,未按时足额缴纳项目资本金、以债务性资金充当资本金或由第三方代持社会资本方股份的,均属于不规范运作的情形。

④是否构成政府违法违规举债担保。包括由政府或政府指定机构回购社会资本投资本金或兜底本金损失的;政府向社会资本承诺固定收益回报的;政府及其部门为项目债务提供任何形式担保的,等等。

另外还需注意到,随着国家对于 PPP 项目监管力度的加强,以及相关新规的不断出台,不排除出现 PPP 项目中的部分“打擦边球”的安排未来被确认为不合规事项的可能性。对于此种情形,并购投资人一方面要对政策法规趋势作出提前预判,另一方面也要在交易中作出合同上的相应安排,以规避或有风险。

2. 股权锁定期、受让方资格能力等限制性条件

如前所述,PPP 项目中政府方为防止社会投资人片面追求施工利润等短期利

益、异化投资行为，进而影响 PPP 项目所提供服务的稳定性和一致性，往往会在 PPP 合同中设置股权转让的锁定期，并对股权锁定期之外社会资本的股权转让设置受让方的资格能力要求等条件，这些限制性的条件往往会对后续的项目并购造成一定的障碍，进而影响到并购方案的设计，因此，也需要通过尽调提前发现，提前予以考虑。

3. PPP 项目回报机制、分红机制、退出机制

对于 PPP 项目的并购方，其作为投资人并购 PPP 项目的最终目的仍然是获利，而且并购交易本身一般很难变更原有 PPP 项目中项目公司的回报机制、股东分红机制和退出机制等相关安排。因此，在并购之前，并购主体首先应当充分了解 PPP 项目的回报机制，即项目公司取得投资回报是采取使用者付费、可行性缺口补助还是政府付费方式，政府方对于项目公司的使用者付费是否已有明确授权，政府付费/补助的计算公式和支付节点，等等。其次，由于社会资本股东一般是通过利润分配方式从项目公司取得投资收益，因此，分红机制的安排将会影响到社会资本股东的真实收益水平，包括政府方股东是否参与利润分配、原有社会资本股东之间是否有关于利润分配的特殊安排，此外，还应当关注项目公司中董事会、股东会的议事表决机制安排，确保项目公司的分红方案在程序上没有障碍。最后，由于 PPP 项目具有投资规模大、权益性出资数额需求高等特点，投资人的初始出资部分往往会在项目公司形成巨额资金沉淀，在短期内无法通过便捷的合规渠道退出，给投资人造成较大的资金占用成本，从而影响其实际投资收益水平，因此，也是 PPP 项目并购中需要关注的重点之一。

4. 项目贷款合同的处置

如前所述，PPP 项目一般采取项目贷的方式，理论上来讲，采取股权并购模式时，并不会变更项目公司作为放贷对象的角色，也未改变融资机构与项目公司之间的贷款合同关系。但实践中，融资机构在贷前审批时除对项目本身进行评估外，还会将社会资本股东的资信能力和企业属性（通常顺序为：央企 > 地方国企 > 外企 > 民企）作为评审对象，在放贷前会以项目资产抵押或收益权质押作为前置条件，并通常会要求社会资本股东提供担保、股权质押等增信措施。另外，很多融资机构还会在 PPP 合同中设置对于项目的介入权，以保证其融资资金的安全性。因此，充分熟悉 PPP 合同以及项目贷款合同中的安排，同时在并购前积极与融资方沟通了解其对于并购交易的态度和需求，也是在构建交易方案前需要完成的工作内容。

5. 项目公司股权并购与施工合同处置的衔接

需要特别强调一点，在 PPP 项目原中选社会资本兼具项目公司股东和施工承

包商双重身份的情形下，如何对建设期内发生的股权并购和施工合同的处置进行合理衔接的问题。笔者认为，首先，应当确定原施工合同是继续履行还是终止的问题。对于并购方也为施工企业且其并购目的之一为获取项目剩余施工份额的情形，并购交易中往往会将原施工合同的终止作为并购交易的条件之一，这种情况下，并购方应当对施工进度等信息进行充分了解，同时应当对于工程款的结算和支付、施工界面和质量责任的划分进行明确约定，以避免未来可能有的纠纷。

其次，在原施工合同终止后，具备施工资质的并购方成为项目公司股东后，是否能否直接承接剩余工程的施工任务呢？笔者认为，PPP 项目中“两招并一招”尽管未再单独进行施工招标程序，但在 PPP 项目社会资本的采购程序中已然包含了施工资质、业绩等竞争性评价条件，可以视为经过了事实上的竞争程序。但对于项目执行过程中通过股转等方式成为项目公司股东的投资人而言，实际上并没有经过施工的竞争阶段，因此直接承接剩余工程的施工任务显然还是缺乏法律依据的，严格来讲对于剩余工程的施工部分应当重新履行招标程序确定施工单位。

不过这也相应带来了另一个问题，如果作为并购方的施工单位经过并购程序成为项目公司股东，其是否还能参加后续项目公司所组织的施工招标？反对观点的依据是《招标投标法实施条例》第 34 条的规定，即与招标人存在利害关系可能影响招标公正性的法人、其他组织或者个人，不得参加投标，违反规定的，相关投标均无效。尽管实践中对于 PPP 项目中项目公司股东与项目公司是否必然存在利害关系认定不一，但显然还是存在一定的风险，从稳妥角度考虑，先通过施工招标成为中选施工承包商，再完成股权并购交易，对并购方可能更为安全。

结　语

综上所述，PPP 项目并购既要遵循一般项目并购的通用规则，又要充分考虑 PPP 项目的特有情况，而且不同的项目其内、外部条件差异较大，需要进行个性化的分析和应对。笔者建议，对于作为潜在并购方的社会投资人，在进行投资决策之前，应当根据自身的投资需求，聘请专业的律师、会计师和评估师等专业人员，对 PPP 项目本身以及项目公司、项目相关方从法律、财税、资产等多方面进行尽职调查，并基于尽调结果设计合法合规而又可行的并购交易模式，从而保障投资的安全性，避免和降低 PPP 项目并购交易风险。

第三十三章 存量PPP项目如何借鉴国际经验

引　言

改革开放以来，经过长期投资建设，我国已在能源、交通运输、水利、环境保护、重大市政工程等基础设施领域形成了大量优质存量资产。近年来，随着政府和社会资本合作(PPP)模式的不断推进和深入，为更好地运用PPP模式盘活基础设施存量资产，国务院各部委也在相继出台相关规范性政策，旨在引导运民间资本进入基础设施领域，加大存量基础设施盘活力度，并形成良性投资循环。但是，借鉴历史经验，存量PPP项目在国际舞台上经历了由盛转衰的过程，因此如何从过去的失败案例中及时总结经验教训，避免类似问题在国内重演是当前存量项目深化改革趋势下应关注的重点，也是本章的主旨所在。

一、国际存量PPP项目的发展历程

早在20世纪90年代，采用PPP模式运作存量基础设施项目就已在国际舞台上掀起了一轮风潮。根据世界银行项目数据库的统计信息显示，在20世纪90年代，存量PPP项目的比例一直处于较高水平，并于1997年达到了顶峰。在此阶段，通常采用的是存量资产特许经营的方式，社会投资人通过接管原本由政府方拥有和维护的基础设施与服务系统，通过投入必要的建设资金和技术提供公共服务的生产和运营效率，并在20~30年的合同期限内收回成本并取得合理的回报。

存量资产特许经营方式之所以能在全世界范围内，特别是在发展中国家加以迅速推广，是因为采用PPP模式运作存量基础设施项目所带来的效应是较为显著的：一方面，通过吸引具有较强运营能力的社会投资人，能够提高基础设施项目运营效率，降低运营成本；另一方面，社会投资人可以通过设置更具针对性的服务目标，以及更加合理的服务定价，在提供更高质量服务的同时实现成本和收益的获取。因此,采用特许经营等PPP模式运作的安排将大幅提升项目自身的造血能力,改变过度依赖政府财政补贴的局面。

但是,1997年亚洲金融危机爆发后,存量PPP项目上涨的趋势戛然而止,并在之后的阶段内遭遇了断崖式的下滑,甚至在危机结束后的很长一段时间内都没有和其他类型的PPP项目(如新建、合同管理和私有化项目)一样得到恢复,直到2006年才开始有所起色,但增长速度始终不及其他类型项目。(如图8-7所示,数据来自世界银行PPI项目数据库)

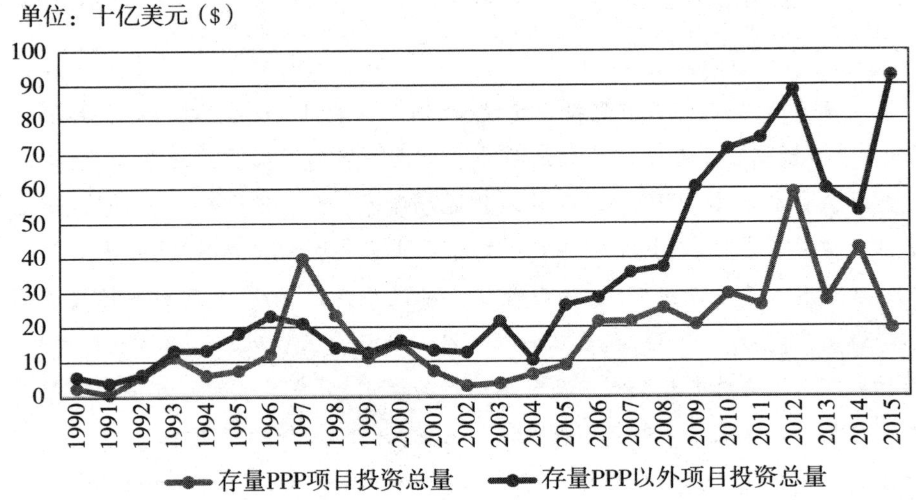

图8-7 存量PPP项目及以外项目投资总量图

二、国际存量PPP项目失败经验

存量PPP项目投资总量于1997年发生的断崖式下滑,究其原因,除了受到亚洲金融危机的影响导致社会投资人的投资实力下降之外,更多的是因为项目本身的现金流不足和收益率过低问题的频繁发生,而产生该问题的原因主要集中在以下方面:

(一)前期项目可行性论证工作不充分

在20世纪90年代初期,政府不愿花费大量时间和资金用于项目前期的准备工作,如可行性研究的编制、实际运营成本的检验以及资产价值的评估等,在签署的合同中通常将这些责任和风险转嫁给潜在的社会投资人承担,作为其投标前应当完成的尽职调查工作。然而,各个社会投资人在项目前期论证工作所花费的时间和资源差异较大,会最终导致政府无法基于统一的标准对各投标方案进行评价和比较。其中,以项目阿根廷布宜诺斯艾利斯的水厂特许经营项目最为典型。

该项目总投资2.4亿美元,是阿根廷第一个大型存量PPP项目,潜在社会投资人需要为长达30年期的特许经营合同进行投标。但是,出于成本和时间因素的考虑,政府在招标之前仅收集了部分已有项目设施的信息,且在合同文件中明确说明不承担任何关于项目信息质量和准确性的责任,并要求社会投资人承担所有信息风险。前期工作的严重不足以及信息的不对称,导致中选社会投资人在投标文件中花了四页纸来阐述由于信息不完整导致无法明确本项目的投资边界,当项目信息更新或与招标文件不符时需要进行合同再谈判的说明。最终,在项目实施阶段,通过引入社会资本,虽然大大降低了当地居民需要支付的水处理服务费金额,但是政府和社会投资人之间却一直在进行近乎无休止的合同再谈判,对双方都造成了巨大的成本①。

(二)项目历史基础数据不准确

即使是在政府方或社会投资人愿意承担项目可行性研究义务的前提下,由于项目历史数据的准确性较差经常导致项目实际的总投资以及项目的实施难度远远大于预期。在多数情况下,资产已有的历史状况数据和运营维护信息都是不准确或是无法获得的,导致对于资产的现有状况和未来的运营成本的预测根本无法进行评估,进而无法对项目未来的使用者数量和付费情况进行预测。

(三)缺少合理的评估方法和标准

合理评估方法和标准的缺位也同样被认识到会成为影响现金流和收益率问题的因素。一方面,政府方或社会投资人单方面所使用的通常是对其有利的评估方法,缺少评估的独立性。另一方面,在项目经济分析中较常使用的评估方法,如成本—收益评估法,由于受到存量项目历史数据不准确、项目复杂性、融资结构差异以及政治决策等因素的综合影响,其准确度同样会大大降低。例如,南非的内尔斯

---

① Aguas Argentinas S. A. Concession Contract. 1993. Concession Agreement entered into between the Argentine State and Aguas Argentinas S. A., April 28, 1993.

普雷特水厂项目就是典型的失败案例,作为长达 30 年特许经营期存量项目,却因为过于依赖其他同类项目的财务模型和测算数据,未开展项目成本—收益评估,导致了实施阶段一系列的再谈判①。

(四)缺少完善的风险调节/调价机制

针对在项目实施过程中税收增长、强制性的使用者付费标准上涨或其他不可预知的风险,多数失败案例中通常都缺少相应制度或合同安排予以妥善解决。社会投资人仅依赖于政府方的相关承诺即开展投标工作,而在项目实施阶段才发现这些问题所带来的障碍并非政府方完全能够控制和消除,导致社会投资人面临额外的风险。

三、结合国际经验论存量 PPP 项目的成功之道

放眼现在,上述提到的国际存量 PPP 项目的失败因素在目前国内存量 PPP 项目的推进过程中已初现端倪,如何防患于未然,避免同样的悲剧发生是当前应当重视的一大课题。笔者认为,从政府方和社会投资人两方面角度来考虑,一个成功的存量 PPP 项目至少应满足以下关键要素:

(一)尽早开展前期准备工作,准确定位项目需求目标

基于目前国内项目立项审批制度的现状,政府方对于存量设施的经营状况以及项目整体的需求目标更具有把控性,特别是涉及国有资产权益转移的存量项目,政府方也有义务按规定履行相关国有资产的审批和评估手续。因此,对于存量 PPP 项目的前期阶段,政府方就应委托第三方专业机构对已有的项目设施进行独立和全面的资产评估工作,通过对设施当前状态和全面了解,来准确定位存量项目的运作目标和所需要的资金金额,并基于此对各投标方案进行合理评估。

另外,政府方还应合理选取存量资产的评估方式,避免变相增加社会投资人的投资风险。在笔者处理的一个采用 TOT 模式实施的管廊存量项目中,政府方在项目前期采用成本法对合作范围内的存量管廊进行评估,并要求社会投资人根据该评估价格受让存量管廊。但是,在社会资本按约支付转让价款并实际运营后才发

① Nelspruit Concession Contract. 1999. Concession Agreement entered into between Nelspruit TransitionalLocal Council and the Greater Nelspruit Utility Company Ltd., April 21, 1999.

现,由于该存量管廊已经过多年的使用,考虑折旧后该部分资产在剩余年限内所能带来的实际收益远不能覆盖其转让对价,因而提出应当按照收益法对存量管廊进行重新评估,否则将对社会投资人造成巨大的投资风险。

(二)重视项目可行性论证工作,开展全面尽职调查

无论是对政府方还是社会资本方,项目可行性论证工作的合理性和准确性直接决定了项目的整体质量以及风险系数。尤其在当前国内审慎开展政府付费类项目,鼓励拓展项目自身经营收入的政策背景下,政府在项目前期对可行性论证工作,特别是经济评价分析的开展对于项目能否最终实现物有所值显得至关重要。

另外,考虑到项目预期收益的评估工作对于社会投资人获得合理回报能够起到重要的保障作用,因此,潜在社会投资人在投标阶段之前,应结合自身项目经验或委托第三方专业机构对项目开展全面的尽职调查工作,以实现对项目投资风险的准确评估和规避。当然,这需要政府方密切配合,如提供关于存量资产完整及准确的历史运营数据和其他相关资料。

(三)有效识别项目风险因素,建立多元化风险分配方案

与其他类型项目一样,完善的政府保障配套措施以及合理的项目风险分配机制仍然是存量 PPP 项目的坚实基础,但有别于其他类型的项目。存量 PPP 项目常见的风险会包括资产转移手续的合规性风险、存量资产的工程质量风险以及已有用户的使用数量和付费风险等。参考其他国家的实践做法,为提升存量 PPP 市场信心,进一步减少社会投资人所要承担的风险,可以采取的措施包括:

1. 尝试采用创新性项目运作模式

2006 年后,不少其他国家政府方采用了新型的资产租赁或管理(Lease or Management Contract)模式来代替社会资本直接投资模式,通过提高资产的运营效率来实现项目需求目标的同时减少社会投资人自身的投资风险。如 2005 年非洲加纳的供水系统管理项目①以及 2006 年肯尼亚电力供应管理项目②,均由政府方负责新建项目设施的投融资,社会资本方通过与政府或其指定机构签订针对存量和新建设

---

① Ghana Management Contract. 2005. Management Contract for Ghana Urban Water between Ghana Water Company Ltd. and Vitens Rand Water Services BV and Aqua Vitra Ltd. , October.

② James Leigland, 2008. “The Rise and Fall of Brownfield Concessions – But Some Signs of Recovery After a Decade of Decline.” PPIAF Program Management Unit Working Paper No. 6, p. 28.

施的管理合同建立合作关系。

2. 政府方承担部分投融资风险

政府方在合作期内可以通过向社会投资人提供投资补助资金或优惠贷款（形式上包括利率低于市场平均水平、更长的还款期限或宽限期等），以改善项目整体特别是合作初期的现金流水平，减少社会投资人所承担的项目投融资风险。

3. 合理分配项目需求风险

在政府与社会资本之间合理分配项目需求风险的路径可以包括：（1）政府直接按照合同约定的数量和价格向社会投资人采购服务（Bulk Services），并根据绩效考核对社会投资人进行奖惩；（2）基于所提供服务的实际总量采用“影子收费”（Shadow Tolls）方式，该付费方式常见于高速公路、轨道交通等交通领域项目；（3）政府方和社会资本之间约定保底使用量，当实际使用量低于保底量时，差额部分由政府方补足，相反，当超过保底量一定上限时政府方有权进行利润分配，该方式已在国内经营性PPP项目中被普遍采用。

4. 建立PPP监管机构和体系

经历了亚洲金融危机和存量PPP项目低谷后，许多发展中国家政府也开始效仿英国、澳大利亚等发达国家建立专业化部门机构，以实现对于PPP项目的推进、管理和监管，并将项目可行性研究、资产评估和严格的成本—收益分析作为PPP项目强制性的审查文件，特别是在政府需要承担投资补助或最低需求量保底的项目中。

（四）提高社会资本资源整合能力，拓展项目经营性收益来源

除了政府方通过风险分配机制的安排以减少社会投资人的风险之外，社会投资人也应当采取积极措施增加存量项目现金流和收益，以实现自身的投资回报。如前所述，社会投资人首先就应当对项目进行全面的尽职调查和评估，谨慎开展投标活动，避免机会主义的项目投资理念。另外，社会投资人更应该注重自身的资源整合能力，最大化地拓展可利用的项目收益来源，特别是当前谨慎开展政府付费类的政策趋势下，统筹利用项目自身经营性资源，有效改善项目运营期内现金流状况已成为势在必行的项目实施路径。

国际上，以实现资源循环利用为目标的静脉产业园项目最值得借鉴与效仿。静脉产业园是指建立以静脉产业为主导的生态工业园，通过引入能够将废弃物转换为再生资源的行业，改变传统的“资源—产品—废弃物”的线性经济模式，实现生

活和工业垃圾变废为宝、循环利用。其中,以日本北九州生态工业园最为典型,该工业园区汇集了众多废旧工业产品再循环处理厂,如塑料饮料瓶再循环厂、办公建筑混合废物再循环厂、汽车再循环厂等,并通过复合核心设施,对企业排出的以残渣、汽车的碎片为主的工业废料进行合理处理实现再资源化(如制成混凝土再生砖、建筑用平衡锤等),同时利用焚烧产生的热能进行发电,最终达到了系统总体资源的增值和生态经济的双赢局面①。因此,笔者认为,通过再生资源回收利用的市场化和规模化运作,在提供资源回收利用率和保护环境的同时,也为企业带来经济利益,这种可持续发展的规划理念和"自我造血"的运作方式能够与 PPP 实现有机结合,值得进一步推广和加以运用。

结　语

以史为鉴,国际存量 PPP 发展历史上的失败教训已为我们敲响了警钟,在当前国内 PPP 项目监管愈加规范的背景下,如何避免因项目现金流和收益率问题导致项目搁浅,值得政府和社会资本双方的高度重视。为实现存量 PPP 项目的有序推进,一方面,政府方应当重视前期评估和论证工作的开展,对可能发生的风险进行准备识别并设计应对方案;另一方面,社会资本方也应提高投标前的尽调和审查工作,并通过强强联合和资源整合能力的提升,保障自身投资收益的取得。

---

① 百度百科:《静脉产业园》,载 https://baike. baidu. com/item/% E9% 9D% 99% E8% 84% 89% E4% BA% A7% E4% B8% 9A% E5% 9B% AD/7582365? fr = aladdin,最后访问日期:2018 年 11 月 11 日。

第九篇　行业项目困境破解

第三十四章　如何以“PPP + XOD”模式实施城市更新项目

引　言

城市，与自然生命体一样，有其产生、成长、壮大乃至衰退的自然规律及生命周期，如果说，自然生命体的生机和活力来源于其自身细胞的更新及新陈代谢，那么，城市的生机和活力便来源于这座城市中人类的生产和生活活动，即产业和人口的新陈代谢。在我国自改革开放以来的城镇化进程中，很多农村、城郊逐渐变为小城镇、卫星城和开发区，第二、第三产业的引入及产业人口的聚集使得这些区域的亩均经济贡献和土地价值得到大幅提升，区域环境面貌和经济水平都发生了翻天覆地的改变。而历史上早已成规模的大城市，特别是中心城区、老城区，却因人口长期聚集、产业形态老旧、基础设施老化等原因而日益显现出“大城市病”，人居环境亟待改善，产业形态亟待升级。但与新城镇可以动辄几百上千亩连片开发不同的是，因老城区历史遗留问题多、社会环境复杂、开发区域面积难以扩容等原因，老城区的更新改造往往以点状开发为主，且面临更高的改造成本及改造难度。为解决老旧城区的更新改造问题，近年来，“城市更新”的概念成为业内重点关注的对象。本章拟从 XOD 理念出发，解读 PPP + XOD 在城市更新项目中的应用问题。

城市更新项目需要在一个较小的区域内，通过将产业策划及产业规划与空间规划、土地利用规划、城市建设规划等以“多规合一”的方式提供一次性综合解决方案，实现政府需要的社会效益与企业投资人需要的经济效益之间的平衡。如何卓有成效地实现项目快速落地，有效协调政府与投资人的利益诉求，并实现社会效益和经济效益的“双赢”，“PPP + XOD”的合作思路为此类项目提供了较好的合作框架思路。

PPP 模式是近年来在我国基础设施投融资领域的热门投融资模式。特别是在财政实力有限但基础设施状况亟待改善的地方，PPP 模式甚至被视为政府在发行债券路径之外，唯一合规的投融资方式。但实质上，我国推广 PPP 模式的意图，除可以在短期内缓解政府在基础设施投入方面的资金压力以外，更重要的是希望通过社会资本的参与，能够提高公共基础设施的供给效率和全生命周期的管理效率。PPP 模式强调从运营端及市场需求的角度指导项目初期的设计、建造方案，使得建成的公共基础设施和公共服务能够更经济、高效地满足使用者（社会公众）的需求。因社会资本方除比政府具有更强的经济活力、更多元化的融资手段外，也比政府更贴近市场，更懂得如何运用市场化的手段调配相关资源，分配建造及运营成本，从而获得更高的综合收益。政府仅代表社会公众监督项目实施，确保项目的预期社会效益及公共利益实现即可。因此，PPP 模式无疑也是政府供给侧改革的重要方式之一。

XOD 模式起源于 TOD（transportation orient development，交通导向开发）模式，即以交通设施（如公路、地铁、高铁、机场等）为导向的综合开发。但随着城市发展的需要及城市规划、管理水平的提高，政府及社会公众发现，除了交通设施可以带来周边土地的溢价升值之外，其他能够满足社会公共需求的设施或服务（如优质的教育、医疗、体育、生态环境等，用 X 表示）同样可以带来区域经济的提升及土地的溢价。XOD 模式所强调的不再是单纯以交通基础设施为导向的综合开发，而是扩展至以满足多元化公共需求的设施为导向的城市空间开发模式。它“遵循以人为本、效益统一、多规合一、优化布局、绿色发展等城市规划、建设的理念，通过规划引领，以空间规划为龙头，坚持实现与经济社会发展规划、土地利用规划、基础设施建设规划和环境保护规划的‘五规合一’，统筹生产、生活、生态三大布局，坚持集约发展，贯彻‘精明增长’‘紧凑城市’理念，能够切实提高城市发展的宜居性，从而推动城市发展由外延扩张式向内涵提升式转变”。①

从基本理念出发，PPP + XOD 模式的结合，体现了以需求为导向、以人为本、绿色发展、可持续发展的理念，为政企长期合作、互利共赢打下了较好的合作基础，有利于在这一模式下协调和解决城市更新项目中政府投入与企业投入、社会效益与经济效益、空间限制与经济增长之间的矛盾，因此，该模式在英国、新加坡、

① 来源：原中共浙江省委常委、杭州市委书记、浙江省人民政府咨询委员会副主任王国平在“2017 中国 PPP 投资创新论坛”上的主旨演讲。

日本等多个国家的城市更新项目中得到广泛且成功的应用。由于城市更新项目往往兼有城市公共基础设施功能提升、人居环境改善、产业升级换代、商服水平提高等多个软硬件升级单元,若要在"螺蛳壳里做道场",无论作为城市的管理者,还是建设者、运营商,要做好这道综合题,最需要解决的三个核心问题是:钱从哪里来,到哪里去;地从哪里来,到哪里去;人和产业从哪里来,到哪里去。

本章将从这三个问题入手,探讨 PPP + XOD 模式如何破解城市更新项目策划过程中的难点问题。

一、钱从哪里来,到哪里去

老旧城区往往是一个城市人口最密集、城市功能最复合的地带,因此,要释放土地的经济活力,实现产业升级转型及人口和区域功能的疏解,更新改造原有基础设施,摆在政府和社会资本面前的第一个难题便是资金筹措。在此问题中需关注的要点包括:政府和社会资本的资金来源、资金投入方式、投资回报机制三个方面。

(一)政府和社会资本的资金来源

政府资金来源主要是政府财政资金的投入,且主要为一般公共预算资金、政府性基金预算资金。除政府通过税收及非税收入、土地出让金收入等获得的预算收入资金外,目前我国预算管理法律法规允许政府合法融资的渠道仅为发行政府债券(含项目债和专项债等)。对应城市更新项目的可发行的政府债券除无特殊用途要求的一般债之外,还包括土地储备专项债、棚改债等专项债券。发行专项债券的收入可用于符合规定用途的特定项目支出,并做到专款专用。此外,属于政府可支配且城市更新项目中必需的要素性资产(如可再利用的国有基础设施资产所有权或使用权等)也可通过评估作价而作为政府投入项目的"资金"来源。但在目前国家严格限制政府过度及违规举债、大力管控金融风险和考核财政资金使用效率的宏观形势下,要地方政府特别是基层地方政府在本就因老旧产业逐渐衰退而导致财政收入增长率放缓,甚至负增长的情况下,还要在短期内拿出大量财政资金(指现金方式)解决老旧城区的更新改造问题,显然是不现实的。因此 PPP 模式成为地方政府解决项目投入资金缺口的首选方式。

通过 PPP 模式引入社会资本投资,可充分解决城市更新项目中政府负有提供义务的公共基础设施的建设资金短缺问题。社会资本方除可将其自有资金作为项目资本金投入项目之外,还可以通过市场化融资方式,解决项目债务性资金的落实。即在政府融资途径受限的情况下,通过 PPP 模式,可以解决扩宽项目融资渠道、平滑财政支出等问题。

(二)资金投入方式

对于城市更新项目,应区分项目中不同子项目的性质,对政府资金及企业资金的使用采用组合投入的方式进行。特别是,因《预算法》及国家对财政资金的使用管理有严格限制性要求,因此在设计项目资金投入方式时,应重点关注政府有限财政资金的投入方式及其应发挥的杠杆作用。

1. 对于城市更新项目中可通过改造方式加以利用的老旧设施,可主要考虑通过资产划拨、出租、合作开发、特许经营等方式加以盘活。此举一方面可以节约因动拆迁、设施新建等而增加的项目投资成本,另一方面通过以实物资产为纽带的投资合作,也可减少项目前期所需的巨额现金投入,降低现金流压力。

2. 在必须以现金方式支出的投资成本中,对于国家有明确规定只能使用政府财政资金投入而不允许变相违规举债或不允许企业参与的项目模块,或政府已发行专项债券完成资金募集的子项目,如区域内建设用地(特别是经营性用地)的收储资金、棚改保障房建设资金等,应优先安排以政府性基金预算资金或债券募集基金等进行投入。

3. 对于区域内在 XOD 模式下核心导向性公共基础设施及其他公建配套设施,特别是适合以市场化方式运作,具备一定经营条件的经营性、准经营性项目的投资建设成本,可发挥财政资金的撬动作用,以企业资金及项目融资募集资金投入为主,政府财政资金投入为辅,主要以 PPP 模式加以实施,在项目运营期内,视项目收益平衡需要,政府可按运营绩效考核结果安排相应比例的政府付费或其他补贴。

4. 对于企业因策划城市更新项目,完成区域更新改造规划设计方案等发生的前期投入费用则可纳入 PPP 项目范围,并与后续产业导入绩效结果挂钩,以企业投资为主,政府依据区域开发效果支付相应服务费。

5. 对于区域内配套开发的商业性项目(如商业性写字楼、酒店、商品房等)不属于政府负有提供义务的设施,根据财政部办公厅《关于规范政府和社会资本合作(PPP)综合信息平台项目库管理的通知》(财办金〔2017〕92 号,以下简称“92 号文”)的要求,不得以 PPP 模式实施。因此,作为提高社会资本方投资回报及意愿,用于整体项目投资平衡的商业设施部分应采用市场化方式,由社会资本按市场化运作方式负责全部投资,并自负盈亏。

(三)投资回报机制

作为以 PPP + XOD 模式实施的城市更新项目,在投资回报机制设计方面需重点解决的问题是,如何将投资开发公共基础社会项目带来的周边其他综合用地的增值溢价反哺基础设施项目的建造及运营成本。以 PPP + XOD 模式实施城市更新项目,将给政府财政收入带来两部分增值效果,即通过产业升级、环境优化带来的亩均税收贡献增加以及周边经营性用地的溢价增值。但在目前我国 PPP 项目中,常使用以税收收入为主的政府一般公共预算收入作为 PPP 项目的主要支付来源,土地出让金增加部分因其在预算支出用途上受到政府性基金预算收支管理政策的限制,直接与特定 PPP 项目的建设或运营支出挂钩存在一定政策风险。为解决土地增值收入反哺基础设施投资的问题,目前大多数地方政府采用制定单行法律法规的方式予以解决。例如,《广州市城市更新办法》规定,城市更新项目的资金来源可包括市、区土地出让收入和财政一般公共预算以及市场主体投入的资金等多渠道筹集的资金。城市更新资金使用用途可包括项目投资建设、土地征收及整备、经济难以自身平衡项目的扶持专项补助以及启动等与城市更新项目相关的用途,但以土地出让金作为资金来源进行投入的,应当符合土地出让收入使用范围。因此,将土地增值溢价反哺城市更新项目的,按照政府性基金预算资金支出科目,土地出让金收入可用于"征地和拆迁补偿支出、土地开发支出、城市建设支出、农村基础设施建设支出、补助被征地农民支出、土地出让业务支出、廉租住房支出、支付破产或改制企业职工安置费、棚户区改造支出"等在内的,与城市更新项目资金用途相关的支出内容。在安排使用时,建议以资本性支出用途为主,若需安排经常性支出,则建议应优先考虑将盈余的土地出让金收入先通过财政资金科目调整,调入一般公共预算收入后,再安排相应支出。为使 PPP + XOD 模式下的城市更新项目实现收支平衡,激励社会资本对城市更新项目中公共基础设施部分的投资热情,政府应结合此类项目运作的需要,制定地区性城市更新政策,其中应包括此类项目资金的筹措方式和用途管理规定、财政资金的使用管理要求等。为实现资金归集管理及专款专用,还可以通过设立城市更新专项基金或专项资金的方式,提升财政资金的使用和管理效率,将一般公共预算收入及土地出让金收入等可按规定用途使用的财政资金按一定比例及程序纳入专项基金或专项资金管理,并制定相应的管理办法,以实现区域经济增长、增值收入对城市更新项目建设及运营资金投入的补给。

二、地从哪里来，到哪里去

以 PPP + XOD 模式实施城市更新项目的核心目的在于解决城市土地集中、集约利用问题。因此，土地的获取是此类项目必须重点解决的问题。

城市更新项目所需的土地，在功能用途上分为公共基础设施用地与经营性用地两部分，受财办金〔2017〕92 号文的影响，目前将商业项目（如商业写字楼、商场、商品房等）纳入 PPP 项目具有较大合规性风险。而城市更新项目要实现区域产业规划落地及项目投入产出自平衡，且能吸引社会资本的投资意愿，同时解决产业经营及人口生活的实际需要，配置部分经营性用地并由公共基础设施投资人负责开发适量的商业项目又是必不可少的内容。在我国目前的经营性用地供应政策中，经营性用地必须通过招拍挂等竞争性方式供应，定向配置经营性用地具有较大操作难度。因此，以 PPP + XOD 模式实施城市更新时，必须解决经营性用地的配置及供应问题。根据《国土资源部办公厅关于印发〈产业用地政策实施工作指引〉的通知》（国土资厅发〔2016〕38 号）的规定，"采用政府和社会资本合作方式实施项目建设时，相关用地需要有偿使用的"，"可将通过竞争方式确定项目投资主体和用地者的环节合并实施"。因此，若城市更新项目占地面积较小，且主要盈利模式是通过对原有公共基础设施的更新改造，挖掘其市场商业价值，通过增配附属商业设施的方式完成城市更新的，则对该项目自身占用的建设用地的供应程序可与 PPP 项目投资人招选过程合并，无须另行进行土地招拍挂。若部分城市更新项目无法通过项目自身经营达到收支平衡，而必须划定一定比例的周边经营性土地作为独立商业开发用途，以平衡项目收益的，则对于该等开发商业设施所占用的经营性用地，在现行土地管理政策下，必须以招拍挂方式供应。但参考上海市等地对经营性用地开发管理的办法规定，对于经营性用地的供应，可设定符合区域规划要求的摘牌条件，例如，除可提出容积率、建筑限高、套数要求等规划管理条件及开发时序、绿色环保、特殊建筑保护等建筑管理要求外，还可结合地块功能性质，提出地块业态准入条件等功能管理要求、商业运营或物业持有等运营管理要求等条件，以确保所配套土地的开发能够实现预期产业规划及城市规划要求。必要时，还可通过将公共基础设施的建设投资作为相邻商业地块经营性用地摘牌的"配建"条件，要求摘地主体在签订土地出让合同的同时与相应政府签订公共基础设施的建设投资合同，以此保证商业开发部分与公共基础设施部分实现有条件捆绑开发，且商业地块开发结果符合预期城市更新规划定位。

三、人和产业从哪里来,到哪里去

在城市更新项目采用的更新方式上,过去很多项目往往以大拆大建为主,但这种更新思路一来将面临更高的更新成本,二来对城市原有文化、建筑、历史的传承也存在较大的破坏。因此,近年来,更多的城市更新项目开始转变思路,从“拆改留”变为“留改拆”。“留”即在满足城市更新后的产业定位及规划要求的基础上,留下部分原有居民及历史风貌建筑,以实现既改善居民生活条件,又能使原有居民继续融入更新后的新产业,从而降低居民对城市更新项目实施提出反对的可能性,减小动拆迁成本及难度。例如,近年来,上海部分老城厢、老小区的城市更新项目,面对人口众多、人均居住面积小、公共基础设施落后的情况,采用了“抽户”改造的方案,即仅将一部分居民搬迁至新建的动迁安置房,而另一部分居民通过改造原有居住设施条件,增加居民独立厨、卫等生活基础设施及原有小区(里弄)的公共活动空间面积(如走道、公共活动室等),从而达到改善人居环境的目的,同时也能较好地保留原来富有特色和文化底蕴的历史建筑风貌,提升整个区域的城市面貌。

对于城市更新项目的产业而言,需着力解决的是产业更新迭代以及满足产业发展需求的问题。因此,以 PPP + XOD 模式实施城市更新项目,非常重要的环节即在于充分借助社会资本对市场需求的把握及招商引资、运营管理能力,将已落后的产业进行转型提升,释放区域内的产业活力。因此,与传统以政府主导城市规划设计不同的是,PPP + XOD 模式实施城市更新项目必须强调社会资本在项目产业、空间、建设规模等方面的全方位规划设计能力及对项目后续运营管理的能力。即政府应择优选择具有此类项目规划及产业策划、运营能力的投资人,并充分重视发挥社会资本在项目规划设计阶段的主观能动性。政府在项目设计规划及策划环节,主要从区域间发展协调性、与城市总体规划的符合性、项目产业定位及产业规划方案的合规性(即是否为本区域限制或禁止引入的产业)等方面进行监督,对项目的投资建设进度及产出效果进行考核即可。因此,此类 PPP + XOD 项目在招选投资人时,应将项目产业、空间、建设等多项规划设计及策划服务作为投资人与政府合作的内容之一,并将规划方案实现程度、区域改造效果、产业导入效果、公共运营服务效率等作为绩效考核内容。对于区域内的老旧产业,若不能通过城市更新实现升级改造的,则应由政府采取关停、迁移等方式进行淘汰或另行选址安置,从而实现产业更新及区域新增人口的聚集。

结　语

城市有机更新是使老城区焕发新生机的有效手段。它并非单纯的“造城”运动或商业开发活动，而是在融入对产业需求的理解和人文关怀的基础上实现城市可持续发展的创造性活动。在项目运作过程中需要产业战略、规划、金融、法律、工程、商业、公共管理等多专业人才团队共同破解这道综合题。以XOD理念为先导，以PPP模式为手段，有利于在城市更新项目中建立政企长效合作机制，发挥各自资源及能力优势，相互配合解决项目实施过程中遇到的一系列难题。

第三十五章　92号文之后的区域性综合开发项目何去何从

引　言

财办金〔2017〕92号（以下简称“财政部92号文”）的发布给国内PPP项目运作带来了不小的冲击，在此背景下，区域性综合开发项目后续该如何推进？过去的一些实施方式还能否复制？实践中需要注意哪些具体问题？这些问题都是政府和社会投资人需要重点关注的问题。笔者结合近年来为此类项目提供咨询服务的经验，试就上述问题进行简单剖析。

一、区域性综合开发项目的现状

（一）基本概念

区域性综合开发项目（以下简称“综合开发项目”），实践中也称片区综合开发或园区综合开发项目，在我国目前的法规政策中对其尚无明确定义，一般来讲，是指在符合国家及地方规划的前提下对成片区域进行系统性地改造、建设、运营和维护的行为，通常会包括土地一级开发、配套基础设施和公共服务设施的建设运营以及相关的产业导入服务等内容。从PPP项目角度来看，财政部PPP综合信息平台将项目划分为19个一级行业，其中“城镇综合开发”类项目基本上可以理解为即以PPP模式实施的综合开发项目，其下包括园区开发、城镇化建设、土地储备、厂房建设和其他5个二级分类。

（二）综合开发项目的常见实施模式

此类项目的传统实施模式，主要包含以下几种：第一种是最早的政府直接投资建设开发的模式，即政府直接作为投资主体进行区域的建设开发，资金来源主要以财政性资金为主；第二种是在政企开发的改革趋势下，由平台公司作为投融资主体的模式，其资金来源主要是财政性资金+债务性融资，但债务性资金的还本付息仍然依靠政府补贴；第三种是完全市场化的操作模式，由企业享有土地溢价分成或通过一二级联动开发取得收益，政府投入较少，但随着政策的收紧，该模式已基本陷入瓶颈。近几年来，随着PPP模式的兴起，社会资本通过PPP方式参与区域性综合开发已成为一个创新。

（三）综合开发PPP项目的数据统计

根据财政部PPP中心发布的《全国PPP综合信息平台项目库第9期季报》，截至2017年12月末，管理库内城镇综合开发项目共有417个，占管理库所有项目总数的5.8%，位列第四；该类项目的投资额合计为11,405亿元，占管理库所有项目总投资额的10.6%，位列第三，其中单个项目投资额在100亿元以上的为20个。从上述数据来看，PPP模式已成为综合开发项目的重要路径之一。

二、92号文对综合开发项目带来的冲击

2017年11月，财政部发布92号文，提出为规范PPP项目运作，遏制隐性债务风险增量，一方面要严格新项目入库标准，另一方面要集中清理不合规的已入库项目，并对各类不合规情形作了详细的列举，堪称近几年PPP大规模推广以来国家层面所出台的最全面、最详细的负面清单。从92号文的具体规定来看，与后续综合开发PPP项目的实施特别相关的主要是以下几个方面的问题：

（一）纯政府付费类的综合开发项目将会受限

92号文指出，要“优先支持存量项目，审慎开展政府付费类项目”，而对于综合开发项目而言，按照过去此类项目常见的运作模式，其建设范围主要以征地拆迁、配套基础设施和公共服务设施新建为主。从回报机制来看，此类项目投资规模巨大，且自身的经营性收益来源较少，项目公司或社会资本主要通过政府付费收回投资成本及合理收益，容易对地方财政造成巨大的压力。另外，从国内现行的政策传导机制和行政管理体系来看，地方政府为规避行政风险，往往会对国家政策进行过度解读和执行，尽管92号文使用的是“审慎开展”的表述，但不排除地方实操层面将之异化为“禁止开展”的可能性。

(二)商业地产开发、招商引资项目等内容不得纳入 PPP 合作范围

根据 92 号文的规定,对于“不属于公共服务领域,政府不负有提供义务的,如商业地产开发、招商引资项目等”的项目,不得入库。在过去的一些综合开发 PPP 项目实践中,不乏一二级联动,将商业地产开发、招商引资等不属于公共服务领域的内容纳入 PPP 范围的做法,在 92 号文出台之后,此类项目显然将会被列入禁止入库的范围。

其实,这条规定并非 92 号文的新要求,而是国家层面一直在强调的红线,即政府和社会资本合作的范围只能是政府负有提供义务的基础设施和公共服务领域,例如,早在《国务院办公厅关于政府向社会力量购买服务的指导意见》(国办发〔2013〕96 号)中就指出,“对应当由政府直接提供、不适合社会力量承担的公共服务,以及不属于政府职责范围的服务项目,政府不得向社会力量购买”。另外,在《关于在公共服务领域深入推进政府和社会资本合作工作的通知》(财金〔2016〕90 号)中也规定,“要严格区分公共服务项目和产业发展项目,在能源、交通运输、市政工程、农业、林业、水利、环境保护、保障性安居工程、医疗卫生、养老、教育、科技、文化、体育、旅游等公共服务领域深化 PPP 改革工作”。

(三)前期准备工作不到位的项目不得入库

92 号文规定,对于“新建、改扩建项目未按规定履行相关立项审批手续的”项目不得入库,根据财政部 PPP 综合信息平台的实际运行管理流程来看,首先,上述“不得入库”指的主要是“管理库”而不是“储备库”;其次,上述的“立项审批手续”是指要完成项目的可行性研究报告/资金申请报告或申请核准项目的报告,并取得相关主管部门的批复。

从综合开发项目的特点来看,其项目合作范围复杂,子项目数量众多,建设周期较长,通常需要分期进行开发,无论在建设内容、规模、投资额上都有较大的不确定性,另外,常常还会涉及区域的相关规划调整,需要引入具备产业规划能力的社会资本参与项目的策划与设计,因此没办法像单体项目一样,在社会资本招选之前就完成项目立项、可行性研究、初步设计等前期工作。因此,按照此类项目过去的做法,往往是在社会资本招选完成之后再进行具体的项目立项审批手续,或者先将整个项目做一个粗略的大立项,在涉及具体子项目的时候再分别进行深入的可研和设计工作,但无论是哪种做法,按照 92 号文的规定,其前期准备工作实际上并不到

位。预计在未来综合开发 PPP 项目的推进中,需要更加注重项目的前期规划、立项等工作的开展,确保 PPP 实施流程与投资项目审批监管流程的有序衔接。

(四)综合开发项目的两评论证应当符合相关规定

根据 92 号文的规定,未通过物有所值评价和财政承受能力论证的新项目不得入库,未按规定开展"两个论证"的已入库项目,包括虽已开展物有所值评价和财政承受能力论证,但评价方法和程序不符合规定的情形,将面临被清退出库的风险。

如前所述,在过去的综合开发类 PPP 项目中,由于前期准备工作成熟度不够,往往项目边界条件相对模糊,建设内容、规模、投资额等均具有不确定性,这也给 PPP 项目实施方案编制过程中的经济测算以及两评中的定量分析带来了较大困难,从而导致两评流于形式,不能准确地预测项目实际的投入成本和产出效益,在以政府付费作为主要收入来源的项目回报机制安排下,将会导致政府财政支出责任存在超支风险,最终影响项目的实际可实施性。这也是 92 号文为何反复强调两评合规性的重要原因。

(五)以债务性资金充当资本金的项目存在不合规风险

另外,92 号文还将"违反相关法律和政策规定,未按时足额缴纳项目资本金、以债务性资金充当资本金或由第三方代持社会资本方股份的"作为判断不合规的标准之一。在此规定下,过去 PPP 项目中常见的通过"小股大债""股东借款"等通过债务性资金解决项目资本金来源的方式未来已无法再简单复制。但实践中我们更为关注的是以下几个细节问题:

1. 社会资本通过债务性融资方式取得的资金作为其资本金投入项目公司是否合规

笔者认为,对于由项目公司作为融资主体取得债务性资金作为项目资本金的情形,显然属于 92 号文中所指的"以债务性资金充当资本金"的违规做法;但是对于社会资本股东通过债务性融资方式合法取得的资金,再作为其权益性出资投入到项目公司,是否也属于 92 号文所限制的不合规情形呢?笔者认为该问题仍然存在一定争议。尽管在 2018 年财政部新出台的《关于规范金融企业对地方政府和国有企业投融资行为有关问题的通知》(财金〔2018〕23 号)中要求国有金融企业向 PPP 项目提供融资时,应按照"穿透原则"加强资本金审查,"确保融资主体的资本金来源合法合规",但并未明确规定需要"穿透"到哪个层级。同时,按照《国务院关于固定资产投资项目试行资本金制度的通知》(国发〔1996〕35 号)的规定,“投资者按照国家规定从资金市场上筹措的资金”是允许被作为投资者(即社会资本股东)注入项目法人(即 PPP 项目公司)的资本金来源的,因此即便穿透审查之后,发现社会资本股东投入的资本金实为通过债务性融资方式取得的,似乎也不必然违反财金〔2018〕23 号文件中“资本金来源合法合规”的要求。当然,从降低项目融资风险角度考虑,笔者仍然建议社会资本在实践中谨慎对待该问题。

2. 综合开发项目的最低资本金比例要求应当设置为多少

国发〔1996〕35 号及后续国务院关于调整项目资本金比例的一系列文件中,明确项目资本金最低比例要求的行业包括交通运输、煤炭、钢铁、邮电、化肥、电力、机电、建材、化工、石油加工、有色、轻工、纺织、商贸等,并未明确规定综合开发项目的最低资本金比例要求。这是由于综合开发项目自身的复杂性难以被简单归类到上述某个单体行业中,因此实际上政策层面对于此类项目的资本金比例并没有明确要求,项目实践中往往会参考国发〔1996〕35 号中的“其他行业”,将综合开发项目的资本金确定为 20%。

然而,从实际情况来看,综合开发项目由于其建设内容复杂性、建设时序的不确定性以及巨大的投资额度,往往会通过分期滚动开发的方式实施,如果简单粗暴地按照项目总投资额的一定比例确定项目资本金,往往会造成冗余资金的浪费和高额的资金成本占用,从提高社会资本投资效益和投资积极性角度考虑,建议应当适当控制综合开发项目的投资规模,确有必要的可考虑分期实施,一方面合理控制社会资本的投资风险和政府的财政支出责任风险;另一方面也利于控制建设时序,确保项目区域的可持续性开发。

三、区域性综合开发的发展方向探索

(一)规范化实施 PPP 模式,积极探索综合开发 PPP 项目的收益机制

PPP 项目在经历过去几年的高速发展后,已逐步进入了规范化运作的阶段,可以预计,未来国家层面将会出台更多的政策文件对 PPP 模式的实施机型规制和引导。对于综合开发 PPP 项目而言,既要充分考虑行业和项目自身的特点,为项目实施量身定制最合适的实施路径和模式,也要严格遵守国家和地方政府的相关规定,从而有效降低政府、社会资本以及其他参与主体的风险,真正实现多方共赢的目标。

此外,建议应当从多方面积极探索综合开发 PPP 项目的收益回报机制,如经营性

项目的合理捆绑、合规的资源补偿方式等,从政府付费或补贴角度,建议合理进行预算支出安排,充分考虑专项转移支付、符合政策规定的政府性基金预算支出等来源。

(二)充分探索PPP以外的综合开发新模式

1. 充分利用地方政府债券融资渠道

在近期发布的《财政部关于坚决制止地方政府违法违规举债遏制隐性债务增量情况的报告》中提及了下一步工作的重点,要适度增加地方政府债务限额,支持易地扶贫搬迁、深度贫困地区基础设施等没有收益的公益性项目建设,以及支持具备一定收益的公益性项目建设。根据上述政策趋势判断,未来地方政府通过发行政府债券来筹集综合开发项目所需的资金,会成为一条较为可行的路径。而从项目的具体实施模式来看,此类项目预计将优先采取政府购买服务、EPC、施工总承包等传统模式进行。

2. 商业开发项目配建基础设施及公共服务设施

根据92号文的规定,综合开发PPP项目不能将商业开发等内容纳入PPP范围,但反过来,商业开发项目配建基础设施并不属于禁止范围。目前实践中,已有很多地方采取经营性用地附基础设施配建条件的方式进行出让,即由开发商在开发商住项目时同步建设配套的市政公用基础设施、公共服务设施。

例如,《北京市新建商品住宅小区住宅与市政公用基础设施、公共服务设施同步交付使用管理暂行办法》(京建法〔2007〕99号)规定,"市和区县国土资源行政主管部门与土地使用者签订用于住宅小区开发的土地使用权出让合同时,应当将规划意见书中明确同步建设的市政公用基础设施、公共服务设施及其建设时序作为出让条件","房地产开发企业应当按照规划意见书的要求安排住宅小区市政公用基础设施和公共服务设施,并与住宅同步建设、同步交付使用。教育、医疗卫生、社区管理服务等公共服务设施,应当在住宅总规模完成50%之前同步建设、同步交付使用;其他公共服务设施应当在住宅总规模完成80%之前同步建设、同步交付使用"。

3. 社会资本通过国企混改间接参与综合开发项目

如前所述,目前实践中,地方平台公司、国有企业作为投融资主体进行综合开发项目的开发、建设和运营仍然是主要的途径之一,而根据当前中央关于深化国企混合所有制改革的要求,民企参股国有企业、垄断性业务逐步向民间放开是政策的大趋势。因此,社会资本通过股权合作等方式参股国有企业,从而间接参与综合开发项目的投资建设和运营,未来也可作为重要的探索路径之一。

结　语

总体来看,92号文的出台,有利于后续区域性综合开发项目的规范运作和实施,对地方政府和社会资本既带来了压力,也带来了积极的动力,同时也对项目参与各方提出了更高的要求,需要在实践中不断摸索综合开发项目的新路径、新模式,一方面既要符合项目自身特点,另一方面又要以合法合规为前提。在此过程中,笔者建议地方政府和投资人在不断提升自身能力的同时,也可借助外部的专业服务团队,为综合开发项目提供必要的智力支持,确保此类项目的顺利实施和可持续的发展。

第三十六章　如何破解片区综合开发 PPP 项目实施困境

引　言

相较于单体 PPP 项目而言，片区综合开发 PPP 项目由于投资体量、合作期限、交易结构、回报方式、运营要求等方面都更为复杂、多样化，体现出很强的综合性。无论是对于政府方还是社会资本方，在片区综合开发 PPP 项目实操层面，除了应当关注 PPP 项目的常规风险外，更应当深入了解片区综合开发 PPP 项目的特有风险。特别是在当下，国家部委频出规范和调整 PPP 模式的新政且国家层面尚未正式颁布 PPP 的专门法律，政府方或社会资本方在项目实际操作过程中，难免会因对片区综合开发 PPP 项目的特有风险关注不足，低估项目执行层面的风险，导致项目出现困境。笔者拟对片区综合开发 PPP 项目在实践中的常见困境进行分析，并尝试提出困境破解路径，以期对读者有所裨益。

一、因项目不合规或因政策法规变化导致项目不合规而引发的困境及其破解对策

(一)因约定“溢价分成”导致的困境

1. 困境缘由：政策渐趋收紧，土地出让金“溢价分成”约定违反土地出让金“收支两条线”的管理政策

在过去的土地一级开发项目实践中，企业参与土地一级开发并按一定比例享有出让土地收益分成，是一种较为常见的做法。例如，某地片区综合开发项目中，政府和社会资本在协议中约定：“政府方以合作区域内全部划拨土地和可出让建设用地所获得的收入，优先支付社会资本投资开发成本……合作区域内全部划拨土地和可出让建设用地所获得收入，扣除约定应予扣除的部分，给予社会资本作为投资

收益”,上述约定实际上就是一种土地溢价分成模式。

但该种模式在国家层面缺乏明确的法规政策支持,从过去各地的具体规定来看,不同区域的地方政府基于不同时期的土地管理政策对于该模式所持的态度有所不同,如海南省与四川省。另外,根据《国务院办公厅关于规范国有土地使用权出让收支管理的通知》(国办发〔2006〕100 号)等的规定,从 2007 年 1 月 1 日起,土地出让收支全额纳入地方基金预算管理。收入全部缴入地方国库,支出一律通过地方基金预算从土地出让收入中予以安排,实行彻底的“收支两条线”。在地方国库中设立专账,专门核算土地出让收入和支出情况。故,土地溢价分成模式约定政府方将收到的土地出让金扣除土地开发成本后全额或部分直接支付给土地一级开发企业的操作,与土地出让金“收支两条线”的管理政策不符。财政部等四部委联合发布的《关于规范土地储备和资金管理等相关问题的通知》(财综〔2016〕4 号)明确规定,土地一级开发项目的承接主体或供应商的报酬“不得与土地使用权出让收入挂钩”规定,土地溢价分成模式还涉嫌将项目的未来收益与土地出让收入挂钩的违规风险,但结合既有司法实践案例来看,如此约定并不必然导致土地溢价分成协议的无效[①]。

2. 破解对策

鉴于此,建议严格遵循“收支两条线”的管理规定,对土地出让金收入按照规定进行列支;PPP 项目项下社会资本仅能基于绩效评价获得相应的服务费,双方也应基于这一原则确定政府方应支付的相应对价,且政府方的支出责任应依法纳入预算。

(二)因约定“土地资源补偿”导致的困境

1. 困境缘由:土地资源补偿约定存在土地资源无法落实的操作障碍以及违反土地管理的合规性风险

笔者所在团队在为某片区综合开发 PPP 项目提供咨询服务时,发现一些地方政府为减轻财政支付压力,往往要求以优先或低价拿地(通常是经营性用地)等方式作为社会资本投资 PPP 项目的资源补偿。但根据现行土地流转的相关规定,经营性土地资源直接补偿给一级土地开发企业的模式涉嫌违反“招拍挂”制度,并且

---

① 沈阳市于洪区于洪新城管理委员会与沈阳顺丰房地产开发有限公司、沈阳市于洪区人民政府、沈阳市人民政府土地整理合同纠纷案[案号:最高人民法院(2013)民一终字第 72 号]二审民事判决书观点。

国土主管部门亦不能仅依据协议约定而直接供给土地使用权。因此,该模式存在土地资源无法落实的操作障碍以及违反土地管理的合规性风险。同时,对社会资本而言,由于其很难对该种土地获取方式进行有效控制,常会受到各方面因素的影响,不确定性较大。因此,最终导致社会资本方承担较大的资金成本和压力,极易导致项目陷入困境。

2. 破解对策

针对片区综合开发项目中约定土地资源补偿存在的不确定性和合规性风险,建议在符合条件的情形下强化土地使用权出让程序与PPP社会资本招选程序衔接;如土地资源补偿因故无法落实的,应当由政府方提供同等价值的资源或者相应调整为政府方支出责任。

(三)片区综合开发项目中约定以合作区域新增财政收入作为政府付费资金来源导致的困境

1. 以合作区域新增财政收入作为政府付费资金来源的,因其实现路径不确定而存在增加政府负债风险

实践操作中,为确定政府付费或提供可行性缺口补助的资金来源,双方约定以合作区域内新增的财政收入(包括但不限于一般公共预算和政府性基金预算)作为政府方安排财政支出责任的前提。但根据我国《预算法》与财政收支管理的相关规定,政府的财政收入与支出应当严格遵守财政预算管理制度,遵循"收支两条线"的管理原则。对于合作区域内因综合开发所产生的财政收入增量部分作为付费资金来源的做法,尚欠缺成熟到位的法律法规支撑,在具体实现方式和路径上不排除后续会产生争议。此外,由于片区综合开发PPP项目本身动辄百亿元的体量,采取该种财政收入增量分享的模式,如项目投资时序无法有效控制将导致前期资金投入和区域内新增财政收入不匹配,造成合作期限内无法连续和平滑财政支出。并且,一旦该区域的经济增量未能达到预期目标,无论是政府还是社会资本都将会承担较大的债务风险,极易导致项目陷入困境。

2. 破解对策

针对片区综合开发项目中约定以合作区域新增财政收入作为政府付费资金来源的不确定性风险,建议如下:首先,应合理安排项目投资时序,实现合作期内财政支付责任的连续和平滑支出;其次,严格遵循财政预算收支管理规定,将政府方支付责任依法纳入预算管理;最后,应不断拓展片区综合开发项目项下的经营性子项

目,尽可能减少对地方财政支付的依赖。

二、因政府方或社会资本方对合同的履行不力导致的困境及其破解对策

(一)社会资本方未能及时完成项目融资交割导致项目资金断链甚至合作终止的困境

1. 困境缘由:社会资本方融资不到位

随着财政部92号文对政府举债行为的规范,以及一系列针对私募基金、央企对PPP投资限制和规范文件的出台,PPP项目融资难度进一步加大。而片区综合开发PPP项目总投资规模少则30亿~40亿元,多则数百亿元,融资规模较大,对低成本融资有明确的需求。但正如上文所述,片区综合开发PPP项目的回报机制受到政策不确定性影响较大,项目收益稳定性相对不足,可能影响项目融资方对于投资项目的信心,也可能会降低PPP资产证券化类产品的评级,降低项目公司进一步融资的能力。另外,从现有的实践情况来看,此类PPP项目的回报主要通过片区综合开发后的区域价值提升以政府付费的方式实现,而根据未来的政策趋势,片区综合开发项目的诸多做法可能会被进一步规范,这些不确定性都会进一步加大片区综合开发PPP项目的融资难度。

2. 破解对策

鉴于此,为防控融资风险,建议如下:

第一,关注PPP项目合同中关于"融资交割"条件的设置,确保融资交割可执行、可落地。

第二,对项目进行全面的风险评估分析论证,重点关注该项目未来是否有稳定可靠的收入来源并且足够覆盖未来还款本息,以取得足够的授信规模与项目投资开发时序相匹配。

第三,在操作片区综合开发PPP项目时,应当灵活运用多种融资手段和融资工具,有效降低融资成本。

(二)政府财政支付能力有限导致项目付费出现困境

1. 困境缘由:政府财政支付能力不足导致到期无法按约付费

除政府自身的财力因素外,对于通过以片区综合开发项目自身收益实现区域内收支平衡的PPP项目,在项目产出的数额与时序无法达到预期目标时,政府付费的违约风险可能会加大。

2. 破解对策

对于因政府财政支付能力不足导致政府付费风险的，除拓展项目本身经营性空间获取使用者付费外，还应注意以下事项：首先，社会资本方应当积极收集政府财政支付能力相关数据，对政府方的支付能力形成合理预判；其次，社会资本方应督促政府方及时将片区综合开发 PPP 项目的政府付费纳入财政预算和中长期财政规划，并提供相应的支持性文件；最后，在达到合同约定付款节点时，社会资本方应当督促政府及时履约支付，如政府方确实无能力支付的，社会资本方应积极与政府方协商可行的解决方式，必要时可依据约定启动提前终止机制，以降低投资风险。

（三）社会资本方履约能力不足导致项目产出不达标的困境

1. 困境缘由：社会资本方未能按照绩效标准履行合同义务

在片区综合开发 PPP 项目中，因社会资本方未能按照合同约定的建设、运营标准履行相关义务，也是导致项目陷入困境的常见情形之一。

2. 破解对策

为规避或解决此类风险，笔者建议，应当考虑从多个方面提前进行有效的合同安排。第一，充分发挥采购程序的竞争机制，完善社会资本遴选机制确定适格的投资人；第二，政府方应当建立完善、合理的绩效考核制度，并按照绩效标准对社会资本方开展绩效考核；第三，政府方可依约定要求社会资本方限期整改完善，并事先设定必要的履约保函督促社会资本方履约；第四，限期未能完成整改完善的，政府方可考虑接管或介入项目，必要时可考虑提前终止项目合作。

三、交易结构设计存在重大瑕疵而引发的困境及其破解对策

（一）项目合作范围不确定导致项目核心边界条件不清、项目产出不明的困境

1. 困境缘由：项目合作范围不确定，导致项目核心边界条件不清、项目产出不明

PPP 项目的合作范围一般包括就某合作区域内承担设计、投融资、建设、运营、维护及移交中的一项或者多项。但对于片区综合开发 PPP 项目而言，该类 PPP 项目的合作范围除包括前述通常 PPP 项目的合作范围之外，还应当重点关注“规划咨询服务”、“产业导入及产业发展服务”和“土地整理服务”等特有合作内容。

在实践操作中，部分片区综合开发 PPP 项目却缺失该类型项目的特有合作内容而将不相干的项目盲目捆绑打包。另外，有部分片区综合开发 PPP 项目虽然项

目合作范围齐全，但受限于项目可研等前期工作论证深度不够导致子项目数量、规模等不明确，由此导致项目核心边界条件不清、项目产出不明，后续项目执行阶段中极易引发争议进而陷入项目执行困境。

2. 破解对策

针对片区综合开发 PPP 项目合作范围不确定的风险，建议：

第一，深化该类项目可研等前期工作深度，并落实可研作为编制和确定 PPP 项目实施方案的前置条件。同时，编制可研等前期工作文件过程中，应当突出片区综合开发项目的产城融合属性。

第二，在项目采购方式确定上，应当充分考虑片区综合开发 PPP 项目子项目多、投资规模大、边界条件难确定的特点，可优先选择竞争性磋商的采购方式或者两阶段招标方式，并且优先考虑分期、分步进行投资开发建设方式。

第三，项目采购和执行过程中，政府方与社会资本方应当进行充分沟通，并建立协商机制，不断修正前期准备工作不到位导致的实施难题。

（二）因绩效机制缺失导致的项目困境

1. 困境缘由：以约定合理收益率之名行固定回报之实，未建立按效付费机制

片区综合开发 PPP 项目实践中，多采用“成本报销 + 合理收益”的计费方式，即根据项目合作内容，就社会资本或 PPP 项目公司所承担的工作事项，设置一定的程序认定该工作事项的投资建设成本，并加成一定比例或金额作为计算政府方应付的服务费或可行性缺口补助的计费基础。

在上述计费方式下，对政府方可能存在投资开发成本不可控的风险，甚至出现政府付费义务超出政府财政可承受能力的结果，最终会导致项目公司不能足额、及时获得付费。

2. 破解对策

对于以约定合理收益率之名行固定回报之实问题，建议：

第一，合理控制投资建设成本，防止因成本超支造成超过政府方承受能力。

第二，需要在合作期内使政府方的支出责任连续、平滑。同时，可以考虑采用“两阶段招选”方式明确项目边界条件，降低各方履约的过程和决策风险。

第三，“成本报销 + 合理收益”的计费方式应与绩效考核机制挂钩，避免陷入固化政府支出责任的违规风险。

四、充分发挥项目再谈判与仲裁裁决机制在片区综合开发 PPP 项目困境破解中的积极作用

(一)积极开启项目再谈判,重构合理的交易边界条件

再谈判主要是指在 PPP 合同签订后,由于原合同设计存在漏洞或突发事件造成重大影响等原因,合同双方在覆盖范围、服务标准、利益分配、投资责任等方面上产生分歧而进行的再次谈判。

对于片区综合开发 PPP 项目来说,发生上述困境时,政府方与社会资本方应当积极开展再谈判机制,从源头上梳理分析产生困境的难点,重构双方合理的交易边界条件,促使项目平稳实施,满足持续提供公共产品或服务的基本需求。

(二)积极采用仲裁方式解决片区综合开发 PPP 项目争议

仲裁较之协调、调解、复议和诉讼等 PPP 纠纷解决方式,具有自身的独特优势:

第一,仲裁方式能够较好地保证 PPP 纠纷解决对专业性、公正性、保密和高效的要求。PPP 纠纷通常专业性较强且常会包含金融、法律等多个领域的复杂关系,对纠纷解决者的专业性提出了非常高的要求。法院法官虽然也具有较强的司法专业性,但对 PPP 专业性缺乏足够多的认识,缺少了很多可以变通的空间,自身办案经验限制明显。而仲裁机构不受地域限制,仲裁机构名册中有不同领域资深 PPP 专家,可供当事人更大范围自主性选择,更好地满足 PPP 纠纷多项专业性的要求。

第二,仲裁方式可以在很大程度上打消社会资本对 PPP 纠纷解决的顾虑。仲裁的中立性满足了 PPP 纠纷解决对公正的追求。当一方主体是政府时,在法院解决纠纷过程中相对人一方难免心存顾虑,这势必会影响纠纷调处的效率和效果。而仲裁,由于仲裁机构、仲裁员等都是由双方自行选择的,其独立性、中立性明显高于诉讼,因此,相比较诉讼而言,仲裁方式更适合当下的 PPP 争议解决。

结　语

基于片区综合开发 PPP 项目的综合性和复杂性考虑,政府方和社会资本方应当尽量合理预设项目执行中可能面临的困境情形,并提前在项目方案和协议文件中留出接口,减少后续解决困境的执行难度。如在项目执行过程中方发现该

类项目存在的困境与执行难点，合作各方应当基于继续推行项目的目标处理争议，通过再谈判等机制重构合理的边界条件。必要时，可以考虑提前终止，通过仲裁等争议解决机制破解项目困境。

第三十七章　静脉产业园PPP项目如何操作

> **引　言**
>
> 相较于生活垃圾焚烧、厨余垃圾处理、建筑垃圾处理等单体环保PPP项目，静脉产业园PPP项目的投资规模大，涉及产业种类多、实施周期长、投资主体多元化、交易结构复杂、技术性要求更高，社会资本方的投资建设范围从项目设施扩大到园区的公建配套，同时还承担了部分园区管理和配套服务职能，导致静脉产业园PPP项目的实务操作更为复杂。本章以静脉产业园的内涵、外延及其特征为切入点，分析PPP模式在静脉产业园中的运用以及典型的项目操作案例，在此基础上对静脉产业园的实务操作要点提出切实可行的建议，以期对读者有所裨益。

一、静脉产业园概述

（一）静脉产业园的相关含义

1. 静脉产业

静脉产业，是相对于动脉产业的全新概念，具体是指以保障环境安全为前提，以废弃物处理处置、节约资源、保护环境为目的，运用先进的技术，通过将生产和消费过程中产生的废弃物转化为可重新利用的资源和产品，从而实现各类废弃物的再利用和资源化的产业，其物质流动过程详见图9－1：

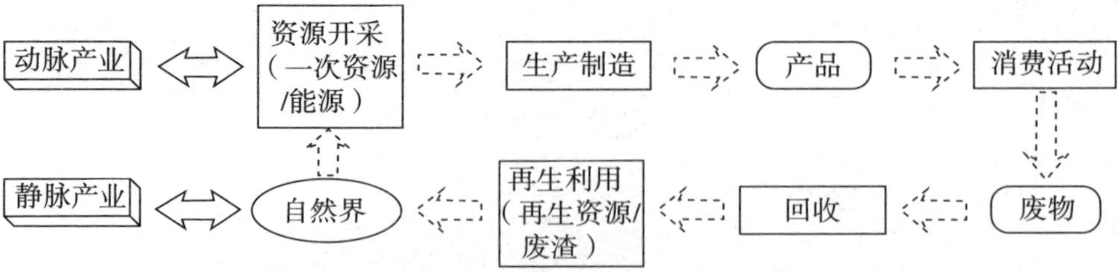

图9－1　静脉产业物质流动过程图

2. 静脉产业园

静脉产业园，即静脉产业类生态工业园区，是静脉产业的实践形式，主要指为从事静脉产业生产的企业而建设的生态工业园区。该类园区既可以提升静脉产业的规模和科技含量，也有利于污染综合防治和环境管理水平的综合效益，是当今我国循环经济建设的重点领域之一。

（二）静脉产业园的分类

通常而言，静脉产业园有以下两种分类：

第一类，按照园区建设内容划分，可分为单一型静脉产业园（以某一类废弃物的集中资源化处置为主）、小规模复合型静脉产业园（围绕某一类废弃物处置为核心附随少量其他类废弃物资源化处置）和全面综合型静脉产业园（涵盖垃圾处理、污水处理、污泥处理等所有固体废弃物的集中资源化处置）①。

第二类，按照废弃物特点和适用处理技术划分，可分为：（1）以再生资源拆解、加工及销售为主导的"城市矿产"类静脉产业园；（2）以城乡低值废弃物无害化处置和资源化利用为主导的城镇低值废弃物类静脉产业园；（3）上述两种产业园兼而有之的综合类静脉产业园。

（三）静脉产业园的主要特征

静脉产业园是依据循环经济理念、工业生态学原理和清洁生产要求而设计建立的新型工业园区，其主要特征表现为：

1. 以静脉产业为核心，实现资源利用与生态保护并重

静脉产业园以静脉产业为核心要素，实现各类废弃物的再利用和资源化的企业聚集，并共享配套设施，通过静脉产业内上下游企业的精细化分工和优势互补等方式获得规模经济效应，节约生产成本。同时，政府方也因此达到集约用地，集中监督管理和控制污染的目的，保障园区内及辖区内的环境安全和废弃物的再生资源化利用。

2. 以提高整个生产过程的资源和能源利用效率、降低废弃物和环境污染物产生量为内在要求

静脉产业园强调通过综合运用技术、管理和政策支持等措施，促进园内企业

---

① 参见刘影、汤明旺：《被"忽视"的静脉产业园 PPP：三年 175 亿项目入库》，载 http://huanbao.bjx.com.cn/news/20180126/876857.shtml，最后访问日期：2018 年 11 月 2 日。

达到共生协同,将生产过程中剩余的能量及产生的物料,传递给其他生产环节使用,形成企业内或企业间的能量和物料传输与高效利用协作链网,从而实现在总体上提高整个生产过程的资源利用效率、降低废弃物和环境污染物产生量的目标。

3. 强调技术支持与法规政策相互配套

静脉产业的发展运行需要多学科集成、融合和交叉,科技进步对静脉产业的发展具有举足轻重的作用。因此,构建静脉产业的科技支撑体系,引导科技力量参与静脉产业的发展,具有重要意义。建立完备的法律法规,依法推动静脉产业的发展,是许多发达国家的成功经验,如世界上最早的静脉产业生态工业园—丹麦卡伦堡生态园的成功实施有赖于当地完备的法律体系。同时,我国现阶段的静脉产业园发展具有较强的政策驱动性,即政府采购、税收等法律法规以及各类税收优惠、资源处理收费等政策规定,对我国静脉产业的发展起着重要的引导作用。

二、PPP 模式在静脉产业园项目中的运用

财政部等四部委《关于政府参与的污水、垃圾处理项目全面实施 PPP 模式的通知》(财建〔2017〕455 号)规定:“在污水、垃圾处理领域全方位引入市场机制,推进 PPP 模式应用。”2017 年 10 月 29 日,国家发改委、财政部和住建部联合印发《关于推进资源循环利用基地建设的指导意见》等规定,也明确提出鼓励采用 PPP 等多元投融资模式,引进专业化的投资主体和运营服务商完善城市废弃物回收及资源化利用产业链。由此可见,现行国家政策鼓励以 PPP 模式实施静脉产业园项目。同时,在实操层面,有大量以 PPP 模式实施的案例可循①,并通过对相关案例进行梳理、分析,笔者归纳了静脉产业园 PPP 项目常见的三类运作模式:

(一)单体项目模式

1. 模式内涵

单体项目模式是指园区管理机构统筹园区的规划、建设和企业引入,一园多企,对园区内单个子项目(子项目包)分别采用 PPP 模式实施。

---

① 在财政部全国 PPP 综合信息平台项目库中,以“静脉产业”为关键词,截至 2018 年 9 月 30 日的统计数据,检索到 14 则案例(其中 13 则案例进入项目采购或执行阶段),涉及市政工程、能源、生态建设和环境保护、政府基础设施领域,涵盖垃圾发电、综合治理等行业。

2. 模式优势与劣势分析

单体项目模式项下的项目边界条件清晰，更利于 PPP 项目的规范、公平、透明化操作，并且，社会资本参与门槛低，有利于形成有效竞争、降低项目投资成本。同时，该模式操作灵活，适用性强。但是，该模式项下的单体项目体量相对较小，降低了园区项目的规模效益和协同效应，不利于区内各子项目间的工艺衔接、整体协同和资源共享。

3. 实操案例

单体项目比较有代表性的包括北京市丰台区循环经济产业园建筑垃圾资源化处理厂项目、湖北省荆门市静脉产业园项目（一期）和阿克苏地区静脉产业园（东区）生活垃圾焚烧发电 PPP 项目等。

（二）整体开发模式

1. 模式内涵

整体开发模式是指园区管理机构统筹园区的规划、建设和管理，整个园区开发视为一个整体，招选确定一家社会资本或联合体负责投融资、建设及运营，一园一企，一次招选分期（分批）实施。

2. 模式优势与劣势分析

整体开发模式能有效统筹园区内资源，实现园区内各子项目间的工艺衔接、整体协同和发挥规模效应。但是，该模式项下的项目合作边界、回报机制、绩效考核等机制较为复杂，且不确定性多发，对项目的前期规划和准备工作，以及园区管理机构的规划统筹和风险控制能力要求较高，故对于小规模复合型静脉产业园具有适用性。

3. 实操案例

以安庆市静脉产业园（一期）PPP 项目①为例，该项目总投资估算 140，208.11 万元，分两阶段建设，其中第一阶段 77，208.11 万元，第二阶段 63，000 万元。建设内容包括该项目红线范围内的所有固体废弃物处理子项目，以及园区红线范围内、

---

① 本章所涉“安庆市静脉产业园（一期）PPP 项目”［入库名称为“安徽省安庆市静脉产业园（生产、生活垃圾终端处理）PPP 项目”］相关信息，如无特殊说明，均来源于财政部全国综合信息平台项目管理库公示的项目信息。

外为园区配套的市政设施①。项目采用 BOT 模式实施。

该项目虽分为两个阶段，但划分为一个标段，采用园区整体招标形式，不对子项目分别展开竞标，以“有机废弃物处理 + 危险废弃物处理”的搭配模式，为园区资源化产品的多样性和能源的有效供给提供了保障。但该项目边界复杂，对投标企业资质和业绩要求严苛，采购周期被拉长，项目经过两次市场测试，两度因参加资格预审企业不足三家废标，最终采用单一来源采购方式确定中选社会资本。

（三）组合开发模式

1. 模式内涵

组合开发模式是指园区管理机构统筹园区的规划、建设和管理。整个产业园区分期（批）实施，一园多企。其中核心项目（区域）以 PPP 模式实施，后续采用多种模式逐步扩展，园区子项目的投资建设采用 PPP + 模式。

2. 模式优势与劣势分析

组合开发模式的适用性较强，有利于统筹多种投融资机制形成有效竞争，在充分的前期规划和统筹的前提下，较容易达到园内企业间的共生协同。但是，该模式的投资规模大、耗时较长，程序较复杂，对园区管理机构的投融资能力和规划、管理能力有较高要求。

3. 实操案例

以苏州吴中静脉产业园为例，该产业园是全国第一个以集中处理城市工业和生活垃圾为主线的现代化环保产业园，也是江苏省内首家集生产、研发、环境提升、环保宣传为一体的静脉产业园。2003 年 9 月，苏州市政府与光大国际签署了垃圾焚烧发电厂一期项目 BOT 合作协议，并于 2006 年 7 月建成投运。其后，产业园继续采用 BOT 合作方式开展了垃圾焚烧二期、三期的建设运营。现园内已建成投用了垃圾焚烧发电、餐厨垃圾回收处理、医疗废弃物处置、工业危险废弃物处理处置及一般固废综合利用项目。

苏州市政府借鉴新加坡和日本“统筹规划，分步实施，以点带面，整体推进”的思路，通过政府引导、市场运作、社会资本方参与模式，确定园区内各子项目的合作方，进而实现园区内资源与外界的资源整合、强强联合，提高能源综合利用程度。

---

① 该项目在第二轮招标前，于 2017 年 12 月 13 日以《研究市静脉产业园 PPP 项目招标相关工作》（第 113 号专题会议纪要）形式明确：项目红线范围外的相关市政配套设施建设由政府方承担。

三、以 PPP 模式实施静脉产业园项目的操作要点

结合静脉产业园的内涵及特征，以及相关 PPP 案例模式的分析，静脉产业园 PPP 项目实务操作中需重点关注以下方面：

(一)做好项目的前期调研并发挥规划的引领性作用

静脉产业园是各类废弃物集中回收利用、无害化处理的场所，但各类废弃物的主管部门并不统一，各部门对废弃物管理存在重叠和交叉关系(以上海为例，产业废弃物由环保局管理，生活废弃物由市容环卫局管理，再生资源由商务委管理)。并且，区域内可能已有或者拟建各类环保处理设施，区域现状复杂、各主体需求不统一。

因此，建议在项目准备阶段开展必要的项目调研，由政府方协调各部门，结合当地的产业基础、城市布局、废弃物产生量、交通区位等实际情况，明确静脉产业园功能定位和再生资源利用重点。同时，结合区域总规、行业专规、控规要求，明确整个静脉产业园区的项目定位和实施重点，确定其空间布局、产业链关系、入园项目类别和投资开发建设时序安排。

(二)选择适当的投资运作模式

对静脉产业园项目而言，特别是组合开发模式下的静脉产业园，PPP 模式并非唯一选项，在实践中，往往需要灵活机动的运用各种投资模式组合，引入或配建副产品综合利用项目来完善区内产业链，实现物质流和能量流的最优效果，提高经济效益。

同时，政府方还需综合考虑各类子项目的功能分类、工艺特点和特殊的资质要求(如危险废弃物处理和医疗废弃物处理涉及的经营许可)，评估园区内各子项目是否打包，以及项目打包对响应投标竞争性的影响，合理选定具体的投资开发方式(是否需要分标段招选不同的社会资本，或同一标段招选同一社会资本进行分期分批实施等)。

(三)重视项目绩效考核机制，实现按效付费和激励相容

基于“资源共享、设施共建、物质循环、能量梯级利用”的理念，静脉产业园 PPP 项目一般以生活垃圾焚烧发电项目为核心，辅以餐厨垃圾处理、危险废弃物处置、

污泥处理处置等项目，配套建设集中供热中心、污水处理中心和技术研发中心，形成协同处置的完整产业链。相较于其他PPP项目，这些单体项目的产出标准较为清晰，运营规范更完备，绩效考核体系也更完整，为静脉产业园PPP项目的绩效考核奠定了良好的基础。但这并不意味着静脉产业园项目的绩效考核就是单体项目的简单叠加。

设置静脉产业园PPP项目绩效考核机制时需考虑的因素：项目实施的最终目的以及阶段性目标；对园区运营长效保障制度的建设和管理协同；绩效考核从单一结果导向转为向静脉产业园项目产出结果达标、过程控制；风险预防和化解并重。在此基础上合理确定项目绩效考核机制，并与政府付费直接关联，实现按效付费。同时，项目绩效考核应遵循"激励相容"原则，在考核中设置奖励条款，从而激励技术创新和效率提升。

（四）多举并用，全面防范项目实施风险

国内对静脉产业园的项目实践尚处于初步探索阶段，将PPP模式应用于静脉产业园项目也是PPP在新兴领域中的创新尝试。为了尽可能降低因项目边界条件划分不清、公众反对等因素导致的项目实施风险，实操中还需注意以下几点：

1. 夯实项目前期工作，保障公众知情监督权

政府方应当夯实项目立项或核准管理工作，对静脉产业园项目进行充分论证，确定项目的各项基本经济、技术指标，扎实开展项目前期工作。

政府还应充分保障社会公众的知情监督权，以避免"一建就闹、一闹就停"的现象。2014年4月，杭州余杭区中泰街道就曾出现大规模公众反对在当地建设垃圾焚烧装置的群体事件，事件发生后，政府及时组织了82批、数千人的参观团，到周边已经建好的同类项目实地参观。通过参观，公众树立了信心，了解了知识。组织参观后，该项目用了将近一年的时间重新进行了环境影响评价和社会稳定风险的评估，最终在一年后项目正式破土动工，经过两年多的兴建及调试，项目已于2017年11月正式投产[①]。杭州政府的项目经验值得静脉产业园同类项目借鉴。

2. 设置合理的项目回报机制

项目的回报机制主要是指社会投资人获得投资回报的资金来源。通常而言，静脉产业园项目的投资构成主要包含以下三部分：园区内各子项目的投入、园区内

---

① 贾峰：《"邻避效应"的解决之道》，载"我是科学家 iScientist"公众号，2018年10月19日。

的基建及配套设施的投入和园区运营管理服务的投入。

考虑到静脉产业园项目本身的复杂性,实操中宜根据项目投资构成、各子项目类型分别考虑社会资本的投资回报机制。实践中,部分静脉产业园项目采用的是合并报价方式,如某项目招标文件规定,“该费用为投资商综合报价,包含但不限于垃圾焚烧发电项目的补贴,增加土方量和增大埋场、污水处理厂规模的费用补偿、承担餐厨和污泥运输费用补偿,配套工程……的投资回报”,类似的定价机制安排很可能会造成该等子项目的中标价和同类单体项目相差甚远,无法客观反映项目的真实经营成本和收益情况,还会为今后价格调整和绩效考核形成障碍,为项目的顺利实施埋下隐患。因此,从明确项目边界条件角度,应当基于子项目类型、投资构成、同类项目操作惯例等因素合理设定项目回报机制这一核心交易条件。

3. 结合项目特点和实际情况,设置有效、合理的调价方案

因静脉产业的行业特点造成了其受政策调整因素影响较大,而中国的静脉产业正处于改革的窗口期,新政频出,项目执行过程中不确定性增大。以垃圾焚烧发电项目为例,如果上网电价、环保标准、税收优惠等政策发生调整,则对项目的收入和经营成本会产生巨大影响。这些风险全部由政府或项目公司中任何一方单独承担都是不合理的,必须寻求一个合理的风险分担机制。调价机制是分担这种风险的主要方式①。因此,静脉产业园项目应当基于其自身特点和项目实际情况,合理设定项目调价机制,增强项目执行的弹性度。

4. 重视在合同中设置临时接管和提前终止、合同展期、项目提标改造、新增改扩建需求以及再谈判等弹性机制条款

(1)静脉产业的发展与产业政策、行业技术的发展息息相关,在相对较长的合作期内项目可能跨越一个或者数个行业周期和技术周期,这对项目带来的影响无法简单预估,因此,项目提标改造、改建重建等情况的发生不可避免。以苏州垃圾焚烧发电项目为例,2003 年 9 月,苏州市政府与光大国际签署了垃圾焚烧发电厂一期项目 BOT 合作协议后,2016 年 6 月,苏州垃圾焚烧发电项目即启动拆旧建新提标改造工程。

(2)静脉产业关系到环境安全和公众健康,如因管理不善,绩效考核未达标或发生安全事故等原因均有可能导致政府介入、临时接管,甚至发生项目提前终止。

① 黄文雄、徐文龙、屈志云、云松:《垃圾焚烧发电 BOT 项目价格构成与调整机制》,载《环境卫生工程》2011 年第 19 卷第 4 期。

因此,需提前在PPP合同中对相关的权利义务做明确约定。

(3)静脉产业园PPP项目的边界条件众多,交易结构复杂,国内现尚处于初步发展阶段,项目实施过程中发生变更在所难免。当上述调价机制无法弥合双方分歧时,在PPP合同中事先设置弹性的调整机制(如在PPP合同中设置协商、再谈判、争议解决机制)就成为项目稳定实施的压舱石,为双方提供了更灵活的解决路径。

5. 基于项目本身的特殊性,对SPV公司的股权结构加以特殊设计,也有助于防范边界不清可能引发的项目实施风险

(1)设置政府参股机制,针对关系公众利益、公共安全的重大事项,通过政府方股东基于章程规定合理行使表决权,强化过程监管,可以有效避免项目公司作出可能给公众带来负面影响的决策。

(2)在长达10年至30年的合作期内,为尽可能降低边界不明确对项目带来的负面影响,保证项目运营的可控性和连续稳定性,建议静脉产业园PPP项目公司优先由央企国企控股;与此同时,该类项目的技术性强,对社会资本的技术管理能力和运营经验又有较高的依赖,而民企外企在这方面的优势更为明显,鉴于此,建议民企外企在项目公司参股或持小比例股。

6. 借力第三方咨询机构力量,为静脉产业园PPP项目合作厘清边界,把好专业关

鉴于静脉产业园项目的专业性和复杂性,政府方宜借力专业的第三方咨询力量,完备项目前期准备、采购和执行等相关工作。项目前期准备阶段,政府方可借力专业咨询机构完备项目实施方案编制及论证工作,把好边界关;项目采购阶段,专业咨询机构可协助政府组织招投标工作并与社会资本进行必要的谈判,把好签约关;专业行业咨询机构还可以根据项目特点和需求,编制合理的绩效考核机制,并协助政府开展具体绩效考核工作,把好过程关。

结　语

与发达国家相比,我国静脉产业相关的法律法规及配套制度尚未健全,且以政策驱动为导向,因此,在静脉产业园PPP项目实操中,不但应当重视区域产业引导政策,更应当做好项目的前期调研,发挥规划的引领性作用,设置必要的弹性条款增强合同的灵活性和适用性。同时,从协同中求效益,也是静脉产业园PPP项目亟须解决的另一个问题。因此,相较于单体项目而言,静脉产业PPP项目的

实务操作中,既要充分发挥政府和社会资本在管理上的协同效应,也要发挥园区企业在技术上、物质流和能量流上的资源整合的优势,这两者是静脉产业园 PPP 项目成功的关键,如果偏离了这个方向,则项目很难实现物有所值的目标。此外,结合静脉产业园 PPP 项目实操经验,选择适当的投资运作模式、厘定项目合作边界条件以及设定可执行的合理绩效考核体系,对于静脉产业园 PPP 项目的成功运作亦至关重要。

第三十八章　如何防范高压监管背景下的环保项目主体责任风险

引　言

党的十九大报告将污染防治作为决胜小康三大攻坚战之一，将环境保护上升到国家治理的高度。在执行层面，中央纪委通报曝光了多起生态环境损害责任追究典型问题，并移交问责。由此，在国家治理层面和执行层面，均形成了环境保护监管的高压态势。期间，国家部委在基础设施和公共服务领域主推PPP模式，并在垃圾处理、污水处理领域全面实施PPP模式，充分吸引社会资本投资参与，提升环境公共服务质量。那么，在当下环境保护监管高压态势下，环保PPP项目主体，特别是政府方，在PPP项目实施过程中将面临哪些责任风险？对此，笔者尝试从近期生态环境损害责任追究案例着手，分析项目追责风险，并在此基础上提出风险防范建议。

一、项目前期工作及识别准备阶段的主体责任风险和应对措施

（一）违规开展项目前期工作的主体责任风险及应对

1. 案例

湖北省案例："省发改委受理金胜兰公司项目备案登记时，对产能置换指标审核把关不严……擅自同意为项目补办备案登记手续。"按照干部管理权限，给予省发改委工业处等主要责任人员行政记过等行政处分①。

① 湖北省人民政府：《湖北省关于通报中央环保督察移交生态环境损害责任追究问题问责情况新闻发布会》，载 http://www.hubei.gov.cn/2015change/2015news/xwfbh/newsfbh/xwfbh201816/，最后访问日期：2018年11月3日。

2. 风险分析及应对

上述案例中,因省发改委受理企业投资项目备案登记时,未按照规定要求审核项目备案信息,并且违反规定程序擅自同意补办备案信息而被追责。结合 PPP 项目相关开展前期工作的规定,环保 PPP 项目主体应当重视:

第一,根据项目性质、项目建设资金筹措来源、政府投入资金形式等因素,综合判定项目属于政府投资项目还是企业投资项目,对应确定采用审批制,还是核准制或者备案制管理。

第二,基于审批制、核准制或备案制投资管理要求,准确适用法律法规及政策规定,特别是审查可研报告或项目申请报告的附录文件的真实性、合法性和完整性更为重要,可依托投资项目在线审批监管平台实现审批或核准前置审批并联办理。

第三,发挥上级主管部门对下级开展前期工作的指导和监督作用。

(二)项目识别准备工作不准确的主体责任风险及应对

1. 案例

北京市案例:"延庆区政府及规划国土、住建、水务、环保等部门监管不力,导致白河堡饮用水水源一级保护区内违规建有天池宾馆项目,二级保护区内违规建设山里乐活酒店项目。"给予延庆区政府、永宁镇及主管部门等主要责任人员予以行政降级、行政警告等行政处分①。

2. 风险分析及应对

上述案例中,虽然该违建项目并非采用 PPP 模式实施,但此类在前期报批报建过程中未被准确识别而发生的生态环境损害问题同样值得环保 PPP 项目借鉴。结合 PPP 项目前期识别准备阶段工作,环保 PPP 项目主体应当重视:

第一,准确识别环保 PPP 项目的政府方发起人。通常而言,由地方财政部门向各行业主管部门征询或者由行业主管部门提出项目建议,经评估筛选程序确定潜在环保 PPP 项目,进而确定政府方的 PPP 项目发起人,承担项目发起人责任。

第二,规范开展立项、选址、用地预审和社会稳定风险评估等项目前期相关工作,在此基础上开展后续"两评一案"的识别论证工作,以实现项目全生命周期的"物有所值"。

---

① 北京市人民政府:《北京市通报中央环境保护督察移交生态环境损害责任追究问题问责情况》,载 http://www.gov.cn/xinwen/2018-03/30/content_5278479.htm,最后访问日期:2018 年 11 月 3 日。

二、项目采购程序瑕疵的主体责任风险和应对措施

(一)案例

上海市案例:“2016 年 1 月至 12 月,嘉定区安亭镇黄渡环卫所违规将生活垃圾中转站委托无资质的上海康家有害生物防制有限公司管理,并允许该公司违规将垃圾运至外省处置……发现安亭镇黄渡环卫所违规行为后,未予以及时制止。”根据干部管理权限,给予嘉定区绿化市容局、安亭镇政府等主管领导及直接责任人员以记过、警告处分①。

(二)风险分析及应对

上述案例中,以直接“委托”方式确定无资质的企业负责垃圾处理,明显违背政府采购程序相关规定而被追责。结合环保 PPP 项目实操经验,环保 PPP 项目主体应当关注:

1. 通过公开竞争性程序选定 PPP 社会资本作为合作方

环保 PPP 项目应由项目实施机构根据规定,采用公开招标、邀请招标、竞争性谈判、竞争性磋商和单一来源采购的采购方式。

2. 重视环保 PPP 项目追加采购金额的限制性要求

由于环保领域的行业技术革新周期快、受国家政策调控影响比较明显,加之区域经济高速增长等因素,环保 PPP 项目将在一定周期内进行提标改造,或技术更新,或项目扩建追加采购,但所有补充合同的采购金额不得超过原合同采购金额的 10%。

3. 发挥供应商对政府采购活动事项的质疑和投诉机制作用

为规避 PPP 项目采购程序瑕疵风险,供应商认为采购文件、采购过程和中标、成交结果使自己的权益受到损害的,应当积极行权;政府方在接到相关质疑或者投诉的,除涉及商业秘密外,应当根据项目实际情况及时答复,或者作出处理决定,有效发挥质疑和投诉机制的制约监督作用。

---

① 上海市人民政府:《上海市通报中央环境保护督察移交生态环境损害责任追究问题问责情况》,载 http://www.shanghai.gov.cn/nw2/nw2314/nw2319/nw12344/u26aw55455.html,最后访问日期:2018 年 11 月 3 日。

三、项目建设期的主体责任风险和应对措施

（一）项目设计不合规的主体责任风险及应对

1. 案例

湖北省案例：“孝南区推进碧泉污水处理厂项目……违规调整污水管网设计，导致原设计收水范围内生活污水和工业废水直排府河；违规决策采用‘雨污合流’管网设计方案。”按照干部管理权限，给予孝感市人大、政府办、民政局相关人员以及孝南区住建局等主管领导和直接责任人员相应行政处分和党纪处分①。

2. 风险分析及应对

上述案例中，相关责任人员因违规调整项目管网设计文件，或因违规决策采用不合理管网设计方案导致损害生态环境而被追责（无论是否升迁或离岗）。对此，环保 PPP 项目主体应当重视：

（1）明确项目设计责任主体，特别是项目公司承继原设计合同文件情形如何衔接原设计责任主体与 PPP 项目公司的设计责任更应重点关注，并具体落实到项目采购文件相应条款中。

（2）在 PPP 项目合同中，对政府方调整项目设计文件设置必要的限制性条件和程序性要求。

（3）强化设计文件审查的作用。通过设计文件审查明确该等设计文件是否符合公共利益、公众安全和工程建设强制性标准要求，保障工程质量安全。

（二）违法开工建设的主体责任风险及应对

1. 案例

陕西省案例：“陕西龙门钢铁有限公司一座 1800 立方米炼铁高炉、一台 450 平方米烧结机及配套生产设施在未获得相关审批手续情况下，于 2013 年 8 月违法开工建设。”根据有关规定和干部管理权限，分别对相关企业的（原）主管领导及直接责任人员给予诫勉谈话、党内警告和警告（行政）处分。同时，对省政府研究室相关

---

① 湖北省人民政府：《湖北省关于通报中央环保督察移交生态环境损害责任追究问题问责情况新闻发布会》，载 http://www.hubei.gov.cn/2015change/2015news/xwfbh/newsfbh/xwfbh201816/，最后访问日期：2018 年 11 月 3 日。

责任人员给予行政记过、行政警告处分和诫勉谈话①。

2. 风险分析及应对

上述案例中，相关企业和政府人员因违反《环境影响评价法》等有关要求，未满足开工条件而径行开工建设被追责。同时，由于开工条件不具备，如政府方同意开工亦会面临一定的党政纪处分和组织处理问责②。结合环保 PPP 项目开工相关要求，环保 PPP 项目主体应当关注：

(1)获取环评批复、水土保持方案批复、节能评估批复等项目开工前所需审批文件。

(2)在 PPP 项目合同中约定项目公司组织开工建设的条件，并设置相应违约责任，以督促项目法人按照规定要求办理项目施工所需各项手续和文件。

(三)建设延期导致的主体责任风险及应对

1. 案例

广东省案例："潮州市政府及有关部门水污染防治工作不力，第一污水处理厂污水主管网、第二污水处理厂治污项目建设滞后……群众反映强烈，枫江(潮州段)水环境质量持续恶化。"按照有关规定和干部管理权限，对时任潮州市政府、潮州市供排水管理中心、潮州市饶平县政府的主管负责人及直接责任人员给予诫勉、党内警告处分和政纪处分③。

2. 风险分析及应对

上述案例中，因建设进度滞后影响到污水收集、处理导致区域生态环境质量持续恶化而被追责。由此可见，PPP 项目建设进度迟延，不单单是合同违约行为，政府方相关人员可能面临被党纪、行政追责风险。对此，结合环保 PPP 项目建设进度相关要求，环保 PPP 项目主体应当关注：

(1)夯实项目前期工作，确定合理建设期。

(2)明确约定 PPP 项目建设进度要求，并设置相应违约责任。结合环保 PPP 项

---

① 陕西省人民政府：《陕西省通报中央环境保护督察移交生态环境损害责任追究问题问责情况》，载 http://www.qinfeng.gov.cn/info/1021/74845.htm，最后访问日期：2018 年 11 月 3 日。

② 参见《湖北省关于通报中央环保督察移交生态环境损害责任追究问题问责情况新闻发布会》指出的"新洲区重发展轻保护、环境管理突出问题"，对政府方相关责任人员违规同意开工建设予以追责。

③ 广东省人民政府：《广东省通报中央环境保护督察移交生态环境损害责任追究问题问责情况》，载 http://www.gd.gov.cn/gsgg/content/post_83588.html，最后访问日期：2018 年 11 月 3 日。

目实操经验,通常对项目关键节点工期要求比较严格,如开工日、竣工验收、试运营等,并设置相应的逾期责任,督促项目法人及时完工。

(3)设置建设期延期条款,合理分担建设延期风险。

(四)建设期专项资金使用不力的主体责任风险及应对

1.案例

甘肃省案例:"2015年国家下达财政专项资金1.3亿元用于治理东大沟重金属污染和含铬土壤污染,资金到账一年有余,但由于工程建设招标滞后等原因,项目迟迟未开工……白银市政府及其有关部门对重金属污染治理项目推进不力。"根据省环保督察问责工作组调查认定情况,按照干部管理权限,给予白银市政府、市环保局及相关企业等的主要负责人党内警告处分或诫勉谈话①。

2.风险分析及应对

上述案例中,白银市政府相关人员未能将中央专项财政资金有效用于重金属污染治理项目投资建设,并且项目采购程序滞后导致工程未能如期开工建设而被问责。结合PPP项目上级补助资金的使用管理规则,环保PPP项目主体应当关注:

(1)按照上级补助资金规定用途专项使用,并做好统计上报工作。

(2)围绕环保PPP项目建立统筹协调机制,由各主管部门切实推进各项补助支持措施落实到位。

(3)建立补助资金使用情况相关信息公开机制,全面接受社会监督。

(4)逾期未有效使用的,应当及时上报确定资金进一步用途。

四、项目运营期的主体责任风险和应对措施

(一)超标排放污水造成的主体责任风险及应对

1.案例

上海市案例:"上海环保(集团)有限公司建设运行的嘉定区安亭生活垃圾处理厂渗滤液超标排入城市污水管网,经监测化学需氧量超标64.2倍。嘉定区政府未依法处置安亭生活垃圾处理厂环境违法行为。"根据干部管理权限,对嘉定区政府

---

① 甘肃省人民政府:《中央环境保护督察移交生态环境损害责任追究问题问责情况》,载http://www.hsxzf.gov.cn/zwdt/gszw/2018/03/30/11390211452.html,最后访问日期:2018年11月3日。

分管负责人予以诫勉谈话,对相关企业记过或记大过处分①。

2. 风险分析及应对

上述案例中,垃圾处理厂未按照规定对渗滤液进行处理,并且直排超标纳管,极有可能造成城市污水处理厂进水水质超标而引发系列违规违约风险,该风险也系环保 PPP 项目常见风险类型。对此,环保 PPP 项目主体应当关注:

(1)就生活垃圾处理厂区产生的渗滤液及其他废水的处理事宜,要求厂内建设垃圾渗滤液处理站进行达标处理,不得设废水排放口,经处理实现厂内回用零排放。并就直排或者超标排放行为,除了追究合同上的违约责任外,还可通过行政处罚手段予以控制。

(2)在既定的进水水质标准上,明确超标处理方法及责任承担,并就超标对出水水质影响在绩效考核的达成率方面予以考虑。

(二)运营期项目监管不力的主体责任风险及应对

1. 案例

重庆市案例:"2012 年重庆市龙璋纸业有限公司龙泉分公司白泥渣场出现渗漏,渗漏液未经处理直排小安溪河;市轻纺集团对其下属企业履行环保监督管理职责不到位;铜梁区人民政府及区环保局履行环保监督管理责任不力,监管失察。"给予铜梁区环保局、安监局以及相关企业的主管责任人员和直接责任人员党内警告、通报、诫勉处理②。

2. 风险分析及应对

上述案例中,因环保主管部门未能有效履行环保监督职责,存在对企业排污不达标监管失察责任而被追责。同时,相关企业主管责任人员亦因直排废弃物而被问责。结合环保 PPP 项目自身特点,环保 PPP 项目主体应当关注:

(1)设置明确的环保 PPP 项目产出指标,作为衡量产出是否达标的标准。

(2)兼顾政府方享有的合同监管和行政监管措施。如采用行政处罚措施的,应当向当事人告知给予行政处罚的事实、理由和依据并听取当事人的陈述、申辩,否

---

① 上海市人民政府:《上海市通报中央环境保护督察移交生态环境损害责任追究问题问责情况》,载 http://www.shanghai.gov.cn/nw2/nw2314/nw2319/nw12344/u26aw55455.html,最后访问日期:2018 年 11 月 3 日。

② 重庆市人民政府:《重庆市通报中央环境保护督察移交生态环境损害责任追究问题问责情况》,载 http://www.cepb.gov.cn/doc/2018/03/29/175794.shtml,最后访问日期:2018 年 11 月 3 日。

则行政处罚决定不能成立①。

(3)按照《环境保护法》等有关规定,不打折扣地实施按日计罚、查封扣押等措施。

(4)在《PPP 项目合同》中明确约定项目公司依法公开披露相关信息的义务。

结 语

在国家治理和执法监督层面,均形成了环境保护监管的高压态势,虽在环保领域力推 PPP 模式吸引社会资本参与投资建设及运营,也不能规避。结合环保 PPP 项目实操经验,从近期生态环境损害责任追究案例着手,分析了违规开展项目前期工作、项目识别准备工作不准确、项目采购程序瑕疵、项目建设期及运营期等可能产生的主体责任(党纪和行政处分),并分别从政府履职、PPP 项目公司履行项目法人责任和合同履约等角度提出风险防范措施,以期对环保 PPP 主体起到有益启发和借鉴。

---

① 参见上海市高级人民法院:《上海青浦高维助剂厂因环保行政处罚决定一案》[(2010)沪高行终字第 1 号]。

第三十九章　如何借鉴美国 PPP 经验促进我国能源事业发展

——以"维尔京群岛能源联盟计划"为例

引　言

根据《国务院办公厅转发财政部发展改革委人民银行关于在公共服务领域推广政府和社会资本合作模式指导意见的通知》(国办发〔2015〕42 号)等文件规定,煤炭、石油、天然气、电力、新能源等能源项目,鼓励采用政府和社会资本合作(PPP)模式,吸引社会资本参与。但国内能源 PPP 项目至今仍不足百余件案例,且投资体量在 10 亿元以上的国家示范项目仅 4 个案例①,与其他领域和行业 PPP 项目的发展规模和体量相比显得"分量不足"。究其原因,主要是因缺乏成熟、可复制且符合绿色能源发展方向的成功能源 PPP 案例范本的缘故。对此,笔者尝试以美国"维尔京群岛能源联盟计划"为例,阐述其对能源消费市场定位、"自我维持"的再生理念以及节能绩效导向作用等方面的操作亮点,以期能够为国内节能减排的环保、新能源领域 PPP 项目提供可借鉴的国外成功经验。

一、项目概况

(一)项目背景

1. 气候因素

美属维尔京群岛(The United States Virgin Islands)是美国的海外属地,位于大

① 以"能源"作为分类标准,在财政部全国 PPP 综合信息平台项目库中检索,截至 2018 年 9 月 30 日统计数据,能源类 PPP 项目入库的共计 100 个案例,其中投资额在 10 亿元以上的国家示范项目仅有 4 例(分别为光电、垃圾发电和能源储备行业)。

西洋的加勒比海，属于热带海洋性气候，终年常受副热带高压带来的偏东信风控制，温度较高，温差较小，气候湿润。因此，该地居民及企业常年需要空调和除湿器来调温换气，巨大的用电量给地方电力系统带了沉重的负担，电力能源供需关系日益紧张。

2. 区域能源结构及政策法规因素

由于维尔京群岛的电力系统100%依赖于石油，油价的波动将直接影响当地经济发展，因此政府方积极探寻解决能源结构单一的方案，如节约能源和发展可再生能源计划，以保障区域能源安全、保护居民健康和环境保护，并且于2009年政府方通过了《维尔京群岛可再生和替代能源法案》，以期刺激可再生能源项目的发展和节能计划的实施。

（二）项目基本信息

基于上述项目背景，美属维尔京群岛政府（以下简称"GVI"）和维尔京群岛能源办公室（以下简称"VIEO"）选定Bostonia公司开展合作，并由Bostonia公司和VIEO共同组建了维尔京群岛能源联合经营公司（以下简称"能源联盟公司"），由该能源联盟公司等制订了一项计划来推动当地节能减排，即"维尔京群岛能源联盟计划"（以下简称"能源联盟计划"），计划中包含数个PPP项目①，以刺激维尔京群岛的绿色产业发展。根据该能源联盟计划内容，将能源消费群体/市场分为四个部分：政府、大中型企业、小型企业和住宅，由能源联盟公司对上述消费群体的能源消费状况和需求进行调查评估，并针对不同需求制定个性化的解决方案，实现维尔京群岛内经济效益、环境效益和社会效益的有机统一。该维尔京群岛能源联盟计划项目，于2011年获得美国NCPPP（The National Council For PPP）创新大奖。

（三）项目合作方

能源联盟计划项目由GVI和VIEO作为政府合作方。Bostonia公司作为社会资本方，也是项目执行机构。双方共同成立了特殊目的公司（SPV），即能源联盟公司。

二、项目核心边界条件

（一）合作内容

Bostonia公司作为能源联盟计划项目的执行机构，负责向GVI政府方提供项目

---

① 孟春：《美属维尔京群岛运用PPP模式推动节能减排》，载《中国经济时报》2014年7月14日。

策划和提供委托与管理能源服务公司以及实施节能措施等服务。并且,GVI 与 Bostonia 公司签订的合同涉及多个方面,主要内容包括:

1. 提供旨在减少维尔京群岛能源需求的项目服务的市场总体评估,如 Bostonia 公司负责对克罗伊和圣托马斯的房屋进行调查,以评估房屋节能改造和保养技术所带来的回报率。

2. 寻找降低能源成本的项目契机和计划,如 Bostonia 公司及能源联盟公司负责监督 ECMs 的日常维护、年度测量和检测,包括对每个政府机构和部门在政府市场的单独评估,以确保 ESCOs 的运营符合规范。

3. 评价基于绩效的合同结构对于维尔京群岛的适用性,如在项目完工后,Bostonia 公司和 VIEO 负责对设施的绩效进行监控,以保证实现节约能源和成本的目标。

4. 为提出的方案制定实施策略。

5. 为群岛节水节能及可再生能源设施的安装提供融资。

6. 对节水节能和可再生能源设施的安装工程加以管理,如为实现节约能源和降低成本的目标,能源联盟公司对 ESCOs 进行程序化管理。

(二)项目交易架构

1. 招选社会资本

基于探寻解决能源结构单一发展节约和再生能源的倡议,促使 GVI 和 VIEO 寻求一家社会资本方作为倡议策划和提供服务的执行机构。后,GVI 和 VIEO 寻求并确定 Bostonia 公司(是一家专为美国政府和企业提供能源开发和融资方案的投资银行)作为倡议的执行机构。

同时,GVI 为顺利地实施和推进能源联盟计划,也选择了其他私人合作伙伴。如 Energy Systems Group 有限公司及 FPL 能源服务公司是由 GVI 选出的为政府市场提供节能设施的能源服务供应商;Quality Electric Supply 有限公司以及 Merit Electric有限公司负责在小型企业市场上开展节能项目等。

2. 组建 SPV

GVI 和 VIEO 选定 Bostonia 公司作为执行机构后,由双方共同成立了特殊目的公司(SPV),即能源联盟公司。由能源联盟公司等共同制定了维尔京群岛能源联盟计划,来推动维尔京群岛地区的节能减排工作。

3. 项目的执行

Bostonia公司及能源联盟公司负责向 GVI 提供项目策划和提供委托与管理能源服务公司以及实施节能措施等服务，按照双方协议约定内容执行“能源联盟计划”项下的节能改造项目。在实施进度安排上，根据政府、工商业、小型企业和住宅四类市场分别制订能源计划，并首先从政府市场开始实施，然后依次扩展到其他市场。

在实施过程中，由能源联盟公司与维尔京群岛教育部门合作的节能改造项目是首先完成的政府市场项目，为所有 3 个岛上的 14 所学校安装了节能设施，并为当地创造了 25 个就业岗位[①]。与政府市场的项目开展方式类似，大中型企业采用与能源服务公司签订绩效合同的方式来分摊成本。节能设施的安装将减少大中型企业的运营成本，从而降低能源需求，进而导致能源价格下降，企业即因此获益。在小型企业市场上，东南能效联盟（以下简称“SEEA”）和 VIEO 为小型企业能效计划提供补助，Quality Electric Supply 有限公司以及 Merit Electric 有限公司负责在照明、供水和建筑施工以及可再生能源领域开展节能评估。

（三）政府配套支持

1. 组织支持

维尔京群岛能源联盟计划项目由 VIEO 作为专门的政府合作方，负责选定项目执行机构、提供并管理提高能源效率的资金、对项目设施的绩效进行监控等工作。

同时，GVI 作为岛国能源发展倡议组织（简称“EDIN”，一个旨在帮助全球各岛屿采用节能措施和可再生能源技术的组织）的成员，其能从美国能源部和国家可再生能源实验室获得技术援助和项目开发方面的支持。并且，能源部和可再生能源实验室的技术专家与 WAPA、VIEO 及维尔京群岛其他利益相关方合作，进行基准能源评估并寻求风能、太阳能、垃圾发电、垃圾填埋气与节能技术的最佳结合[②]。上述组织、机构及专家人员等为能源联盟计划的有效推进和实施提供了有力的组织保障。

2. 政策支持

维尔京群岛 2009 年发布的《维尔京群岛可再生和替代能源法案》鼓励可再生

---

① Virgin Islands Energy Alliance Program，载 https://www.ncppp.org/resources/case-studies/energy/virgin-islands-energy-alliance-program/，最后访问日期：2018 年 2 月 22 日。

② Energy Transformation in the U. S. Virgin Islands，载 https://www.energy.gov/eere/technology-to-market/energy-transformation-us-virgin-islands，最后访问日期：2018 年 2 月 22 日。

和替代能源在两个层面上的发展:一是大型基础设施;二是小型家用和商用可再生能源设施,提供了良好的法律政策环境。

该法案鼓励太阳能等可再生能源的利用,政府以资金补贴、减免关税和消费税等手段来激励个人和企业安装可再生能源设施,同时也禁止不正当限制可再生和替代能源的行为。相应地,法案也规定了节能设备的合格补贴条件和节能设施能效标准。该项立法呼吁社会资本提供专业知识和其他方面的支持,促进和加速了 PPP 项目在美属维尔京群岛的实施。

3. 资金支持

能源联盟计划由 GVI 将提供初始投资资金,之后维尔京群岛财政部门为该项目提供一部分资金,这些资金由 VIEO 管理。此外,根据《美国复苏与再投资法案》(简称"ARRA"),VIEO 能够从法案中的"国家能源计划"中获得额外的补助。并且,SEEA 也为 VIEO 提供了部分资金,这些资金用于补贴小型企业的节能改造工作。

三、项目亮点

(一)在项目实施上有主次之分

在"能源联盟计划"中,通过节能计划将能源消费市场进行四层分级,由 VIEO 和 Bostonia 公司针对不同的市场制订了单独的融资计划,并且从最容易推广节能减排 PPP 项目的政府市场开始逐渐扩展至其他分级市场,分阶段启动了节能计划。这种做法通过对消费市场进行准确定位,并制定不同市场占位措施,快速启动项目并且效果显著。

(二)计划强调"自我维持"的再生理念

在 GVI 支付初始投资后,该项目就通过节约的能源支出来支付自己的运营费用维持自身经营,任何额外的资金支出都要经过维尔京群岛立法机关的批准。自我维持的理念贯穿于"能源联盟计划"实施的整个过程中,该计划预计到 2014 年能够在所有市场上节省 2000 万美元的能源支出。这种自我维持的项目运营方式减轻了政府方和社会资本方的融资压力,并且提高了节能减排 PPP 项目的可行性和可持续性,实现真正的"物有所值"。

(三)设定明确的实施指标,落实绩效导向作用

在项目实施之前,EDIN 为 GVI 和 Bostonia 公司设立了节能 60% 的目标,并进

一步说明该目标的38%可以通过采用高效节能的先进技术来实现,而另外22%则可以通过开展可再生能源计划实现①。能源联盟据此针对政府、大中型企业、小型企业和住宅四类市场分别制订了能源计划,并计划到2014年覆盖80%的政府市场,每年节省至少20%的能源成本。同时,在所有其他市场中实现15%的覆盖率,每年节能15%~25%②。也就是说,能源联盟根据EDIN设立的节能指标制定了明确的实施指标,用以指导各个市场的节能项目,并在项目执行过程中由Bostonia公司和VIEO负责对设施的绩效进行监控。设定明确的实施指标不仅给项目执行机构制订实施方案提供了便利,而且有利于把控项目的节能绩效情况,从而根据每年的实施结果调整项目开展方式。

四、项目启示及借鉴

(一)选聘专业国际PPP咨询机构保驾护航

美国能源法的构成和形式主要是普通法判例、美国宪法中有关能源的规定、联邦和各州相关成文法、美国各能源监管部门经国会授权所颁布的行政法令以及基于这些行政法令进行的诉讼而发展起来的美国法院判例③。美国能源领域法案繁多,各州立法又有所不同,操作具体能源PPP项目时不仅要研读法律条文,还要对美国能源行业中实际发生的事件和判例进行研究。

基于美国能源立法及判例较为综合和复杂的现状情况,中国企业"走出去"参与美国能源PPP项目需要聘请综合性的专业咨询机构。咨询机构不但要精通美国能源立法,还要对美国国家能源战略和行业形态有较为深入的了解,确保为拟参与的能源PPP项目起到保驾护航的作用。

(二)政府方颁布配套能源政策,提供良好的法律环境

在能源联盟计划中,维尔京群岛于2009年颁布了《维尔京群岛可再生和替代能源法案》,使得计划项下的项目执行有法可依,各政府部门和社会资本方的权利能够得到有效保护。该法案的颁布一是排除了项目执行标准不统一的风险,使项

---

① 孟春:《美属维尔京群岛运用PPP模式推动节能减排》,载《中国经济时报》2014年7月14日。

② Virgin Islands Energy Alliance Program,载https://www.ncppp.org/resources/case-studies/energy/virgin-islands-energy-alliance-program/,最后访问日期:2018年2月22日。

③ 张利宾:《美国能源法中文本总序(Energy Law)》,载http://article.chinalawinfo.com,最后访问日期:2018年2月22日。

目执行机构有法可依；二是在立法阶段排除了项目执行与美国能源领域其他立法冲突的风险，该风险由立法机关在立法时排除。它为“能源联盟计划”提供了配套政策，创造了良好的法律环境。

我国的能源立法主要包括《节约能源法》《可再生能源法》《矿产资源法》《煤炭法》《电力法》等能源领域的单行法。与发达国家相比，我国能源立法还不够完善。首先，我国能源立法领域没有基本法（《能源法》还未颁布），有关能源基本制度的规定存在缺失或者要从以上各个立法中提炼而来。其次，我国没有针对能源PPP领域或者针对PPP项目的专项立法，以《节约能源法》和《可再生能源法》为例，只有相关的节能或发展可再生能源的原则性规定。这两项立法与《维尔京群岛可再生和替代能源法案》相比，没有针对员工培训、能源计划更新以及节能设备标准等方面的具体规定，增加了国内能源PPP项目实施难度，也可能引发一定的法律风险。

因此，无论是政府方或者社会资本方在参与能源相关PPP项目时，如当期法制环境不完善的，可以考虑由本级政府针对拟实施PPP项目颁布专门单行法律规范，提供具备针对性的法制保护环境。

（三）制定明确合理的PPP项目产出指标

在“能源联盟计划”中，EDIN是旨在促进岛国节能和发展可再生能源的组织，有着丰富的经验和较强的调研能力，其设定的产出指标具有合理性和可行性，通过设定明确的项目产出指标有利于发挥绩效考核的导向作用。而在廉江某某供水PPP项目中，PPP合同约定某某自来水公司在水厂投产的第一年每日购水量不得少于6万立方米且不断递增，而当年廉江市的日消耗量约为2万立方米，巨大的量差使得合同履行失去了现实的可能性①，该项目所存在的项目产出指标设置不合理问题，给项目实施增加了难度，甚至存在导致项目终止的可能。

因此，政府方和社会资本方在PPP项目实践中，均需进行必要和详细的市场调查，以保证项目产出指标的合理性，并围绕该产出指标进行逐步分解，落实到PPP项目合同等项目协议文件中。

（四）创新项目经营模式，开拓项目经营空间以实现项目投入产出平衡

在“能源联盟计划”中，项目工程完工后，项目即以节省的能源费用支付其自身

---

① 参见亓霞、柯永建、王守清：《基于案例的中国PPP项目的主要风险因素分析》，载《中国软科学》2009年第5期。

的运营费用,强调自我维持的理念,不将成本转嫁给纳税人,实现项目的再生理念,有效减少了项目本身对政府方财政支付的依赖。同时,该项目资金来源实现多渠道筹集,包括 GVI 政府方提供启动资金、政府财政部门的补助和非营利机构补助以及贷款等。

对此,我国在节能减排的环保 PPP 项目领域可以借鉴国外的成功经验,合理分配政府方和社会资本方承担的项目风险、多渠道募集资金,并不断拓展项目自身经营因素减少对地方财政的支付依赖,实现项目自身投入产出平衡,开创多方共赢的局面。

结　语

美国"维尔京群岛能源联盟计划"虽产生于特定的气候、能源消费结构等背景环境,但是该能源 PPP 案例所体现出的操作亮点,却委实值得国内环保和新能源领域 PPP 项目以及中国企业"走出去"参与美国 PPP 项目时予以借鉴和参考。

也就是说,企业等社会投资人参与能源领域 PPP 项目时,应当重视法律法规以及地方性规定对项目的影响,需要选聘专业的咨询服务团队提供全面跟踪服务,必要时应当协调政府方制定专项政策提供支持。同时,社会投资人与政府方就能源项目开展合作时,均应当开展必要和详细的市场调查,确保制定的项目产出指标的合理性,并围绕该产出指标进行逐步分解落实到协议安排,增强其可操作性。另外,双方可通过创新项目经营模式,开拓项目经营空间,实现能源项目的再生理念,开创 PPP 项目合作各方多赢局面。

第四十章　如何破解旅游开发 PPP 项目的痛点与难点

引　言

旅游作为幸福产业之一，随着人民生活水平的不断提高而日益受到追捧。从特色小镇、田园综合体到全域旅游，从国务院到发改委、住建部、文化和旅游部（原国家旅游局）等部委，多份文件都在将旅游与区域经济发展、乡村振兴，乃至脱贫攻坚联系在一起，也从宏观政策文件的角度，不断鼓励着民营经济积极参与这一市场化程度极高的投资领域。然而，旅游开发项目通常具有投资体量大、涉及专业广、开发及回报周期长、市场导向性强等特点，稍有不慎便有可能造成投资失败。本章拟从旅游开发项目经常遭遇的痛点及难点入手，对旅游开发项目成功运作提供必要参考。

2018 年 4 月 19 日，文化和旅游部、财政部联合出台的《关于在旅游领域推广政府和社会资本合作模式的指导意见》（文旅旅发〔2018〕3 号）明确鼓励运用政府和社会资本合作（PPP）模式改善旅游公共服务供给。10 月 12 日，国家发改委会同财政部等 12 个部门再次联合印发的《促进乡村旅游发展提质升级行动方案（2018－2020 年）》提出："鼓励和引导民间投资通过 PPP、公建民营等方式参与有一定收益的乡村基础设施建设和运营，扩展乡村旅游经营主体融资渠道。加大对乡村旅游发展俄配套政策支持，加大对乡村旅游债券融资支持力度。"但在旅游业多年的发展过程中，我们发现其中出现了如乌镇、古北水镇等成功的案例，但也不乏因种种原因导致的失败案例。因此，旅游 PPP 项目实施过程中应注重扬长避短，尊重规律，科学开发。

旅游开发，是对系统性要求极高的项目。从项目类型来看，旅游开发与新型城镇化、特色小镇、田园综合体等项目都属于区域开发的一种，只是旅游开发更加强调其旅游产业属性，强调该区域的开发活动与旅游资源、旅游产业的关联性和协调性。其涉及工程/开发的内容包括了土地一级开发和整理、区域环境综合治理、旅游基础设施建设、旅游地产开发等，与一般单体工程项目相比，旅游开发项目所涉及的工程内容显然更为复杂。而从开发事项上来看，旅游开发项目全流程管理涉及项目策划、规划与设计、资金筹措与投融资管理、建设项目管理、运营管理、推广营销、培育市场等多项内容，对开发主体的能力复合性要求很高。

通过梳理和对比旅游开发成功和失败的案例，总结其中的经验教训，并结合笔者近年的实务经验不难发现，旅游开发项目比概念性规划方案更重要的，是项目的策划方案，即旅游开发项目的"顶层设计"。所谓旅游项目策划，是指通过创意去整合、连接各种资源和相关因素，再通过对各细分目标市场需求的调查研究，为市场推出所需要的产品组合，并对其付诸实施的可行性进行系统论证的过程①。因此，旅游项目策划应强调其创意性、资源整合性、系统性和实践可行性。通过对旅游资源和旅游市场的分析和调研，从而挖掘出特定旅游项目的独特性，是旅游项目策划的基础环节。就旅游策划和旅游规划而言，旅游策划无论从战略层面还是战术层面来看，都是先于旅游规划的。旅游策划是旅游规划的核心，旅游策划是旅游规划的灵魂，旅游规划的可行性是由旅游策划来保证的。策划更注重谋略，更注重创新，更注重因势利导，更注重可行性；而规划是更全面的计划，更长远的计划，而且更注重战略、注重宏观、注重工程、注重技术②。

笔者认为，在旅游 PPP 项目策划中应重点把握以下四个方面的痛点及难点问题。

一、如何对项目进行合理定位

项目的定位，即通过对项目开发条件和旅游资源禀赋的分析，在充分的市场调研基础上确定特定旅游项目的形象与市场定位、特色产品定位及竞争定位，从而为后续项目规划及形成商业可行性方案提供决策基础。无论是项目规划、建筑设计还是后续的旅游产品包装、项目运营策划均应始终围绕核心产品定位展开并适度延伸，切忌定位不清或多个不同定位的简单拼凑或混杂。

---

① 杨振之主编:《旅游项目策划》，清华大学出版社 2007 年版。

② 杨振之主编:《旅游项目策划》，清华大学出版社 2007 年版。

与拥有风景名胜区或文化遗产(遗迹)禀赋的旅游项目相比,为尚无成型景点,或不具有显著优势旅游资源的项目确定定位较为困难但也更能凸显出项目定位和项目策划工作的重要性。从“山西省太原市三国城项目[①]”的失败中我们可以清楚地看到项目定位、项目策划、项目规划与项目成败之间的关联。本项目位于太原市清徐县——罗贯中故里,于 1995 年建成,耗资 6000 多万元。但作为一座三国城,其在建筑设计上将三国时期的汉魏风格,与仿明清建筑风格混用,使得“三国”这一主题定位丧失了形象化的外观载体。从运营角度来看,本项目主体工程虽然恢弘,但未深入挖掘项目背后的文化元素。其项目所在地虽为罗贯中故里,但项目运营及产品包装过程中,却未重视对这一地缘文化因素的挖掘与利用,使得项目本身的文化独特性也因此丧失。从竞争定位来看,当时全国多地均建有以“三国”为主题的影视城、主题公园等,本项目无论在建设规模还是地缘优势方面,均处于竞争劣势。故此,项目从开业即处于门票收入直线下降的趋势,直至如今荒芜弃用的尴尬境地。

由此不难看出,对于本身旅游资源禀赋不突出,特别是通过人工建设而成的文化旅游项目而言,在项目投资决策阶段的详细市场调研和项目策划是非常重要的。无论是从吸引客源的角度还是从维持项目自身长期运营的角度,都应该始终围绕并体现项目自身的精准定位开展设计、建设和运营,突出项目自身的独特性,即显著的项目 IP。项目定位的精准性及后续项目设计、运营过程中对项目定位的贯彻执行力度也往往决定了项目后续运营的成败。

二、如何合理设计项目盈利模式

所谓项目的盈利模式,即可行的商业运作方案。如果说,精准的项目定位是项目成功的战略保证,盈利模式策划则是从战术角度确保一个旅游投资项目具有经济可行性。旅游项目通常具有资金投入期短而回报周期长的特点,同时旅游项目的各个子项目在收益水平、回报周期和功能性等方面具有显著的差异性。具体可见表 9－1:

---

① 《山西太原:清徐“三国城”荒废破败二十余年》,载中国青年网,最后访问日期:2017 年 2 月 20 日。

表 9-1　不同旅游项目类型差异分析表

项目类型	收入来源	收益率	投资回收期
景区主体工程项目	门票收入	中低收益	周期长
景区配套公共设施(如通景区道路、游客集散中心、公共停车场等)	广告收入等少量收入,政府补贴收入(或有)	无收益或低收益	周期长
景区配套商业设施(如景区内外小商铺、旅游纪念品商店等)	租赁收入	中等收益	周期较长
旅游地产收入(如商业酒店、养老/度假住宅等)	租售收入	收益率高	销售型地产回收期短,租赁型回收期较长
旅游产品营销及服务经营收入(文化演出、餐饮服务、旅游综合服务等)	旅游产品或服务经营收入	视产品及服务类型而定。收益波动风险较高	视产品及经营活动不同,回收周期不同①

上述项目,基于其公共性与公益性特点,又可将第 1～3 项归纳为旅游公共基础设施项目,而第 4、5 项则为商业性项目。因旅游项目投资规模大,不同项目的投入与产出周期和产出效益不同,因此在旅游开发项目盈利模式策划中,应通过对项目投入和产出的测算,从经济可行性角度制定滚动开发方案及运营方案。

在盈利模式设计中,传统旅游开发项目较为简单的盈利模式是“门票 + 地产”。旅游地产,特别是销售型房地产收入成为旅游项目突破初期盈利难点的法宝。但这一模式的弊端在于,地产开发和旅游项目运营若不能有效捆绑和结合,便容易造成变相借旅游开发名义的“圈地运动”,并不能给旅游项目自身带来良好效益。且随着近年房地产行业受到调控影响日甚,仅靠“门票 + 地产”的模式更加难以支撑大规模旅游项目长期开发和持续运作的需要。根据资料显示,以华侨城等传统“地产 + 主题乐园”模式运作的企业,近年也开始打造旅游相关全产业链,并转向轻资产运作②。因此,旅游开发项目需在进行深入财务测算的基础上,致力于通过资源

① 该等经营活动可以由旅游项目投资人自营,也可以招商、合作等方式授予独立运营商、经营者经营。经营收入归实际经营者所有。依合作模式不同,旅游项目投资人可设定一定收益分享机制。——笔者注

② 《旺季天气不好,一年利润减半　“下个迪士尼乐园”的梦不好做》,载《每日经济新闻》2018 年 4 月 26 日。

整合,发展全生命周期旅游产业链。通过产业链运作,打通与项目核心旅游产品相关的上下游产业,在不增加固定资产额外巨额投入的前提下,通过自身或与相关方的合作运营,挖掘项目自身的商业溢价空间,在做好旅游项目本身的同时,也能提高整个项目的收益水平,从而突破旅游项目仅依靠门票收入作为主要(乃至唯一)收入来源的局面。

三、如何保障项目土地供给

无论是旅游项目自身建设用地还是依附于旅游项目共同开发的商业设施用地,均面临建设用地指标获取和供应的问题。对于开发基础不同的项目,需要结合项目现状及开发方案,因地制宜地制定灵活的土地供应方案。对于以城市或乡村建成区为基底的旅游项目与完全尚未开发的原生态处女地上从零基础开始建设的新建旅游项目,应采用不同的供地方案。就建设用地获取难度而言,显然处于乡村、欠发达地区、基础设施薄弱区的旅游项目,因项目所在区域土地现状通常较为复杂,除国有土地外,通常还存在大量集体土地,甚至基本农田。因此,建设用地指标的获取、集体土地的征收及征用难度更大,土地获取进度等便成为阻碍项目开发进度的首要难题。

对于旅游开发项目的用地指标获取和供应,需在项目规划阶段结合项目分期投资开发方案,按照"由易到难"的原则进行安排。

1. 旅游项目进行规划方案设计时,应充分考虑充分利用原有区域的原始风貌设施、资源及环境因地制宜地进行开发,避免大拆大建及盲目扩大投资总额、过度征用土地,特别是农村集体土地。对于以城市或城镇建成区为基础开发的旅游项目(主要为文旅或都市休闲游项目),还可以考虑与当地城市更新、旧城改造等政策相衔接,充分借助这些政策的灵活性,采用"腾笼换鸟"的方式获得项目所需建设用地乃至部分已建成的基础设施。在布局项目设施及策划商业运作模式时,还可充分运用特殊区域、特殊领域的优惠政策,在有效控制总投资的同时,减少项目建设用地指标短缺造成的困境。例如,《国务院办公厅关于促进全域旅游发展的指导意见》(国办发〔2018〕15号)规定:"农村集体经济组织可依法使用建设用地自办或以土地使用权入股、联营等方式开办旅游企业。城乡居民可以利用自有住宅依法从事民宿等旅游经营。在不改变用地主体、规划条件的前提下,市场主体利用旧厂房、仓库提供符合全域旅游发展需要的旅游休闲服务的,可执行在五年内继续按原用途和土地权利类型使用土地的过渡期政策。"又如,《上海市城市更新实施办法》中规定对于城市更新项目中的风貌保护项目，可享受房屋征收、财税扶持、建筑面积奖励等与土地供应或规划调整相关的优惠政策。

2.对项目区域内必要的新增建设用地指标获取，可考虑运用以下思路进行破解：

（1）借用增减挂钩、占补平衡相关政策，结合土地整治及高标准农田建设等工程项目，或通过县域内自行平衡及省域内调剂等方式，获取新增建设用地指标。

（2）结合《国务院办公厅关于促进全域旅游发展的指导意见》规定："将旅游发展所需用地纳入土地利用总体规划、城乡规划统筹安排，年度土地利用计划适当向旅游领域倾斜，适度扩大旅游产业用地供给，优先保障旅游重点项目和乡村旅游扶贫项目用地"的精神，将项目用地规划纳入所在区域土地利用总体规划和相应年度土地利用计划，并将项目与重要区域发展战略结合，贫困地区的旅游项目还可将项目与当地扶贫攻坚工作充分结合，以获取倾斜性的旅游发展用地指标供应。

3.项目建设用地指标的供应问题。项目建设用地指标落实后，如何对项目投资主体进行有效供应也是实务中经常面对的难题之一。在实践中，对于连片开发的项目，除上述已提及的运用商业合作方式获取部分设施的建设用地（主要是集体建设用地）外，还应运用现有政策，对区域内不同设施的用地采用多种供地策略。

（1）《国土资源部、住建部、国家旅游局关于支持旅游业发展用地政策的意见》（国土资规〔2015〕10号）规定："旅游相关建设项目用地中，用途单一且符合法定划拨范围的，可以划拨方式供应；用途混合且包括经营性用途的，应当采取招标拍卖挂牌方式供应，其中影视城、仿古城等人造景观用地按《城市用地分类与规划建设用地标准》的'娱乐康体用地'办理规划手续，土地供应方式、价格、使用年限依法按旅游用地确定。景区内建设亭、台、栈道、厕所、步道、索道缆车等设施用地，可按《城市用地分类与规划建设用地标准》'其他建设用地'办理规划手续，参照公园用途办理土地供应手续。风景名胜区的规划、建设和管理，应当遵守有关法律、行政法规和国务院规定。鼓励以长期租赁、先租后让、租让结合方式供应旅游项目建设用地。"

（2）《国土资源部办公厅关于印发〈产业用地政策实施工作指引〉的通知》（国土资厅发〔2016〕38号）规定："政府将收回和征收的历史遗留损毁土地复垦并用于旅游项目建设的，可将通过竞争方式确定项目投资主体和用地者的环节合并实施。"因此，在旅游PPP项目设施供地时，可将符合条件的项目供地环节与旅游PPP项目开发权授予的竞争性环节合并实施，以确保旅游项目开发主体获得相应建设用地使用权。

(3)对于"旅游+养老""旅游+文化"等特殊旅游项目,还可充分借鉴其他相关领域的土地供应优惠政策。如《国务院办公厅关于全面放开养老服务市场提升养老服务质量的若干意见》(国办发〔2016〕91号)规定:"营利性养老服务机构利用存量建设用地建设养老设施,涉及划拨建设用地使用权出让(租赁)或转让的,在原土地用途符合规划的前提下,允许补缴土地出让金(租金),办理协议出让或租赁手续。企事业单位、个人对城镇现有空闲的厂房、学校、社区用房等进行改造和利用,举办养老服务机构,经有关部门批准临时改变建筑使用功能从事非营利性养老服务且连续经营一年以上的,五年内土地使用性质可暂不作变更。民间资本举办的非营利性养老机构与政府举办的养老机构可依法使用农民集体所有的土地。对在养老服务领域采取政府和社会资本合作(PPP)方式的项目,可以国有建设用地使用权作价出资或者入股建设。"国土部等八部委《关于扩大国有土地有偿使用范围的意见》(国土资规〔2016〕20号)规定:"根据投融资体制改革要求,对可以使用划拨土地的能源、环境保护、保障性安居工程、养老、教育、文化、体育及供水、燃气供应、供热设施等项目,除可按划拨方式供应土地外,鼓励以出让、租赁方式供应土地,支持市、县政府以国有建设用地使用权作价出资或者入股的方式提供土地,与社会资本共同投资建设……国有建设用地使用权作价出资或者入股的使用年限,应与政府和社会资本合作期限相一致,但不得超过对应用途土地使用权出让法定最高年限。"

上述这些有利政策均可灵活运用于旅游类 PPP 项目的供地环节,有益补充因土地划拨或招拍挂模式下无法完全满足项目土地供应需求的弊端。

四、项目如何以合规方式落地

因旅游开发项目通常涉及较大的开发区域,且基于项目盈利模式的需要,往往涉及公益性、商业性等多种不同功能类型的子项目,因此其整体落地方式,常常成为困扰投资人及地方政府的难题。近年来,随着 PPP 模式的推广,希望采用 PPP 模式运作旅游开发项目的投资人和政府日益增多,国家层面也出台了一些鼓励支持政策。按合作内容进行归纳,PPP 项目主要有将旅游基础设施打包型 PPP 与片区综合开发型 PPP 两种。旅游基础设施打包型 PPP 的运作方式通常是将一个旅游项目(景区)中的若干相互关联的旅游基础设施(如旅游公路、游客中心、停车场等公共基础设施)进行打包,其运作难度相对较低,但项目自身的营利性也较差,主要回报仍以政府付费或补贴为主，对政府财政支付能力要求较高。片区综合开发型 PPP 是指将旅游项目所在区域的项目规划设计、土地整理、旅游基础设施建设、旅游相关产业导入等全部纳入 PPP 项目合作范围，实现项目区域的整体开发。为实现项目自身投入产出的整体平衡及必要的投资回报，部分项目甚至将旅游地产开发（如商业酒店、住宅等）也纳入 PPP 项目的运作范围。但随着财金〔2017〕92 号文对 PPP 项目运作规范性要求的提高，此种将商业地产项目纳入 PPP 项目范围的运作方式存在极大的合规性风险。

从保障旅游项目开发运营效果角度考虑，对于此类市场化程度和商业价值较高的项目，社会资本往往比政府具备更高的资源整合能力和项目开发经验，通过政府与社会资本合作进行整体开发确实是必要且可行的。但在这一合作框架下，PPP 显然受制于其运作的合规性边界限制，并不能作为实现全部合作内容的唯一合作方式。对于开发区域较大、待建设项目类型较复杂的旅游项目，需要在确定并详细梳理具体待建设的子项目性质及其投资规模、开发时序、回报机制的基础上，综合运用 PPP 及招商引资、合作开发等多种政企合作模式，实现政企长期合作、整体开发。一般而言，可将投资收益率较低但适合运用 PPP 模式运作的公共旅游基础设施建设（含基础设施永久用地范围内的土地整理等）在政府财力可承受的前提下纳入 PPP 项目实施范围，而将商业开发项目和其他超出政府 PPP 项目财政承受能力范围的非经营性旅游基础设施项目，通过招商引资、统一配建、合作共建等方式逐一落地。根据国办发〔2018〕15 号和文旅旅发〔2018〕3 号两则文件的精神，地方政府和投资人还可以积极创新旅游开发项目的投融资体制，必要时可通过设立旅游发展基金或引入旅游开发金融机构等方式，实现区域整体开发框架下的分项目、分步骤、分时期落地。

结 语

综上，在国家大力支持旅游产业发展，特别是提出和提倡“全域旅游”的概念后，旅游产业和旅游项目受宏观利好政策的影响，将迎来新一轮的发展契机。但运作如此复杂、系统的项目，需要政府和投资人充分做好各方面的准备，加强项目识别和准备阶段的调研、论证、策划和长期、长效合作机制的设计，切忌因片面求快或追求项目规划的“高大上”，而导致资源环境的破坏或项目合作的最终失败。

第四十一章　港口项目采用 PPP 模式如何操作

引　言

港口是我国交通运输的重要枢纽，在社会经济发展过程中发挥了重要作用。近年来，随着我国港口工程的不断发展和港口规模的不断扩张，亟待通过创新性的项目投融资方式突破地方港口建设的资金压力以及港口行业的转型升级“瓶颈”。本章在介绍我国港口行业发展现状的基础上，深入探讨政府和社会资本合作(PPP)模式适用于港口项目的必要性和可行性，并借鉴国内外港口 PPP 项目的实践经验，对港口 PPP 项目的操作要点进行归纳和总结，希望能够对国内港口 PPP 项目的发展产生助力和引导。

一、我国港口行业的发展现状和困境

近年来，为顺应国家“走出去”战略和实践“一带一路”倡议的重要内容，我国港口建设进入高速增长期。2017 年，我国港口行业总体保持良好发展态势，1 ~ 11 月份全国规模以上港口累计完成货物吞吐量 116.2 亿吨，同比增长 7%；集装箱货物吞吐量 2.2 亿 TEU，同比增长 8.7%。据预计，随着影响港口行业发展的内外部环境总体将持续改善，进入 2018 年后国内港口行业总体会保持稳中求进发展态势，并将进入由高速度增长向高质量发展的转型关键阶段①。但是，随着大规模建设需求的不断升级，港口项目发展中的“瓶颈”也逐步开始显现，主要体现在以下方面：

(一)资金需求量大，投融资机制受限

作为典型的资本密集型产业，大规模港口项目建设所需要的资金体量巨大。

① 丁莉:《2017 年我国港口发展回顾及 2018 年展望》，载《港口科技》2018 年第 1 期。

但是目前,我国在港口项目建设资金的筹集方式上仍主要来源于地方国有港口企业自筹和政府资金支持,对于入选国家和省级的重大项目则还会有不同程度补助资金。这意味着,对于发展成熟的港口地方政府有能力也有实力保障港口公益性项目设施的投入,但是对于新兴港口,尤其是建港条件受限的地区,单纯依靠地方政府投资建设显然难以实现①。港口项目的规模化建设必然需要充分发挥市场经济体制的力量,通过多元化的投融资方式突破资金困境。

(二)市场环境不透明,经营主体类型单一

目前,虽然国内港口的经营主体逐渐从过去地方港务局一家独大到多元化发展过渡,包括国资、外资、民营等各类市场主体都在积极加入港口项目经营管理的队伍中来。但是,由于港口行业监管体系的不尽完善和市场信息的不透明,导致低价竞争、非法经营的情形时常发生,严重扰乱了市场秩序。同时,针对公益性的港口项目设施,如防波堤、各类航道等港口公共基础设施建设投入和维护,仍然由国有港口企业承担着更多的公共责任。但是,由于经营灵活性不足、风险承受能力较低、缺少应变方案等问题,导致在港口公共基础设施领域缺少投资吸引力,也尚未形成良性的竞争机制。

(三)资源整合能力稀缺,多元化产业结构不平衡

现阶段,港口装卸堆存业务仍然是港口项目最主要的利润来源,但是由于此类业务对于资金和现金流要求极高,容易受到汇率、价格、经贸等因素影响导致实际利润并不高且波动性较大。同时由于在商贸物流业务交易过程中所涉成本支出较为复杂,需缴纳的税费科目众多,相应增加了港口项目的经营成本②。另外,由于不少地方政府在发展沿海沿江经济缺少对岸线合理科学的规划,导致“深水浅用”现象频发,造成岸线利用率低下和资源浪费。因此,在港口经营过程中急需通过资源集约利用和资源整合方式,形成最优的经济效益创造路径,保障项目整体投资利益的获得。

二、港口项目采用 PPP 模式的必要性和可行性

自 2014 年以来,PPP 模式是国家为吸引民间资本参与传统基础设施建设和公

---

① 孙景龙、胡世津:《我国港口项目 PPP 融资模式的探讨》,载《港工技术》2016 年第 6 期。

② 中国港口协会:《瓶颈篇:中国港口转型升级难在哪里?》,载《中国港口》2017 年第 3 期。

共服务提供的主要方式,其特点在于通过政府和社会资本之间长期合作关系的建立,在缓解政府建设资金压力的同时,发挥社会资本的项目建设、管理和运营经验,实现双方利益共享、风险分担以及社会公共服务供给质量和效率的提高。结合当前我国港口项目建设和运营所面临的困境,笔者认为,采用 PPP 模式是新经济形势下港口项目运作的优选方式。

(一)港口项目采用 PPP 模式的优势

首先,采用 PPP 模式无疑可以充分发挥混合所有制的经济规模效应,通过多元化的融资渠道,有效降低融资成本,解决政府直接投资的先天劣势,促进港口项目的规模化和市场化发展。例如,受惠于自贸区政策创新,上海国际港务(集团)股份有限公司已率先开始申请 FTE(机构自由贸易账户)贷款、自由贸易借款等更为多样化的融资方式①,在降低汇兑成本的同时拓展了资金跨境融通渠道。

其次,社会资本在运用先进港口管理经验,提高港口主营业务运营效率的同时,可通过多元化的业务经营手段进一步开拓项目的收益来源,提高项目经营的抗风险能力。目前,在我国港口企业中,围绕集装箱开展的中转配送、流通加工、包装验货等物流增值服务发展势头较好,多数沿海和内河港口企业已成立物流公司参与旗下集装箱、散货、件杂货物流服务②。且上海、大连、南京等沿海和内河大型港口企业已开始开展专业化物流服务,如冷链物流、滚装物流和液体散货物流等专业性较强的业务范围。

最后,社会资本可通过市场化运作方式对港口相关的各类资源进行统筹安排和统一开发,避免岸线资源的浪费,提高项目的经济可行性。特别是在当前"以港兴城,城兴促港"的发展理念下,社会资本是港城联动过程中不可缺少的中坚力量。实践中,目前多家港口企业已凭借自身资金、土地、港口平台以及品牌等优势,积极参与临港工业项目,打造"前港后区"经营模式,如广西北部湾集团积极参与临港产业园区、商业地产的建设与运营③。招商局集团与宝山区政府签署全面合作框架协议,通过充分利用其在交通建设、邮轮发展、科技创新、产业升级、城市更新、金融服

① 中国港口协会:《现状篇:港口转型升级在路上》,载《中国港口》2017 年第 3 期。

② 王伟:《国内港口企业多元化发展在路上》,载《中国港口》2017 年第 3 期。

③ 中国港口协会:《现状篇:港口转型升级在路上》,载《中国港口》2017 年第 3 期。

务等领域的专业和资源优势深化与宝山的合作,实现联动发展①。

(二)港口 PPP 项目的国内外实践

经检索,目前已录入财政部 PPP 综合信息平台管理库的港口 PPP 项目数量较少,尚未形成可具示范性和参考性的典型案例。但是,在国际上,港口 PPP 项目已积累了广泛的实践经验,对未来国内港口 PPP 项目的操作能够产生深刻的借鉴意义。

1. 美国得克萨斯州加尔维斯顿港口改扩建项目

为了应对港口地区对容纳邮轮数量不断扩张的需求,并利用邮轮业带来税收和经济效应,加尔维斯顿港(政府,以下简称"港口方")2002 年于皇家加勒比国际邮轮公司、嘉年华邮轮公司以及西图公司(以下简称"社会资本方")达成 PPP 合作关系,以扩大邮轮服务范围并扩建服务设施。

美国得克萨斯州加尔维斯顿港口改扩建 PPP 项目是美国得克萨斯州第一个采用 PPP 模式的港口项目,采用设计—建造(DB)方式建设。PPP 合同约定由社会资本方协助港口方获得固定利率的过桥贷款②,以确保项目在港口方能够发行债券之前就建成。同时,港口方通过新设立第三方法人"港口设施公司",基于建成的项目资产发行免联邦所得税债券,筹集后续扩建所需的长期资金。该港口设施公司还负责持有邮轮合同和港口租约,通过准时提供设施并启动航行和停靠服务获取收入,用于将来投资其他扩建项目③。

本项目通过 PPP 模式由社会资本承担设计、建造、运营全周期管理责任,确保项目得以合理设计和建造,在实现节约时间、加快进度预期的同时,以建成资产发行联邦免税债券,为扩建项目及时筹得所需资金。PPP 模式的成功使加尔维斯顿港得以持续、快速发展,为地方经济带来了巨大收益,也使加尔维斯顿港在邮轮业中取得行业领头羊的地位。

2. 斯里兰卡科伦坡港口城项目

斯里兰卡科伦坡港口城项目位于斯里兰卡首都科伦坡南港以南近岸海域,与科伦坡现有的中央商务区相连。本项目总体采用建设—拥有—运营—移交

---

① 《推动板块对接 深化联动发展——宝山区与招商局集团签署全面合作框架协议》,载 http://bsq.sh.gov.cn/bswz_website/HTML/bsmh/bsmh_tpbd/2017-04-26/Detail_101343.htm,最后访问日期:2018 年 11 月 10 日。

② 合作方约定将履行担保变更为提供直接建设贷款,还贷方式是抵扣邮轮公司的租金支付。

③ 财政部政府和社会资本合作中心编:《国外 PPP 案例选编》,中国商务出版社 2014 年版,第 56 页。

(BOOT)模式运作,由斯里兰卡大都市和西部发展部协调海域使用权及负责项目区域外的配套设施建设。中选社会资本中国港湾工程有限责任公司于斯里兰卡注册项目公司,由项目公司负责项目投融资并进行填海造地形成 269 公顷陆域,并负责项目区域内基础设施建设运营维护、土地销售及开发。

项目融资方面,项目一期工程融资 8.05 亿美元,占一期总投资额的 70%,贷款期 10 年(含宽限期 3 年),贷款协议已于 2017 年 5 月 12 日与国开行签署。项目二期以本债比 3∶7 的比例进行融资。

项目建设方面,项目由中国港湾作为总承包方负责建设,项目总体规划由瑞典国际工程建筑咨询公司 SWECO 负责,项目控规由 Surbana 负责,项目市政设计由 ATKINS负责,水工工程设计由中交四航院负责。项目公司聘请独立第三方监理 Royal Haskoning 负责监督项目实施,其中市政部分监理由斯里兰卡当地公司 CECB 负责。

项目运营方面,项目公司将与斯政府或斯政府任命的法定机构协商,共同成立运营管理公司并由项目公司控股,负责港口城项目管理。项目中的游艇码头部分由项目公司 100% 持股进行运营,运营期为 99 年。此外,项目公司与斯里兰卡政府还就项目周边路网进行升级改造可能性等内容进行积极协商①。

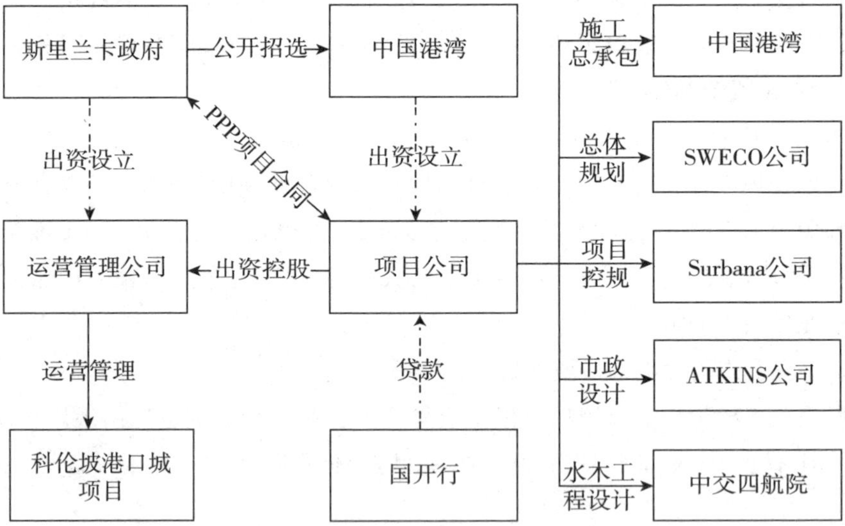

图 9-2 斯里兰卡科伦坡港口城项目运作模式结构图

① 《"一带一路"PPP 项目案例——斯里兰卡科伦坡港口城项目》,载 http://www.rzdonggang.gov.cn/eportal/ui?pageId=2266&articleKey=145116&columnId=142576,最后访问日期:2018 年 11 月 10 日。

3.盱眙港口、产业园及道路建设项目

2018年10月,江苏省人民政府发布《江苏省内河港口布局规划》(2017~2035年),提出积极创新内河港口投融资模式,探索内河港口建设采用PPP模式、与产业园区一体化开发模式等。而盱眙港口、产业园及道路建设项目正是江苏省在探索以PPP模式实施港口项目的重大举措,也是第四批次国家PPP示范项目。

本项目总投资54.48亿元,合作期18年,合作范围包括投资、建设盱眙港口码头、港口环保型产业园;投资、改扩建235国道盱眙北段及331省道盱眙绕城段;支付港口产业园子项目、国省道子项目存量项目设施相应的经营权转让价款,获得存量项目设施的经营权和使用权;负责港口码头设施和235国道盱眙北段及331省道盱眙绕城段的运营;以及包含港口码头、港口产业园基础设施、235国道盱眙北段及331省道盱眙绕城段在内全部项目设施的维护保养和必要更新。

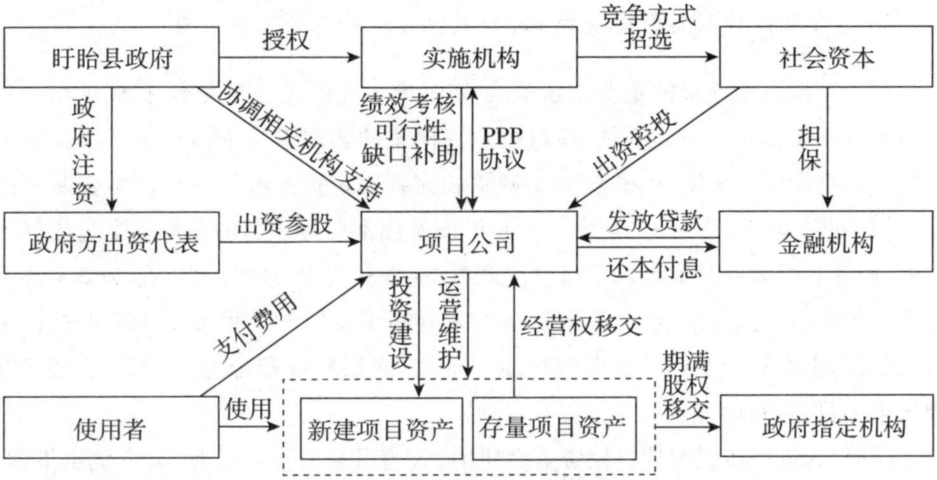

图9-3 盱眙港口、产业园及道路建设项目运作模式结构图

在回报机制上,项目对港口码头、港口环保型产业园、235国道盱眙北段及331省道盱眙绕城段三个子项目进行单独考核和整体支付核算,整体采取可行性缺口补助的付费方式。其中,使用者付费主要包括港口码头的装卸费、堆存费、计量检测费及其他杂项服务费等经营性收费,以及235国道盱眙北段及331省道盱眙绕城段的公路经营性收费等。当上述使用者付费不足以弥补项目公司支付经营成本、归还债务本息并获取合理投资回报时,政府方根据运营期内绩效考核结果向项目公司支付差额补贴①。

本项目采用 PPP 模式实施,不仅有效缓解了盱眙县当期财政支付压力,有利于加快盱眙港口、产业园及道路的建设进程,平滑财政支出并减少未来财政支出的不可预见性,而且通过社会资本的参与,还有效促进了盱眙新港的功能发挥和地位提升与规模化港口作业区的打造,同时也提高了对外干线公路服务水平,满足区域交通快速化、便捷化需要。

三、港口 PPP 项目的操作要点和建议

借鉴国内外成熟的港口 PPP 项目运作经验,结合当前我国针对港口经营管理相关法律法规和 PPP 规范性要求,为保障国内港口项目采用 PPP 模式有序实施,笔者认为应从以下几方面整体进行把握。

(一)合理设计项目投融资结构,加大地方政府政策支持力度

作为基础设施建设的重要创新模式,PPP 模式在引入民间资本、扩展项目融资渠道上发挥着重要作用。但是,项目投融资模式的实现本身依赖于对于项目资本结构的合理设计。根据《国务院关于调整和完善固定资产投资项目资本金制度的通知》(国发〔2015〕51 号)的规定,港口、沿海及内河航运项目的最低资本金比例为 25%,而综观国内外其他港口项目情况来看,通常其资本金的比例也在 20% ~30% 之间。因此,只有合理的项目投融资结构才有利于发挥 PPP 模式对于资本杠杆的撬动作用,也有利于发挥社会资本运用多形式、多层次的资金筹集方式,实现 PPP 模式下项目的物有所值。

同时,为进一步缓解项目投资资金压力,政府可采取投资参股、提供优惠借款、出台专项补助政策等方式扩大对港口项目的资金投入,也可以通过无偿或低价提供土地、出台税收减免等优惠政策方式加大社会资本参与港口 PPP 项目的积极性,并促进项目的顺利实施。

(二)充分做好项目前期工作,重视项目经济可行性论证

港口 PPP 项目中,前期的可行性研究特别是市场需求预测的扎实与否、规划设

---

① 摘自财政部 PPP 综合信息平台项目库公开信息,载 http://www.cpppc.org:8083/efmisweb/ppp/projectLibrary/getProjInfoNational.do? projId = 39c89badb026480f9df8296e26050362,最后访问日期:2018 年 11 月 10 日。

计方案的稳定和详细程度都会对市场化运作产生重要影响。如果前期工作不到位,必然会导致项目投资风险加大,项目建设出现重大变更。因此,要成功实施 PPP 特许经营项目,从项目的提出、规划、可行性研究到投资者确定、开工建设等各个环节都要保持一致性和前瞻性,充分做好各方面的前期工作[①]。

考虑到 PPP 项目的核心问题就是社会资本能否通过项目投资、建设和运营获得预期的收益,而获得预期收益的关键就在于对项目的经济可行性判断。因此,政府方在项目前期应重视对于项目经济可行性的论证工作,特别是包含经营性业务的港口 PPP 项目,对于船舶交通量/货物吞吐量的测算工作尤其重要。另外,由于对于船舶交通量/货物吞吐量的测算是一个十分敏感的问题,不但与港口的位置和服务质量相关,而且与该地区乃至全球的宏观经济发展周期以及竞争环境关系十分密切[②]。因此,各潜在社会资本在进行项目正式投标之前,也应当根据政府提供的基础数据与自身调研渠道,合理判断项目前期经济可行性论证的可靠程度。

(三)合理设置价格调节机制,建立完善风险分担体系

《交通运输部、国家发展改革委关于印发〈港口收费计费办法〉的通知》(交水发〔2017〕104 号)规定,"港口收费包括实行政府定价、政府指导价和市场调节价的经营服务性收费"。该办法同时还对港口收费具体项目进行明确规范,港口经营人不得超出规定范围另行设立港口收费项目。因此,针对港口 PPP 项目所涉及的经营业务,政企双方应根据相关规定和项目规划,在确定社会资本开展经营业务具体范围的基础上合理设置使用者付费的价格调节机制。

对于货物港务费、引航(移泊)费、拖轮费、停泊费等实行政府定价或政府指导价的收费项目,如果最终实际价格与测算价格间存在偏差,因此导致实际使用者付费收入低于预测值的,则该风险应由政府方承担或根据客观情况有双方合理共担。相应地,对于港口作业包干费、堆存保管费、库场使用费等实行市场调节价的收费项目,由于收费调整缺乏弹性或与市场水平差距过大导致使用者付费收入不足的风险则应由社会资本或项目公司自行承担。

另外,由于港口码头并不具备地域垄断性和不可替代性,其实际经营收入还受到地理位置、地区甚至全国和全球经济等非社会资本可控因素的影响。因此,对于

① 方素娟:《我国港口建设 PPP 模式的思考》,载《水运管理》2009 年第 5 期。

② 张水波、高颖、孙唯晫:《国际某港口 PPP/BOT 项目招标文件案例分析》,载《中国港湾建设》2012 年第 2 期。

因市场竞争和市场需求变化或实际船舶交通量/货物吞吐量低于预测造成的运营收入风险应由政府和社会资本共同承担。

具体而言,政府主管部门在项目采购阶段应向社会资本关于港口船舶交通量/货物吞吐量的预测数据,并在PPP项目合同中对港口保底交通量/吞吐量予以约定。当实际交通量/吞吐量少于保底量时,则政府应通过调增可行性缺口补助方式对低于保底量的收入予以补偿;而当实际交通量/吞吐量高于保底量时,则应按照实际交通量/吞吐量计算可行性缺口补助,同时在超过一定交通量/吞吐量时允许政府方参与超额利润的分配,以实现PPP模式下利益共享、风险分担原则。

(四)科学规划港口资源配置,实现港城产业联动发展

除利用社会资本先进的港口管理经验,扩大项目经营性收入来源之外,为实现港口资源的优化配置和合理利用,并最终更好地服务于区域经济发展,必须充分调动社会资本的产业导入和资源整合优势,积极探索"PPP+产业化"合作模式,通过市场手段形成港口与区域经济的发展合力。

这意味着,在PPP合作框架下,政府需借助社会资本的先进理念和市场化运作手段,科学规划和统筹考虑港口和区域建设,将港口与周边地区作为统一的有机整体,对港区功能进行重新划分与合理分工,淘汰落后和过剩产能,提高区域内港口行业市场集中度及现有产能利用率,并引导各类产业围绕港口进行布局,在促进港口资源优化配置的基础上真正实现港口和产业的一体化运营。同时,政府应切实发挥监管职能,建立良好的港口市场环境,保证企业的合法权益,清理扰乱市场秩序的非法经营者,建立健康有序的市场环境,这是资源整合发挥作用实现一体化运作的前提①。

结　语

PPP作为我国基础设施建设的重要创新模式,在整合优化港航资源,降低港口项目投资风险,提高港口项目和城市产业发展整体经济效益上能够发挥举足轻重的作用。现阶段,我国应在借鉴国内外港口PPP项目成功经验的基础上,大力推广PPP模式在港口项目的应用,同时对于已具备港口成熟经营经验的地区,应积极探索"PPP+产业化"的合作模式,尽快实现"以港兴城,城兴促港"的美好愿景。

① 中国港口协会:《建议篇:如何进一步推动港口转型升级发展》,载《中国港口》2017年第3期。

第四十二章　如何破解城市轨道交通PPP项目的实施难点

引　言

当前,我国基础设施建设领域正在掀起一股新建城市轨道交通的热潮。截至2018年6月30日,中国大陆地区城市轨道交通在建线路达233条,分布在成都、北京、广州、杭州等全国69座城市,总里程达6018.29公里,车站4003座,总投资额高达36,219.69亿元①。城市轨道交通不再是一、二线大城市的专利,更多的三、四线城市也纷纷加入到城市轨道交通建设的热潮中。

然而,城市轨道交通高效率、大运量的亮点之下,无法忽视的是其以"亿元/公里"为单位的建设运营成本。如此高昂的建设运营成本,大多数城市仅依靠政府财政收入是难以负担的,因此,在城市轨道交通建设领域采用PPP模式引入社会资本共同参与建设运营,则成为众多城市新建城市轨道交通的首选方案。但是,PPP作为一种新型的尚未为市场所熟练掌握的项目投融资模式,与投资额巨大的、项目内容极其复杂的城市轨道交通项目的结合,必将遭遇众多困难与挑战。笔者将结合香港、上海、深圳、徐州等城市轨道交通案例,逐一探求其相应对策。

一、难点一:项目投资额巨大,主要收入票价受管制,财务缺口大

北京地铁四号线建设总投资约153亿元、深圳地铁六号线项目总投资148.8亿元(最新工可研成果约为230亿元),城市轨道交通如此巨额的项目投资使得绝大多数地方财政难以独自承受。

---

① 商金凤:《中国城市轨道交通在建线路统计报表(数据截至2018年6月30日)》,载http://www.rail-transit.com/yanjiu/show.php?itemid=140,最后访问日期:2018年11月11日。

而且,城市轨道交通项目作为公益性的基础设施项目,其主要的收入来源——票务收入所涉的票价是受到严格管制的,北京地铁曾经用 2 元就可以逛遍全城的时代便是票价管制的典型代表。城市轨道交通的票价定价机制并非市场化的,相当一部分城市的轨道交通票务收入甚至达不到其运营成本的 50%,因此,城市轨道交通的票务收入与建设运营成本之间存在巨大的财务缺口。在这种情况下,要使 PPP 项目中社会投资人能够获得合理的回报,政府不得不进行长期大额的可行性缺口补助。因此,在财政收入有限的情况下,如何利用各方现有的资源,实现城市轨道交通 PPP 项目的落地,是政府投资建设城市轨道交通所面临的第一难题。

针对该难题的破解对策:城市轨道交通 PPP 与 TOD 结合,通过土地综合开发收益反哺。

地铁通到哪里,房价就涨到哪里,这几乎已经成为大家的共识。城市轨道交通给周边土地带来的增值效益显而易见。那么,如何将城市轨道交通带来的周边土地增值效益进行内部化,并反哺到城市轨道交通建设与运营中,来弥补城市轨道交通建设的巨额财务缺口呢?笔者认为,引入 TOD 与 PPP 结合,可在一定程度上缩小城市轨道交通 PPP 项目的财务缺口。

TOD(transit oriented development,公共交通导向开发)是依托于大众捷运系统的、能够增值的土地综合开发,其本质上是城市与公共交通协同发展的空间组织模式,强调 1+1>2 的增值效应(土地溢价、物业增值)[①]。任何轨道运输系统,都是外部成本高、内部收益低,若仅依赖票箱的收入,要能够投资获利,几乎是不可能的。因此常常就要仰仗其他收益来弥补,最常见的就是土地开发所带来的收益[②]。通过 TOD 与城市轨道交通 PPP 的结合,将城市轨道交通沿线和站点周边土地资源合理打包,把城市轨道交通带来的正外部性纳入 PPP 项目中,将能够在一定程度上对城市轨道交通建设和运营带来反哺,提高项目自身的经营性。

国际上及港澳台地区对于城市轨道交通项目与 TOD 结合已经有不少先例。其中,最具代表性的莫过于香港地铁的“R+P”(rail+property,轨道+物业)模式。“R+P”模式是一种集轨道交通投资、建设、运营和沿线物业开发于一体的综合开发

① 朱晓兵、王腾、杨竣杰:《城轨 TOD 前期研究实操经验分享》,载《第三届轨道交通 TOD & PPP 国际研讨会论文集》,2016 年,第 29~32 页。

② 葛贤键:《台湾高铁 PPP 经验教训》,载《第三届轨道交通 TOD & PPP 国际研讨会论文集》,2016 年,第 78~82 页。

模式①。2014 年香港铁路有限公司(以下简称"港铁公司")的经营利润达到 201 亿港元,相比 2013 年增长 23.3%,并且来源物业发展的利润达 42 亿港元,占总经营利润的 21%,而与物业发展相关的业务利润总额为 84 亿港元,占总经营利润的 42%②。

如图 9-4 所示,在"R+P"模式中,港铁公司参与到香港的与城市轨道交通及周边土地综合开发相关的城市规划中,在规划确定后,香港政府将轨道沿线土地资源授予港铁公司,对此,港铁公司按照未规划建设城市轨道交通前市场地价标准支付地价。通常情况下,港铁公司自行筹集资金负责城市轨道交通的建设和运营,并自行承担建设和运营成本。

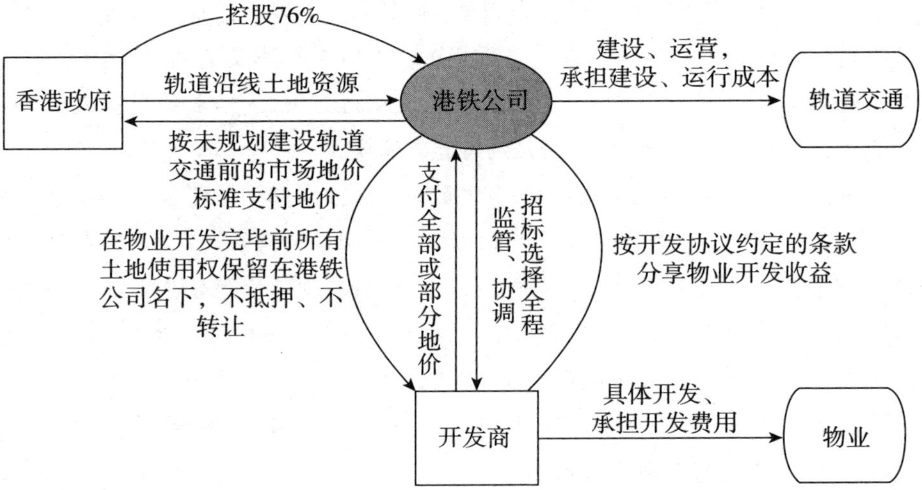

图 9-4　港铁公司"R+P"模式

当城市轨道交通建设到一定程度时,港铁公司会逐步通过招标方式,选择具有竞争力的开发商,对其获得的轨道沿线土地资源进行开发。开发商应向港铁公司支付全部或部分地价作为开发收益权的对价。沿线土地资源将按照既有规划进行多样化的开发,成为住宅、商业等物业。而港铁公司与开发商将按照开发协议约定的条款分享物业开发所获得的收益。这些收益将进一步反哺到港铁公司的城市轨道交通建设及运营中去,实现港铁公司创造的全世界最盈利的地铁建设运营商的

① 梁秉坚:《以港铁的经验浅析 PPP、TOD 和 R+P》,载《易居研究》2015 年第 7 期。

② 崔霁:《"带着镣铐跳舞"的"地铁+物业"模式》,载《易居研究》2015 年第 7 期。

神话[①]。

因此,与 TOD 的合理结合,将能够为城市轨道交通项目提供长期可观的收入支持,在一定程度上缩小城市轨道交通 PPP 项目的财务缺口。

二、难点二:项目总投资额过大导致社会资本投资门槛过高;社会资本市场结构单一,以承包商为主,缺乏城市轨道交通建设、运营一体化的社会资本投资人

(一)破解对策一:采用网运分离模式,降低对单个投资人的投资额度要求,发挥各投资人的专业所长

既然城市轨道交通项目整体投资过大,那么是否可以考虑通过合理的切割使整个项目分为若干个子项目来进行呢?既然缺乏城市轨道交通建设、运营一体化的社会资本投资人,那么是否可以将建设、运营通过合理的分割,使投资人能够发挥专业所长呢?这个思路对应的便是网运分离的模式。

国家发改委出台了《关于当前更好发挥交通运输支撑引领经济社会发展作用的意见》(发改基础〔2015〕969 号),鼓励探索采用网运分离、放开竞争性业务等思路,明确提出综合考虑投资成本、价格变动、服务质量、规划调整等因素,清晰界定项目投资风险边界,采取特许经营、购买服务、股权合作等多种形式,给予社会资本以清晰的参与路径、合理的投资回报预期,切实推动 PPP 项目落地[②]。

2016 年 1 月落地的徐州地铁二号线项目便是采用网运分离模式的代表。此前,针对徐州地铁三号线有公开报道显示:徐州地铁三号线确立了以 PPP 为主线的"网运分离、模块组合"建设运营模式,形成设计建设、运营维护、土地开发和上盖物业四个相对独立的运作模块;建设和运营两个模块,采用网运分离模式分别引入专业的社会资本合作,形成"建设运营分段运作,区域物业分层反哺"的模块组合框架[③]。较三号线先行落地的二号线采用的也是同样的模式。

通过对项目进行合理的切割,一个巨型项目就变成了若干个市场有足够接受能力的子项目,降低了对单个社会资本投资人的投资额度要求,总体降低了投资门

① 周月萍、樊晓丽、江杰慧:《深圳地铁借鉴"R + P"创新开发运营模式》,载《城乡建设》2016 年第 7 期。

② 周兰萍主编:《PPP 项目运作实务》,法律出版社 2016 年版,第 227 ~ 242 页。

③ 龚维源:《徐州轨道交通 PPP 实践简介》,载《第三届轨道交通 TOD & PPP 国际研讨会论文集》,2016 年,第 75 ~ 77 页。

槛和风险,大大提高了项目落地的可行性。

同时,网运分离模式专业化分工明确。设计建设阶段,具备施工资质的社会资本参与,能够提高设计、建设、施工的专业性和风险控制能力;运营维护阶段,具备运营专业经验的社会资本参与,能够发挥城市轨道交通"成网运行"的优势①。

(二)破解对策二:北上广深等一线城市地铁建设运营商走向二、三线城市

虽然城市轨道交通的建设、运营对于大多数二、三线城市而言是个新鲜事,但是,对于北上广深等一线城市而言,已经是积累了数十年经验的老行当。因此,正如大陆地区城市轨道交通刚刚起步时,通过与港铁公司合作来学习先进的管理经验一样,北上广深等一线城市的地铁公司现在对于那些正在着手建设城市轨道交通的城市而言,也已经成为经验丰富的先行者。他们正在走出自己的"一亩三分地",走向国内其他城市,甚至于走向国际市场,给城市轨道交通领域带来宝贵的建设运营经验。

2005 年,广州地铁设计院首次承接了成都、武汉地铁的设计项目,拓展的脚步第一次迈出广州。截至 2014 年,广州地铁设计院的作品已经遍及国内 23 座城市、超过 30 条地铁线路、260 多座车站②。而深圳地铁则已经走出国门,2014 年 12 月 2 日,由深圳市地铁集团有限公司和中国中铁股份有限公司组成的联合体,与埃塞俄比亚铁路公司正式签署了埃塞俄比亚首都亚的斯亚贝巴轻轨运营维护管理服务合同。此次签约正式确立了深圳地铁与埃塞俄比亚铁路公司的合作,标志着深圳地铁已成功走出国门,成为中国大陆第一家将轨道交通运营管理经验输出到国外的地铁公司③。

我们期待北上广深等一线城市的地铁公司能够更多地参与到其他城市的城市轨道交通 PPP 项目中,打破城市轨道交通 PPP 项目中社会资本投资人以承包商为主的局面,为城市轨道交通建设、运营注入新的活力。

---

① 龚维源:《徐州轨道交通 PPP 实践简介》,载《第三届轨道交通 TOD & PPP 国际研讨会论文集》,2016 年,第 75 ~ 77 页。

② 《广州为全国 23 个城市设计地铁 地铁设计院年收入 6 亿元》,载 http://gz. house. ifeng. com/detail/2014_11_23/50132286_0. shtml,最后访问日期:2018 年 11 月 10 日。

③ 李香玉:《深圳地铁走出国门引发"走出去"新思考》,载 http://www. chinacem. com. cn/ppp - czsw/2015 - 01/180739. html,最后访问日期:2018 年 11 月 10 日。

三、难点三:城市轨道交通 PPP 项目沿线土地综合开发受土地政策限制

正如上文所述,对于急需发展城市轨道交通而财政收入难以支撑的地方政府而言,与 TOD 的理念相结合,通过城市轨道交通周边的土地综合开发来反哺城市轨道交通建设运营成本是现阶段不错的选择。

不难看出,“R + P”模式中,港铁公司的收益主要来源于两个方面:第一是城市轨道交通建设带来的土地价格增长差价,第二是周边土地综合开发带来的长期收益分成。而实现这两方面收益的关键在于土地使用权如何流转,这也是大陆各地借鉴港铁“R + P”模式所遇到的重要问题。

众所周知,根据我国土地相关法律法规规定,经营性用地需要通过招拍挂的方式出让,而城市轨道交通周边土地用于住宅、商业等物业综合开发,显然属于经营性用地,按照我国相关规定,应当通过招拍挂的方式进行出让。但是,如果通过招拍挂的方式进行土地出让,则港铁公司显然难以按照城市轨道交通规划建设前的地价获得土地,港铁公司也难以获得城市轨道交通建设带来的土地价格增长差价,更不用说以其为主导进行城市轨道交通周边土地的综合开发。

(一)破解对策一:地方出台具体政策,突破经营性用地“招拍挂”的法律瓶颈

为配套支持城市轨道交通周边土地综合开发,针对城市轨道交通周边土地综合开发的土地使用权获得方式 ,深圳、上海、南宁等地均已出台了具体政策。

深圳可谓在城市轨道交通周边土地综合开发利用方面“第一个吃螃蟹的”,其最具代表性的政策即 2013 年 5 月 13 日由深圳市人民政府办公厅颁布的《深圳市国有土地使用权作价出资暂行办法》(以下简称“《作价出资办法》”)。根据《作价出资办法》,深圳市政府可以向深圳市地铁集团有限公司(以下简称“深圳地铁公司”)、深圳市机场(集团)有限公司、深圳市特区建设发展集团有限公司三家单位进行国有土地使用权作价出资。

深圳地铁公司为深圳市国资委全资的国有独资公司。根据深圳地铁公司 2014 年年报披露,2014 年 2 月 18 日,深圳市国资委通过土地作价出资对深圳地铁公司增加注册资本 167.87 亿元。这是深圳地铁公司成立以来深圳市国资委最大规模的一次注资行为,深圳地铁公司的注册资本从 2012 年的 72.13 亿元上升到 240 亿元。深圳地铁公司开发的横岗车辆段项目、红树湾站项目、前海枢纽项目、车公庙枢纽项目、深圳北站东项目的土地使用权均是通过土地作价出资的方式获得。

在深圳的实践基础上，南宁则对土地作价出资方式作出了更进一步的规定。南宁市人民代表大会常务委员会于2016年1月29日出台了《南宁市城市轨道交通管理条例》，明确规定“经市人民政府批准，本市国有城市轨道交通建设及运营单位在规划确定的城市轨道交通及其配套设施用地范围内进行综合开发的，可按作价出资方式取得土地使用权”。可以说，南宁市是第一个以地方性法规的形式明确了城市轨道交通周边土地综合开发用地可以作价出资方式取得的城市。

上海在2014年也出台了城市轨道交通土地综合开发的新政策，为城市轨道交通项目结合TOD提供了政策支持。2014年4月11日，上海市发改委和规土局发布了《关于推进上海轨道交通场站及周边土地综合开发利用的实施意见（暂行）》（沪发改城〔2014〕37号）（以下简称“《实施意见》”）。《实施意见》明确提出，轨道交通场站综合建设用地，在明确规划和形成“净地”或“上盖”后，可以以协议出让方式出让给综合开发主体。这为上海的轨道交通周边土地综合开发项目提供了更灵活的土地使用权获取方式，有望进一步推动上海城市轨道交通土地综合开发项目的发展。

（二）破解对策二：实施过程中一事一议，加强支持

虽然不少地方政府为城市轨道交通周边土地综合开发作出了制度上的创新和突破，但是，毕竟城市轨道交通项目无论是采用PPP方式，还是结合TOD，都尚缺乏一套完善的制度支持，因此，大多数地方政府相关政策对通过PPP+TOD模式实施城市轨道交通项目的支持力度依然不足，各部门间的政策也无法做到有效连接。针对这一现状，笔者建议可以通过以下方式缓解：

首先，虽然城市轨道交通综合开发的相关法律缺失，各地基本还没有涉及建设模式、融资、沿线土地综合开发事项的政策法规，但是政府方可以通过采取一事一议的方式为城市轨道交通PPP+TOD项目提供支持。

其次，发挥政府部门间合作联动机制，尽可能减少审批时间，加快项目审批流程，提高政府决策效率。

最后，与社会资本建立有效的沟通机制，听取社会资本的意见，充分实现合作共赢①。

四、难点四：城市轨道交通规划与城市规划脱节

建设城市轨道交通是为了城市发展，城市轨道交通建设应当与城市建设紧密

---

① 周兰萍主编：《PPP项目运作实务》，法律出版社2016年版，第227~242页。

结合,这是不言自明的道理。但长期以来,由于缺乏明确的规划要求与技术引导,在城市规划的各个阶段,城市功能规划缺乏与城市轨道交通系统规划和工程建设的有效衔接,造成城市轨道交通对城市总体结构引导不足、轨道站点与周边建筑和环境缺乏衔接、空间无序、换乘低效、用地浪费等问题。一旦城市轨道交通无法很好地服务于城市发展,那么其价值将大打折扣,其收入也将难以达到预期,这必然严重影响城市轨道交通 PPP 模式的顺利实施。

破解对策:重视城市轨道交通规划与城市规划从宏观到微观层面的紧密结合

2015 年 11 月,住建部印发了《城市轨道沿线地区规划设计导则》(以下简称"《导则》")。《导则》坚持以人为本、集约高效的可持续城市发展原则,促进城市用地的集聚发展,节约轨道造价、提高运营效率,优化换乘条件;坚持城市规划与城市轨道交通规划同步对接的原则,促进公共交通支撑和引导城市发展,实现城市功能与城市轨道交通的协调。《导则》从城市总体规划、控制性详细规划及修建性详细规划三个层次,提出有针对性的规划原则、控制重点与设计方法,将城市线网分为两个级别,将轨道站点分为七种类型,重点从城市层面、线路层面和站点层面,对城市轨道沿线的规划设计工作进行引导①。

只有在城市层面将城市发展规划与城市轨道交通发展规划有机结合,才能以城市轨道交通规划与建设为契机,构筑公共交通支撑和引导城市发展的城市结构。只有全面考虑城市轨道交通线路布局对周边区域的影响并且科学布局合理安排,才能以轨道为核心组织城市生活、构建公共空间,使轨道影响区成为全市的公共活动中心和为周边社区服务的设施配套中心。只有对每个站点进行精心设计,整合轨道出入口和周边建筑及公共空间用地,塑造人车分行、全天候、无障碍的交通枢纽换乘环境,才能提高城市轨道交通服务质量和效率,为城市轨道交通带来更多的客流,创造更多的价值,从而提高城市轨道交通 PPP 项目本身的盈利能力。

五、难点五:PPP 项目实务中的回报机制难点多

城市轨道交通项目投资规模巨大、运营生命期长、利益关涉广泛、公共服务责任重大等特点,加之现阶段城市轨道交通领域与 PPP 领域尚未完善的法律法规制

---

① 王昊:《城市轨道沿线规划设计导则解读与应用》,载《第三届轨道交通 TOD&PPP 国际研讨会论文集》,2016 年,第 22 ~ 28 页。

度,决定了城市轨道交通 PPP 项目不可避免地将面临诸多回报机制难点。

根据财政部《关于印发政府和社会资本合作模式操作指南(试行)的通知》(财金〔2014〕113 号)[①],具体 PPP 项目运作方式的选择主要由收费定价机制、项目投资收益水平、风险分配基本框架、融资需求、改扩建需求和期满处置等因素决定,不同的 PPP 运作方式下其回报机制有不同的处理方式。

对于城市轨道交通项目来说,常见的回报机制问题包括:项目建设运营成本如何确定?对于期满后需要移交的基础设施是否应该确认为自有资产?资产如何进行折旧和摊销处理?基于客流量预测的票价补贴机制如何设计,以及合理设定调价机制,等等[②]。由于行文篇幅所限,笔者在此仅针对其中的一个问题展开分析。

(一)问题:可行性缺口补助机制下客流预测风险导致的收益风险

政府付费、使用者付费和可行性缺口补助为目前 PPP 项目常见的三种项目回报机制。对于城市轨道交通项目而言,由于其投资规模巨大,而现阶段其票价、广告等经营收入通常无法覆盖建设及运营成本,所以城市轨道交通 PPP 项目通常采用政府可行性缺口补助的回报机制。具体而言,目前采用较多的是基于预测客流量的票价补贴机制,但城市轨道交通项目客流预测受多种因素影响,预测风险客观存在。项目决策和招商谈判阶段,客流预测直接影响各方对未来客运收入、政府补贴力度的预期和判断,政企双方皆面临来自客流预测准确性的风险[③]。

(二)破解对策:设置合理的调价机制

既然客流预测存在一定程度的不准确性,而这部分不准确性在长期的运营过程中,可能导致 PPP 项目整体风险分配出现不合理的情形。那么,为了平衡这种不合理性,PPP 项目合作方之间应当设立合理的调价机制,以保证在长期的运营过程中,PPP 项目各方所承担的风险和获得的收益均始终保持在合理限度内。因此,在 PPP 项目合同中,合同双方应当根据相关法律法规规定、结合项目自身特点,设置合理的调价机制,以明确调价的条件、方法和程序以及是否需要设置唯一性条款和超额利润限制机制等内容。

---

① 财金〔2014〕113 号文已于 2017 年 11 月 30 日有效期满。

② 周兰萍主编:《PPP 项目运作实务》,法律出版社 2016 年版,第 227 ~ 242 页。

③ 周兰萍主编:《PPP 项目运作实务》,法律出版社 2016 年版,第 227 ~ 242 页。

结　语

城市轨道交通是"十三五"期间的重点建设领域,突破城市轨道交通建设过程中所遭遇的瓶颈与城市轨道交通带来的好处同样不容小觑。本章从城市轨道交通PPP项目推进过程中遭遇的难题着手分析,结合现行的法律法规政策与各地城市轨道交通建设案例,对困难产生的原因进行深入思考,并从实践角度提出相关对策,期望能够对城市轨道交通建设领域的仁人志士有所启发。

第四十三章　如何借鉴“亚吉铁路模式”让中国标准及资本顺利出海

引　言

“亚的斯亚贝巴—吉布提铁路”(以下简称“亚吉铁路”)被称为“新时期的坦赞铁路”,它是一条以货运为主、客货共线的跨国铁路干线,全长约752公里,客运设计时速120公里,货运设计时速80公里,采用中国二级电气化铁路标准建设。亚吉铁路西起埃塞俄比亚首都亚的斯亚贝巴,东至吉布提首都吉布提,总投资约40亿美元。与坦赞铁路项目不同的是,亚吉铁路不是对外经援项目,而是中国企业的商业化运作项目。亚吉铁路是中国企业在海外首条集设计标准、投融资、装备材料、施工、监理和运营管理全产业链“中国化”的铁路项目,标志着成套中国铁路“走出去”取得重大突破,是“一带一路”的标志性成果①。亚吉铁路通车后,吉布提至埃塞俄比亚首都亚的斯亚贝巴的运输时间将从公路运输的7日降至10个小时,物流贸易效率大大提高,物流成本大大降低。该效应将辐射沿线国家和其他非洲内陆地区,推动区域经济共同发展。

一、项目核心边界条件

(一)项目交易架构

本项目的全产业链“走出去”系通过采用EPC + OM的运作方式实现。在项目建设阶段采用设计、采购、施工一体化的交钥匙模式,由中土集团和中铁二局共同承建。在项目运营阶段,继续由承建方中土集团和中铁二局组成的联营体在国际

---

① 海外网:《新时期的坦赞铁路亚吉铁路通车》,载http://news. haiwainet. cn/n/2016/1005/c3541083 - 30380754. html,最后访问日期:2018年3月14日。

招标中斩获运营权，由联营体负责提供亚吉铁路6年运营维护加2年技术服务。

（二）融资安排

亚吉铁路的融资方为中国进出口银行，埃塞俄比亚铁路建设资金的70%以及吉布提铁路建设资金的85%均来自该银行提供的商业利率贷款，共计29亿美元。作为融资增信措施，本项目采用了信用保证保险+主权担保（吉布提方）/出口贸易（埃塞方）的方式。除项目融资落实外，为解决吉布提方的工程预付款资金缺口，中土集团持有了吉布提铁路项目10%的股权，吉布提方仅负责5%的预付款。

（三）主要风险识别与管理

要从零海拔的吉布提到海拔3000米的埃塞高原建造一条跨国现代电气化铁路，曾经被前来实地考察的西方技术专家认为难于登天。一些西方国家财团也曾对投资这条铁路提出诸多苛刻的附加条件。由此可见，中国企业若要以中国标准在东非高原上成功建设并运营这样一条现代跨国电气化铁路需要克服来自于地理、经济、技术、融资、人力资源等各方面的诸多的难题、面临重重考验。

1. 技术风险

亚吉铁路项目自西向东由非洲高原抵达港口海平面，西部高程790～825米，至港口附近高程25～30米。平均自然坡度约11‰，局部地段可达到20‰，高差达到近800米，极大地增加了纵坡设计及机车牵引的难度，同时由于当地经济落后造成的牵引电力不稳定进一步加剧了亚吉铁路的技术风险。若采用传统单机牵引模式，则要么需要采用大量深挖高填的路基工程，要么需要以路代桥，大量增加桥梁工程。这两种方式都将大大增加施工难度和工程造价。对此，中方根据自身的铁路设计建设经验，采用在中国复杂山区铁路上采用的双机牵引技术①，同时为了避免铁路运行过程中突然断电导致安全事故，在每辆列车后加挂一辆内燃机车作为保证安全的备选方案。此举很好地适应了铁路沿线海拔高度的变化，避免了深挖高填，沿线基本做到了填挖平衡。不仅降低了工程投资，降低了施工组织的难度，而且避免了地表的大量扰动，有效降低了项目对当地生态环境的影响。

---

① 第一财经：《一子做"活"非洲东海岸 中国血统的亚吉铁路今投运》，载 http://www.yicai.com/news/5129772.html，最后访问日期：2018年11月10日。

2. 资金风险

埃塞俄比亚和吉布提都是以农业经济为主的非洲国家，经济发展相对落后，亚吉铁路的建设资金给两国财政提出了巨大挑战。亚吉铁路建设项目首要面临的是项目建设资金的筹资风险。与西方国家财团提出的附带苛刻条件及政治诉求的投融资条件不同的是，亚吉铁路项目采用了更为稳妥、也更容易被所在国接受的融资方案。本项目主要建设资金为从中国进出口银行贷款 29 亿美元。作为融资增信措施，埃塞俄比亚向中国的保险公司投保了信用保证保险，理赔额度达 95%，并且以出口鲜花、咖啡、活畜等物品来担保剩余 5% 的风险敞口。[①] 吉布提也采用投保加上主权担保的方式来保证其未来的还款。融资方案的落实有效降低了项目建设资金的筹资风险。

另外，面对项目采用商业化运作模式面临的市场风险，盈利模式的设计对控制投资风险而言也至关重要。根据亚吉铁路运营合同的绩效考核安排，"除运营管理开始的 2 年不进行考核之外，其余 4 年的运营管理，货运收入超过 1.19 亿美元或货运量超过 21 亿吨公里后，业主将对运维联营体给予货运收入 8% 的奖励，而对于运营团队创造的其他业务收入，业主将给予 20% 的奖励"。该项安排也大大提高了运营团队通过商业化运作方式提升项目运营效率、增加营运收入的积极性。同时，面对东非国家经济发展的需求，作为战略布局，中土集团还积极参与埃塞和吉布提的工业园投资开发、商贸物流等业务，一方面有助于提升该铁路自身盈利能力及埃塞俄比亚、吉布提政府财政能力，另一方面也将有效降低项目所面临的未来营运收入和收益风险。

3. 运营风险

如前文所述，为减少亚吉铁路在运营期内可能遭遇的供电不足、营业收入不足等困难，给这条铁路的运营安全和经济效益造成影响，中国团队在项目设计、建设、融资等环节就花了大量的心思，从当地实际情况出发，运用中国智慧和中国技术，为解决未来运营过程中可能遭遇的难题提前做好布局安排。

另外，铁路运营的技术人才也是确保亚吉铁路能够顺利开通并安全、稳定运营的关键所在。但在亚吉铁路开工前，埃塞俄比亚至吉布提之间仅有一条已废弃多年的"米轨"铁路，因此当地国在现代铁路运营人才储备方面几乎为零。为了让中

---

① 财经：《亚吉铁路的跨越：从承建到建营一体》，载 http://www.fx361.com/page/2016/1201/357652.shtml，最后访问日期：2018 年 11 月 10 日。

国自己修的铁路能发挥应有的作用，并避免重蹈坦赞铁路建设运营脱节而导致连年亏损的覆辙，为本项目加入运营服务环节就成为必需之选。为此中方积极参与埃塞俄比亚—吉布提联营体的经营管理招标并成功中标。中国团队不仅要在6年中运营维护好亚吉铁路，更重要的是，在此期间要为埃塞和吉布提两国培养包括中高层管理人员和基层员工在内数千名当地国铁路管理、技术、服务人员，使本项目真正实现从“中国制造”到“中国运营”的转型。

二、亚吉铁路项目运作亮点带给我们的启示

（一）从运营效益最大化出发的设计理念，助力项目全生命周期效率的提升

与时速250～350公里的中国高铁相比，亚吉铁路的设计最高时速仅为120公里。但铁路的运行时速并非越快越好。一个成功的项目，最关键的是适应项目所在地发展需要并高效地提供符合要求的公共产品或服务。结合项目所在国的特殊地理及经济条件，中国设计团队在中国标准的基础上结合中国积累的铁路建设和运营经验及项目自身特点、实际运营需要对项目的设计方案进行了细化调整。如考虑到非洲铁路速度普遍较低，如果亚吉铁路速度过高，会大量增加工程投资，后期养护维修也面临严峻挑战。因此将设计时速设定为120公里，比照中国二级电气化铁路标准是适宜的，也是适度超前的。再如，针对吉布提的实际困难，项目设计单位铁四院在中国标准基础上进行了调整。吉布提电力供应困难，改为接触网取电主用、柴油发电机备用的区间直放站供电模式；吉布提一级道砟缺乏，在满足项目功能的前提下，采用二级道砟；当地水泥匮乏，而石材资源丰富，因而在路基护坡等方面改用石料施工，降低成本①。通过这些结合当地经济条件和实际需要，在项目设计中对中国标准进行属地化的合理改进，能大大降低项目的建造成本和运营安全和稳定性，在满足当地客货运输需要的同时，实现运营效益的最大化。

（二）从建造一条铁路到奠定一国铁路发展基础，实现项目物有所值

修建亚吉铁路是埃塞俄比亚和吉布提两国基于本国经济发展需要而提出的共同诉求。因此亚吉铁路也被两国民众誉为“通向未来的生命线工程”。但就是这样一条“生命线”，它的建成和通车却并不容易。亚吉铁路项目最大的亮点不仅在于它是中国铁路首条“全产业链”输出的项目，使走出国门的中国企业从过去的以工

---

① 《湖北智慧闪耀亚吉铁路》，载《湖北日报》2016年10月5日，第2版。

程援建、总承包施工为主,转向了建设、运营、装备、标准的一体化出海。同时,本项目还通过提供运营养护服务、人才培养和技术指导服务等,使被投资国的铁路建设、运营、管理能力得到极大的提升。仅在项目建设期间,本项目即实现了在当地累计雇员近4万人,组织了数百名当地铁路员工赴中国系统学习铁路建设、运营管理知识,在未来的运营期内,还将进一步完成数千名当地员工的培养计划。中国古语有云,“授人以鱼不如授人以渔”,亚吉铁路项目正是通过“工程输出+服务输出”的方式,将在当地打造一支过硬的专业化铁路建设和运营队伍,从而奠定当地国现代化铁路发展的坚实基础,大大提高了当地国建设这样一条现代化铁路所获得的价值。

(三)从技术输出到标准输出,在展现中国铁路先进实力的同时,也有助于中国企业在国际竞争中获得更多的主导权

长久以来,埃塞俄比亚政府一直更为重视西方标准,但经过近几年中国铁路建造技术及装备制造技术的不断提升,中国标准也开始在国际铁路工程领域崭露头角。在西方工程咨询专家认为“在基础设施相对落后的国家建设一条电气化铁路几乎不可能完成”的情况下,中国的工程技术人员通过一步步“丈量”考察出铁路设计沿线的地质水文等资料,并凭借丰富的铁路建设经验克服一个个技术难关,向埃塞俄比亚铁路公司提交了高质量的项目可行性研究报告及初步设计方案,最终赢得了项目的承建权①。然而,与工程项目建设相比,技术标准的“出海”远比想象中更困难。由于整个项目过程均采用中国标准和中国设备,而非洲国家对“中国标准”并不熟悉,因此,为避免承建方与设计批复和工程验收公司不能有效衔接的技术风险,本项目设计方案批复和工程竣工验收也都由中国咨询公司负责。最终,通过艰苦的EPC项目移交谈判和夜以继日的竣工验收移交工作,竣工验收资料整整装满两卡车,终于确保亚吉铁路项目顺利交付商业运营。亚吉铁路项目的成功建成和运营,为未来我国铁路走出去继续执行“中国标准”提供了有力的例证以及操作案例。中国标准的“出海”既可以让以后中国企业更加容易取得主导权,也能为企业统一全球标准,减少国外项目前期的勘探、设计等成本。

---

① 卢茹彩:《亚吉铁路:助力东非互联互通》,载 http://www.chinatoday.com.cn/chinese/sz/sd/201702/t20170228_800088452.html,最后访问日期:2018年11月10日。

（四）融资方案和商业营运方案的合理设计及有效实施，有助中国资本安全“出海”

能在埃塞俄比亚和吉布提这样经济基础薄弱的国家成功建成如此耗资巨大的铁路项目并进行商业化运营，除得益于设计和建造方案的合理优化外，项目融资方案和商业运营方案的落实也至关重要。

本次亚吉铁路项目中，中方之所以能顺利获得承建权，除基于过硬的中国标准和安全可靠的技术方案外，中国企业的融资方案也在与西方国家的竞争中占据较大优势。与附加政治诉求等苛刻条件的西方财团要求相比，中国企业依托进出口银行及中信保公司提供的融资及保险增信措施，为项目所在国政府提供了可承受的融资方案，并确保项目建设资金的落实，保证项目在当地国政府资金匮乏的情况下顺利建成。

此外，作为一条商业化运作的铁路项目，在当地国政府设定了对项目运营绩效考核激励机制的前提下，如何实现项目最大限度地发挥其经济效益，既能满足当地经济发展需要，又能实现项目投资预期收益，合理的商业运营方案至关重要。为此，中方投资团队不仅在工程技术方面做了详尽的前期可行性研究，在当地投资经济环境和项目自身的运营前景方面也做了调查分析。从需求角度分析，修建亚吉铁路是埃塞俄比亚和吉布提两国基于本国经济发展需要而提出的共同诉求。埃塞俄比亚政府迫切希望利用亚吉铁路带来的契机，打造“非洲的制造业中心”，吉布提政府也希望借亚吉铁路的建设帮助其实现打造非洲“迪拜”的目标。因此亚吉铁路也被两国民众誉为“通向未来的生命线工程”。亚吉铁路的建成将极大地改变过去两国之间仅靠坑洼不平的公路运输的面貌，将原来的运输时间从 7 天缩短至 10 小时，且大大提高了运输的准点率和运能。亚吉铁路将成为埃塞俄比亚与吉布提港之间的出行与大宗物流的首选。因此中方投资者对该条铁路未来的运营形势非常有信心。同时，为了避免铁路建成后因“无货可运”而发生“退化”，为给这条铁路未来的运营收入再加一道“保险”，中方设计团队在设计亚吉铁路的同时，还运用了“交通枢纽＋产城融合”[①]的投资开发理念，帮助所在国规划了铁道沿线的工业园区，实现交通枢纽为产业发展服务，产业发展助力交通效益发挥。中土集团不仅自己积

---

① 印朝富、宋茜：《交通枢纽与产城融合，如何互为“神助攻”》，载 http://mp.weixin.qq.com/s/hUw483vxHymomDu92QWicw，最后访问日期：2018 年 11 月 10 日。

极参与埃塞和吉布提的工业园投资开发、商贸物流等业务,全方位支持地区经济发展。还通过引进中国招商局等更多中国投资人,帮助当地建设港口、投资工业产业园区。通过这种产业发展服务和合作开发理念,不但有助于提升两国工业基础,提高港口货物吞吐量,提高两国政府的经济水平,也为亚吉铁路带来源源不断的持续客货使用者需求,从而提升铁路项目自身的盈利能力,大大缓解因铁路建设的巨大资金投入而给当地国政府造成的沉重经济压力。

结　语

亚吉铁路的投融资模式可谓是当下借助“合作共赢、实现全生命周期物有所值”的 PPP 理念实现中国企业海外投资的范例。该项目在磋商、论证、建设、投运、融资、管理等各方面均提供了有价值、可复制的经验。可以预见,这条铁路在给所在国乃至整个东非地区带来巨大经济效益和社会效益的同时,也在悄然改变着这里的铁路建设和经济发展的“游戏规则”。中国企业在本项目中通过“全产业链”协同作战也实现了企业自身的产业转型发展。中国标准、中国资本、中国运营将为中国企业在“一带一路”沿线的投资提供最强有力的保驾护航!

第四十四章　美国公路PPP项目经验对我国有哪些启示

引　言

私人部门参与公路和桥梁等交通基础设施建设在美国已有较久的历史，但由于受到国家政策和法规的限制，美国的基础设施建设尤其是公路建设资金来源在很长一段时间仍主要依靠以燃油税为主的联邦信托基金等财政资金。随着社会经济的发展对交通运输领域基础设施需求的增加和财政资金缺口的增大，从20世纪八九十年代开始，美国的联邦政府及各州政府陆续颁布为基础设施建设提供灵活融资方式的各种法案使得PPP模式在美国得以广泛、持续地开展和推进。尽管我国与美国的经济发展水平、法律体制、政治文化环境等各方面都有所差异，但美国在交通基础设施领域推行PPP项目时间较久，其间积累的一些经验和开创的独特的思路和理念对我国PPP的发展仍有较强的借鉴和启示。

一、美国交通基础设施领域发展现状及PPP模式特点

（一）美国交通基础设施发展现状

美国虽然是当今世界最为发达的经济体，但其交通基础设施的建设水平和质量却远远落后于其他发达国家。其主要体现在：

1. 建设资金来源单一

长期以来，美国交通基础设施建设的主要资金来源是燃油税收入为主的财政资金，虽然其间为了弥补资金缺口而多次调高该税率，但由于通货膨胀导致货币购买力的下降、车辆燃料利用率的不断提高及美国公民总体行车里程的大幅减少，该部分收入难以维持日益扩大的基建支出水平。

2. 交通基础设施年久失修、老化严重

这在海陆空三个空间维度均有明显体现：公路养护不足、桥梁结构存在缺陷、铁路运输能力薄弱、公交系统落后；机场设施破旧且航班准点率较低；港口设施配备不足且严重老化。根据美国道路和交通运输建设者协会统计，目前美国大约有56,000座桥梁有“结构缺陷”，而每天车辆穿过这些桥梁的次数高达1.85亿次，超过2/3的道路急需维修或翻新①。

3. 交通设施运行效率低下

交通设施运行效率低下，增加了资源成本和公民出行的时间成本。据统计，高速公路拥堵造成的燃油和时间浪费让美国人每年付出了超过1000亿美元的成本。

(二) 美国交通基础设施领域PPP模式运作特点

1. 联邦层面无专门的PPP法律，但州层面可结合实际情况探索制定特定法案

由于美国是联邦制国家，地方政府拥有较大的自治权。联邦法律在为各州实施PPP提供基本指导的同时，在具体PPP推行的过程中各州和地方政府可以根据联邦对其所划分的权利结合项目自身的特点和需求采取不同的PPP模式独立推进，各州通过立法赋予公共部门和私营部门合作的法律权利。

2. 政府为PPP项目提供的融资机制较多且较为灵活

美国政府自20世纪90年代开始陆续颁布各种法案，提高私人部门参与PPP项目的积极性。如1991年的《多式联运陆路运输和公平法案》开启非州际公路的收费，允许政府使用联邦资金与州政府资金或私人部门资金相结合用于非州际公路；1998年的《交通基础设施融资和创新法案》规定由美国运输部直接向合格项目的私人部门或国家出资人提供贷款或贷款担保，使得大规模交通运输PPP项目可以据此享受联邦政府提供的优惠利率信贷支持；2005年的《安全、可靠、灵活、高效的运输公平法案：留给使用者的财产》授权大规模资金用于资助公路、公路安全和公共交通项目，也开始允许州际高速公路收费用于公路养护或新建公路，允许发行上限为150亿美元的私营性质债券为PPP项目融资等②。这些法案都为私人部门和其他非联邦资金参与交通基础设施项目提供了更多的融资方式，增加了私人部门参

---

① 详见《PPP也可以救美国?》，载 https://wallstreetcn.com/articles/3023742，最后访问日期：2018年2月24日。

② 翁燕珍：《PPP模式在美国基础设施领域的应用》，载“PPP知乎”微信公众号，2016年8月12日。

与 PPP 项目的积极性。

3. 美国国内 PPP 项目主要由各种非政府组织和机构推动

不同于我国的 PPP 项目主要由国家部委推动并以政府发起为主的现状，美国并没有一个全国性的统一推动 PPP 的政府机构，推动 PPP 项目的主体主要有美国 PPP 理事会、市长商业理事会等非营利、非党派组织，提供有关 PPP 的咨询与培训，消除 PPP 实施过程中的障碍，通过各种案例宣传和推广 PPP。此外，也有美国运输部下属的联邦公路管理局通过提供技术和资金支持州和地方政府对公路进行设计、建设和维护。

二、结合案例分析美国交通基础设施 PPP 的创新点

相较于美国老旧的铁路线路设施和昂贵的航空客货运输而言，公路运输在通达性、便利性及经济性方面存在极大优势，因此成为美国交通基础设施中的最重要组成部分。美国的公路分为收费与免费两种类型，只是在比例上，收费公路总体占比不高。最初，由政府兴建的州际公路主要为免费公路，而私人筹资兴建的公路为收费公路。但随着美国经济慢慢吃紧，联邦法律近年也开始鼓励各州自行建设收费的州际公路。下面本书将通过几个美国公路 PPP 项目的案例，分析美国公路项目的收益结构，以期启发我国公路 PPP 项目的商业模式创新思维。

（一）伊利诺斯电子通行收费公路 PPP 项目①

1. 项目概况

伊利诺斯收费公路上卡车通行量占 13% 左右，其占用的两倍于轿车的车道空间加重了该条道路高峰期道路拥堵情况。为缓解高峰期的拥堵状况，公共部门采取了一系列举措，包括推行电子收费系统、提供交通出行信息、引导大型运输车辆错峰出行等。但这些举措均会产生相应的推广和公共服务成本，为此，该项目由公共部门与不同的私营部门合作伙伴（零售商、新闻广播商、运输服务供应商及开发商）开展合作，从而通过商业合作在不增加公路及公路使用者额外负担的情况下，为公共部门创造了约 700 万美元的总价值，而在过去的 10 年里，这一数字仅为大约 50 万美元。由于本项目在融资营销和广告方面的创新性，本项目获得了 2005 年

① I – PASS Public – Private Partnerships for Illinois Tollway，载 https://www.ncppp.org/resources/case – studies/transportation – infrastructure/i – pass – public – private – partnerships – for – illinois – tollway/，最后访问日期：2018 年 2 月 1 日。

NCPPP 创新奖。

2. 项目的主要合作内容

本项目的创新性广泛合作关系主要体现在：

(1)在整个交通系统中,特殊的 I – PASS 专用车道允许车辆以在高速公路的速度行驶。由于 I – PASS 系统是收费公路最有效的缓解拥堵工具,它的使用也提升了用户体验。但由于这种 I – PASS 电子通行应答设备有一定推广和安装成本,为不额外增加公众负担,本项目与知名食品零售商店合作,该商店在收费公路沿线分布网点较多,且大多数公路乘客都会光顾。作为被本项目选择的电子通行应答器的唯一零售商,该商店对此不仅不收取任何。同时,该合作伙伴还提供了包括 I – PASS 充值卡销售在内的其他服务,减少了收费公路流程检查所需的管理成本。这种零售伙伴关系推动伊利诺斯收费公路成为全国电子收费利用率最高的地方。

(2)与新闻广播商即当地电视台合作,将伊利诺斯收费公路上 120 个道路沿线摄像头的独家使用权作为回报,电视台为该收费公路提供价值 200 万美元的直播广告服务及交通警报服务,在乘车用户与通行车辆司机之间建立畅通的信息沟通机制,促使双方作出省时高效的通勤决策。同时,利用电视台的影响力,通过各种商业赞助活动免费为收费公路进行宣传推广。

(3)与交通运输服务部门即当地交通运输管理局区域公共汽车部门合作,达成政府间协议,允许交通服务部门进入收费公路的无线电塔空间换取公共汽车上的广告展示权,为电子通行收费进行各种积极、正面性宣传,提高公众对电子收费举措的认知度。

(4)与当地知名开发商进行合作,制作租户销售宣传单和客户通信优惠券,一方面为开发商招揽更多租户进行宣传,另一方面增加推广收费公路的话题,为收费公路及其电子通行系统等进行各种附加宣传。

(5)调整卡车运输业合作。如前文所述,大量的卡车在高峰时段出行造成了严重的道路占用和拥堵,为此,本项目实施了一个拥堵定价措施,引导卡车司机错峰出行,从而缓解高峰时段的拥堵状况。

3. 项目启示录

本项目获得成功的核心亮点是,为缓解公路拥堵状况,为公众出行提供更为高效和高质量的服务体验,政府方采取了一系列行之有效的商业化手段,为政府提高公共服务供给效率节约了成本,创造了额外价值。

(1)找到问题症结,善用价格策略。政府方发现了导致道路服务效率低下的核心要素即卡车在高峰时段的出行造成了占用道路面积及降低路面通行速度,从而加剧了道路拥堵状况。为此,从商用卡车司机最为关注的物流运输成本(通行费用及通行时间)入手,利用市场定价规则,为卡车出行提供专门的拥堵定价措施。此举一方面实现了峰谷时段交通流量的错配,实现资源的优化配置;另一方面可以增加公路各个时段的固定车流量,通过减少交通闲置时间,增加了公路的收费收入。

(2)运用商业思维,广泛开展互惠合作。该项目公共部门整合各行业资源,通过与不同领域的合作伙伴以资源互换的方式建立互利共赢的伙伴关系,在为更多乘客和司机提供优质的用户体验的同时,节约了提供公共服务的成本,消除了公众对新公共政策实施的消极反对情绪,有助于公共政策的顺利推广和实施。

(二)美国马萨诸塞州 3 号公路北段修缮扩建项目①

1. 项目概况

该项目是马萨诸塞州首个采用 PPP 模式的公路项目,该州为此进行了特别立法。通过 1999 年的特别立法,州公路局获得了创新项目融资和交付方式的权利,包括:(1)为项目安排长期免税融资;(2)可与社会资本方签订特许经营合同,授予特许经营权,以将项目开发为设计—建造—运营—维护(DBOM)模式;(3)与社会资本方对公路沿线进行联合开发,并共享收益。在政府缺乏改善公路资金的情况下,上述措施对推进这个价值 85 亿美元的项目有着相当重要的意义。但可惜的是,本项目最终因政府方和社会资本在合作中缺乏灵活性和协调性,最终导致项目延期,项目在建成后,运营部分并未按合作意向继续进行。

2. 项目的主要合作内容

(1)项目工程建设部分:修复连接马萨诸塞州伯灵顿 95/128 干线到新罕布什尔州边界的 21 英里路段;由 4 车道拓宽为 6 车道,另外增加 10 英尺宽的路肩;重建公路沿线 47 座已经损坏且需要拓宽的桥梁;改造 13 个交叉路口,以提高公路的承载量,同时将配套设施升级;建造停车换乘设施;在公路沿线安装光纤电缆,以满足州公路局的通信需求。

(2)项目投融资部分:首先,社会资本方组建了“项目特殊目的载体”来为项目融资。这是一家非营利机构,按照美国国税局相关规则,发行了为期 30 年的免税债

---

① MASSACHUSETTS ROUTE 3 NORTH PROJECT,载 https://www.ncppp.org/resources/case-studies/transportation-infrastructure/massachusetts-route-3-north-project/,最后访问日期:2018 年 2 月 1 日。

券，用于支付项目施工阶段的设计、建造和维护费用，由州政府利用与年度支付计划关联的预算拨款进行偿付。其次，投资人为增强项目的融资能力，还安排了由“项目特殊目的载体”为债券购买保险，使债券被惠誉和标准普尔评为 AAA 级，从而降低了债券成本。此外，还采取了由社会资本方担任项目风险的共同保险人等一系列举措。

(3)项目收益来源部分：除州政府按支付计划安排预算资金进行支付外，双方还约定了经营收益共享机制，以进一步激励投资人增加商业化经营手段，如服务区的建设和转租；公路沿线多余的地下光缆的出租；公路航空业务权的租赁。

3. 项目启示录

马萨诸塞州 3 号公路北段修缮扩建项目虽然在实际执行过程中因诸多原因而导致项目合作失败，但本项目能带给我们的正面经验和负面教训仍值得总结和深思。

(1)从正面经验来讲，本项目在融资方案及运营方案中体现了诸多亮点。首先，在融资方面，项目团队运用当地政府的特殊免税债券法案，通过对融资载体、项目收益来源、偿债主体、增信措施、资金管理等关键融资要素的合理化安排，最终以项目融资形式获得了足额的建设资金。本项目中以保险方式作为增信手段，由业内权威的第三方信用评级机构给出极高的债券评级等一系列举措，都为项目获得较低的融资成本、节约财务费用打下了坚实的基础。其次，在收益机制设计方面，本项目的收益来源设计也可圈可点。作为一条免费通行的道路，项目主要的收益来源于政府的财政资金支付。但同时，政府部门还在项目合作期内设计了包括沿线联合开发、服务区租赁、多余地下光缆租赁、公路航空业务租赁等方面的多元化经营权。这些综合经营权的授予，属于政府为本项目提供的一种资源补偿，既有利于增强本项目对社会资本吸引力和发挥社会资本的商业优势，也有利于政府部门与投资人在合作过程中共享收益。

(2)从负面教训来讲，本项目的失败教训值得我们反思。首先，工期风险导致投资人损失巨大。在本项目中，政府方负责为项目取得各种许可证，保留项目所需财产的征用权。投资人负责根据项目设计完成后发生的变化，为政府方提供修改原有许可证的申请文件。但由于政府和投资人在项目范围、成本和进度上产生分歧，尤其是在协商合同具体条款时产生分歧又未能及时解决，导致项目进度被迫放缓。申请财产征用权所需时间比预计的要长，这在一定程度上导致了项目完工时间的延迟。最终项目完工工期延迟了近 3 年时间。经估算，仅工期违约金一项，投资人即需支付380万美元,约占项目总成本的1%。其次,项目管理协调风险造成政企之间合作难以为继。本项目是政企双方首次从传统DBB模式转变为PPP模式,是项目交付模式的一大创新。但负责该项目的政府方最初没有既定的采购及合同管理流程或手册可参考,难以在流程上确保投资人遵守合同。针对这一问题,政府方聘请了高水平的设计和建造团队负责监督工作。但是投资人对新的交付模式的经验不足,对合同要求承担的更大责任也不熟悉。因此,降低了该项目的合作效率,加剧了双方的不信任感,进而造成合作失败。若这些问题能在项目实施之前在文件中进行明确规定,政府方和社会资本方就能理解彼此的期望,也能了解项目成本和时间调整问题所允许的灵活度,也许就不会因为管理协调方面存在的巨大障碍而导致引发合作冲突。最后,经营权无法实现导致投资人预期收益落空。投资人为本项目落实了3.85亿美元的建设资金,又在其后的建设过程中承担了巨大的违约损失和建设成本增加的风险,原本希望借助这些权利以获取利润,弥补项目成本,并与承包商分享这些权利以激励其工作。但在项目实施过程中,投资人一直无法获得政府立法授予的私人开发权利,使得其投资收益预期落空,也更难以调动承包商配合工作的积极性。

三、对中国交通基础设施PPP发展的启示

1. 重视政府和投资人之间的长期合作机制的建立,注重解决PPP模式与传统工程交付模式的区别和衔接性问题,借助专业团队的力量,着力解决工程管理过程中的协调机制问题,减少因项目边界不清、推诿扯皮、风险识别不完备等造成的项目失败风险。

2. 重视项目全生命周期的融资安排,设置灵活的融资机制。项目融资成功与否直接决定着项目的成败,在当前我国PPP项目的实践中,建设期的项目融资安排主要通过银行贷款方式落实,过去还曾以“明股实债”等方式加大资本金投资杠杆。但随着中央防控金融风险的监管要求不断加强,未来滥用融资杠杆的融资方式将受到严格管控。但融资作为PPP项目落地的关键环节,仍需要不断探索拓宽融资渠道的方式。随着我国法律政策环境的日趋成熟和PPP项目合作双方契约意识的增强,希望可以探索企业债券融资、专项债券融资等新的融资方式,并结合商业保险、信用体系建设等相关领域的发展,为PPP项目丰富融资手段、增加增信措施创造更有利的政策和金融环境。

3. 借助商业思维,拓展使用者付费来源不足项目的经营性收入来源。在近几年

已落地的 PPP 项目中，绝大部分项目完全依靠或主要依靠政府财政付费获得项目收益，从而造成了政府财政支出的沉重负担。在“一般公共预算支出责任 10%”的红线不得突破的前提下，财政部已作出“审慎开展纯政府付费类项目”的指导意见。在交通基础设施类 PPP 项目中，大量的国省道公路项目因国家已取消二级以下公路收费，因此面临后续财政资金难以为继、纯政府付费项目难以操作的困境。结合美国公路项目给我们带来的启示，政府除了对项目进行资金补贴以外，更应该深入挖掘项目自身蕴含的商业价值，通过赋予社会资本更多的与交通基础设施硬件相关联的经营性权利，鼓励社会资本发挥商业优势，借助广告、大数据、智慧交通等相关联行业，在为公众提供更便捷的出行服务的同时，也可以获得与此相关的其他经营性收入作为对投资建设公路设施的收益补助。

在捆绑经营性资源时，注重合规性与可行性。就捆绑经营性资源问题，目前我国也有不少缺乏使用者付费来源的非经营性项目出于缓解政府的支付压力等原因，往往采用捆绑商业开发的方式与 PPP 项目打包运作。在交通运输部《收费公路政府和社会资本合作操作指南》中也规定，可“统筹考虑开展 PPP 项目政府可赋予的政策措施，包括征地拆迁、项目沿线土地开发使用、建设期投资补助或者运营补贴等”。因此，预计未来在我国的很多交通基础设施 PPP 项目中也将不断探索“公路 + 沿线土地开发”打包实施的模式。但正如马萨诸塞州 3 号公路投资人所遭遇的问题一样，采用这种经营权捆绑的方式实施 PPP 时，在设计项目交易结构的过程中，应关注本国法律对此种捆绑开发的具体法律环境，包括经营开发权的授予风险、待开发土地的获取风险等，以免因土地开发权与 PPP 投资权不能同时落实而导致项目预期收益落空，导致项目合作失败。

结　语

交通基础设施作为我国 PPP 领域项目规模最大、运作最成熟的行业，始终占据着 PPP 项目成交规模的“半壁江山”。但此类项目也存在投资规模大、投资回收期长等特点，若单靠通行费收入 + 可行性缺口补助或政府付费，难以解决我国广大地区，特别是中西部经济薄弱地区对交通路网完善升级的需求。因此，对此类项目的投融资方案，特别是项目的市场化运作方案、政企合作模式等还需进一步借鉴其他国家的成功项目经验，开拓我国交通基础设施 PPP 项目的运作思路，从而提高项目全生命周期的投资和使用效率，使交通类 PPP 项目更加物有所值。

第四十五章　如何借鉴美国经验助力国内民用运输机场项目“起飞”

引　言

随着我国政府和社会资本合作(PPP)进程的不断深入与发展,PPP模式已在基础设施和公共服务各个领域内积累了广泛的成功经验,并发挥了重要的推动作用。但是,在我国民用航空领域,特别是民用运输机场项目采用PPP模式进行投资建设的实践经验仍然不足,仍有较大的发展空间。本章拟借鉴美国在机场私有化和PPP项目上的成功经验,进一步探索我国民用运输机场在PPP模式下的运作要点,以期对读者有所裨益。

一、国内民用运输机场的市场前景

民用运输机场作为国家重要公共交通基础设施,是民航业发展的坚实基础,在综合交通运输体系中发挥着重要作用。依据民航局《2016年民航行业发展统计公报》的统计数据,截至2016年年底,我国共有颁证民用运输机场218个,完成旅客吞吐量10.16亿人次。依据国家发展改革委、民航局《全国民用运输机构布局规划》预计到2025年,在现有(含在建)机场基础上,还将新增布局机场136个,全国民用运输机场规划布局也将达到370个(规划建成约320个)。民用运输机场PPP项目仍有较大的发展空间。

通常而言,相比其他公共交通基础设施项目,机场项目建设工程体量更大、分项工程内容更复杂,主要包括飞行区工程、空中交通管制系统工程、旅客航站区和工作区工程、供油系统以及其他公用设施工程等,其项目建设资金投入更大、技术含量更高、建设周期也较长。因此,无论是在资金需求、技术水平还是管理能力上,仅依赖以往民航局和地方政府的单一投资模式已无法满足未来机场项目建设的现实需要。特别是在当前地方债务压力大、城镇化建设需求紧迫和机场建设需要量大的背景下,民用运输机场建设项目引入社会资本显得尤为必要。

早在2016年,国家发改委《关于切实做好传统基础设施领域政府和社会资本合作有关工作的通知》(发改投资〔2016〕1744号)就已将航空运输类项目(包括民用运输机场、通用机场及配套基础设施建设)纳入了推广PPP模式的重点项目名单中,鼓励引导民间投资,提高基础设施项目建设、运营和管理效率。随后,民航局在《关于鼓励社会资本投资建设运营民用机场的意见》(民航发〔2016〕117号)中又进一步提出对于符合全国民用运输机场布局规划、国家批准的专项规划和区域规划以及行业发展规划的运输机场项目,均向社会资本开放,并通过特许经营、经营权转让、股权出让、委托运营、整合改制等资本运作方式,广泛吸引社会资本参与民用机场及其服务配套设施项目的建设和运营。可见,采用PPP模式推进我国民用运输机场的投资建设,不仅具有广阔的市场空间,还具备良好的法律环境,符合政策导向。

二、美国机场私有化和PPP项目的经验

与其他发达国家相比,美国在采用PPP模式投资和建设重大公共基础设施的进程上起步较晚,PPP市场的发展速度也不快。在民用机场领域,虽然自1996年美国就已引入机场私有化试点计划,但其成效并未达到预期的效果。直到近期特朗普总统上台后,重新将吸引民间资本作为其大力发展国内基础设施建设的工作重点,PPP又一次进入了公共视野,同时也为民用机场的发展注入了新的活力。

(一)美国机场私有化项目实践

根据美国联邦航空管理局(Federal Aviation Administration)的定义,机场私有化是指通过法定程序将机场的运营职责从公共部门转移至私营部门,并向新的机场运营主体授予机场运营许可证的过程,其强调的是对机场管理控制权的转移。同时,为促进社会资本投资民用机场建设和发展,美国联邦航空管理局于1996年依据联邦航空再授权法案(Federal Aviation Reauthorization Act)建立了机场私有化试点计划(airport privatization pilot program)。

该计划的建立为社会资本参与民用机场建设扫除了原有的制度障碍,例如,社会资本在机场私有化过程中不会被要求返还联邦政府已拨付的补贴或者返还属于联邦财产的机场设施;纳入私有化试点计划的机场项目与其他政府投资项目一样有权获得由联邦机场发展计划(airport improvement program)拨付的专项资金用于

项目建设。同时,在满足一定条件下允许将民用运输机场整体对外进行租赁,出租收入也被允许用于非机场目的[①]。但是,由于机场私有化试点计划的申请和审批周期较长(通常为 2 ~ 4 年甚至更长),需满足的规定条件较为苛刻(如须得到 65% 以上机场航空公司同意)以及公众反对和履约风险等原因,导致自 1997 年美国联邦航空管理局开始接受私有化试点项目申请以来,仅有 Stewart 和 Luis Munoz Marin 两个机场完成了私有化。而由于 Stewart 机场于 2007 年被政府回购,从而使得 Luis Munoz Marin 机场成为唯一保持私有化的机场[②]。

Luis Munoz Marin 国际机场位于美国波多黎各自治邦首府圣胡安,由于机场一直处于运营不善的状况,因此于 2013 年通过机场私有化试点计划完成私有化,引入社会投资人负责完成航站楼的重建和机场的运营管理。该项目的参与方主要包括:机场所有权人波多黎各港务局(Puerto Rico Ports Authority),其主要负责机场私有化试点计划的申请工作;波多黎各 PPP 管理局(Ports Authority),主要负责机场私有化方案的编制、社会资本的采购以及项目的谈判和监管等;以及社会资本方 Aerostar,一家由投资人 Highstar Capital 和 SAB de DV 集团公司合资设立的公司(各方持股 50%)。该项目建设耗时 4 年,建成后由港务局与社会资本方签订为期 40 年的租赁协议。根据协议,将由社会资本在协议签署后一次性支付 6.15 亿美元的预付租赁费用(upfront leasehold fee),同时港务局在项目开始的前 5 年每年可获得 250 万美元,之后的 25 年每年获得机场收入的 5%,最后 10 年每年获得机场收入的 10%,作为机场租赁费用。而社会资本方通过机场的整体经营管理可取得大部分的机场收入。可见,凭借社会资本的资金优势和经营管理能力,为机场创造就业和带来持续盈利的同时,也实现了政府和社会资本的双赢。

(二)美国机场 PPP 项目实践

如前所述,由于机场私有化试点计划的申请和审批程序复杂,以及社会资本融资成本较高、社会公众对机场私有化存在顾虑等因素的影响,机场私有化试点计划并未取得预期的成效,也未在全国范围内产生示范和推广效应。在此背景下,美国联邦政府开始探索利用 PPP 模式,在不放弃机场控制权的前提下实现社会资本投

---

① 在机场私有化试点计划出台前,对于联邦机场发展计划拨款的项目,机场所有者不允许将机场收入用于与机场建设和运营无关的用途。

② 换言之,Luis Munoz Marin 机场是目前美国唯一一个由私营部门机场运营商管理,且持有由美国航管局颁发的机场运营证书的机场。

资和技术引入，并在近两年取得了较为显著的成果，也涌现了一大批具有代表性的实践案例。

1. 印第安纳波利斯国际机场管理合同项目——管理合同模式

为提升机场非航收益，降低运营成本，改善乘客服务，并且提升机场员工的多样性和专业技能，早在20世纪90年代，印第安纳波利斯机场管理局（Indianapolis Airport Authority）作为机场的所有权人，就考虑通过私有化方式将机场整体出售或出租给社会投资人。但是，由于机场私有化的审批程序过于严格，最终印第安纳波利斯机场管理局选择采用了管理合同模式，与社会投资人英国机场管理局（British Airports Authority）签署了长达10年的管理合同，并由其负责机场的日常经营管理、为航空公司提供后勤保障服务以及航站楼的更新改造等。同时，英国机场管理局每年可根据航空公司为每名旅客所节省的成本来收取管理费用。社会资本在机场运营管理能力上的发挥使得机场的航空运输量得到了显著提升，也使得管理合同模式在全国范围内得到了推广。目前，奥尔巴尼国际机场、鲍勃霍普机场都采用了这一模式①。

2. 拉瓜迪亚国际机场航站楼重建项目——特许经营模式

为解决拉瓜迪亚国际机场航站楼的设备老化和空间拥挤问题，纽约和新泽西港务局（Port Authority of New York and New Jersey）作为两州授权的政府方代表于2015年5月28日决定采用PPP模式对拉瓜迪亚国际机场航站楼B进行重建，并最终由社会投资人LaGuardia Gateway Partners中标负责完成130万平方英尺新航站楼以及配套道路、公共设施、供热和制冷系统工程的投资、设计和建设，负责建设期内现有航站楼设施的运营和维护工作以及建设期后新航站楼设施的运营和维护工作。与前述Luis Munoz Marin国际机场项目的合作模式不同，在本项目中，港务局仍然是拉瓜迪亚国际机场的实际运营管理机构，负责获取项目建设所需的审批文件、审批项目设计和施工图纸等，LaGuardia Gateway Partners作为社会资本方根据合同约定享有长达35年的特许经营权利，对合作期内对航站楼B进行运营和维护，有权将航站楼内设施转租给其他租户，并根据约定的比例与政府方共同参与经营收入的分配，待合作期届满后向政府方移交所有设施和设备。

---

① 奥尔巴尼国际机场由AvPorts and Go - Albany公司运营管理，鲍勃霍普机场则由TBI机场管理公司运营管理。

三、民用运输机场PPP项目的操作要点

与美国类似，中国的PPP发展起步也较晚，特别是在民用运输机场领域国内尚不存在实行私有化的条件，也尚未形成可复制、可推广的PPP运作方案。对此，笔者将结合我国目前的民用机场管理体制以及最新PPP政策趋势，借鉴美国机场私有化和PPP的成果经验，总结民用运输机场PPP项目的操作要点。

（一）PPP合作模式的选择——建运一体vs.建运分离

从国际实践案例来看，根据项目合作内容的不同，可以将民用运输机场项目分为管理类①和建设类两类。同时，根据是否将机场经营性业务的运营纳入PPP合作范围，还可以进一步将建设类项目的合作模式分为建运一体和建运分离两种。在建运一体模式下，全部机场项目合作范围内的工程投资和建设以及机场建成后的运营业务均由社会资本负责完成，由政府方授予其合作期限内的特许经营权，并在合作期满后将所有机场设施、设备移交给政府方。而在建运分离模式下，社会资本在完成机场建设任务后，仅负责运营期机场设施、设备的养护维修工作，而不承担机场经营性业务的运营和管理。

在《财政部办公厅关于规范政府和社会资本合作（PPP）综合信息平台项目库管理的通知》（财办金〔2017〕92号）出台后，由于PPP规范性文件已经明确仅涉及工程建设，无运营内容的项目不适合以PPP模式实施。同时，在审慎开展政府付费类项目的政策趋势下，完全的建运分离模式已经越来越难以满足国内对于PPP项目的入库审核要求。因此，即使在建运分离模式下，也应在方案设计时考虑将部分适宜由社会力量承担的机场经营性业务，例如，机场停车场、航站楼广告、贵宾室和柜台租赁等非航业务，纳入PPP合作范围之中，以充分挖掘机场设施的商业价值，提升机场管理效率和服务水平，减轻政府的财政支付压力。

（二）机场运营模式的设计——所有权vs.经营权

从前述美国实践案例来看，运营模式可根据社会资本是否拥有机场的控制权进行划分。在完全私有化模式下，社会资本享有一定期限内对机场设施的所有权

---

① 对于单纯引入社会资本进行专业化机场运营的管理类项目，可参考美国采用机场管理合同模式项目的成熟经验进行运作，本书不作重点讨论。

及绝对的运营和管理权利，在社会资本取得由美国航管局颁发的机场运营证书后，有权自行经营机场的各种业务，包括航空性和非航空性业务。而在 PPP 模式下，政府方仍然是机场的所有权人和管理人，社会资本仅根据合同约定享有经营性业务的特许经营权，通过引入专业运营商统筹利用机场的各种经营性资源，为航空公司和旅客提供更加专业化的优质服务。

在我国，根据中国民航局《民用机场使用许可规定》的相关规定，为加强对民用机场的管理，民航总局将会对每个民用运输机场颁发民用机场使用许可证，并会注明机场所有者法定代表和机场管理机构。因此，在国内民用运输机场 PPP 项目的运营模式选择上，可以结合项目的特定合作范围进行设计，即结合纳入 PPP 合作范围的经营性业务内容、是否允许社会资本方将部分经营性业务对外委托及委托关系产生的法律基础等要点，确定恰当的机场所有者及管理机构主体、选择合适的 PPP 运作模式及构建合规的 PPP 项目合同法律关系。

(三)回报机制的设置——使用者付费 vs. 可行性缺口补助

如前所述，在当前审慎开展政府付费类项目的政策趋势下，纯政府付费类 PPP 项目的落地规模将受到严重限制。加之机场 PPP 项目客观上具有一定的使用者付费基础和较高的商业开发价值，因此其回报机制较适宜采取使用者付费和可行性缺口补助相结合的方式，其中使用者付费包括了起降费、停场费、客桥费等在内的航空性业务收费以及其他非航空性业务收费。

如果需要将航空业务纳入 PPP 合作范围的，由于航空业务性收入的主要影响因素包括机场所在地的经济发展速度、人口规模增长、交通设施规划以及航线开拓和审批难度等一般社会资本不可控的因素。为使项目实施更具可行性，并尽可能降低一般社会资本的投资风险，增加项目对不同专业类型的社会资本的吸引力，在目前我国机场 PPP 项目方案设计时，应适度结合国内民航机场行业惯例，合理确定合作范围、选择合作主体，建立利益共享、风险分担及长期合作机制。

若仅将部分非航业务纳入 PPP 合作范围，由于缺少了航空业务收入这一重要使用者付费收入来源，将导致项目收益严重下降或政府付费压力增加。这一现象在以航空业务收入为最主要使用者付费来源的中小机场项目中表现得尤为明显。对此，可以充分调动社会资本的市场化运作经验和商业优势，研究和拓展机场设施本身及周边配套设施经营性收益来源的渠道，在通过科学管理降低运营成本、提高管理效率的同时，通过综合开发收入、配套资源经营收入等“机场 + ”的捆绑模式来提高项目收益、缓解政府支出压力,使政府和社会资本获得双赢。

(四)绩效考核机制的建立——可用性绩效 vs. 运营绩效

PPP 项目绩效管理是 PPP 项目实施过程中非常重要的一个环节,而且从目前政策导向上看,将可用性付费与运维绩效付费完全独立、割裂,一次性锁定全部或大部分建设成本及建设期回报的做法将存在一定的合规性风险,因此需要通过绩效考核机制的设计,将两者进行有效结合,满足项目在全生命周期内具备可用性的绩效考核要求,实现风险共担原则。

对于民用运输机场项目的绩效考核指标,应从可用性绩效和运营绩效两方面结合项目合作范围的设定分别选取和设计。在可用性绩效指标上,可在国家及地区公布的相关标准之上,针对质量、工期、环境保护、节能减排、安全生产等方面设置相应的建设考核指标。在运营绩效指标上,结合具体项目特点可设置使用者满意度和机场使用及管理(包括航空业务、机场旅客安全保障服务、信息和引导服务、航站楼环境等)考核指标;同时,还可以设置融资衔接安排、成本控制、项目公司治理等考核指标。另外,对于考核评分标准的设置上,应重点关注该考核指标的评分标准是否合理,即该标准是否超出社会资本的风险可控范围以及是否为实施本项目所必需等。

结　语

当前,国内民用运输机场领域存在巨大的发展前景和空间,也为广大的社会资本提供了无限的商机和可能。在借鉴国外实践经验的基础上,我国应逐步尝试和探索利用 PPP 模式吸引社会资本广泛参与民用运输机场项目的可能性,加大地区性航空枢纽的投资建设,提高民航服务业的运营效率。笔者相信,未来 PPP 模式一定能助力我国民航事业飞向更广阔的天空。

第四十六章　养老项目如何实施PPP

引　言

随着中央部委在基础设施和公共服务领域力推政府和社会资本合作(PPP)模式,养老领域项目以PPP模式实施亦成为"新常态",特别是2014年9月23日施行的《财政部关于推广运用政府和社会资本合作模式有关问题的通知》(财金〔2014〕76号)明确肯定了"养老服务设施"属于适宜采用PPP模式的范畴,再到2015年5月19日施行的《国务院办公厅转发财政部发展改革委人民银行关于在公共服务领域推广政府和社会资本合作模式指导意见的通知》(国办发〔2015〕42号)规定鼓励"养老领域"采用PPP模式实施,不断地拓展养老PPP项目的外延。

当然,在实操层面上,从财政部第一批PPP示范项目至第四批示范PPP项目以及国家发改委发布的PPP项目中,养老PPP项目数量呈现出逐年递增趋势。这种趋势与当下我国人口老龄化加剧的大背景下,以PPP模式来增加其服务和产品的供给数量及质量,缓解养老的供给需求与供给数量及质量不匹配的矛盾是相契合的。现通过对PPP模式在养老领域的应用及发展的脉络进行梳理,发掘养老PPP项目实操中遇到的问题,并提出相应建议,以期有利于PPP模式在养老领域的推广与运用及促进养老PPP项目的顺利实施。

一、PPP模式在养老领域的应用

(一)应用范围界定

1.养老设施项目适宜以PPP模式实施

《财政部关于推广运用政府和社会资本合作模式有关问题的通知》(财金〔2014〕76号)第2条第2项规定,"(二)确定示范项目范围。适宜采用政府和社会资本合作模式的项目,具有价格调整机制相对灵活、市场化程度相对较高、投资规模相对较大、需求长期稳定等特点。各级财政部门要重点关注城市基础设施及公共服务领域，如城市供水、供暖、供气、污水和垃圾处理、保障性安居工程、地下综合管廊、轨道交通、医疗和养老服务设施等，优先选择收费定价机制透明、有稳定现金流的项目”，明确了涉及“养老服务设施”的项目，属于适宜采用 PPP 模式实施的项目类型。

2. 养老领域鼓励采用 PPP 模式实施

（1）养老领域属于鼓励以 PPP 模式实施的项目范畴

《国务院办公厅转发财政部发展改革委人民银行关于在公共服务领域推广政府和社会资本合作模式指导意见的通知》（国办发〔2015〕42 号）第 4 条规定，“（十二）广泛采用政府和社会资本合作模式提供公共服务。在能源、交通运输、水利、环境保护、农业、林业、科技、保障性安居工程、医疗、卫生、养老、教育、文化等公共服务领域，鼓励采用政府和社会资本合作模式，吸引社会资本参与”，明确“养老领域”属于鼓励采用 PPP 模式实施的项目范畴，相较于财金〔2014〕76 号文规定，国办发〔2015〕42 号文将养老 PPP 项目的范围从“养老服务设施”扩展至“养老领域”。

（2）养老领域涵盖了居家养老、社区养老及机构养老

根据《国务院办公厅关于印发社会养老服务体系建设规划（2011 – 2015 年）的通知》（国办发〔2011〕60 号）第 2 条的规定，“我国的社会养老服务体系主要由居家养老①、社区养老②和机构养老③等三个有机部分组成”，同时明确建设“以居家为基础、社区为依托、机构为支撑”的养老服务体系，基本辐射了养老领域的外延范畴。

（二）项目交易结构安排

1. 项目运作方式

新建养老 PPP 项目，多以 BOT（建设—运营—移交）模式和 BOO（建设—拥有—运营）模式进行运作，并且基于 2016 年 6 月 30 日 CPPPC 项目库 239 个养老

---

① 居家养老服务涵盖生活照料、家政服务、康复护理、医疗保健、精神慰藉等，以上门服务为主要形式。

② 社区养老服务是居家养老服务的重要支撑，具有社区日间照料和居家养老支持两类功能，主要面向家庭日间暂时无人或者无力照护的社区老年人提供服务。

③ 机构养老服务以设施建设为重点，通过设施建设，实现其基本养老服务功能。养老服务设施建设重点包括老年养护机构和其他类型的养老机构。

PPP 项目的信息统计显示[①]:BOT 及 BOO 的运作模式占比合计超过 80%,其中 BOT 方式 127 个(占 53%,投资金额 772 亿元), BOO 方式 70 个(占 29%,投资金额 495 亿元), TOT 方式 16 个, O&M 方式 10 个, MC 方式 1 个,ROT 方式 1 个,其他 14 个(包括村企合作方式 3 个,拟采用 LOT 方式 1 个,其他不详的 10 个)。

同时,基于上述统计数据显示存量养老项目,可通过 TOT(转让—运营—移交)、ROT(改建—运营—移交)、公建民营等方式引入社会资本负责运营存量的养老服务设施。

2. 项目回报机制

基于养老 PPP 项目特点,该类 PPP 项目的回报机制为政府付费、使用者付费和开发性资源补偿相结合的项目回报机制。在实操层面,需要根据项目性质、使用者付费基数及意愿、项目合作期限、项目投资体量等综合因素确定具体养老 PPP 项目的回报机制。

同时,基于当前政策的规定,允许社会资本配套建设符合规定的医院、康养中心、疗养院及附属设施等经营性项目,提高项目综合盈利能力。鼓励社会资本通过"互联网 +"等创新运营模式,降低项目成本,提高项目运营效率和投资回报水平。

(三)养老 PPP 项目的地域及数量分布情况

截至 2017 年 1 月 31 日,财政部 PPP 中心综合信息平台项目库中共录入 289 个养老 PPP 项目,根据表 9 - 2 统计数据所示:山东及贵州养老 PPP 项目较多;河南、新疆、内蒙古及四川养老 PPP 项目相对较多;其余省市养老 PPP 项目相对较少,甚至部分省市根本无养老 PPP 项目入库,养老 PPP 项目的地域差异化明显。

当然,相较于 2014 年 11 月底财政部第一批 PPP 示范项目无任何养老 PPP 项目而言,养老 PPP 项目呈现出逐渐发展趋势。

---

① 详见同策内部研究等:《PPP 模式在养老产业的探索现状解析》,载 http://business.sohu.com/20160911/n468169593.shtml,最后访问日期:2017 年 3 月 13 日。

表 9-2 养老 PPP 项目地域分布统计表①

序号	地域	总 PPP 项目数量（个）	养老 PPP 项目数量（个）	养老项目占比（%）
1	山东	1060	50	4.717%
2	贵州	1793	42	2.342%
3	河南	795	22	2.767%
4	新疆	876	21	2.397%
5	内蒙古	887	20	2.255%
6	四川	854	20	2.342%
7	云南	421	17	4.038%
8	江苏	346	15	4.335%
9	江西	334	14	4.192%
10	北京	98	10	10.204%
11	河北	451	9	1.996%
12	陕西	319	7	2.194%
13	湖南	417	7	1.679%
14	辽宁	465	6	1.290%
15	甘肃	470	6	1.277%
16	黑龙江	138	5	3.623%
17	浙江	286	5	1.748%
18	福建	278	4	1.439%
19	吉林	63	2	3.175%
20	安徽	189	2	1.058%
21	湖北	132	2	1.515%
22	宁夏	72	2	2.778%
23	青海	106	1	0.943%
24	天津	17	0	0.000%

① 养老 PPP 项目地域分布统计表数据，来源于财政部全国 PPP 综合信息平台项目库入库项目信息，截至 2017 年 3 月的统计数据。

续表

序号	地域	总 PPP 项目数量（个）	养老 PPP 项目数量（个）	养老项目占比(%)
25	山西	43	0	0.000%
26	上海	1	0	0.000%
27	重庆	66	0	0.000%
28	广东	118	0	0.000%
29	广西	202	0	0.000%
30	西藏	2	0	0.000%
31	海南	159	0	0.000%

二、颁行相关规范文件助力 PPP 模式在养老领域发展

（一）明确社会资本可投资养老领域的外延

除上述财金〔2014〕76 号及国办发〔2015〕42 号文外，《国务院办公厅关于印发社会养老服务体系建设规划（2011－2015 年）的通知》（国办发〔2011〕60 号）、《国务院关于加快发展养老服务业的若干意见》（国发〔2013〕35 号）、《民政部、发展改革委、教育部等关于鼓励民间资本参与养老服务业发展的实施意见》（民发〔2015〕33 号）及《国务院办公厅关于进一步激发社会领域投资活力的意见》（国办发〔2017〕21 号）和《关于运用政府和社会资本合作模式支持养老服务业发展的实施意见》（财金〔2017〕86 号）等文件规定，基本确立了社会资本可参与的养老领域，涵盖居家和社区养老服务、机构养老服务、养老产业①、医养融合②等。同时，财金〔2017〕86 号文已经明确需要针对养老服务的不同类型，坚持公共服务属性，合理界定政府和社会资本合作提供的养老服务边界，优先支持保障型基本养老和改善型中端养老服务发展。

---

① 养老产业，如适合老年人特点的文化娱乐、教育、体育健身、休闲旅游、健康服务、精神慰藉、法律维权等服务；老年公寓和居住区养老服务设施建设以及既有住宅适老化改造等。

② 医养融合，如养老机构内设医疗机构或与医疗卫生机构签订协议，为老年人提供优质便捷的医疗卫生服务；护理型养老机构建设等。

(二)明确养老领域与社会资本合作的具体方式

民发〔2015〕33 号文、《国家发展和改革委员会、民政部、财政部等关于加快推进健康与养老服务工程建设的通知》(发改投资〔2014〕2091 号)等文件规定,鼓励社会资本通过独资、合资、合作、联营、参股、租赁等途径,采取政府和社会资本合作(PPP)等方式参与医疗、养老设施建设和公立机构改革;对政府投资兴办的养老床位应逐步通过公建民营等方式管理运营,积极鼓励民间资本通过委托管理等方式,运营公有产权的养老服务设施。同时,支持采取股份制、股份合作制、PPP 等模式建设或发展养老机构。

(三)提供相应的政策支持及管理措施

1. 投融资政策

根据国发〔2013〕35 号和民发〔2015〕33 号文以及《国家发展改革委办公厅关于印发〈养老产业专项债券发行指引〉的通知》(发改办财金〔2015〕817 号)、国办发〔2017〕21 号、财金〔2017〕86 号等文件规定,提供如下投融资支持措施:

(1)政府通过财政贴息、补助投资、风险补偿、小额贷款等方式支持养老服务业的信贷需求。

(2)发挥政府资金引导作用,有条件的地方可结合实际情况设立以社会资本为主体、市场化运作的社会领域相关产业投资基金。

(3)拓宽信贷抵押担保物范围,允许民办养老机构利用有偿取得的土地使用权、产权明晰的房产等固定资产办理抵押贷款,不动产登记机构要给予办理抵押登记手续。

(4)鼓励和支持社保资金、保险资金投资养老服务领域,稳步推进金融机构通过债权、股权、设立养老服务产业基金等多种方式投资养老服务业。

(5)支持专门为老年人提供生活照料、康复护理等服务的营利性或非营利性养老项目发行养老产业专项债券等。

2. 土地供应政策

根据国发〔2013〕35 号、国土资厅发〔2014〕11 号、国办发〔2017〕21 号等文件规定,提供如下土地供应支持措施:

(1)养老领域用地纳入土地利用总体规划、城乡规划和年度用地计划,农用地转用指标、新增用地指标分配要适当倾斜(如新建养老服务机构项目用地涉及新增建设用地,应当在土地利用年度计划指标中优先予以安排)。

(2)符合划拨用地目录的,依法可按划拨方式供应。对可以使用划拨用地的项目,在用地者自愿的前提下,鼓励以出让、租赁方式供应土地,支持市、县政府以国有建设用地使用权作价出资或者入股的方式提供土地,与社会资本共同投资建设。应有偿使用的,依法可以招拍挂或协议方式供应,土地出让价款可在规定期限内按合同约定分期缴纳。支持实行长期租赁、先租后让、租让结合的土地供应方式。

(3)养老服务设施用地以出让方式供应的,建设用地使用权出让年限按最高不超过50年确定。以长期租赁方式供应的,租赁期限按照《合同法》规定,不得超过20年。

(4)新建养老服务设施用地依据规划单独办理供地手续的,其宗地面积原则上控制在3公顷以下;有集中配建医疗、保健、康复等医卫设施的,不得超过5公顷。

3. 价格管理及税费优惠政策

除上述国发〔2013〕35号及民发〔2015〕33号文外,根据《国务院关于创新重点领域投融资机制鼓励社会投资的指导意见》(国发〔2014〕60号)、《国家发展改革委、民政部关于规范养老机构服务收费管理促进养老服务业健康发展的指导意见》(发改价格〔2015〕129号)、《财政部、国家发展改革委关于减免养老和医疗机构行政事业性收费有关问题的通知》(财税〔2014〕77号)等规定,提供如下价格管理及税费优惠政策:

(1)养老机构用电、用水、用气、用热,按居民生活类价格执行。除公立医疗、养老机构提供的基本服务按照政府规定的价格政策执行外,其他医疗、养老服务实行经营者自主定价。

(2)对"三无"①老年人入住政府投资兴办的养老机构,实行免费政策;对其他经济困难的孤寡、失独、高龄老年人及失能、半失能老年人等提供养老服务,其床位费、护理费实行政府定价或政府指导价,伙食费等服务收费项目按照非营利原则据实收取。

(3)对养老机构提供的养护服务免征营业税,对非营利性养老机构自用房产、土地免征房产税、城镇土地使用税,对符合条件的非营利性养老机构按规定免征企业所得税。对企事业单位、社会团体和个人向非营利性养老机构的捐赠,符合相关

---

① 三无,是指无劳动能力、无生活来源、无赡养人和扶养人,或者其赡养人和扶养人确无赡养和扶养能力的老年人。

规定的,准予在计算其应纳税所得额时按税法规定比例扣除。

(4)对非营利性医疗、养老机构建设一律免征有关行政事业性收费,对营利性医疗、养老机构建设一律减半征收有关行政事业性收费。

三、养老 PPP 项目存在的问题与建议

随着国发〔2013〕35 号、民发〔2015〕33 号、民发〔2017〕25 号以及财金〔2017〕86 号等专门调整养老服务业的规范性文件颁行以及调整 PPP 模式规范性文件的逐渐健全,以 PPP 模式实施过程中遇到的问题以及解决问题的措施/方法,均是养老服务领域以 PPP 模式的适用从无到有、从不规范到规范化、从特例到常态化运作的发展过程和必经阶段。现结合养老 PPP 项目全生命周期所处阶段及 PPP 项目实操经验,就该类 PPP 项目发展过程中存在的多发问题予以阐述,并提出如下建议:

(一)项目投资体量相对较小,运营周期长且利润率低

目前,养老领域 PPP 项目以机构养老 PPP 项目居多,虽该类 PPP 项目的总投资体量相对较小①,但项目投资主要集中在项目建设及养老及医疗床位等设施购置等方面,特别是涉及新建项目征拆迁费纳入项目总投资时,社会资本及/或项目公司对该等项目的前期投入支出较大。并且该类 PPP 项目政府方均希望与社会资本及/或项目公司保持长期合作,合作期限多在 25 年左右②,以确保提供养老服务的可持续,导致社会资本回收投资资金及获取收益的周期拉长,降低了项目收益水平,增加了项目融资的难度;加之养老 PPP 项目整体行业利润率较低,对社会资本的吸引力不足。

对此,可根据社会资本可投资养老领域的外延项目类型进行区分:

第一,基于居家和社区养老服务类可由社会资本提供的服务内容③限制,决定

---

① 根据 CPPPC《全国 PPP 综合信息平台项目库第五期季报》数据显示:截至 2016 年 12 月末,三四线城市的教育、医疗、养老项目共 1237 个、投资额共 5656 亿元,而此时全国入库项目共计 11260 个、投资额 13.5 万亿元。可见,以简单的平均数计算,养老项目平均单体项目投资额 1.5 亿元左右,相较于传统单体 PPP 项目,该类 PPP 项目总投资体量相对较小。但是,需要指出的是养老综合体或养老特色小镇 PPP 项目的投资体量较大。

② 如开封市民生养老院 PPP 项目及贵德县养老养生示范基地 PPP 项目等的合作期限为 30 年(含建设期 2 年,运营期 28 年);白水县养老院 PPP 项目等合作期限为 22 年(含建设期 2 年)。

③ 居家养老服务涵盖生活照料、家政服务、康复护理、医疗保健、精神慰藉等,以上门服务为主要形式;社区养老服务主要面向家庭日间暂时无人或者无力照护的社区老年人提供服务。

了该类单体养老 PPP 项目自身总投体量受限，因此，可以考虑由行政主管部门主导将辖区内的居家和社区养老服务打包交由一个社会资本统筹运作，提升规模化效益。

第二，针对机构养老服务类，除了可以采取 DBFOT 等模式交由社会资本及/或项目公司投资建设运营外，在运作方式上还可考虑选择公建民营、民办公助、购买养老床位服务等模式，以解决项目前期投入过大的问题，但该等模式对社会资本的综合运营能力和前期地方财政可承受能力要求相对较高。另外，社会资本及/或项目公司在养老机构运营管理方面，可进行相应市场策划，实现差异化养老经营模式，针对不同老年人群提供不同养老服务，同时将养老与医疗、健康等行业进行有效整合，提升服务品质，创造项目盈利点。

第三，对于养老产业及医养融合类，由于医养融合类与机构养老服务类紧密关联，可与机构养老服务类项目相伴而生；对于养老产业类，多为居家和社区养老服务类、机构养老服务类的上下游延伸业务，需要结合 PPP 项目政府方的采购需求，可考虑产业链式养老，即在政府方行政辖区内打造养老服务与养老产业的有机融合。

（二）冒用养老服务之名，实为养老地产

实操中，由于纯粹的养老 PPP 项目合作周期长、利润率低，投资资金回笼慢，加之养老服务监管不严等因素，出现了以提供养老服务之名行养老地产之实的问题，如“自 2008 年起，保利、远洋、万科等地产巨头纷纷试水养老地产，中小企业也在此后迅速跟进。然而大部分开发商以养老为名义拿地，将房卖给老年人，赚到钱后就离开，最为重要的养老服务经常被忽视”①。该类操作混淆了商业项目与 PPP 项目之间的关系，既不符合目前 PPP 相关规范文件要求，又不利于养老服务领域的健康发展②。

对此，除了应当遵循国发〔2013〕35 号及国土资厅发〔2014〕11 号等文件规定：“不得改变（养老设施用地）规划确定的土地用途，改变用途用于住宅、商业等房地

---

① 蒋梦惟、林子：《被挡在 PPP 之外的养老项目》，载《北京商报》2016 年 7 月 17 日版，D1 – D2。

② 针将商业项目纳入 PPP 项目合作范围的风险及建议，建议阅读：史梦清、张留雨、周兰萍：《对“伪 PPP”说不 ——将商业项目纳入 PPP 合作范围的风险及破解路径探讨》，载 https://mp. weixin. qq. com/s? __biz = MzAwNjYwMzY4Mg = = &mid = 2650230647&idx = 6&sn = 285be5f80d919862e9743f52e599f733&chksm = 830939bab47eb0ac5c3f6407978d596657e1340075add22413dc25fc4bf372251bc3423be3c6&mpshare = 1&scene = 1&srcid = 0316UbavFepwiPYsbPhEkMnJ&pass _ ticket = 0Cr% 2FFbTw EaAhWzw-neSSSvL%2FIlukIcGVRLBHpfZmz2qYqbFRD9P5epvYx1feD8LL1#rd，最后访问日期：2017 年 3 月 13 日。

产开发”外,还可借鉴“养老”+“休闲旅游”+“健康”等综合体模式,如2015年5月国家发改委发布首批1043个PPP推介项目以及2017年9月推出的养老服务业发展典型案例中涉及养老及健康类PPP项目以类似综合体开发、养老综合社区等模式实施。

(三)项目绩效考核难确定

养老PPP项目在前期遇到的难点是行业利润低,而项目中期执行阶段遇到的难点是政府方对项目的有效运营监管难,主要体现在项目绩效考核体系难确定。养老PPP项目区别于其他单体PPP项目的主要特征就在于其提供的核心服务是一种“软性服务”,是需要提供满足老年人对照料、陪伴、医疗的基本需求,甚至是包含临终关怀在内的特殊需求等服务事项。但是,实操层面的养老PPP项目多以养老或医疗床位、运动及医疗器械等硬件设施作为进行绩效考核的关键指标,较少或缺乏对“软性服务”质量的考核。

对此,除需要建立健全国家或地方的养老服务的标准体系、技术标准、管理标准和工作标准外,具体养老PPP项目的政府方应当首先有明确的采购需求、清晰的项目产出和产出标准,并且在注重硬件设施绩效考核的同时,重点关注社会资本及/或项目公司提供“软性服务”的考核。同时,辅助以养老服务收费标准、惩罚机制作为引导,发挥PPP模式制度优势在养老服务领域的实现。

结　语

笔者通过对PPP模式在养老领域的应用及发展过程的梳理发现,养老PPP项目适用领域在不断扩展,养老服务项目数量及投资规模亦逐年增长,养老领域市场在培育过程中不断壮大发展。

因此,PPP项目各参与主体,除了需要关注养老PPP项目交易结构设计、项目运作模式及合作期限确定等常规边界条件外,还应当重视该类PPP项目目前遇到的诸如项目投资体量相对较小,运营周期长且利润率低和项目绩效考核难确定等问题及其产生的原因与对策,便于准确寻找市场定位,抓住养老服务业发展机遇,规范实施养老PPP项目。

第四十七章　公立医院PPP项目的交易结构如何设计

引　言

随着医疗技术水平和居民生活水平的不断提高,医疗体制改革的呼声日渐提高,其内在的公共利益是对基本医疗覆盖范围、优质医疗资源分配布局及医疗服务供给效率的诉求。在本轮政府力推PPP模式的大背景下,医院PPP项目成为热点投资领域。笔者结合相关国内外示范项目实务,从社会投资人的回报来源出发,探讨我国公立医院PPP项目交易结构设计。

一、国内公立医院PPP项目解析

PPP,广义上泛指公共部门与私营部门为提供公共服务或产品而建立的长期合作关系。本轮主推的PPP属狭义上的PPP,即政府采取竞争性方式择优选择具有投资、运营管理能力的社会资本,双方按照平等协商原则订立合同,明确责权利关系,由社会资本提供公共服务,政府依据公共服务绩效评价结果向社会资本支付相应对价,保证社会资本获得合理收益①。

根据《财政部关于印发政府和社会资本合作模式操作指南(试行)的通知》(财金〔2014〕113号,以下简称“财金113号文”)②的规定,PPP项目运作方式主要包括委托运营、管理合同、建设—运营—移交、建设—拥有—运营、转让—运营—移交和改建—运营—移交等。财政部政府和社会资本合作中心(CPPPC)的数据显示,截至2017年2月28日,全国入库PPP项目共11,784个,其中,医疗卫生领域的医院

---

① 《国务院办公厅转发财政部发展改革委人民银行关于在公共服务领域推广政府和社会资本合作模式指导意见的通知》(国办发〔2015〕42号)。

② 财金〔2014〕113号文已于2017年11月30日有效期满。

项目有 390 个,已落地 40 个(含 17 个国家示范项目)[①]。

目前入库项目以期满移交的新建或改扩建类项目为主。新建类项目主要运作方式有建设—运营—移交(BOT)及其各类演变形式。已落地的国家级示范项目中适用 BOT 的有灵宝市第一人民医院建设 PPP 项目、濮阳市肿瘤医院项目、濮阳县人民医院新院区建设项目、泸西县中医医院迁建及扩建 PPP 项目、云南省红河州弥勒市中医医院迁扩建项目、昌夷陵妇女儿童医院建设 PPP 项目等。改扩建类项目主要采取改建—运营—移交(ROT)方式,乐东县第二人民医院建设工程项目即属此列。此外,ROT 的演变形式投资—运营—移交(IOT)实务中也有应用,如河北省唐山市曹妃甸区工人医院项目以及凤凰医疗集团[②]就是通过对医院进行固定投资承诺,改善医院的医疗设施和诊疗设备,以获得在合作期限内管理和营运权。

二、仅限于基本医疗领域的回报机制分析

项目回报是 PPP 项目的核心问题之一。项目的回报机制会影响项目运作方式、合作期限、交易结构以及风险分担等的确定[③]。

根据相关文件[④]的规定可知,我国对医疗机构存在营利性和非营利性的区分。营利性医疗机构所得收益可用于投资者经济回报,但非营利性医疗机构所得收入除规定的合理支出外,只能用于医疗机构的继续发展,且政府不得举办营利性医疗机构。虽然近年来,有些地方规范性文件,如江苏、江西、海南三省以及南通市明确社会资本举办的非营利性医疗机构在扣除办医成本、预留发展基金以及按国家有关规定提取其他必要费用后,出资人可从办医结余中取得合理回报。且 2015 年 6 月国务院办公厅在《关于促进社会办医加快发展若干政策措施的通知》中也从国家层面鼓励地方探索建立对社会办非营利性医疗机构举办者的激励机制。但《民法总则》仍然从法律层面明确非营利法人不向出资人、设立人或者会员分配所取得利润。非营利法人终止时,也不得向出资人、设立人或者会员分配剩余财产[⑤]。

---

① CPPPC 项目库,资料来源:http://www. cpppc. org:8082/efmisweb/ppp/projectLibrary/toPPPMap. do,最后访问日期:2017 年 4 月 9 日。本书引用的国内医院 PPP 项目信息均来源于 CPPPC 项目库公开资料。

② 现华润凤凰医疗控股有限公司。

③ 周兰萍主编:《PPP 项目运作实务》,法律出版社 2016 年版,第 129 ~ 131 页。

④ 参见《关于城镇医疗机构分类管理的实施意见》(卫医发〔2000〕233 号)及《关于进一步鼓励和引导社会资本举办医疗机构的意见》(国办发〔2010〕58 号)。

⑤ 参见《民法总则》第 87 条、第 95 条。

在传统的组建和管理形式上,我国公立医院多为按照非营利性医疗机构性质设立的事业单位,属于非营利法人。在现有法律环境下,对社会资本投资公立医院的相关激励机制不可能突破有关非营利法人不得进行利润分配的限制。因此,在公立医院 PPP 项目交易实务中如以传统医疗收入为投资回报来源,需特别注意对医院经营收益与项目经营收益加以区分并在此基础上对项目交易结构进行特别设计。

在 PPP 项目实务中,根据社会资本方在运营环节提供的服务性质,可以分为基础设施租赁类、核心医疗类、辅助类以及兼顾核心医疗与辅助的综合服务类①。相应地,社会资本方的回报来源有租赁费用、医疗服务收入、辅助服务收入以及医院管理费等。医院 PPP 项目通常具有使用者付费的经营性收益来源,但因医院的特殊公益属性,若合作期内医院的经营性收入不足以弥补医院设施的投资建设和运营成本,项目回报机制可采用使用者付费 + 可行性缺口补助。

(一)项目运营内容不含核心医疗服务

鉴于 PPP 项目全生命周期运营维护的本质要求,即使社会资本方不提供核心医疗服务,其在提供可用的基础设施之外仍需提供合作期限内相关的运营维护服务。但笔者注意到,目前不少入库项目有重建设、轻运维之嫌。政府方在招选社会资本时倾向于将重点放在社会资本方的建设工程施工资质以及项目建设经验。同时,事实证明不少项目的中标社会资本方也确实只有承包商。如荥阳市人民医院整体建设 PPP 项目和宜昌夷陵妇女儿童医院建设 PPP 项目中标社会资本方均为建筑承包商。再如,乐东黎族自治县中医院工程建设项目合作内容除提供基础设施以及其他配套工程外,社会资本方还需提供后勤服务,该项目也是由建筑承包商独立中标,而非由承包商和后勤服务运营商组成的联合体。

反观国外实务,承包商与后勤服务运营商组成联合体共同运作医院 PPP 项目系较为常见的模式。此外,即使仍由公共部门运营医院,负责医院所有核心服务以及大部分大后勤服务,承包商也会倾向于与包括金融机构、运维服务商等在内的其他行业主体组成联合体参与竞标。以澳大利亚第一个完成融资交割的 PPP 项目

---

① Darrin Grimsey and Mervyn K. Lewis, Public Private Partnerships: The Worldwide Revolution in Infrastructure Provision and Project Finance, Edward Elgar Publishing Limited (2004), pp. 96 - 98.

Casey 社区医院[①]项目为例，社会资本方联合体成员包括澳大利亚著名基础设施投资公司 Plenary 集团，承包商 Multiplex 公司，Silver Thomas Hanley Daryl Jackson 设计师事务所以及运维商 Brookfield Johnson Controls（前身为 Multiplex 资产管理公司）。社会资本方负责医院的设计、建设、融资，医院竣工验收进入运营后，政府方负责所有核心服务以及大部分后勤服务，如洗衣、铺床、膳食、废弃物管理等；社会资本方提供为期 25 年的包括建筑物服务、技术支持、安保、地面维护、停车场服务、病虫害防治、外部清洁以及培训服务。

国际资深 PPP 从业者 Grimsey 和 Lewis 认为该项目的一大亮点在于除提供基础设施租赁类服务外，社会资本方还提供指定的信息系统硬件，包括数据传输在内的网络并确保其接入其他网络，提供水电煤等在内的能源系统基础设施并进行维护。项目运行过程中，社会资本方与政府方紧密合作，提供设计解决方案和适当标准的物质设施。此外，项目合同还留有一定的弹性以应对医疗和卫生领域的后续变化，满足未来新型服务发展的要求并最大化地使住院病人护理于救护车与社区服务实现高度整合[②]。

在该种交易模式下，社会投资人（或项目公司）是通过向医院提供硬件设施租赁服务或其他辅助性服务并收取相关费用等方式获得经营性收益，医院支付的使用费构成医院运营成本的一部分，从而实现医院收益与 PPP 项目收益的隔离。鉴于 PPP 项目重运营绩效的特点，建筑承包商需充分重视项目运营期的运营维护。特别是对于基础设施租赁以外的服务项目，如建筑承包商本身没有提供相关辅助服务的能力，主要有两种途径供参考：第一种，单独参与项目，后续通过合同条款背靠背地约束运营服务供应商；第二种，与运营服务供应商组成联合体共同参与项目，并按照约定的出资比例共同设立项目公司，后续再由项目公司与运营服务供应商签订运营服务协议。第二种安排比第一种安排多了股权层面的约束及激励。当然，具体交易结构的设计需以社会投资人的实际需求和期待收益为准。

（二）项目运营内容包含核心医疗服务

如社会投资人本身具备医疗资质，能够提供核心医疗服务，相比之下交易结构较

---

① 前身为 Berwick 社区医院，载 http://www.dtf.vic.gov.au/Infrastructure-Delivery/Public-private-partnerships/Projects/Casey-Community-Hospital，最后访问日期：2017 年 4 月 9 日。

② Darrin Grimsey and Mervyn K. Lewis, Public Private Partnerships: The Worldwide Revolution in Infrastructure Provision and Project Finance, Edward Elgar Publishing Limited (2004), pp. 121-125.

为直接,回报机制及绩效考核的约定也可以较为客观地与社会资本方的表现相关联。如PPP项目合同可以约定通过项目医疗服务收入、药品销售收入、医院后勤管理收入、非医经营性用房的租赁收入及其他医院非医板块的收入实现项目回报,同时约定根据项目经营情况及政策变动情况,项目公司享有适当的政策补贴。实务中,云南雄汇控股集团参与的泸西县中医医院整体迁、扩建项目即属此例。该项目主要建设内容为门诊楼、医技楼、住院楼、急救中心及配套用房等。由云南博康医院管理有限公司通过项目公司承担新建项目设计、融资、建造、运营、维护和医疗养老服务责任。

对于那些不具有医疗资质的社会投资人而言,通过一定的交易结构设计也可以实现由项目公司提供核心医疗服务,目前我国实操层面主要有以下两种交易安排:第一种,直接以公立医院作为政府方出资代表与社会投资人组成项目公司;第二种,将公立医院的资产评估作价入股一个公司,再由该公司作为政府出资方代表与社会投资人组成项目公司①。

实务中,福建省三明市宁化县医院新建项目系采取前述第一种安排。项目位于福建省宁化县城东新区,建设总投资约为80,000万元,建设期3年,合作期共20年,建设内容为门急诊、医技、病房、行政、科研、感染、康复以及后勤用房。福建省宁化县卫生和计划生育局为实施机构,以中医院为政府方出资代表同社会资本方共同组建项目公司(福建省福能宁化健康投资有限公司)负责项目的建设运营,接受实施机构的绩效考核,期满后项目将无偿移交给宁化县卫生与计划生育局。

河南省洛阳市伊川县洛阳仁大医院以及湖北省宜昌市妇幼保健院(宜昌市儿童医院)新院区建设采取前述第二种交易安排。具体如下:洛阳仁大医院项目直接以公立医院的土地、医疗品牌、医疗市场、设备、技术等有形和无形资产入股项目公司,而宜昌市妇幼保健院项目是在保持宜昌市妇幼保健院事业单位不变的基础上,成立宜昌市妇幼保健有限责任公司(以下简称"妇幼保健公司"),并将经评估的宜昌市妇幼保健院全部净资产作价入股妇幼保健公司,由宜昌市财政经济开发投资公司(以下简称"市财投公司")100%持有妇幼保健公司股权。后续由市财投公司作为政府方出资方代表与社会资本方出资成立SPV项目公司,即宜昌妇幼医院管

① 该种交易结构需注意:根据财政部、发展改革委、人民银行、银监会《关于制止地方政府违法违规融资行为的通知》(财预〔2012〕463号)的规定,地方政府不得将政府办公楼、学校、医院、公园等公益性资产作为资本注入融资平台公司,尽管该文件现已失效,但地方层面仍有类似要求,如《广东省财政厅关于严格执行地方政府和融资平台融资行为有关规定的通知》(粤财金〔2017〕12号)明确禁止地方政府将医院等公益性资产作为资本注入融资平台公司。

理有限公司(以下简称“医院管理公司”)。医院管理公司依法负责本项目的融资、建设和运营等全过程管理。

含有核心医疗服务的交易结构虽然扩大了项目合作范围,拓宽了项目回报来源,但在现行法律环境下,若不改变公立医院自身的事业单位属性,则首先需要解决如何将医院的收入转化为项目公司收入或投资人收益的问题。其次,在社会资本方并不具备医疗资质的情况下,即使项目交易结构中含有核心医疗服务内容,若项目的核心医疗服务仍需委托原公立医院负责,则与前述不含核心医疗服务的交易模式并无实质性差异。为此,笔者建议,无论社会资本方是否具备医疗资质,在提供核心医疗服务的交易结构中,考虑项目合作范围时需从回报来源,交易成本以及合规成本等方面综合考虑。

三、基于医疗相关产业链的创新回报机制探索

如前所述,鉴于在基本医疗领域现行体制下的利润分配方式受限、投资者激励机制不完善、核心医疗服务准入门槛较高等弊端,实务中很多投资人开始着眼于与基本医疗领域相关的上下游产业链整合,并由此产生很多创新性回报机制设计。如内蒙古包头市包医国际医院项目(以下简称“包医项目”)在项目运营期内,项目公司负责包医国际医院的设计、融资、投资、建设,行政后勤管理,周边经营性设施的运营管理以及包医国际医院和包医一附院的药品、耗材、设备、器械等方面的供应链管理。

包医项目体现了以医药公司、医疗器械公司等为代表的社会投资人拟通过供应链产生较高利润率以平衡项目自身收益的诉求。但随着近年来中央一系列医改政策的出台,所有药品(不含中药饮片)均应通过省级药品集中采购平台采购①。政府也呼吁开展高值医用耗材、检验检测试剂、大型医疗设备集中采购②。包医模式在实操层面也遇到了一定的政策障碍,实务操作中应结合项目具体情况予以具体分析。

兼顾公立医院 PPP 项目的行业特点,笔者认为,通过医院综合产业链创造收益来源是具有可持续发展的方向。产业链指以医院为依托,通过建立相关非基本医疗服务、养生保健、护理服务等产业链来实现营利。实操层面,目前也有对产业链模式的相关应用,如北大医疗除提供医疗服务外还提供完备的包括医疗信息化、医疗

---

① 参见《国家卫生计生委关于落实完善公立医院药品集中采购工作指导意见的通知》(国卫药政发〔2015〕70 号)、《国务院办公厅关于完善公立医院药品集中采购工作的指导意见》(国办发〔2015〕7 号)及《国务院办公厅关于促进医药产业健康发展的指导意见》(国办发〔2016〕11 号)等规定。

② 参见《国务院关于印发“十三五”深化医药卫生体制改革规划的通知》(国发〔2016〕78 号)。

供应链解决方案、医疗产业孵化基地、养老及医疗保险在内的医疗配套。

目前相关政策对社会资本方提供非基本医疗服务以扩大收益来源奠定了基础。如2016年国家卫计委连续发布4个文件,明确医学影像诊断中心、医学检验实验室、病理诊断中心及血液透析中心属于单独设置的医疗机构为独立法人单位①,为此,社会投资人在医院PPP项目中可以根据其自身情况将前述非基本医疗服务纳入合作范围。

此外,医养结合也是值得探索的途径。如东县中医院医养融合项目系典型医养结合PPP项目,该项目拟建成具有中医特色"医养结合"的集医疗、养老、康复、护理、健教、养生于一体的中高档的综合养老社区。项目分两期实施:一期为医疗中心项目,运营阶段项目公司负责除核心医疗以外的包括药品供给、医疗器具设备采购、物业、食堂、超市、停车场及其他后勤等方面的所有事务运营管理,并同时获得相应的运营收益;二期为养老康复中心项目,运营阶段负责整个项目以及除一般医疗、日常护理、定期体检外的所有的养老服务的运营管理,并获得运营收益。

不过,现行政策背景下笔者并不推荐为获得更多回报来源将纯商业项目,如超级大卖场、商场、商品住宅等一并纳入医院PPP项目合作范围中,此种安排违背PPP模式提供公共产品和服务的本质且具有较大的合规性风险②。

结 语

从交易目的来看,目前国内不少PPP项目仍以融资目的为主。事实上,社会资本方提供融资只是PPP的功能之一,效能提高才是PPP实现可持续发展的动力源。换言之,社会投资人的资源整合能力才是PPP成功运作的关键。为此,除提供传统模式项下的基础设施租赁类服务等外,社会投资人也可以结合自身实际积极探索包括非基本医疗领域、医养结合领域等在内的医院综合产业链运营模式。

---

① 参见《国家卫生计生委关于印发医学影像诊断中心基本标准和管理规范(试行)的通知》(国卫医发〔2016〕36号)、《国家卫生计生委关于印发医学检验实验室基本标准和管理规范(试行)的通知》(国卫医发〔2016〕37号)、《国家卫生计生委关于印发病理诊断中心基本标准和管理规范(试行)的通知》国卫医发〔2016〕65号及《国家卫生计生委关于印发血液透析中心基本标准和管理规范(试行)的通知》(国卫医发〔2016〕67号)。

② 具体详见本书第二十三章"商业项目纳入PPP合作范围有哪些风险"。

第十篇　项目实施争议解决困境破解

第四十八章　PPP 项目再谈判如何做到既合法又合理

引　言

实践中，在 PPP 项目合同签订后，由于原合同内容不完善或外部环境变化等因素，经常会导致合同主体需要对 PPP 项目有关的融资、施工、运营等事宜进行重新协商或谈判。特别是财办金〔2017〕92 号等一系列 PPP 新政出台后，在严格规范和集中清理 PPP 的背景下，PPP 项目再谈判已势在必行，成为政府方和社会资本都不得不面对的挑战。因此，本章在分析再谈判必要性的基础上，对如何在合法合规前提下开展 PPP 项目再谈判的重点进行阐述，并结合国内外 PPP 项目再谈判经验提出再谈判实践的相关建议。

一、再谈判的理论基础和现实因素

（一）再谈判基于 PPP 合同的不完全性

在 PPP 模式下，政府和社会资本通过合同约定双方在项目合同期的权利义务，但由于未来或然情况无法完全预见或约定、政府和社会资本的有限理性、明确各方清晰权利义务的成本过高等原因，使得 PPP 合同无法穷尽政府和社会资本在未来各种或然状态下的责任与权利①。换言之，PPP 合同本身就存在不完全性。

因此，考虑到 PPP 项目合作周期长、项目或有风险无法准确预测的特点，有必要通过再谈判方式对原有 PPP 合同未明确的风险分配机制进行约定，避免因合同不完全性导致项目效率受损甚至无法继续实施的负面影响，甚至最好在签订的合

① 纪鑫华：《从“不完全契约理论”来看 PPP 合同的不完全性及如何改善》，载“道 PPP”微信公众号，2016 年 12 月 23 日。

同中就对项目风险的再谈判机制作出原则性规定,以免风险发生时再进行谈判所带来的不确定性。

(二)再谈判对于PPP项目的现实必要性

结合国内PPP项目的再谈判实践,笔者归纳的PPP项目再谈判的触发情形主要包含以下几种:

1. 外部环境变化

外部环境变化导致的PPP项目再谈判是实践中最为典型的情形,具体可能包含法律政策变更、项目情势变更、不可抗力和民众反对等。当前根据财办金〔2017〕92号等规定的要求,越来越多的政府和社会资本不得不选择再谈判方式对项目合规性问题进行整改,同样也有属于因外部政策环境变化触发项目再谈判的情形。通过项目再谈判,不仅能够尽快纠正违法违规问题,也能够避免因项目合规性问题造成项目融资无法落地、合同提前解除或社会资本投资回报无法取得等不良后果。

2. PPP合同存在瑕疵

如前所述,PPP合同本身即存在不完备性的特征,由于PPP项目前期实施方案中的风险分配机制不合理、物有所值和财政承受能力论证方法不合规,或项目采购和合同签约阶段合同条款无法对项目未来可能发生的风险进行穷尽都会导致PPP合同存在瑕疵。对此,政府方和社会资本不可避免地需要通过再谈判的方式对原实施方案的风险进行再分配,并相应对合同条款进行纠正和完善。

3. PPP项目不正当报价

在PPP项目前期,一方面,可能由于政府方或其委托的咨询机构缺乏对特定项目的可研、财务测算和项目采购缺乏经验,导致项目财务模型或采购文件存在重大的遗漏或过失,进而使得参与项目采购的社会资本无法基于合理的数据对项目进行报价,与项目实际存在较大的偏差而无法继续实施。另一方面,可能由于社会资本在采购阶段存在低价中标的投机心理,一旦在项目实施阶段发现其投资风险被进一步放大,无法取得预期的收益时同样只能寻求与政府方的再谈判。

4. 因政府方原因导致的再谈判

实践中,由于政府方原因导致再谈判的常见情形可能包括:因地方规划调整导致项目建设内容和投资规模缩减,因征地拆迁延误导致项目进度受到严重影响、因政府方人事变动而要求对项目前期边界条件进行调整和重新论证等,政府方需要发起再谈判以保障公共服务的持续提供。而对社会资本来说,无论具体情形如何都可能对其投资本金的收回和合理收益的取得造成不利影响,因此也促使社会资本方不得不对因政府方原因导致的再谈判予以重点关注。

归根结底,PPP 项目合作周期长、投资规模大,在具体实施过程中无法预计的风险因素也较多,通过再谈判方式将项目风险分配机制与合同条款进行不断的调整和完善显得尤其必要,但同时也为政府和社会资本双方带来了不小的挑战。

二、再谈判的合规性要件和基本原则

再谈判固然重要,但再谈判的开展并非只是政府方和社会资本重新签订补充协议的简单过程。为保障再谈判成果的有效落实,再谈判的过程也必须具备法律法规和 PPP 相关规范政策所要求的合规性要件,同时应当遵循若干基本原则。

(一)PPP 项目再谈判的法律依据

根据《合同法》第 77 条第 1 款的规定,当事人协商一致,可以变更合同。同时根据《国务院办公厅转发财政部发展改革委人民银行关于在公共服务领域推广政府和社会资本合作模式指导意见的通知》(国办发〔2015〕42 号)第 18 条的规定,确需变更合同内容、延长合同期限以及变更社会资本方的,由政府和社会资本方协商解决,但应当保持公共服务的持续性和稳定性。可见,无论在法律法规层面,还是 PPP 相关规范性文件和政策层面,都为 PPP 项目再谈判提供了充分的法律依据。

(二)再谈判的不可实质变更原则

《招标投标法》第 46 条明确规定,招标人和中标人应按照招标文件和中标人的投标文件订立书面合同,不得再行订立背离合同实质性内容的其他协议。《财政部关于印发〈政府和社会资本合作项目政府采购管理办法〉的通知》(财库〔2014〕215 号)第 15 条和第 16 条规定,采购结果确认谈判工作组应与候选社会资本及与其合作的金融机构就项目合同中可变的细节问题进行项目合同签署前的确认谈判,确认谈判不得涉及项目合同中不可谈判的核心条款。因此,在再谈判开展过程中,政府和社会资本双方仍然应当受到不可实质性变更原则的约束,又必然对项目采购中涉及的不可变更的实质性条款进行全面梳理并作为谈判的基础。否则,不但有损政府采购的公开公正性,还可能引起未中标者的投诉,也会对 PPP 项目的公共利益造成不良影响。

(三)再谈判的风险合理分配原则

再谈判的过程即是对项目风险进行筛查和再分配的过程,其目的是保证项目后续实施能够符合 PPP 的合规性要求,并避免因为产生新的争议导致项目陷入困境。需要强调的是,在对项目文件进行全面梳理的过程中,不仅仅需要核实合同条款内容是否与实施方案已确定的风险分配原则保持一致,更重要的是,应当根据项目实际情况对原方案确定的风险分配原则是否合理作进一步判断。而合理的风险分配则意味着应当"由对风险最有控制力的一方控制"[①]相应的风险,在政府方能够实现项目融资、建设和运营风险有效转移的同时,社会资本方也能够在承担相应风险的前提下获取合理收益。

三、再谈判的国内外经验和注意要点

(一)再谈判的国外立法经验总结

世界银行出版的《政府和社会资本合作(PPP)参考指南》(第 3 版)中提到,虽然可以通过有效利用合同本身关于项目调整机制的条款避免再谈判的发生,但尽管如此,再谈判仍然不可避免,了解关于开展再谈判的相关立法政策对政府有利无害[②]。

在澳大利亚,允许在项目发生重大变化(如修改项目目标或服务范围、商业论证结论或主要假设发生重大变化),风险分担与之前政府批准的风险分担有重大变化,需要修改预算资金等情况下由项目采购机构在合同签署后开展 PPP 合同的再谈判工作,但是可能需要在谈判之前获得 PPP 当局的批准[③]。

在新加坡,《政府和社会资本合作(PPP)指南》(第 2 版)[④]提出,为实现 PPP 合同的有效和灵活管理,针对在合同授予时无法预见的风险,政府采购主体和 PPP 供应商应当设立一个管理架构,使得合同具备变化的能力(关于条款、需求或范围的变化),双方之间的关系也应确保足够的稳健和灵活,旨在能够积极应对未来可变

---

① 刘新平、王守清:《试论 PPP 项目的风险分配原则和框架》,载《建筑经济》2006 年第 2 期。

② 世界银行:《政府和社会资本合作(PPP)参考指南》(第 3 版),北京明树数据科技有限公司译,中国电力出版社 2018 年版,第 240 ~ 241 页。

③ 王天义、杨斌主编:《澳大利亚政府和社会资本合作(PPP)研究》,清华大学出版社 2018 年版,第 59 页。

④ Ministry of Finance, Singapore, Public Private Partnership Handbook, Version 2, March 2012.

的商业需求。

在日本，由于 PPP 项目期限较长，为应对使用者对公共设施服务的要求发生变化，或者由于物价变动、技术更新等因素导致对服务对价产生较大影响的情形，在 PPP 合同中均会建立专门的框架体系来使得服务对价符合市场的变化趋势，同时通过协商方式调整合同履行期间的考核标准，以确保项目监测管理方式的合理性①。

（二）再谈判的国内实践和经验总结

清华大学王守清教授团队通过对国内 38 个典型 PPP 再谈判案例进行分析后发现，由企业发起的再谈判通常源于项目收益不足原因，具体原因包括需求量低于预期、政府未按合同约定付款以及法律政策变更等；由政府发起的再谈判，往往由于项目产生了超额收益（包括市场需求量高于预期和政府过度担保）、项目运营不达标以及由以上两点引发的大规模的民众反对等原因导致。总结可知，引发再谈判最主要的原因包括市场需求风险、政府信用问题、政府过度担保等三类，此外还有法律政策变更、民众反对、项目绩效不达标等原因。

再谈判导致的主要结果包括社会资本退出或投资回报机制作出调整，其中社会资本退出通常以政府回购的方式实现。调整回报机制包括政府提供补贴、延长特许期、收费调整、政府承诺创造外部条件等，如深圳沙角 B 电厂的特许期延长三年，政府出资为郑州荥锦垃圾焚烧发电厂的运输车辆修建绿色通道②。

当然，结合当前 PPP 项目整改和清退的趋势来看，为满足合规性要求而开展的 PPP 项目再谈判也不在少数。针对该种情形，首先都会要求政府方和社会资本根据 PPP 相关规范政策的要求开展合规性的排查工作，并在梳理总结的基础上将项目实施过程中存在的违规问题进行分类并确定谈判的重点。例如，针对如项目合作内容不宜通过 PPP 模式实施等存在"硬伤"的项目，由于较难直接整改到位，实践中通常以提前终止或者缩减项目合作范围等方式予以解决，谈判重点也往往涉及合同的解除或补偿标准的确定；而针对如项目运作不合规或存在违法违规举债担保等情形，由于与实施方案和采购条款确定的项目边界条件具有紧密联系，再谈判的重点就会集中在对运作模式和财务模型的调整以及对 PPP 合同条款的相应完善上。

---

① 王天义、杨斌主编：《日本政府和社会资本合作（PPP）研究》，清华大学出版社 2018 年版，第 117 ~ 118 页。

② 刘婷、赵桐、王守清：《基于案例的我国 PPP 项目再谈判情况研究》，载《建筑经济》2016 年第 9 期。

(三)再谈判开展的注意要点

1. 借鉴国际 PPP 经验,合理设计项目再谈判机制

从新加坡、日本等国 PPP 实践来看,国外发达国家通常采用完善 PPP 合同框架和调价机制等事前规制方式来避免再谈判的发生。而当触发再谈判的情形发生时,合同双方也能够根据合同事先确立的框架原则有序开展再谈判工作以灵活应对合作期内不可预见的风险。借鉴国际经验,政府方在编制 PPP 合同时应当事先对再谈判的触发机制和再谈判程序进行约定,使得在保障双方能够按照合同约定的流程进行再谈判来维护自身权益的同时,通过设置一定的惩罚机制来规范双方的行为,避免投机性谈判。

2. 确立不可实质谈判原则,保障公共利益的持续稳定

如前所述,如不对可谈判事项进行适当约束必然会造成政府采购监管体系下的合规性风险,同时也会对 PPP 项目所涉及的公共利益产生不利影响。而在对"实质性"原则的把握上,笔者认为,应当结合风险合理分配原则进行统筹兼顾。通常来说,协议标的的变化(包括投资内容的扩大或减少、项目产出要求变化等)以及协议内容的重大变更(包括社会资本对资产的拥有权属、未经论证增加或减少财政补贴、预期可获得的投资回报率上限调整等)[①]都应视为不可实质性变更条款。但是如果项目本身的边界条件存在问题或者风险分配机制不合理的,本着长期合作的精神,双方仍应通过充分谈判达成一致的完善方案,以保障项目的稳步实施。

3. 引入第三方谈判参与机制,建立畅通有效的沟通渠道

在政府和社会资本的谈判过程中,由于双方存在先天的谈判地位不对等性以及信息不对称性,同时考虑到多数 PPP 项目再谈判涉及对项目财务模型、市场风险预测、投标报价方案的调整,因此建议由政府和社会资本共同引入第三方机构(包含法律、财务、金融、项目管理等专业人员)参与谈判,引导双方尽快制定和完善能够最大化满足公共利益和双方诉求的项目方案与合同文本。当然,对此政府和社会资本应当建立畅通有效的沟通渠道,为再谈判的开展提供润滑剂,加强双方合作互信理念,为共同解决问题打下信任基础。

---

① 王守清:《特许经营(PPP)项目合同期内的再谈判与协议变更》,载"中国 PPP 智库"微信公众号,2016 年 7 月 11 日。

4. 完善 PPP 法规政策,助力社会资本实现项目退出

由于目前 PPP 法规政策的不完备,缺少关于项目再谈判的相关原则和规定,因此政府和社会资本仍然存在无法就调整方案达成一致意见最终导致项目终止、社会资本退出的可能。可见,如何实现项目退出将成为在再谈判破裂情形下社会资本方最为关注的问题,也是社会资本为实现及时止损收回投资本金及收益的重要途径。对此,有必要继续完善现有 PPP 法律体系,深化 PPP 模式下多元化、市场化、规范化的退出机制和相关规范,为社会资本参与项目再谈判留下退路。

结　语

由于 PPP 合同的不完全性和外部环境的不断变化,PPP 再谈判已成为在当前背景下为保障项目稳步实施所必不可少的路径。但是,为实现 PPP 再谈判的有序开展,政府和社会资本有必要结合国内外的立法和/或实践经验,共同确立合理的再谈判原则和流程。根据不同的项目实际情况和再谈判触发情形,秉承合作共赢、长期稳定的原则,因地制宜地制订出满足公共利益需求和双方合理诉求的方案。

第四十九章　PPP 合同的不同定性对争议解决有哪些影响

引　言

自 2014 年力推新一轮 PPP 以来，财政部和国家发改委分别采用了“PPP”与“特许经营”的不同用语，PPP 和特许经营的关系一直没有厘清，如 2015 年 4 月 21 日国家发改委主导出台的《基础设施和公用事业特许经营管理办法》，2015 年年底财政部主导出台的《政府和社会资本合作法征求意见稿》①。两部委对模式的命名差异也引发了业内对于合同性质的认识分歧。笔者通过对几则典型司法实践案例分析，提炼共识，揭示风险，供项目操作相关方规避风险做参考。

一、现行法律及相关文件中对 PPP 合同和特许经营合同性质的规定

财金〔2014〕156 号文在附件《PPP 项目合同指南》（试行）中明确，PPP 项目合同产生的合同争议应属于平等的民事主体之间的争议，应适用民事诉讼程序，而非行政复议、行政诉讼程序。发改委法规司副司长张治峰在 2016 年 3 月 28 日“政府和社会资本合作（PPP）发展国际高峰论坛”的致辞中也提到，特许经营立法的目的，是为社会资本以协议方式参与基础设施和公用事业开发、建设、运营提供法律保障，充分发挥其融资、创新、技术和管理优势，改进公共产品或公共服务的质量、效率，特许经营本质上属于一种契约安排，不意味着重新划定特定领域以许可社会资本进入，更不意味着新增设一道许可程序。不难看出，2014 年财政部与国家发改委的观点基本一致，均认为 PPP 模式是政府与社会资本双方作为平等主体的合作，双方之

① 《国务院办公厅关于印发国务院 2017 年立法工作计划的通知》（国办发〔2017〕23 号）中正式将“基础设施和公共服务项目引入社会资本条例”列入 2017 年立法计划，由发展改革委、财政部等共同起草。

间的合同纠纷应该通过民事途径来解决。

全国人民代表大会常务委员会于2017年第二次修正了《行政诉讼法》①，最高人民法院也于2018年2月6日发布了《最高人民法院关于适用〈中华人民共和国行政诉讼法〉的解释》（法释〔2018〕1号，以下简称新《行政诉讼法司法解释》）②。根据修正后的《行政诉讼法》第12条第11项的规定，认为行政机关不依法履行、未按照约定履行或者违法变更、解除政府特许经营协议、土地房屋征收补偿协议的，属于行政诉讼的受案范围。修正后的《行政诉讼法》对于特许经营协议纠纷解决方式的规定与财政部和国家发改委的前述观点明显有不一致之处。

近年来，PPP合同争议呈逐年上升趋势。为指导江苏省的司法实践，江苏省高级人民法院民一庭于2017年10月发布了《政府与社会资本合作（PPP）的法律疑难问题研究》。江苏省高级人民法院民一庭课题组成员以BOT、PPP为关键词，检索中国裁判文书网上公布的约500份裁判文书，进行统计、归纳、总结，在此基础上形成调研报告。对于PPP合同的性质问题，江苏省高级人民法院民一庭的观点是：可以参考我国台湾地区的做法，对PPP合同应当进行区分：（1）涉及行政规划、许可、处罚、管理、监督等行政职能的争议，属于行政法律关系。对于PPP争议中涉及政府特许经营协议的授予、收回，政府采购投诉，政府信息公开，项目规划许可，对项目公司的处罚，对项目公司征收补偿决定、收费标准的确定等争议的，因涉及相关行政审批和行政许可内容，属于行政争议。（2）内容上设定民事权利义务的，属于民事争议。常见的包括土地使用权的取得、项目产权的归属、项目收益的分配、项目公司融资、项目担保、工程建设、项目收益权抵押、项目回购、税费负担、违约责任等，属于民事法律关系的范围。

二、相关司法实践

最高人民法院裁判观点1：政府与社会资本签订的投资合作协议是双方平等及等价协商一致的合意，从合同目的、职责、主体、行为、内容等方面来看，合同具有明显的民商事法律关系特征，应定性民事合同；合同涉及的相关行政审批和行政许可等内容，为合同履行行为之一，不能决定合同性质。

---

① 根据2017年6月27日第十二届全国人民代表大会常务委员会会议第二次修正，2017年7月1日开始生效。

② 该解释发布于2018年2月6日，于2018年2月8日生效。文号为：法释〔2018〕1号。

【案情简介①】2003年辉县市政府准备建设辉县市上八里至山西省省界关爷坪(以下简称"新陵公路")15公里道路(其中隧道1.486公里)项目。2004年9月15日,以辉县市新陵公路建设指挥部(指挥部的指挥长为时任市长王可明)为甲方,以河南省万通路桥建设有限公司为乙方,签订《关于投建经营辉县上八里至山西省省界公路项目的协议书》。协议约定:由乙方出资设立河南新陵公路建设投资有限公司(以下简称"新陵公司")承担项目投融资、建设及经营管理,经营年限按省人民政府批准为准,经营期满后移交给辉县市交通行政部门;甲方责任为协助乙方办理项目投资、建设、经营等相关手续;协议约定违约方赔偿另一方的经济损失。

项目如期开工建设。具备通车条件后,河南省发改委为新陵公司批准、颁发《收费许可证》,确定新陵公司的收费项目、标准、范围。后,由于辉县市政府没有履行"路段两端的接线等相关问题的协调工作",致使新陵公司所修路桥为断头路,无法通行,新陵公司的合同目的不能实现。新陵公司遂将辉县市政府诉至法院,要求赔偿项目投融资资金、投融资资金相关利息(按年息7.1%计算)合计1亿余元。辉县市政府以项目采取BOT模式的政府特许经营协议为由提起管辖异议,认为新陵公司的回购和请求基础均是以该合同为基础,根据新《行政诉讼法》,该案应属于行政诉讼受理范围。

【法院观点】一审河南省高级人民法院和二审最高人民法院均认为,本案是典型的BOT模式政府特许经营协议。虽合同一方是辉县市政府,但合同相对人新陵公司在订立合同及决定合同内容等方面仍享有充分的意思自治,体现了双方平等、等价协商一致的合意。合同涉及的相关行政审批和行政许可等其他内容,为合同履行行为之一,不能决定合同性质。从合同的目的、职责、主体、行为、内容等方面来看,合同具有明显的民商事法律关系性质,应定性民事合同。故,辉县市政府主张案涉合同为行政合同及不能作为民事案件受理,没有法律依据。

最高人民法院裁判观点2:若投资人与政府方所签订的协议是双方的真实意思表示,不违反法律和行政法规的禁止性规定,合法有效,则双方均应按照协议约定履行自己的义务;违约方应承担相应的违约赔偿责任。

【案情简介②】2003年12月29日,广汉市人民政府与广汉市三星堆汽车客运服

---

① 该案案情简介摘录自其管辖异议二审的民事裁定书,案号:(2015)民一终字第244号,载中国裁判文书网。

② 该案案情简介摘录自本案的二审民事判决书,案号:(2009)民二终字第37号,载中国裁判文书网。

务有限责任公司(以下简称"三星堆客运公司")签订《广汉市三星堆汽车客运站项目建设经营投资合同书》约定,"引入三星堆公司对该汽车客运站的建设、经营进行投资,市政府授予三星堆客运公司特许经营三星堆汽车客运站40年。特许经营期内三星堆公司无偿取得在该汽车站使用三星堆的冠名权。广汉市政府承诺,待三星堆汽车客运站建成后撤销现有的3个汽车站(即三站合一)。任何一方违约,均由违约方向守约方支付合同总标的额5%的违约金。若在本合同40年的特许经营履约期间,除不可抗力外广汉市人民政府单方面提出提前终止合同的,广汉市人民政府除按三星堆客运公司实际投入的本息全额赔偿外,还应无条件赔偿剩余经营年限内的可得利益(计算标准:按该事由发生时前两年三星堆汽车客运站实际年平均收入×剩余经营年限)"。

三星堆汽车客运站经四川省交通厅公路运输管理局竣工验收通过后,因出站口道路修建及"三站合一"等问题,三星堆汽车客运站迟迟无法投入使用。2008年7月10日,三星堆汽车客运公司向广汉市人民政府致函,要求解除《广汉市三星堆汽车客运站项目建设经营投资合同书》,主张政府严重违约并要求承担违约赔偿责任。后,三星堆客运公司向四川省高级人民法院起诉,诉请要求广汉市政府立即接收三星堆汽车客运站的全部资产、赔偿三星堆客运公司实际投资及按同期银行贷款利率计算的损失、违约金及可得利润损失。

【法院观点】一审四川省高级人民法院及二审最高人民法院认为,三星堆客运公司与广汉市政府所签订的协议是双方的真实意思表示,且不违反法律和行政法规的禁止性规定,合法有效。因广汉市人民政府未能履行合同承诺的"三站合一"、授予独家特许经营权等,存在违约,三星堆汽车客运公司有权依约单方面解除合同。合同解除后,广汉市政府应赔偿三星堆汽车客运公司投资损失及利息支付,并根据合同约定向三星堆汽车客运公司支付违约金。关于可得利益损失,一审四川省高级人民法院认为没有依据而未支持;二审最高人民法院认为,双方在合同中约定了违约金计算方式,并约定违约金不足以弥补受损的直接损失和间接损失时,由违约方另行赔付受损方的赔偿金(即赔偿剩余经营年限内的可得利益),据此可知,双方约定的违约金已经包括了可得利益损失部分的预估,而三星堆客运公司未对违约金数额提出异议,也未举证证明实际损失大于违约金。二审最高人民法院对可得利益损失亦未支持。

最高人民法院裁判观点3:双方签订的《特许经营权合同》是当事人真实意思表示,合同内容也不违反法律的强制性规定,合法有效。当事人应当按照合同约定全

面履行各自义务。如双方当事人都违反合同的，则应承担各自的违约责任。

【案情简介①】2009年3月23日，甘肃武威黄羊工业园区管理委员会（以下简称“黄羊管委会”）、武威市凉州区黄羊镇人民政府（以下简称“黄羊镇政府”）与武威汉氏天安环境科技有限公司（以下简称“汉氏天安公司”）签订《武威市凉州区黄羊镇污水处理厂BOT项目特许经营合同》，约定黄羊管委会和黄羊镇政府授予汉氏天安公司在特许经营权期限内投融资、设计、建设、运营和维护污水处理厂，收取污水处理费并享有其他收益权利；同时约定了违约解除权以及解除后相应的处置措施。

汉氏天安公司建设的污水处理厂经武威市环保局验收合格后，正式投入运行。运行2年后至2012年8月，双方就污水处理厂的稳定达标运行、正式投入商业运行的时间及污水费支付等问题产生争议。双方遂开始协商回购，因回购价格协商未果，2012年10月汉氏天安公司停止污水处理厂运行，污水未经处理直接向外排放，引起当地居民上访。

后，汉氏天安公司向法院起诉，诉请判令解除特许经营合同、黄羊管委会及黄羊镇政府支付污水处理费700余万元及逾期付款利息、黄羊管委会及黄羊镇政府赔偿经济损失4600余万元。黄羊管委会及黄羊镇政府也提起了反诉。

【法院观点】一审甘肃省高级人民法院及二审最高人民法院认为，黄羊管委会、黄羊镇政府与汉氏天安公司签订的《特许经营合同》是当事人真实意思表示，合同内容也不违反法律的强制性规定，合法有效。当事人应当按照合同约定全面履行各自义务。汉氏天安公司在污水处理厂运行过程中，未能全面履行确保污水处理厂稳定达标运营义务，且在与政府发生争议后，未能按合同约定正当主张权利，单方停止污水处理厂的运行，引起群众上访，严重影响了当地的环境安全和社会稳定，已构成违约；而黄羊管委会、黄羊镇政府未按约足额支付污水处理费，也构成违约。根据《合同法》第120条的规定，当事人都违反了合同约定，应承担各自的违约责任。

三、总体建议

虽然2014年财政部与国家发改委一致认为PPP模式是政府与社会资本作为平

---

① 该案案情简介摘录自本案二审民事判决书，案号：（2015）民二终字第116号，载中国裁判文书网。

等主体的合作，双方之间的合同纠纷应通过民事途径来解决。但是，2017 年修正的《行政诉讼法》将特许经营协议作为行政协议纳入行政诉讼的受案范围。

司法实践中，各地法院的理解也各不相同。为了指导江苏本省的司法实践，江苏省高级人民法院成为第一个“吃螃蟹”的法院，于 2017 年 10 月发布了《政府与社会资本合作（PPP）的法律疑难问题研究》，明确提出对 PPP 协议的性质认定应采取两分法，需要区分双方发生的争议属于行政法律关系争议还是民事争议。江苏省高级人民法院在该报告中还明确提出，法院应当秉持严格规范与鼓励交易相结合的原则，合理确定 PPP 案件的审理规则，妥善平衡政府、社会资本方、利益相关方、社会公众的合法权益。而如前文提及的最高人民法院在“河南新陵公路建设投资有限公司与辉县市人民政府合同纠纷管辖权异议”一案中阐明的观点，该案是典型的 BOT 模式的政府特许经营协议。本案合同并未仅就行政审批或行政许可事项本身进行约定，合同涉及的相关行政审批和行政许可等其他内容，为合同履行行为之一，属于合同的组成部分，不能决定案涉合同的性质。从本案合同的目的、职责、主体、行为、内容等方面来看，合同具有明显的民商事法律关系性质，应当定性为民商事合同，不属于《行政诉讼法》第 12 条第 11 项规定的情形。最高人民法院据此认为将该案作为民事案件受理并不违反法律规定。可见就修正后的行政诉讼法对于涉及公共服务特许经营争议的约束力，以最高人民法院为首的司法实践更倾向于按照实质（即特许经营协议内容是否具备明显的民商事特征）重于形式（合同名称中有“特许经营”字眼）的原则加以认定及处理。

尽管如此，笔者认为，在 PPP 与特许经营二者之间的关系在法律或行政法规层面得到明确以前，为避免不必要的风险，建议《PPP 项目合同》中应慎用“特许经营”或“特许权”字眼；对于需要以特许经营方式实施的 PPP 项目，建议将政府对项目公司的特许权授予文件作为合同附件另列①。考虑到部分地方法院因地方保护可能无法公正处理案件，实践中较为妥当的做法是尽可能选择省高级人民法院或更高级别的法院作为一审法院，或者双方在合同中明确约定仲裁条款。

---

① 周兰萍主编：《PPP 项目运作实务》，法律出版社 2016 年版，第 137 页。

结　语

结合对财政部和发改委政策精神的理解,在研究最高人民法院的数起案例后,笔者认为,通过合理设置诉讼请求,PPP 模式下的政府和社会资本之间的投资纠纷可通过民事途径(包括诉讼和仲裁)进行救济。考虑到我国的司法体制,在项目所在地法院进行民事诉讼难免会有地方保护的顾虑,且法院裁判文书公开制度也可能导致项目商业秘密泄密。而仲裁案件是严格保密的,仲裁一裁终局制度也可以提高争议解决效率。外国投资人参与 PPP 项目时也更倾向于选择仲裁方式。因此,笔者建议,在约定 PPP 合同争议解决方式时可将仲裁作为首选。

第五十章　管理委员会具备诉讼主体资格吗

引　　言

管理委员会作为行政管理机构的一种重要组织形式，在地区经济发展和项目管理职能上发挥着重要作用，同时也是国内 PPP 项目中较为常见的一类参与主体。但是由于管理委员会的类型繁多（如新区管委会、开发区管委会和示范区管委会等），对于其行政主体资格的认定和法律责任的承担问题始终是实践中的争议焦点。对此，本章在对国内行政和民事法律体系进行梳理的基础上，对管理委员会是否具备行政和民事诉讼主体分别进行了剖析，以期对读者有所借鉴意义。

一、管理委员会在行政诉讼中的主体资格分析

（一）行政诉讼中被告资格认定的一般规则

新《行政诉讼法司法解释》第 20 条规定：

“行政机关组建并赋予行政管理职能但不具有独立承担法律责任能力的机构，以自己的名义作出行政行为，当事人不服提起诉讼的，应当以组建该机构的行政机关为被告。

法律、法规或者规章授权行使行政职权的行政机关内设机构、派出机构或者其他组织，超出法定授权范围实施行政行为，当事人不服提起诉讼的，应当以实施该行为的机构或者组织为被告。

没有法律、法规或者规章规定，行政机关授权其内设机构、派出机构或者其他组织行使行政职权的，属于行政诉讼法第二十六条规定的委托。当事人不服提起诉讼的，应当以该行政机关为被告。”

因此，在行政诉讼对被告资格进行识别的过程中，首先应审查该行政机关内设机构或派出机构是否具有法律、法规、规章的明确授权，其次需要审查被诉的行政

机关是否以自己的名义作出行政行为，而在审查是否能够独立承担法律责任的问题上，实践中则往往依赖于查询被诉行政机关相关组建以及备案资料。

另外，新《行政诉讼法司法解释》第 21 条特别对开发区管理机构的被告主体资格进行了规定："当事人对由国务院、省级人民政府批准设立的开发区管理机构作出的行政行为不服提起诉讼的，以该开发区管理机构为被告；对由国务院、省级人民政府批准设立的开发区管理机构所属职能部门作出的行政行为不服提起诉讼的，以其职能部门为被告；对其他开发区管理机构所属职能部门作出的行政行为不服提起诉讼的，以开发区管理机构为被告；开发区管理机构没有行政主体资格的，以设立该机构的地方人民政府为被告。"

虽然根据该条的内容已经明确了开发区管理机构具有诉讼主体资格，但是由于该条属于新《行政诉讼法司法解释》的新增内容，缺少相关指导意见和操作指引，因此在司法实践中容易对于"开发区"的定义和范畴产生分歧。且根据该条最后一句"开发区管理机构没有行政主体资格的，以设立该机构的地方人民政府为被告"的规定来看，开发区管理机构作为被告的前提是其具有行政主体资格，而是否具有行政主体资格仍然应当取决于是否有法律、法规、规章的明确授权。

(二)行政诉讼中管理委员会的法律地位和被告资格认定分析

1.《地方各级人民代表大会和地方各级人民政府组织法》(以下简称"《地方组织法》")没有关于管理委员会的规定，说明管理委员会不属于一级人民政府。

2. 单纯将管理委员会划归为一类行政主体过于笼统，需要根据其设立的权力来源和管理范围分别予以定位：

(1)经济技术开发区管委会可能属于政府派出机构

经济技术开发区管委会在规模等级上会有所区别，其中国家级经济技术开发区通常经国务院批准设立，在我国现存经济技术开发区中居于最高地位[①]；省级经济技术开发区则由省、自治区、直辖市人民政府批准在城市规划区内设立；除此之外，还有各市县区、乡镇上还存在不少的级别较低的开发区。

但是在经济技术开发区管委会的法律地位问题上采用的评判标准应是一致的，取决于所在地人大是否制定了开发区管理条例等地方性法规。如果制定了开

① 目前，国家级经济技术开发区共 219 个，详见商务部网站：http://www.mofcom.gov.cn/xglj/kaifaqu.shtml。

发区管理条例等地方性法规的，条例授予开发区管委会相关行政职权的，则在其授权范围内该管委会属于法规授权组织，具有行政诉讼被告主体资格。反之，如果没有制定统一的开发区条例等地方性法规的，设立的开发区管委会因缺少法律法规授权这一要件，应属于受委托的组织，不具有被告主体资格①。

经检索发现，由国务院、省级人民政府批准设立的开发区通常由省级人大通过出台《开发区条例》的方式设立，因此满足明确的法律、法规授权的要件，具有被告主体资格，该论证结果与新《行政诉讼法司法解释》第21条的规定也相符合。

举例说明：

例1：天津经济技术开发区属于国家级经济技术开发区，而《天津经济技术开发区条例》（属于由天津市人民代表大会常务委员会颁布的省级地方性法规）第6条规定，天津经济技术开发区管理委员会是天津市人民政府的派出机构，代表市人民政府对开发区实行统一管理。

例2：《贵州省开发区条例》（属于贵州省人大颁布的省级地方性法规）第10条规定，开发区管理委员会是设立开发区的人民政府的派出机构，根据授权代表本级政府在开发区行使管理职权。第11条规定，县级以上人民政府有关部门按照精简、效能的原则，根据需要在开发区设立派出机构或者办事机构。

例3：《昆明经济技术开发区条例》（属于昆明市人大颁布的设区的市地方性法规）第5条规定，昆明经济技术开发区管理委员会是昆明市人民政府的派出机构，对经开区实行统一领导和管理，行使市级经济管理权限和相应的行政审批权限，根据授权管理区域内的社会事务。

（2）国家级高新技术开发区管委会属于规章授权的组织

《国家高新技术产业开发区管理暂行办法》（国科发火字〔1996〕061号）第8条规定，开发区管委会作为开发区日常管理机构，可以行使省自治区、直辖市、计划单列市人民政府所授予的省市级规划、土地、工商、税务、财政、劳动人事、项目审批、外事审批等经济管理权限和行政管理权限，对开发区实行统一管理。由于《国家高新技术产业开发区管理暂行办法》属于科学技术部（原国家科学技术委员会）颁布的部门规章，因此国家级高新技术开发区管委会在规章授权职责范围内具有被告主体资格②。

---

① 目前尚未检索到以地方人民政府颁布的关于设立开发区的地方政府规章。

② 目前，国家级高新技术开发区共156个，具体参见科技部网站：http://www.most.gov.cn/gxjscykfq/。

(3)关于开发区管委会的职能部门的法律地位

在现有的被告资格认定标准下,无论哪种级别的开发区管委会,其自身的行政主体资格均需按照上述标准进行认定,即使可以认定为派出机构或法定授权组织,其职能部门作为派出机关或授权组织的内设部门也不一定具有被告主体资格,需要分类讨论:

第一,对于国家级、省级人民政府批准设立的开发区,根据新《行政诉讼法司法解释》第 21 条的规定,应以作出该行政行为的管理机构所属职能部门为被告。

第二,对于有法律、法规、规章的明确授权,具有行政主体资格的其他开发区管理机构,根据新《行政诉讼法司法解释》第 21 条的规定,以开发区管理机构为被告。

第三,对于没有法律、法规、规章的明确授权,不具有行政主体资格的其他开发区管理机构,根据新《行政诉讼法司法解释》第 21 条的规定,以设立该机构的地方人民政府为被告。

(4)关于其他类型管理委员会的法律地位

实践中还存在其他类型的管理委员会,如新区管委会、实验区、示范区管委会等,但是对其法律地位仍然应按照是否有法律、法规、规章明确授权的标准进行认定。如果法律、法规、规章明确授予管委会相关行政职权的,则在其授权范围内该管委会属于授权组织,具有行政诉讼被告主体资格。

以平潭综合实验区为例,根据福建省人大常委会《关于颁布施行〈平潭综合实验区条例〉的公告》第 9 条的规定,实验区管委会是省人民政府派出机构,行使设区的市人民政府经济社会管理权限以及国务院、省人民政府赋予的特殊管理权限。由于该条例属于福建省人大常委会出台的省级地方性法规,因此实验区管委会属于法规授权的组织,具有行政诉讼被告主体资格。

再以遵义市新蒲新区管委会为例,根据《遵义市人民政府办公室关于全面推进新蒲新区开发建设的实施意见》(遵府办发〔2010〕29 号)的规定,“新蒲新区管委会:承担新蒲新区建设的主体职责,要认真按照规划和确定的工作目标,组织实施新火车站片区组团、新蒲组团、新舟空港组团建设工作,积极配合审批机关做好项目申报资料的准备工作”。但是,由于该实施意见仅属于遵义市人民政府办公室出台的地方规范性文件,不属于地方政府规章,因此新蒲新区管委会应属于遵义市政府组建并赋予行政管理职能但不具有独立承担法律责任能力的机构,不具有行政诉讼被告主体资格。

(三)行政诉讼中管理委员会被告资格认定的司法实践

以遵义市新蒲新区管委会为例，根据贵州省高级人民法院在“赵胜林、遵义市人民政府二审行政判决书”[(2017)黔行终926号]的判决内容，省高级人民法院认为，“遵义市新蒲新区管理委员会系遵义市人民政府的派出机构，尚未得到国务院的批准成立为县区级行政机关，按照《最高人民法院关于执行〈中华人民共和国行政诉讼法〉若干问题的解释》[①]第二十条‘行政机关组建并赋予行政管理职能但不具有独立承担法律责任能力的机构，以自己的名义作出具体行政行为，当事人不服提起诉讼的，应当以组建该机构的行政机关为被告’之规定，新浦新区管委会所作行政行为，应由遵义市人民政府承担责任，按照行政复议法相关规定，应由遵义市人民政府的上一级地方人民政府担负行政复议职责”。

可见，对于类似新蒲新区管委会的管理委员会，虽然其具有一定的行政管理职能，且通常以自己的名义作出具体行政行为，但是由于缺少法律、法规或者规章的授权，且不具有独立承担法律责任能力，因此不具有行政诉讼中的被告主体资格。

二、管理委员会在民事诉讼中的主体资格分析

(一)民事诉讼中被告资格认定的一般规则

根据《民法总则》第97条的规定，有独立经费的机关和承担行政职能的法定机构从成立之日起，具有机关法人资格，可以从事为履行职能所需要的民事活动。又根据《民事诉讼法》第3条的规定，人民法院受理公民之间、法人之间、其他组织之间以及他们相互之间因财产关系和人身关系提起的民事诉讼，适用本法的规定。因此，如果属于机关法人范畴的主体即具有民事诉讼主体资格。

而根据《中华人民共和国民法总则释义》[②]对于第97条的解读，这里的“有独立经费的机关”的范围很广泛，既包括人大常委会等权力机关、国务院和各级地方政府等行政机关、法院和检察院等司法机关，也包括党的各级机关、民主党派机关等。但这里需要强调一点，判断某个组织是否为机关法人除了主要看其是否依法律法规和行政决定直接成立，且从事公共管理职能外，还要看其是否有独立的经费，即

---

① 该解释已于2018年2月8日被废止，《最高人民法院关于适用〈中华人民共和国行政诉讼法〉的解释》于2018年2月8日起施行。——编者注

② 北大法宝:《中华人民共和国民法总则释义》，载 http://172.168.0.243/ApiSearch.dll? ShowSl-cResult? Db = siy&lib = chl&Gid = 291593&Tiao = 97，最后访问日期:2018年11月19日。

是否有通过财政预算拨款所获得的经费来承担责任。一个机关的内部职能部门虽说也是依据法律和行政命令直接成立,也从事公共管理职能,但这些职能部门只是机关的组成部分,如某部委内部的一个司局,其没有独立的经费,所以机关内部的职能部门并不能成为机关法人,其从事民事活动所产生的法律后果应由该机关来承担。

从这一点来看,判断管委会是否具备民事诉讼主体资格的标准:(1)其是否属于承担行政职能的行政机关;(2)其是否有独立经费来源。

(二)民事诉讼中管理委员会的法律地位和被告资格认定分析

1. 管理委员会通常在法律等授权范围内承担一定行政职能

如前所述,具有法律、法规和规章授权的管理委员会通常在授权范围内相应承担行政职能,举例而言:

(1)《天津经济技术开发区条例》规定,开发区管委会应当按照管理、服务和促进发展相统一的原则,实施开发区内的行政管理,履行下列职责……

(2)福建省《平潭综合实验区条例》规定,实验区管委会是省人民政府派出机构,行使设区的市人民政府经济社会管理权限以及国务院、省人民政府赋予的特殊管理权限,履行以下职责……

而不具有法律、法规和规章授权的管理委员会通常在相关规范性文件规定范围内也承担着一定的行政职能(职能范围通常较小),如《遵义市人民政府办公室关于全面推进新蒲新区开发建设的实施意见》(遵府办发〔2010〕29 号)规定新蒲新区管委会承担新蒲新区建设的主体职责,按照规划和确定的工作目标,组织实施新火车站片区组团、新蒲组团、新舟空港组团建设工作。

2. 管理委员会通常具有独立的经费来源,但缺少财政预算审批权

经检索发现,无论是否属于法律、法规和规章授权的管委会,其通常具有独立的经费来源,但是由于缺少人大或人大常委会,因此也缺少对于财政预算的审批权力,实践中具体视情况而异。举例而言:

(1)财政预算由设立该开发区的同级人大审批。福建省平潭实验区管委会是省人民政府派出机构,根据《平潭综合实验区条例》规定,实验区视同设区的市实行财政单列管理,一定期限内在实验区实行地方级全留的财政体制,缴入省级的地方级收入以及省级有关部门列收列支的规费,由省财政予以全额拨补。

(2)财政预算由指定的托管机构同级人大审批。武汉经济技术开发区由武汉

市人民政府设立，由开发区管理委员会代表市人民政府对开发区实行统一管理。但是，根据《关于武汉经济技术开发区托管汉南区实施一体化发展意见》的规定，武汉开发区整体托管汉南区，保留汉南区整体建制，行政区划不变，功能不变，两区实行统一领导、统一规划、统一建设、统一招商，实现一体化发展。因此武汉开发区的财政预算由汉南区人大审批。

(3)财政预算由各组成机构的同级人大批复。根据《南京市人民代表大会常务委员会关于南京江北新区行政管理事项的决定》的规定，南京市江北新区管理委员会是南京市人民政府的派出机构。但是，由于江北新区位于本市长江以北，地理位置上包括了浦口区、六合区和栖霞区八卦洲街道区域，因此其财政预算由浦口区、六合区和栖霞区人大分别管理和审批。

(三)民事诉讼中管理委员会被告资格认定的司法实践

1. 通过中国裁判文书网的检索发现，诸如遵义市新蒲新区管委会虽无法作为行政诉讼中的被告，但是具备民事诉讼中的被告主体资格，其涉及的案件范围包括建设工程施工合同纠纷、土地承包经营权合同纠纷等。

2. 通过中国裁判文书网的检索发现，在特许经营合同纠纷当中，各类管委会也作为了民事诉讼中的被告，同时承担了最后的赔偿责任，具体包括：

(1)在武威恒泰污水处理有限公司与武威市凉州区人民政府、甘肃武威工业园区管理委员会①关于《甘肃武威工业园区污水 BOT 项目特许经营权合同书》合同纠纷中，甘肃省高级人民法院判决甘肃武威工业园区管理委员会给付武威恒泰污水处理有限公司甘肃武威工业园区污水 BOT 项目出资本金 17,319,797.36 元的利息以及成投资 35,000,000 元限额的 25% 的一半计算的合理利润共 4,375,000 元。

且由于《BOT 合同书》和《资产回购协议》中均明确记载武威工业园区管委会是受武威市凉州区政府的委托签订相关合同及协议书，而且在《BOT 合同书》总则中约定的“甲方”包括“甘肃武威工业园区管理委员会及其法定代表人、授权甘肃武威工业园区管理委员会签订本合同的武威凉州区人民政府及其法定代表人、日常事务代表以及该法人权利义务的继受方和受让方”，同时涉案的污水治理项目位于

---

① 根据甘肃省机构编制委员会《关于成立武威市园区管理机构的通知》(甘机编办通字〔2007〕49号)的规定，武威工业园区管委会为正县级事业机构，隶属武威市凉州区政府管理。主要职责是：制定园区中、长期发展规划，并负责组织实施；建设园区发展项目库，并负责项目的审批、质监及验收；负责园区的招商引资和基础设施建设等工作。

凉州区政府辖区范围内，凉州区政府作为项目的受益人以及项目回购资金的实际承担者，一审判定其对武威工业园区管委会应给付武威恒泰公司的全部款项承担连带责任。

（2）在武威汉氏天安环境科技有限公司与甘肃武威黄羊工业园区管理委员会、武威市凉州区黄羊镇人民政府关于《武威市凉州区黄羊镇污水处理厂 BOT 项目特许经营权合同》合同纠纷中，黄羊管委会、黄羊镇政府（甲方）与汉氏天安公司（乙方）签订了《特许经营权合同》，约定甲方授予乙方在特许经营权期限内投融资、设计、建设、运营和维护污水处理厂，收取污水处理费并享有其他相关收益权利。甘肃省高级人民法院判决黄羊管委会、黄羊镇政府支付汉氏天安公司污水处理费 3,137,154.41元、逾期付款违约金 3,137,154.41 元和投资补偿款 1921.7655 万元。最高人民法院二审维持了原判。

结　语

经过本章全面分析可知，针对不同类型的管理委员会，其行政和民事诉讼主体资格和所应承担的法律责任均存在较大的差异。实践中，特别是在 PPP 项目中，如因管理委员会所作出的行政或民事行为引发争议并最终选择诉诸法院的，社会资本必须借助法律专业人员的帮助对各管理委员会的诉讼主体资格进行事先分析，以免在诉讼过程中处于被动的局面。

第十一篇　PPP项目困境破解典型问答

1. PPP 项目公司能否从事 PPP 项目本身以外的投资经营活动？

根据 PPP 相关规定，项目公司应按照 PPP 项目采购文件中的股东协议、公司章程等设立，即项目公司的经营范围受项目采购文件（包含股东协议、公司章程）的限制。从立法动态上看，2017 年 7 月 21 日《基础设施和公共服务领域政府和社会资本合作条例（征求意见稿）》第 14 条第 2 款规定，项目公司不得从事与合作项目实施无关的经营活动，对项目公司从事 PPP 项目本身以外的投资经营活动持否定态度。

2. PPP 项目中社会投资人联合体成员未全部参股项目公司是否违规？

财政部《关于规范政府和社会资本合作（PPP）综合信息平台项目库管理的通知》（财办金〔2017〕92 号）规定，违反相关法律和政策规定，未按时足额缴纳项目资本金、以债务性资金充当资本金或由第三方代持社会资本方股份的。财政部有关负责人就该通知的答记者问内容："社会资本的股份不得由第三方代持，遏制当前部分社会资本中选后自行指定其关联企业、子公司、基金等第三方代为履行出资义务，以及部分联合体参与方只承揽项目施工或设计任务、不实际出资入股等不规范操作现象。"原则上，PPP 项目中选社会资本均应当实际出资入股项目公司，并且不得由第三方代持，确保社会资本选择程序的严肃性、公正性，夯实社会资本的投资建设运营责任。

3. 使用者付费机制下，收费主体必须是项目公司吗？

使用者付费是指由最终消费用户直接付费购买公共产品和服务。项目公司直接从最终用户处收取费用，以回收项目的建设和运营成本并获得合理收益。原则上，收费主体应当与政府方授予经营权的主体保持一致。

4. 政府出资人代表同时参股社会资本是否合规？

在社会资本参与 PPP 具备主体资格合规的前提下，若政府出资人代表同时参股社会资本，则政府出资人代表和社会资本之间即具有了"投资关系"，应当重点关注：

第一,若政府出资人代表对所投社会资本方形成相对或绝对控股,或构成具有实际控制权的参股,则在此种情况下,政府出资人代表通过对社会资本方的实际控制,进而实际控制、管理项目公司显然违背了“公私合作”的本意,违反了财金〔2014〕156 号文中“(政府)不具有实际控制力及管理权”的规定。

第二,若政府出资代表对所投构成社会资本无实际控制权的参股,则应进一步认定,该种投资关系下所派生的,政府出资代表对项目公司的实际管理权、决策权是否足以发生绝对支配力或影响力。若政府出资代表虽对所参股社会资本无实际控制力,但其自身及通过社会资本股东对项目公司所委派的董事、高级管理人员等关键岗位人员的合计数量足以形成对项目公司的绝对支配及控制,则亦应按照财金〔2014〕156 号文的规定被认定为违规。

5. 开发区管委会、镇政府、街道办事处等作为项目实施机构是否存在合规性障碍?

就该问题,从以下两方面分析:

第一,关注开发区管委会、镇政府、街道办事处机构性质:在我国行政机构序列中,镇政府及街道办事处的行政属性较为确定。乡镇政府的机构性质是地方一级政府,街道办事处属于政府的派出机关。但由于我国行政机构序列中尚未明确开发区管委会的行政法律地位,且开发区批准及组建层级、管理关系较为复杂,虽然一般认为,开发区管委会是一级地方政府的派出机关,但在实务中也发现有些开发区管委会登记属性为“事业单位”,有些作为“政府职能部门”。因此,在实务中对开发区管委会的属性判断,应结合其设立文件及组织机构代码证(或三证合一的工商营业执照)所载明的机构属性综合判断。

第二,发改委、财政部文件中对担任项目实施机构单位的要求:在 PPP 运作实务及国家发改委、财政部的相关 PPP 规范性文件中,对于由政府职能部门/行业管理部门或事业单位担任实施机构均无争议。但对政府派出机关是否适合担任实施机构在相关 PPP 政策中并未明确。从行政法角度理解,政府的派出机关,系由一级人民政府设立,其职能通常是综合性的、多方面的,通常能以其自己的名义在一定区域范围内独立行使行政权。在实践中,一些开发区管委会等派出机关还下设有较为完整的职能部门体系,享有较为独立的财政管理权限。因此,派出机关经人民政府授权作为 PPP 项目实施机构不存在法律上的障碍,在实务中其也具有履行实施机构权责的能力。

6. 对于不属于一级政府的高新区、管委会如果实施 PPP 项目，因没有人大，如何出具政府付费纳入预算的批复文件？

政府出具的政府付费纳入预算的批复文件不是具有预算法意义上的法律文件。政府年度财政预算经同级人大批准通过后，才能成为具有法律效力的文件。高新区、管委会如果不属一级预算单位，没有同级人大的话，当其实施 PPP 项目时，一般作为实施机构，PPP 项目的财政支出责任需要安排在相应的一级政府的预算中，由同级人大予以批复。

7. PPP 项目合作模式中政府将可行性缺口补贴直接补助给社会资本，该方式是否可行？

该种方式下社会资本可能会被认定存在抽回资本金等违规风险。上述操作在公司账面上看，项目公司将长期处于亏损状态，如融资机构对此种补贴模式不予认可，则可能导致本项目的可融资性不足风险。另外，从会计制度和税务处理角度，该种补贴机制也可能存在审计或额外的税费成本风险。但如果不能设置更稳妥的补贴机制的话，建议将该路径无法实施作为风险点，就风险发生时的权利义务调整机制加以明确约定，包括因此增加的税负风险。

8. 政府与社会资本签署的协议中仅约定了社会资本的义务，但未约定社会资本的投资额、收益计算方式、回款资金来源、回款路径和时间，是否可主张合同无效？

第一，《合同法司法解释(二)》第 1 条规定，人民法院能够认定当事人名称或者姓名、标的和数量的，一般应当认定合同成立。如双方签署的协议对标的和数量约定不明，则不具备合同的基本要素，合同关系也就不能成立。

第二，若合同成立，双方签署协议中仅约定了社会资本义务且不存在违反《合同法》第 52 条规定的情形，未约定社会资本投资额、收益计算方式、回款资金来源、回款路径和时间，并不必然导致合同无效。

第三，在合同生效的前提下，这些约定不明的合同事项在合同履行过程中可以通过签署补充协议等方式弥补，并不一定影响协议履行。

9. 项目公司资不抵债时，约定 PPP 项目中项目公司资产到期无偿移交政府的约定有效吗？

《合同法》第 74 条规定，因债务人放弃其到期债权或者无偿转让财产，对债权人造成损害的，债权人可以请求人民法院撤销债务人的行为。即债权人享有撤销权的前提是：(1)债务人无偿转让财产；(2)对债权人造成损害。而 PPP 项目有其特殊性，首先，PPP 项目资产具有公共属性，是否可当然认定为项目公司财产存在争议。其次，PPP 项目的回报机制下，期满项目公司向政府方移交资产是否属于真正意义上的“无偿”也存在争议。并且从 PPP 项目融资实践来看，一般是先签订 PPP 合同，后签订融资合同，而且 PPP 合同需要作为融资审批的提交要件，即融资方知晓并认可“到期项目公司资产无偿移交政府”的 PPP 合同安排，在此情形下，融资方再主张项目公司按照 PPP 合同约定无偿转让资产的行为对其造成了损害，不一定能得到支持。最后，由于 PPP 项目涉及社会公共利益，如发生资产移交争议，法院也会从确保公共利益不受损害的角度进行重点考虑。

另外，合同期满项目资产能否实现无偿移交政府，当然也与资产上是否设定了抵押担保有关。如项目资产在项目公司名下，且项目公司出于融资需要将项目资产向债权人设定了抵押担保(一般须经政府方同意)，则在项目公司清偿债务或提供其他置换担保措施以解除项目资产上所设定的抵押担保之前，可能实际上是无法按照 PPP 合同约定完成项目资产移交的。当然，实践中，融资方或债权人往往也会要求项目公司的社会资本股东等关联方提供担保等融资增信措施，在项目公司万一无法偿付债务时要求关联方承担连带责任。

10. 使用者付费 PPP 项目，是否受财办金〔2017〕92 号文中“针对项目建设成本不参与绩效考核，或实际与绩效考核结果挂钩部分占比不足 30%的项目”规定的约束？

根据财办金〔2017〕92 号文的规定，项目建设成本不参与绩效考核，或实际与绩效考核结果挂钩部分占比不足 30%。这是针对通过政府付费或可行性缺口补助方式获得回报的 PPP 项目，不包括使用者付费 PPP 项目。

11. 财办金〔2017〕92 号文规定的"未建立按效付费机制",是否属于"集中清理已入库项目"的整改范围?

根据财办金〔2017〕92 号文第 2 条、第 3 条的规定,"未建立按效付费机制"是针对新申请纳入项目管理库的项目提出的要求,而非是调整已入库的 PPP 项目。但在实操层面,部分地方政府为更加规范项目操作,也将"未建立按效付费机制"作为"集中清理已入库项目"提出整改完善要求。

12. 财办金〔2017〕92 号文规定的"项目建设成本",具体范围是指的什么?与通常所说的"可用性服务费"是否具有同等外延?

建设成本是指按照批准的建设内容由项目建设资金(财政资金和自筹资金)安排的各项支出,包括建筑安装工程投资支出、设备投资支出、待摊投资支出和其他投资支出。而可用性服务费是指政府方依据项目公司所提供的项目设施或服务是否符合合同约定的标准和要求来支付相应服务费,包含了相应建设成本及合理利润。因此,从外延上看,两者并不等同。

13. EPC + O 这个模式中,投标人是联合体,其中有开发商(无施工和设计资质)+施工单位(有资质),这样可以吗?

如果是投资类项目,并无法定的资质要求。如果是单纯的 EPC 或者施工总承包商招选,则有明确的资质要求,而且根据《招标投标法》的规定,应以联合体成员的最低资质认定联合体成员资质是否符合工程资质要求。上述 EPC + O 模式下,招标文件对负责 EPC 工程部分的供应商至少会有相应的勘察、设计或施工资质要求,对 O 部分通常也会有业绩要求。二者组合起来采购的话,就会涉及不同的要求。

14. PPP 项目中,如何区分准经营性及经营性项目与商业设施?

发改投资〔2014〕2724 号文以 PPP 项目是否有"使用者付费基础"以及经营收费能否覆盖投资成本,分为三类:经营性项目、准经营性项目和非经营性项目。三类项目均具有公益性,均属于可以 PPP 模式实施范畴,即适宜采用 PPP 模式实施,而"商业设施"系财办金〔2017〕92 号文明确规定为"不适宜采用 PPP 模式实施",两者具备不同的功能定位。另外,通常还会基于该项目规划确定的用地性质,区分是公益性用途还是商业性用途。

15. PPP 项目,政府保证最低需求量条款,是否属于政府保底承诺?

政府保证最低需求量与政府保底承诺,有本质不同。

第一,《基础设施和公用事业特许经营管理办法》、《关于进一步共同做好政府和社会资本合作(PPP)有关工作的通知》(财金〔2016〕32 号)、《关于进一步规范地方政府举债融资行为的通知》(财预〔2017〕50 号)等文件,均明确规定不得以任何方式承诺回购社会资本方的投资本金,不得以任何方式承担社会资本方的投资本金损失,不得以任何方式向社会资本方承诺最低收益。该等规定是为了强化项目产出绩效对社会资本回报的激励约束效果,防止政府对项目各项支出承担无条件的支付义务,使 PPP 异化为拉长版 BT,以及防止政府方通过不规范 PPP 进行变相融资举债。

第二,《关于推广运用政府和社会资本合作模式有关问题的通知》(财政部〔2014〕76 号)、《政府和社会资本合作模式操作指南(试行)》、《政府和社会资本合作项目财政承受能力论证指引》等文件规定,由政府方承担最低需求风险。其目的是降低项目公司承担实际需求风险的程度,提高项目的可融资性。

故,政府方承诺最低需求量是"最低需求"风险由政府方承担的体现,且与政府保底承诺存在本质的区别。即使政府方保证最低需求量,社会资本的收益仍需要结合其建设管理、运营管理与成本控制,单纯保证最低需求量不应与保底承诺相等同。

16. 关于公益性医院的 PPP 项目,如果在原实施方案中明确了项目公司可以采购医疗设备,现在在经营过程中,因医院的服务品质的提升,需要引进新设备,但原有实施方案中没有考虑到后期的业务发展需求导致的再采购,这部分超出原投资估算的设备还可以由项目公司购买吗?风险如何防范?

根据《政府采购法》第 49 条的规定,政府采购合同履行中,采购人需追加与合同标的相同的货物、工程或者服务的,在不改变合同其他条款的前提下,可以与供应商协商签订补充合同,但所有补充合同的采购金额不得超过原合同采购金额的

10%。即在满足上述条件基础上,政府方可追加采购的金额受限。结合上述医院PPP 项目案例,原则上由项目公司追加采购的新设备金额不应当超过原合同采购金额的 10%。从风险防范角度上,应当在项目实施方案或协议中明确提标改造、追加投资以及超概调整相关事项,合理分配项目风险。

17. 目前 PPP 项目在政府性基金预算中列支有何限制?

第一,目前出台的中央部委 PPP 政策对政府性基金预算支出用于 PPP 项目的金额并没有明确限制,但政府性基金预算支出的用途及收支管理都是有严格规定的,遵循专款专用、以收定支的原则。根据《预算法》(2014 年修订)第 9 条的规定,政府性基金预算是对依照法律、行政法规的规定在一定期限内向特定对象征收、收取或者以其他方式筹集的资金,专项用于特定公共事业发展的收支预算。政府性基金预算应当根据基金项目收入情况和实际支出需要,按基金项目编制,做到以收定支。同时,《关于在公共服务领域深入推进政府和社会资本合作工作的通知》(财金〔2016〕90 号)明确规定,对于政府性基金预算,可在符合政策方向和相关规定的前提下,统筹用于支持 PPP 项目。

第二,只有 PPP 项目中某些支出的用途属于政府基金预算支出的范围,才可以从政府性基金预算口径列支,开展财政承受能力论证时该部分支出可以不列入一般公共预算支出范围,但这并不意味着 PPP 项目的所有支出都可以如此操作。

18. 约定使用者付费项目在合作期内不能实现预期收益的可以延长合同期限的做法是否合规?

判断上述情况的合规性时,需先判断项目风险分配是否合理,并相应区分该项目在合作期内不能实现预期收益的具体原因:

(1)因发生政府方违约或政府方应承担的风险导致不能实现预期收益的,则社会资本方可提出延长合作期限,将延长合同期限作为政府方承担风险和违约责任的一种方式。

(2)因社会资本方违约或社会资本方应承担的风险(主要是商业性市场风险)导致不能实现预期收益的,则属于社会资本方应自行承担的项目投资、经营损失,在此情况下延长合同期限不符合《PPP 项目合同指南(试行)》的规定,存在变相保底收益的不合规风险。

(3)因不可抗力等情况导致不能实现预期收益的,则应由政府方和社会资本方合理共担风险,且《PPP 项目合同指南(试行)》规定:“在 PPP 项目合同中,除政治不可抗力外,一般不可抗力的法律后果通常包括:……(二)延长期限。如果不可抗力发生在建设期或运营期,则项目公司有权根据该不可抗力的影响期间申请延长建设期或运营期……”故可约定延长合同期限作为不可抗力的法律后果。

19. 在 PPP 项目签约前,若项目实施方案未获批,政府与社会资本所签协议是否有效?

根据《合同法》第 52 条、《合同法司法解释(一)》第 4 条的规定,《合同法》实施以后,人民法院确认合同无效,应当以全国人大及其常委会制定的法律和国务院制定的行政法规为依据,不得以地方性法规、行政规章为依据。《合同法司法解释(二)》第 14 条规定,《合同法》第 52 条第 5 项规定的“强制性规定”是指效力性强制性规定。即,只有违反属于全国人大及其常委会制定的法律或国务院制定的行政法规,且该法律或行政法规被认定为是效力性强制性规定的,才可能导致合同无效。

虽然,根据《政府和社会资本合作项目政府采购管理办法》(财库〔2014〕215 号)等 PPP 规范性文件可知,PPP 项目实施方案审核通过,方可进入项目采购阶段,开始社会资本的招选,最后签约。在项目实施方案未获批准的情况下,就进入项目采购阶段,显然违反了 PPP 项目相关合规性文件的规定,但因这些文件法律层级普遍较低,不属于全国人大及其常委会制定的法律或者国务院制定的行政法规,故仅因为签约前项目实施方案未获批准,不必然导致双方签订的协议无效。

20. 根据财政部规定,PPP 项目要进入财政部 PPP 综合信息平台管理库,但目前有些省份通过发文形式发布了些 PPP 项目,也开始了招标工作,但这些项目未能在财政部管理库查到,甚至储备库也没有进,那对这类项目如何定性,能否视为合格的项目?

虽然目前 PPP 规范性文件并未将入库作为 PPP 项目采购社会资本的前提,但列入项目管理库与地方预算管理等方面联系紧密,原则上应当先入库再启动采购程序。如 PPP 项目未入项目管理库的项目,建议谨慎投标,或者在合同中将项目入管理库设置为投资人出资或者合同生效的前提条件。未入库项目,可能后续也无法满足入库条件,进而可能无法将财政支出责任纳入预算。

21. PPP 项目合同签署时间是否必须中标后在一个月内?若中选社会资本无故拒不签约将产生何种风险?

根据《政府采购法》第 46 条的规定,采购人与中标、成交供应商应当在中标、成交通知书发出之日起 30 日内,按照采购文件确定的事项签订政府采购合同。该规定系强制性规定。并且,中标、成交通知书对采购人和中标、成交供应商均具有法律约束力,若中选社会资本无故拒不签约可能需要依法承担违约等责任。例如,中标、成交供应商无故放弃中标、成交项目的,根据《政府采购法实施条例》第 72 条的规定,还将面临"处以采购金额千分之五以上千分之十以下的罚款,列入不良行为记录名单,在一至三年内禁止参加政府采购活动,有违法所得的,并处没收违法所得,情节严重的,由工商行政管理机关吊销营业执照;构成犯罪的,依法追究刑事责任"的风险。

22. 某 PPP 项目执行过程中,中选社会资本持有项目公司的股权按照约定方式全部或者部分转让给第三方,如该股权受让人具备自行建设、生产或者提供服务能力的,该 PPP 项目范围内的工程建设、设备采购或服务事项,能否由该股权受让人直接实施?

股权转让(符合合同约定条件),变化的只是项目公司股东持股比例或者股东成员构成,但是并不能导致原中选社会资本构成(基于招选程序确定的联合体成员)的变更或使股权受让人成为中选社会资本。同时,从字面解释角度,根据《招标投标法实施条例》第 9 条、财金〔2016〕90 号文第 9 条等的规定,指的是中选社会资本能够自行建设、生产或者提供服务。因此,不能基于股权转让行为就认定股权受让方成了中选社会资本而直接承揽施工、设备或服务。

23. 某 PPP 项目已经进入执行阶段,但是全国 PPP 综合信息平台项目库信息仍处于准备阶段,对类似未及时公示项目信息,该 PPP 项目将面临哪些风险?

财办金〔2017〕92 号文规定,已入库 PPP 项目未按规定进行信息公开的(包含未准确完整填写项目信息，入库之日起1年内未更新任何信息，或未及时充分披露项目实施方案、物有所值评价、财政承受能力论证、政府采购等关键信息的），属于集中清理出库情形。类似未及时公示项目信息的 PPP 项目，将面临被清退出库风险，由此衍生出政府支出责任无法纳入预算安排风险，以及银行等融资方不予放贷等风险。

24. 进行财政承受能力论证时，拟实施的 PPP 项目财政支出责任未超过本级当年一般公共预算支出10%红线，是否合规？已通过财政承受能力论证的项目后被证明财政数据有误，实际财政承受能力已突破一般公共预算支出10%，项目被清退出库应如何处理？退库项目能否申请再入库？

根据财金〔2015〕21号文的规定，财政承受能力评估包括财政支出能力评估以及行业和领域平衡性评估，需两者均“通过论证”。其中，进行财政支出能力评估时，应当汇总本级政府年度全部已实施和拟实施的 PPP 项目的财政支出责任，而非仅考虑拟实施的 PPP 项目财政支出责任。否则，存在未按规定开展“两个论证”的不合规风险。

如 PPP 项目因未按规定开展“两个论证”导致被清退出库的，应当根据出库原因进行项目整改，可以考虑通过缩减本 PPP 项目投资规模、延长合作年限或者优化本级政府拟实施的 PPP 项目的规模等方式，实现本项目通过财政支出能力的评估，并基于全国 PPP 综合信息平台动态管理机制，按规定办理入库手续。对于无法继续采用 PPP 模式实施的，应当终止实施或采取其他合规方式继续推进。

25. 采购文件所附的 PPP 项目合同等协议文件，是否可以与经批复的项目实施方案内容不一致？如不一致，该 PPP 项目将面临哪些风险？

根据 PPP 项目操作流程，项目实施方案批复后拟定项目采购文件，采购文件不应当与经批复的实施方案存在实质性差异。如 PPP 项目合同与经批复的实施方案存在实质性差异，造成 PPP 项目对外公示文件前后不一的合规风险，以及影响银行等融资方不予放贷的风险。如 PPP 项目作为政府投资项目审批监管的，两者不一致，还可能存在被审计监督要求整改的风险。

26. 已经签署的 PPP 项目合同等协议文件，在项目执行过程中，能否调整或变更项目采购时所确定的实质性条款？

根据《政府采购法》第 50 条及《招标投标法》第 46 条的规定，除“继续履行将损害国家利益和社会公共利益的”情形外，合同双方当事人原则上不得擅自变更合同的核心条款。如在不符合法定特殊要求的情况下直接通过签署补充协议方式变更项目实质性条款的，存在违反上述规定而归于无效的风险以及政府方直接负责的主管人员和其他直接责任人员可能面临的行政风险和审计风险。与此同时，根据国办发〔2015〕42 号文等 PPP 的相关规定，如根据项目客观情况确需变更合同内容的，由政府和社会资本方协商解决，但应当保持公共服务的持续性和稳定性。

27. 若 PPP 项目仅入省库，未入财政部库且合同已签约，社会资本是否以项目未入财政部库为由，暂不成立项目公司、暂不推进项目实施？

如 PPP 合同已签约且不存在使该合同无效的事由（仅仅未入财政部库并不必然会导致 PPP 合同无效），则社会资本应按照已签约的 PPP 合同要求设立项目公司并推进项目实施，在合同对此未作明确的免责约定的情况下，如逾期设立项目公司或推延项目实施进度，可能导致社会资本违约且存在政府方有权要求社会资本承担违约责任的风险。

与此同时，建议社会资本可尝试以不入库将实质性影响项目投融资和合同目的实现为由，依法行使不安抗辩权，并就此及时向政府方发函，要求其尽快完善入库手续。

28. 未纳入财政部 PPP 项目管理库的项目是否一定得不到财政支持？

根据《财政部关于规范政府和社会资本合作（PPP）综合信息平台运行的通知》（财金〔2015〕166 号）中《政府和社会资本合作（PPP）综合信息平台运行规程》第 19 条的规定，未纳入 PPP 综合信息平台项目库的项目，不得列入各地 PPP 项目目录，原则上不得通过预算安排支出责任。但在实践操作中也存在部分项目未纳入财政部 PPP 项目管理库，但已取得本级人大将该项目支出列入地方政府中长期财政规划，并将项目财政支出责任纳入预算统筹安排的决议。

从合规性以及降低 PPP 项目中长期支出风险角度来看，建议社会资本应根据

《财政部关于规范政府和社会资本合作(PPP)综合信息平台运行的通知》(财金〔2015〕166号)、《财政部办公厅关于规范政府和社会资本合作(PPP)综合信息平台项目库管理的通知》(财办金〔2017〕92号)等规定完成综合信息平台项目管理库入库手续。

29. 政府转让给项目公司的国有资产未经评估和审批,是否必然无效?

司法实践中,针对政府方转让给项目公司的国有资产未经审批问题,观点不一。

观点一:国有资产转让合同已签订但不生效,并不直接认定为无效。

陈发树与云南红塔集团有限公司股权转让纠纷上诉案[(2013)民二终字第42号]中,最高人民法院认为,《合同法》第44条第2款规定,法律、行政法规规定应当办理批准、登记等手续生效的,依照其规定。《合同法司法解释(一)》第9条进一步明确,依照《合同法》第44条第2款的规定,法律、行政法规规定合同应当办理批准手续,或者办理批准、登记等手续才生效,在一审法庭辩论终结前当事人仍未办理批准手续的,或者仍未办理批准、登记等手续的,人民法院应当认定该合同未生效。

观点二:严格认定其效力问题,不宜将未经审批的股权转让行为认定为不生效。

《全国法院再审典型案例批注》(2011年最高人民法院审判监督庭编写)中的观点认为:"未经审批的国有股权的转让,涉及国家利益和社会公共利益,鉴于很多现实条件,事后补办的资产评估、交易方式的模拟都无法对当时的交易条件作出令人满意的补正。对程度要求的放松,将导致国有资产的大量流失。因此,在一、二审程序中处理该类纠纷应当严格要求,不宜将未经审批的股权转让行为认定为不生效。"

鉴于此,为降低风险,稳妥起见,国有资产转让应严格遵循法定的评估及审批程序。

30. 项目前期手续不全,没有施工许可,存在哪些风险?如政府方要求边施工边补办,应如何规避违规风险?

(1)无证施工违反法律法规,需承担相应的法律责任。

根据《建筑法》第7条以及《建筑工程施工许可管理办法》第2条、第3条、第12

条、第 73 条等相关规定，建筑工程开工前，建设单位应当在开工前按照国家有关规定向工程所在地县级以上人民政府建设行政主管部门申请领取施工许可证。未领取施工许可证的，一律不得开工。

对于当事人不具备开工许可手续下所从事的建设行为，《建筑法》第 64 条规定，未取得施工许可证或者开工报告未经批准擅自施工的，责令改正。对不符合开工条件的责令停止施工，可以处以罚款。《建设工程质量管理条例》第 57 条规定，违反本条例规定，建设单位未取得施工许可证或者开工报告未经批准，擅自施工的，责令停止施工，限期改正，处工程合同价款 1% 以上 2% 以下的罚款。第 73 条规定，依照本条例规定，给予单位罚款处罚的，对单位直接负责的主管人员和其他直接责任人员处单位罚款数额 5% 以上 10% 以下的罚款。

（2）通常情况下，在 PPP 项目采购之前，中选社会资本尚未确定、项目公司尚未成立时，项目立项、可研及与其相关的项目选址、用地预审等申请审批/核准必须完成的前期工作宜由政府方授权实施机构，或由其委托其他机构作为项目法人组织完成，后续成立项目公司再进行项目法人变更手续和完成开工前所必须报批报建手续。同时，无证施工的责任承担需结合具体原因而定。从便于后续责任认定的角度，建议重视过程管理，留下相关的书面记录。

31. 在 PPP 项目实施过程中，是否必须为以 PPP 项目提供政府付费纳入财政预算的人大决议和财政部门出具的纳入预算的文件。在 PPP 融资过程中，金融机构要求必须提供，但政府一般以人大年初会议批复整个预算，而不对单个项目出具批复为由拒绝出具。请问法律上的依据是什么？

根据《预算法》第 13 条及第 14 条的规定，政府支出必须列入预算，且经本级人民代表大会或者本级人民代表大会常务委员会批准的预算应当在批准后 20 日内由本级政府财政部门向社会公开。如“政府一般以全国人民一般在年初的大会上批复整个预算，而不对单个项目出具批复为由拒绝出具”的，要求政府提供包含本项目的预算批复即可，该批复与针对某一单个项目出具批复的法律效力等同。同时，可将政府方上述事项落实到 PPP 项目合同条款约定中，作为政府方义务。

32. 对于采用两次招标的方式，社会资本方为项目公司的控股股东，在以项目公司为主体进行工程招标时，与社会资本方具有关联关系的公司（与社会资本方同属一个公司控制下的公司）是否可以参与投标？

根据《招标投标法实施条例》第34条的规定，与招标人存在利害关系可能影响招标公正性的法人、其他组织或者个人，不得参加投标。实践中，对此有不同的理解。有股权关联关系的项目公司与社会资本方，是否构成条例规定的前述限制投标情形，需要结合项目所在地招标主管部门的具体意见而定。

33. 若PPP项目尚未达到政府付费时点，除要求政府方出具纳入年度预算及中长期财政规划的承诺外，如何确保政府方及时履行给付义务？

除要求政府方出具纳入年度预算及中长期财政规划的承诺外，可从以下方面入手：

（1）在项目合规的前提下，PPP项目信息需要及时、准确、完整地录入财政部全国PPP项目综合信息平台项目管理库，并按进度更新公示。

（2）在合同中约定实施机构逐年、足额将对项目的支出责任列入部门预算，并提供相应的证明文件。

（3）有些项目可要求政府出台专项资金管理办法，建立专项资金池，保障项目的支付。

（4）在合同中对竣工验收、投资额认定、绩效考核等会影响项目进入运营期或造成政府方延迟支付事项的关键节点时间加以限制，并约定替代方案（如在合同中约定在绩效考核无法按时完成时暂按上一年度绩效考核结果支付，下一年度结算进行调整），避免延迟支付的发生。

（5）要求政府提供第三方支付保证，通过银行或担保公司等金融机构出具支付保函的方式对政府的支付义务进行担保。

34. 项目公司为取得土地使用权的费用承担方式如何？

通常情况下，项目公司为取得土地使用权应支付相关费用，且该费用与土地使用权的取得方式具有紧密联系。

采用有偿划拨方式的，则项目公司应根据采购文件要求支付一定的费用，而具体金额通常需根据征地拆迁成本、项目公司承受能力和项目回报机制等进行综合评估。实践中,政府方和项目公司可以约定包干价,由项目公司在包干价范围内承担土地使用权取得的相关费用,超过部分则由政府方承担或双方分担。

如在采用出让方式取得土地使用权的情形下,项目公司应根据国有建设用地使用权出让相关法律法规的规定参与土地的招标、拍卖和挂牌活动,并根据竞价结果支付土地出让金。但是,对于土地评估定价过程中已纳入出让底价的前期征拆成本,在项目公司支付出让金后该部分费用不应再由项目公司额外承担。项目公司通过有偿出让方式取得土地使用权的费用是否纳入以及如何纳入项目总投资取决于具体项目方案安排和 PPP 合同约定。

35. 项目公司能否获得 PPP 项目的土地使用权？若土地使用权在政府平台公司名下,项目在实施中是否会受到阻碍,如何防控风险？

目前 PPP 政策并不限制项目公司取得项目土地使用权,至于其能否获得土地使用权,需要根据 PPP 项目土地使用权的供应方式、项目回报机制、移交方式等因素综合确定。如果土地使用权在政府平台公司名下,由其将土地使用权交项目公司有偿/无偿使用的,该情形下项目公司不拥有土地使用权,对项目具体实施可能造成如下影响:

(1)对项目办理建设施工及验收手续的影响。如果项目法人变更为项目公司后,可能存在土地使用权证、建设用地规划许可证的权利人与变更后的项目法人不一致的情况,可能会对项目公司办理后续行政审批程序造成影响,并进而影响其合法办理建设施工许可及验收手续。实践中由于各地住建主管部门对于 PPP 模式及相关建设审批手续的认识存在差异,办理相关施工、验收等手续时或仍将存在障碍,建议可事先与相关部门进行确认沟通。

(2)对项目公司融资可能产生一定的影响。从融资的角度来看,由于项目公司不拥有项目资产的所有权,首先,本项目的资产设施无法抵押、无法拍卖,因此项目资产达不到作为担保品的要求,从而可能增加项目公司的融资困难;其次,若银行贷款、将来的项目收益债、资产证券化等要求建设手续的名义主体和融资主体合一,则因项目资产所有权和经营权分离,可能对本项目再融资造成困难;最后,对金融机构而言,其提供了大量资金,如项目资产不在项目公司名下,金融机构可能基于审慎原则提出对项目公司的还款能力及经营权合法性、稳定性的核查要求。

对此,一方面可以通过与政府方协商沟通,在经过政府方同意的情况下,请政府方配合以项目相关资产进行抵押融资;另一方面可以根据 2017 年最新修订的《应收账款质押登记办法》,协调银行同意采用项目收益权质押方式作为融资担保措施。

36. 若 PPP 项目包中存在需要社会资本方通过招拍挂方式获取土地的项目,请问如何在合同中约定相应条款保障社会资本权利,使社会资本可以根据届时土地出让条件、价款决定是否实施相应投资内容(土地价款在社会资本签署合同时无法确定、未包含在投资额内)?

在 PPP + 土地捆绑出让模式下,为确保社会资本通过招拍挂方式取得土地使用权,政府在出让土地时,可附条件明确对拟引入的投资人的资格要求,如要求参与 PPP 项目采购或引入相关产业并提供产业综合服务等。同时,为确保投资人在参与项目和土地招拍挂的主动权,可事先与政府方签署相关合作协议约定参与土地招拍挂的底价,以及如果超过底价时投资人有权选择是否继续参与竞拍或终止合作。

由于采用单独的土地招拍挂形式,可能存在成功中标 PPP 项目后却无法取得项目用地使用权的情况,对此可事先与政府方协商采用其他较为稳妥的方式,如政府以作价出资入股的方式将土地资源注入项目公司。同时,考虑到土地摘牌挂的不确定性,可在事前签署的合作协议中约定如社会资本方无法成功摘地时的补偿方式,或替代解决方案,或提前终止合作。

37. 政府提供的优惠或奖励承诺,是否必然无效?

政府提供的优惠或奖励承诺,如果符合现行法律法规,如争取中央或省级补贴、为项目公司争取符合要求的优惠政策、产业落地投资额超过标准进行奖励等,则仍属有效。但若属于法律法规禁止的范畴,如不合法的税收返还、土地出让金返还等,则该优惠或奖励承诺属于无效。

38. 投资收益的支付节点如何确定?

原则上,投资收益的支付时点应当根据政府付费或补贴的方式不同,结合社会资本自身的财务模型、银行还本付息时点和政府预算管理要求分别设置不同的支付时间节点,以减少履约风险。

39. PPP 项目中,财政承受能力论证报告中的政府方支出责任(支付时间、金额等),与 PPP 项目合同中约定的政府方付费之间存在什么关联?

财政承受能力评估中财政支出能力评估明确政府方在 PPP 项目全生命周期过程的财政支出责任,主要包括股权投资、运营补贴、风险承担、配套投入等。其中,运营补贴支出责任是政府方在 PPP 项目运营期间承担的直接付费责任。

财承报告中测算的政府运营补贴支出责任与 PPP 项目合同中约定的政府方付费并非直接对应。前者确定能否以 PPP 模式实施以及测算未来政府方在运营期内将要直接支付给项目公司的费用,相较于 PPP 项目合同中约定的政府方付费,付费金额可能多也可能少,付费时点以 PPP 项目合同约定为准;前者运营补贴支出责任,属于 PPP 项目识别论证阶段工作,受财政内部预算管理约束,而后者作为协议约定对政府方付费义务产生直接约束。虽然财承报告中测算的政府运营补贴支出责任并不直接意味着对 PPP 项目公司的付费责任,但是,该测算确定支出责任金额在一定程度上反映出政府方对该 PPP 项目的支付能力。

40. 实践中,由于目前营改增政策实施后对 PPP 项目的影响暂不明确,多数项目合同采用了对增值税问题避而不谈或模糊处理的方式,在项目实施阶段必然会对社会资本或项目公司的投资收益造成巨大影响,如何应对增值税约定不明风险?

在项目采购阶段可以要求政府采购人澄清项目所涉及的政府补贴或可行性缺口补助是否为含税(增值税及其他附加税)金额,在此基础上,社会资本的报价方案应考虑增值税因素;如果报价方案中未考虑增值税及附加税因素,为防止实际可能产生的增值税风险,在合同中应对此加以明确约定。

41. PPP 项目中,项目资本金与注册资本是否必须等额?如果两者可以不等额,那么差额如何处理?

法律并未强制性要求项目公司注册资本必须等于项目资本金。但实践中,从项目公司会计处理的方便性以及政府方对于项目投资安全性的要求等方面考虑,政府方一般会倾向于在采购文件中要求新设项目公司的注册资本等于所投资 PPP 项目的资本金数额。而对于项目公司注册资本少于项目资本金的情形,在会计实务处理中,项目资本金中超出注册资本的部分,可以进入“资本公积”科目进行核算。根据财金(2017)92 号文等规定,禁止以“名股实债”、股东借款、借贷资金等债务性资金和以公益性资产、储备土地等方式违规履行资本金出资。

42. 资本公积、法定公积、任意公积的区别与联系?

	资本公积	法定公积	任意公积
会计要素	均属于所有者权益		
性质	主要指企业收到投资者的超出其在企业注册资本(或股本)中所占股权(份)份额的投资,具有资本属性	企业经营收益,不具有资本属性,实质上属于利润的一部分	企业经营收益,不具有资本属性,实质上属于利润的一部分
来源	资本(股本)溢价、接受捐赠、资产评估增值等原因形成	税后利润	税后利润
用途	主要用于转增注册资本,不得用于弥补公司亏损	可用于弥补公司的亏损、扩大公司生产经营或者转为增加公司资本	可用于弥补公司的亏损、扩大公司生产经营或者转为增加公司资本
会计科目	资本公积	盈余公积	盈余公积

43. 固定资产、无形资产、金融资产的区别与联系?

	固定资产	无形资产	金融资产
会计要素	均属于资产类		
是否为货币性资产	否	否	视金融资产的具体类别而定
是否为实物形态	是	否	否
后续计量方式	折旧(年限平均法、工作量法、双倍余额递减法和年数总和法等)	摊销(直线法等)	实际利率法

44. PPP 项目资产性质如何认定？

PPP 项目资产的认定方式根据《企业会计准则解释第 2 号》（财会〔2008〕11 号）的规定，BOT 业务所建造基础设施不应作为项目公司的固定资产，而应当视情况将项目公司自政府方或用户方收款的权利确认为金融资产或无形资产。至于进一步的金融资产和无形资产的区分方式，一般认为可按照项目公司收款金额是否可确定的标准进行判断，具体可按照以下方法进行确定：

	无形资产	金融资产	混合型（无形 + 金融）
收款金额是否可确定	否	是	政府最低量承诺项目
项目类型	一般为经营性项目	一般为非经营性项目	一般为准经营性项目
典型行业	纯使用者付费的高速公路项目	纯政府付费的市政道桥项目	存在最低量保障的污水处理项目

45. 政府方实施机构与项目公司签订 PPP 项目合同后，政府方提出变更实施机构应当履行哪些程序？有哪些注意要点？

首先，涉及实施机构变更的，应由本级人民政府对新的实施机构重新出具授权委托文件，并明确其授权范围。同时，应注意在确定新的项目实施机构过程中避免政府合同签署主体不适格的情形发生。

其次，应由新实施机构代表政府方与 PPP 项目公司开展补充协议的谈判工作。在此过程中，应注意原实施机构与新实施机构在具体职责上的衔接和前期工作成果的交接，以及合同主体变更后的日常工作联系机制的约定。

最后，应由原实施机构、项目公司与新实施机构三方签署补充协议。

46. 由于国家部委或地方政府出台相关政策，致使 PPP 项目在实施过程中股权不得不变动（如不得引入第三方代持股权规定导致的需要项目公司变更股东）或融资无法落地（如资管新规、财金〔2018〕23 号文）等情况出现时，社会投资人是否可以因此退出项目实施，而无须承担违约责任？

需要结合合同对于该风险责任的分配及对违约、合同解除相关的约定而定：一般本级政府出台的相关政策风险由政府方/实施机构承担,非本级政府控制的法律风险由政府方与社会资本共同承担。同时也需要区分政策的出台是否导致该合同处于完全履行不能的状态,如合同已完全无法履行,则双方可协商解除合同;如合同可继续履行,但可能导致一方支出的增加或利润的减少,则可通过签订补充协议的方式明确责任的划分。同时,以合同约定为基础,判断相应新规政策是否构成法律变更,明确各方合同责任。

无论上述何种情形,在合同并未明确在该种情形下社会资本可单方解除合同并无须承担任何违约责任时,社会资本仍受合同约束,擅自解除合同或退出项目实施均存在违约的风险。

47. PPP 项目公司股东拒绝履行出资义务,如何实现其强制退出?

第一,对照《公司章程》及《股东协议》是否约定了股东拒绝履行出资义务的违约责任及强制退出机制。

第二,催告股东在合理期限内履行出资义务,满足条件的,可适用强制除名程序。根据《最高人民法院关于适用〈中华人民共和国公司法〉若干问题的规定(三)》第 17 条的规定,有限责任公司的股东未履行出资义务或者抽逃全部出资,经公司催告缴纳或者返还,其在合理期间内仍未缴纳或者返还出资,公司以股东会决议解除该股东的股东资格,该股东请求确认该解除行为无效的,人民法院不予支持。即启动强制除名程序实现拒绝履行出资股东退出。

48. 竣工后政府审计后的总投资较概算发生大幅变动的风险如何防范?

实践中,合同条款通常约定将政府审计决算后的总投资作为政府付费的计算基数,为减少由于政府审计后的总投资较概算发生较大变化带来的风险,以及为防止由于审计工作未及时完成导致政府服务费无法按期支付的风险,建议采取以下风险防范措施:

(1)对变更事项在协议中进行明确的权责约定。同时,要求政府采取跟踪审计方式,定期对已产生的工程量和建设投资金额进行确认。

(2)合同中明确约定竣工后政府审计的原则和标准。

(3)合同中约定如计算可用性服务费/可行性缺口补助数额时决算总投资的审计工作尚未完成,则暂以项目公司提交的投资结算数额作为计算相应的可用性服务费/可行性缺口补助的基数,待审计完成后再对可用性服务费/可行性缺口补助数额据实调整。

49. PPP 合同签订后项目无法通过审批怎么办?

实践中,为避免此类纠纷,建议采取以下风险防范措施:

(1)一方面,社会资本方要做好合同安排,明确约定项目审批职责的承担方及其违约责任;另一方面,还需做好制度保障,明确在既定的"PPP 合同签订在先、项目审批在后"框架下,如何协调处理好 PPP 项目运作和建设项目审批之间的关系。对此,《基础设施和公用事业特许经营管理办法》中"关于建立部门协调机制、简化审核内容"的制度规定值得借鉴。

(2)对于部分项目审批风险较大的项目,可将通过项目审批作为合同生效条件,并通过框架协议、备忘录等方式约定项目审批的风险分配和责任承担。

(3)严格审查项目立项材料,确保项目合法性。在项目准备期,社会资本方应当查阅各级财政部门、发改委公布的项目目录,以确保程序的合法性。

50. 如何防范中标后概算审减对投资人收益影响的风险

对此,为减少由于概算审减因素进而影响投资人的收益,建议采取以下风险防范措施:

(1)参与投标前核实项目概算批复情况,避免在项目投资概算尚未正式批复时仓促投标进而导致被动。

(2)在合同条款中明确约定,投标报价仅作为暂定价,社会资本有权根据最终概算批复时的金额对报价作相应调整,或明确不采用概算包干方式,运营阶段政府付费或可行性缺口补助的计算基数以共同选定的审价单位审核确定的项目投资最终决算价格为准。

后　记

——从预防 PPP 风险到助力走出 PPP 困境

一、《PPP 项目运作实务》与 PPP 热

2016 年 6 月 16 日，在来自 PPP 学界、京沪两地仲裁机构、政府方及社会资本方等社会各界专家的共同见证下，团队旧作《PPP 项目运作实务》在北京宣告发布。至今两年多来，该书历经 9 次加印，销量高达 4 万余册，创下 PPP 实务读物中销量之最。一本细分专业的书籍能引发读者热捧，可见 PPP 市场需求之旺盛。

在过去四年多的时间里，PPP 推进力度之大、影响之广，远超众人所料。很多像我们一样的 PPPers 常年为了 PPP 项目在全国各地辗转奔波，不是在项目现场处理 PPP 业务，就是在去现场处理 PPP 业务的路上。身边很多朋友未必是 PPP 圈内人，但从朋友圈也都读出了 PPP 的火热。

二、PPP 降温与 PPP 困境破解及再谈判

随着 2017 年年底 92 号文等系列监管新政陆续出台，PPP 热度开始减退。“最严”监管新政迫使各方开始回归理性、正视现实。新项目推进越来越难，老项目也在不同程度上面临再谈判。除了在我们提供项目咨询、再谈判与争议解决以及参与各类项目包括示范项目评审过程中发现的典型问题外，许多读者、朋友在各种 PPP 专题培训场合或通过微信等方式咨询的很多问题也都很有典型性，而不同人关心的很多都是共性问题。业务繁忙之余，我们一直都在思考，如果能写一本针对 PPP 实务难点和困境破解的书，让大家能及时找到可供参考的对策和建议，对当下和今后 PPP 项目的实施推进都将会是极好的助力。

三、多方助力与本书酝酿成稿

本书形成的第一动因是客户和读者的需求，去年起很多客户和朋友都相继在

问:“周律师, PPP 市场变化了,你们的下一本书何时出版?”读者朋友们的期待,于我们既是动力也是压力。

经过一年多的思考、策划和总结,新书撰写的思路逐步清晰。确定主题后,在撰写过程中我们发现,有些问题听起来很常见,但要系统分析并阐述到位却并非易事。但系统阐述的目的就是让大家不仅要“知其然”,更要“知其所以然”,只有这样才能在理解的基础上对同类问题做到触类旁通。

所幸的是,新书的写作再次得到了恩师守清老师的大力支持和悉心指点,守清老师对新书的整体结构和书稿内容都在第一时间给出了宝贵的意见和建议,为新书无论在方向上还是在整体质量上都奠定了非常扎实的基础。守清老师的专业严谨也令我们和团队律师们都受益匪浅。感谢守清老师!

在新书的写作过程中,团队的小伙伴们也付出了很多辛劳。他们不畏困难,不惧挑战,加班加点,在最短时间内对过去多年实践从理论高度做了最有成效的提炼和总结。正是有了他们的全心投入,新书才得以在第一时间面世。感谢我们充满朝气又富有战斗力的小伙伴们!

最后要感谢我们的家人,我们的每一点进步都离不开家人的关爱和支持,尤其是可爱的孩子们,他们是促使我们不断进步的永动力。世界因为有孩子而充满了希望和生机。

周月萍　周兰萍

2018 年 11 月

图书在版编目(CIP)数据

PPP项目困境破解与再谈判 / 周月萍，周兰萍编著
. -- 北京 : 法律出版社，2019(2020.5重印)
ISBN 978-7-5197-2942-4

Ⅰ. ①P… Ⅱ. ①周… ②周… Ⅲ. ①政府投资-合作
-社会资本-研究 Ⅳ. ①F830.59②F014.39

中国版本图书馆CIP数据核字(2018)第284200号

PPP项目困境破解与再谈判
PPP XIANGMU KUNJING POJIE YU ZAITANPAN

周月萍 周兰萍 编著

责任编辑 慕雪丹
装帧设计 汪奇峰

编辑统筹 法商出版分社

出版 法律出版社
总发行 中国法律图书有限公司
经销 新华书店
印刷 天津嘉恒印务有限公司
责任印制 胡晓雅

开本 710毫米×1000毫米 1/16
印张 27.5
字数 459千
版本 2019年1月第1版
印次 2020年5月第2次印刷

法律出版社/北京市丰台区莲花池西里7号(100073)
网址/www.lawpress.com.cn
投稿邮箱/info@lawpress.com.cn
举报维权邮箱/jbwq@lawpress.com.cn
销售热线/400-660-8393
咨询电话/010-63939796

中国法律图书有限公司/北京市丰台区莲花池西里7号(100073)
全国各地中法图分、子公司销售电话：
统一销售客服/400-660-8393/6393
第一法律书店/010-83938432/8433 西安分公司/029-85330678 重庆分公司/023-67453036
上海分公司/021-62071639/1636 深圳分公司/0755-83072995

书号:ISBN 978-7-5197-2942-4 **定价**:98.00元
(如有缺页或倒装,中国法律图书有限公司负责退换)